PATRI
MÔNIO
BRASI
LEIRO

Este livro foi revisado segundo o Acordo Ortográfico da Língua Portuguesa de 1990, em vigor no Brasil desde 2009.

EDIÇÃO
Ana Cecilia Impellizieri Martins
Maria de Andrade

ORGANIZAÇÃO E ESTABELECIMENTO DE TEXTOS
João de Souza Leite

CRONOLOGIA
João de Souza Leite
José Laurenio de Melo

PROJETO GRÁFICO E CAPA
Dupla Design

COPIDESQUE
Leandro Salgueirinho

REVISÃO
Vanessa Gouveia e Luiz Coelho

AGRADECIMENTOS
Solange Valborg Magalhães
Clarice Magalhães
Joaquim Falcão
José Laurenio de Melo (*In memorian*)

IMAGENS
Detalhes da série "Olinda", composta de onze litografias de Aloisio Magalhães. Reprodução feita a partir do álbum impresso na Oficina Guaianases de Gravura, em preto sobre papel Magnani e Impressio, 70x50 cm, Recife/PE, 1981.
Reprodução fotográfica: Pedro Freire.

Retrato de Aloisio Magalhães, acervo da família.

Todos os esforços foram feitos para creditar corretamente os documentos que integram este livro. A ausência de dados deve-se à limitação de informações disponíveis nos acervos. A editora Bazar do Tempo, diante de eventual imprecisão ou ausência de créditos, se compromete a acrescentar em edições futuras novos dados que porventura sejam informados e garante o respeito e a proteção dos direitos autorais e conexos.

BAZAR DO TEMPO
PRODUÇÕES E EMPREENDIMENTOS CULTURAIS LTDA.

Rua José Roberto Macedo Soares, 12/sl. 301
22470-100 – Rio de Janeiro – RJ
contato@bazardotempo.com.br
www.bazardotempo.com.br

Dados Internacionais de Catalogação na Publicação (CIP)
(eDOC BRASIL, Belo Horizonte/MG)

M188b
Magalhães, Aloisio, 1927-1982.
Bens culturais do Brasil: um desenho projetivo para a nação / Aloisio Magalhães; organizador João de Souza Leite.
– Rio de Janeiro (RJ): Bazar do Tempo, 2017.

524 p. : 19 x 21 cm – (Patrimônio Brasileiro; v.1)

ISBN 978-85-69924-31-9

1. Brasil – Política cultural. 2. Magalhães, Aloisio, 1927-1982.
3. Patrimônio cultural - Brasil. I. Leite, João de Souza. II. Título. III. Série.

CDD-363.690981

ALOISIO MAGALHÃES

BENS CULTURAIS DO BRASIL

UM DESENHO PROJETIVO PARA A NAÇÃO

JOÃO DE SOUZA LEITE [ORG.]

Bazar do Tempo

PROJETO E DESTINO

João de Souza Leite

Aloisio Magalhães não foi um pensador sistemático da cultura, mas um *projetador* da nação. Um "projetivo", como se autodefiniu a Zuenir Ventura em uma de suas últimas entrevistas. Desse modo, as áreas da cultura, do patrimônio cultural brasileiro, não eram senão um modo de acessar essa possibilidade vislumbrada de futuro, que é o compromisso de qualquer um que tenha escolhido por profissão o ato de projetar.

A busca por referências foi uma expressão muito utilizada por Aloisio: "Que referenciais? Quais são esses referenciais? Qual a importância desses referenciais? Aonde estão, como se dividem, como se compõem os referenciais importantes para o desenvolvimento da cultura brasileira?"[1] Em seu escritório de design, perguntar pela definição das condicionantes deste ou daquele projeto, suas referências, era uma constante. Desenhista e pintor, a paisagem era o que compunha a moldura para seus devaneios de juventude, enquanto estudava na Faculdade de Direito do Recife. Mais adiante, ao se fazer designer, na prática do que era então chamado de programação visual – nomenclatura utilizada para definir o trabalho disciplinar sobre os signos do espaço urbano –, eram as balizas físicas e culturais da cidade os seus pontos de referência, o objeto de sua atenção. Quando se orientou à cultura, sua meta não era simplesmente fomentar a produção cultural ou perscrutar e registrar nossos traços de um tempo pretérito, mas indagar sobre o futuro. Um futuro possível, no registro das heterotopias de Foucault, uma utopia trazida para o horizonte do provável, desde que respeitado algum entendimento sobre o que nos constitui enquanto povo e nação.

Logo após seu falecimento, na Itália, enquanto representava o Brasil e o então ministro Rubem Ludwig em um encontro de ministros da cultura de países de língua latina, em 1982, uma questão de ordem política se impunha. Era mais do que necessário preservar o discurso que Aloisio havia construído em sua breve, mas intensa, passagem pela

1_Intervenção no I Encontro dos Conselhos Estaduais de Cultura das Regiões Centro-Oeste e Norte.

administração pública responsável pelo trato da cultura no país. Assim, um grupo de amigos seus envolvidos com a questão – Joaquim Falcão, José Laurenio de Melo e eu – selecionou um conjunto de documentos de toda ordem e origem, fosse do registro de sua voz em falas oficiais e entrevistas, ou de artigos escritos de próprio punho, e coube a Joaquim selecionar e editar o material para apresentá-lo na publicação *E Triunfo? A questão dos bens culturais no Brasil*, pela editora Nova Fronteira, em 1985. "O livro, montado um pouco à maneira dos cartemas inventados pelo próprio Aloisio Magalhães, é em si mesmo provavelmente um conjunto de cartemas verbais, uma colagem de fragmentos distribuídos por áreas autônomas de gravitação e, espera-se, articulados entre si." Assim, José Laurenio identificou aquela natureza de composição, intencional, com objetivo muito definido, político, o de apontar as questões mais candentes e mais urgentes da atuação governamental na área da cultura. De certo modo, ainda assim aquela espécie de esquartejamento dos textos preservava o frescor das ideias de Aloisio e sua força argumentativa. A razão para o título, José Laurenio explicava:

> E Triunfo? – A pergunta, insólita e provocativa numa reunião em que se discutiam problemas relacionados com o metrô de São Paulo, soou no ar-refrigerado da sala como o desplante de um primeiro verso, aquele que, no entender de Valéry, nos é concedido pelos deuses a troco de nada. Mas o empenho de Aloisio Magalhães em dar forma aos versos-ações subsequentes é a matéria deste livro.
>
> Da origem da pergunta nos dá notícia o próprio Aloisio Magalhães numa das páginas aqui reunidas. No âmbito desta nota é suficiente reter um ou dois pontos pertinentes. O primeiro é que a pergunta foi insistentemente dirigida, naqueles anos da segunda metade da década de 1970, a interlocutores que de uma forma ou de outra eram fiadores do evanescente milagre brasileiro. O segundo é que o nome da cidadezinha do alto sertão de Pernambuco assumia, aos olhos do então coordenador do Centro Nacional de Referência Cultural, um caráter emblemático. Ao

lançar sua pergunta, como se fosse uma pedrada na cabeça dos tecnoburocratas, ele simplesmente exprimia sua preocupação com o papel que os bens culturais devem desempenhar no processo de desenvolvimento do país.

Hoje, o problema é de outra ordem. Decorridos 35 anos, a meteórica passagem de Aloisio Magalhães pela área da cultura – como fundador e coordenador do Centro Nacional de Referência Cultural (1975-1979), como diretor do Instituto do Patrimônio Histórico e Artístico Nacional e titular da Secretaria da Cultura do Ministério da Educação e Cultura no breve espaço de tempo de 1979 a 1982 – e sua prolífica atuação como designer passaram a despertar o interesse de estudiosos em áreas muito diversas. E é esta a razão da organização deste novo livro, com novo título, em que se associam dois elementos centrais de sua existência – o exercício do projeto, pela via do design, e o ambiente da cultura. Agora não mais contendo somente os documentos então selecionados para *E Triunfo?*, mas outros tantos sobre diferentes aspectos da vida artística e cultural, objeto de seu interesse desde cedo. Desse modo, a presente edição trata de tornar público um elenco de documentos originais, em sua maior parte reproduzidos na íntegra.

Neste livro, assim como no anterior, prevalecem textos provenientes da transcrição de conferências, intervenções em seminários, discursos em solenidades oficiais e entrevistas, nos quais não se tentou corrigir os traços característicos ao discurso de viva voz, assim como tratou-se de indicar, quando necessário, alguns lapsos de registro. Ainda, as indicações junto a cada texto – de natureza, lugar e data – servem para identificar, sempre que possível, sua procedência. A disposição dos textos em ordem cronológica torna possível um acompanhamento dos fatos e permite ao leitor seguir os caminhos do pensamento de Aloisio Magalhães e conhecer os interesses que optou por defender.

Os documentos reunidos tratam de manifestações da cultura – seja no plano da atividade popular, seja em expressões de outras normas, quando Aloisio refere-se ao cinema, à produção do Aleijadinho, ao desenho das cidades, entre outros temas –, e se concentram na avaliação da função do Estado frente à cultura, por meio da sistematização da ação governamental, buscando definir um projeto, enfim, para a nação brasileira. Procedimentos e valores defendidos por Aloisio, pontos também abordados nesta coletânea, evocam uma noção de responsabilidade social, o compartilhamento do trabalho, uma competência laboriosa e uma ativa continuidade consequente. As ideias de Aloisio, portanto, se manifestam em contextos diversos. Desse modo, por vezes verifica-se certa superposição de documentos e falas quando Aloisio vale-se da reiteração intencional característica a processos argumentativos que visam efetivar um convencimento. Este, o principal motivo para retornar ao seu discurso.

Ao longo dessa trajetória apresentada no livro, Aloisio demonstra uma crescente percepção do problema social brasileiro. Ao fim, ele já não é o mesmo que se orientou à cultura pela criação do Centro Nacional de Referência Cultural em 1975. Em suas muitas viagens pelo Brasil – é possível observar a intensidade com que circula por todos os cantos do país –, o contato com realidades muito díspares evidencia a urgência de novas abordagens. Sua última fala em vida, em Veneza, é intensa, quase agressiva, distante de seu espírito conciliador.

DESIGN E CULTURA

Design e cultura são territórios superpostos, embora nem sempre coincidentes, sendo possível estabelecer-lhes graus, ênfases ou mesmo primazia em uma escala de valor. Certas características culturais muitas vezes se apresentam de modo imaterial, enquanto o design se faz presente mais acentuadamente na materialidade da cultura.

O design não tem somente sua face mais circunstancial e glamourosa. Tratamos aqui de um processo, assim como de um resultado, que confere materialidade à vida humana contingenciada pelas singularidades e características das coisas que acolhem nossas múltiplas atividades cotidianas. Nesse sentido, toda intencionalidade se configura em ato de projeto, e traça com melhor ou pior qualidade a determinação formal, a conjugação de elementos em torno de certa função, o processo e os materiais que virão a ser empregados na realização final de alguma coisa, seja um objeto ou um serviço. Assim, esse tipo de atividade não se encerra em mera articulação formalista. Superando a questão da forma – e, ao mesmo tempo, submetendo-se à sua determinação, já que tudo no mundo é forma –, o design pode assumir uma característica mais alargada, cobrindo não somente a projetação dos signos e objetos que nos circundam e com os quais interagimos, mas todo sistema ou processo que se configure como projeto. Essa indeterminação de objeto sugere uma pluralidade de concepções a respeito da atividade do design, muitas vezes dispostas entre si em relação conflituosa, mas que encontram seu campo comum na definição do que seja uma cultura, em seu papel de configurar a materialidade em que os hábitos e as trocas em sociedade irão se dar.

Na vida democrática, agentes de procedência diversa, com suas histórias pessoais e sociais radicalmente diferentes, convivem em espaços comuns, solicitando articulações de linguagem igualmente diferentes, daí ser impossível, muito mais que improvável, que o design, como atividade, seja equivalente a uma única opção estética. Ou ainda, que seja estritamente vinculado à estética, em detrimento de sua função central de solução de problemas que afetam os seres humanos em sua vida social.

Sob o ponto de vista daquele que pretendia pronunciar-se sobre o mundo, mas ainda em busca de algum diálogo com a realidade social, mantendo uma relação dialética em sua ação de artista, o design se apresentou, sobretudo no pós-guerra, como a arte da cultura industrial. E o que estava, então, ali disposto? Desde as manifestações do inglês Augustus Welby Pugin[2] ao fim da primeira metade do século XIX, a relação entre arte e cotidiano repercutiu com intensidade. Mais adiante, em outro espaço e tempo, nos Estados Unidos dos anos 1930, a eclosão do design moderno como força motriz da transformação se deu no ambiente do trabalho, na casa e na rua, desempenhando um protagonismo na recuperação econômica após o *crash* de 1929, e se estabelecendo ainda como uma das novas possibilidades de formação profissional.

Em 1957, Aloisio Magalhães, cenógrafo, figurinista teatral e pintor de certo renome e aceitação crítica, aterrissa em Nova York.[3] Inquieto, porém suave, não tem nada a perseguir senão a divulgação de sua pintura.

2_Augustus Welby Pugin, arquiteto inglês, figura central do *gothic revival*, responsável por contundente crítica à arquitetura inglesa do século XIX, quando reestabeleceu um vínculo direto entre moralidade e representação material da cultura, é mais conhecido por seu projeto para o Palácio de Westminster, sede do Parlamento inglês, em 1846.

3_A Nova York encontrada por Aloisio na década de 1950 é a sua versão mais moderna – na cultura, os museus de Arte Moderna e o Guggenheim estão em construção; e na atividade empresarial, os símbolos comerciais, o mundo editorial em transformação e os produtos em geral, portadores e possibilitadores de novos modos de convivência social.

O PROJETO COMO DESTINO

Naquele momento, a América do Norte se encontra sob o forte impacto de sucessivas crises econômicas, superadas por seu dinamismo comercial e industrial, que se vale intensamente do design, tanto na construção de signos como no desenvolvimento de produtos e ambientes. A vida americana está, então, permeada pela ideia do projeto moderno – uma arte industrial espalhada pelos mais recônditos espaços da vida. Esta é a questão que vai encantar Aloisio. Sua leitura, revelada pelas aulas proferidas no Recife e no Rio de Janeiro em fins dos anos 1950,[4] está voltada para o arquiteto alemão Walter Gropius e o pintor e escultor húngaro László Moholy-Nagy, envolvidos na recuperação de uma *arché* tectônica.[5] Nos escritos de ambos, a que Aloisio tem acesso em seu período americano, estava algo que, embora não procurado, provocaria uma revolução em sua vida. De volta ao Brasil, refere-se àquela percepção de novas possibilidades do ser artista no contemporâneo:

> Cabe-nos, já que somos nações jovens ainda, em começo de estruturação cultural, ainda imunizados de uma quantidade de vícios e amarras, mas ao mesmo tempo gozando de um privilégio excepcional que é o conhecimento automático, através do cinema, rádio, livros e tudo que se passa, atualizados compulsoriamente pelo conhecimento inevitável do que se passa ao redor não só de nós mas do mundo inteiro, cabe-nos, como disse, uma atitude nova, uma conceituação nova do problema da criação artística. (...) Walter Gropius me parece ter sido o primeiro a levantar objetivamente o problema com a fundação da escola alemã, a Bauhaus. Ali, pela primeira vez, uma conceituação nova do problema da criação começou a se estabelecer.[6]

Fazia tempo que Aloisio almejava mais, sem o saber ainda. Talvez o excesso de facilidade com que manipulava as técnicas de expressão pictórica de que sua produção é testemunho – diferentes tipos de gravura, pintura, desenho – já indicasse isso, uma espécie de *promenade* descompromissada pelo experimento da pintura e do desenho. E ali, nos Estados

4_Ver os documentos "Sobre o ensino das artes", p. 44; "Significação das artes visuais no mundo contemporâneo", p. 59; e "Problemas de arte contemporânea", p. 66.

5_*Arché*, de origem grega, significa origem, princípio primeiro, geral. Tectônica, também de origem grega, refere-se à construção. "O objetivo definitivo de todas as artes visuais é a construção total." Assim se iniciava o programa da Bauhaus, redigido por Walter Gropius, em 1919.

6_Em aula proferida no Rio de Janeiro, provavelmente em 1959: "Problemas de arte contemporânea", p. 66.

Unidos dos anos 1950, deu-se o contato com essa nova perspectiva para o fazer artístico – o design como atividade presente em toda parte, delineador da materialidade da cultura. De volta ao Brasil, em 1960, Aloisio assume a nova atividade e inaugura seu escritório de design.

Esta nova posição vai conduzi-lo a um outro exercício, passando a lidar com a antecipação, ou seja, com a possibilidade de avaliar os impactos futuros de uma ação decisória, já que todo projeto opera sobre o terreno do futuro, seja imediato, a médio ou a longo prazo; e com uma natureza de pensamento integrativa, que promove a síntese entre elementos díspares e opera simultaneamente com a definição de prioridades e tomada de decisões. É a esta natureza de pensamento que Aloisio se refere no Seminário de Tropicologia,[7] ao se valer da expressão "pensamento globalizante de todo brasileiro", ao se referir ao cartesianismo presente no traçado de Brasília.

Ao promover, mais adiante, o translado de sua energia projetiva para as questões da cultura, esse projetar e pensar o Brasil passa a implicar em questões de natureza muito mais complexa. Como em toda atividade ou ação de grande repercussão social, Aloisio destaca que se trata, também no terreno da cultura, de definir prioridades que significarão valorizar alguns aspectos em detrimento de outros, e arcar com essa hierarquização frente ao possível, a nível decisório. Se, por um lado, o procedimento, tanto de Aloisio quanto do design, é integrar, buscar de forma concisa o conhecimento que sistematiza, que concilia diferenças e busca a síntese de uma visão articulada do problema. Por outro lado, Aloisio concede ao tempo a possibilidade do encaminhamento das decisões – como se fosse necessário aguardar que a maturidade do processo se desse, sem a imposição de uma decisão ditada por uma razão absoluta. Dessa maneira se expressa seu modo muito singular de aliar intuição e razão no processo projetivo do terreno pouco consolidado da cultura brasileira.

7_Ver documento "Problemas de conciliação do moderno com o ecológico-tropical", p. 86.

8_Ver artigo "Teatro de bonecos", p. 40.

A CULTURA COMO NORTE

Pernambucano de origem, cosmopolita por vocação, Aloisio transitou pelas mais tradicionais expressões culturais nordestinas – o teatro de mamulengo,[8] a arte popular, a regionalidade presente na obra do escritor

Ariano Suassuna, seu grande amigo – e também pelas manifestações da arte ocidental, no contato com os museus de Paris, Madri, Nova York e com os elementos mouros do Alhambra, na Península Ibérica, que visitou em sua temporada europeia de 1951-1952. Observava a cultura sem discriminação, sem a visão fracionada que se impôs ao longo dos séculos XVIII e XIX, separando os campos das belas-artes e das artes aplicadas, fenômeno iniciado no Renascimento italiano e acelerado pelo processo inglês de industrialização. Tudo isso encontra repercussão no discurso de Walter Gropius, absorvido por Aloisio em seu período americano.

Em outra vertente, convergente com esse espírito, no início dos anos 1960, já estabelecido no Rio de Janeiro como designer, outro amigo se pronuncia. Francisco Brennand, então chefe do gabinete civil de Miguel Arraes, governador reformista de Pernambuco, propõe a Aloisio que assuma a função, associado à Casa da Cultura de Pernambuco, instituição criada pelo governo estadual, de "embaixador" na cidade do Rio de Janeiro de uma "Bienal do Desenvolvimento, levando-se em conta especialmente os setores industriais e as atividades artesanais, tendo em vista sua integração ao sentido nacional que deverá dar ao objeto fabricado no país. (...) programada para outubro deste ano (...) desejo que aceite o encargo de representar a 'Casa da Cultura' na Guanabara, podendo, desde já, enviar-me sugestões...".[9]

Não à toa, poucos anos depois, em 1968, Aloisio propõe um programa de reestruturação do Instituto Central de Arte da Universidade de Brasília (ICA), onde delineia ações e propósitos muito assemelhados aos que defenderia ao criar o Centro Nacional de Referência Cultural em meados dos anos 1970, ligado ao governo federal. No documento em que desenha as bases do ICA, encontrado entre seus papéis, com anotações de seu próprio punho, algumas questões são retomadas: "Que dizer da posição do artista na sociedade contemporânea e como equacionar o ensino de arte? (...) Nas novas experiências, a partir da Bauhaus, o problema tem sido encaminhado apenas no campo do desenho aplicado, ou seja, o artista face à possibilidade de voltar ao convívio coletivo como elemento integrado ao processo industrial. Mesmo neste campo, o problema não está inteiramente equacionado." Mais adiante no texto, Aloisio constata:

9_Carta de Francisco Brennand, datilografada em papel timbrado da Chefia da Casa Civil do Palácio do Governo de Pernambuco, datada de 7 de janeiro de 1964. Reproduzida em Souza Leite, João (org.) *Aloisio Magalhães Encontros*. Rio de Janeiro: Azougue, 2014.

O ICA (e quem sabe toda a Universidade) deveria preocupar-se não com a preparação de profissionais para consumo imediato das áreas contrastadas e de níveis de desenvolvimento diferente – tarefa das outras universidades –, mas ocupar-se como tarefa prioritária de uma análise global do contexto brasileiro. (...) Informar-se e documentar o que foi feito para podermos planejar e programar o que fazer... Do objeto ecológico – móveis, utensílios, tecidos, cestaria, brinquedos, pintura e escultura, instrumentos de trabalho – à habitação rural e urbana – processos de construção, materiais, sistemas de cobertura, solução de portais e esquadrias, pintura e decoração. Das formas de comunicação – oral, musical e gráfica – aos costumes e festas populares. Do levantamento à análise e confronto: o que se observa de comum ou contraditório. Permutações e combinatórias de raças, costumes e meio ambiente.

Ali já se delineavam duas perspectivas de ação – uma investigativa e outra projetiva –, ambas no campo da cultura, ambas tratando de projetar um futuro para a nação. Projeto e destino interagem em sua trajetória.

A POLÍTICA COMO MEIO

Motivado pela interlocução privilegiada com dois radiantes e notáveis brasileiros, o embaixador Wladimir Murtinho e o então ministro da Indústria e Comércio Severo Gomes, Aloisio faz seu primeiro movimento concreto na área da cultura em 1975, constituindo o Centro Nacional de Referência Cultural (CNRC). Destinado a analisar e registrar documentalmente traços recorrentes na cultura brasileira, o CNRC vai recorrer a uma plêiade de intelectuais brasileiros e estrangeiros com o sentido de estabelecer critérios e procedimentos para a grande tarefa. Seu propósito se encerra no mote constante de suas falas: quais os referenciais para o Brasil? Em torno desse enunciado básico, o CNRC desenvolveu um sem-número de pesquisas[10] e se fortaleceu a ponto de se estabelecer como plataforma para os voos mais altos que Aloisio daria em seguida, sempre com a mesma intenção projetiva.

10_Ver uma lista desses projetos no anexo ao documento "Bens culturais: instrumento para um desenvolvimento harmonioso", p. 151.

Ao longo de seus anos de atuação profissional como designer *stricto sensu*, por muitas vezes Aloisio foi acusado de colaborar para a sustentação do regime militar. Entenda-se a crítica pelo grande número de projetos realizados por ele para instituições então vinculadas direta ou indiretamente a governos militares – Petrobras, Banco Central, Caixa Econômica Federal, Furnas, Itaipu, Geipot, Docevale –, entre tantas outras atendidas por seu escritório de design.

No mesmo período, o Centro Nacional de Referência Cultural não se caracterizava como instituição estatal, nem da administração direta nem da indireta. No entanto, é possível afirmar que se tratava de um vínculo relativo ao governo, uma vez que seu funcionamento era na verdade garantido pelo apoio de cerca de doze organismos governamentais.[11] Sua fundação se deu durante o governo do general Ernesto Geisel (1975-1979) e foi praticamente concomitante com a criação da Fundação Nacional de Arte (Funarte), vinculada à Secretaria de Assuntos Culturais do Ministério da Educação e Cultura.

O ano de 1974 havia marcado um momento de inflexão no regime militar, uma sinalização ainda difusa – dados os inúmeros episódios ocorridos nos porões da ditadura – anunciava uma "abertura lenta e gradual" em direção ao reestabelecimento de uma ordem democrática, ainda que relativa. De modo bastante claro, como evidenciado em vários dos documentos aqui reunidos, Aloisio desempenhava simultaneamente dois papéis. Um, integrado, embora não acrítico, ao regime em que vislumbrou uma brecha para atuar; e outro vinculado ao Estado, não ao governo. Todo o seu discurso se refere aos problemas da nação, para além das circunstâncias, demonstrando um esforço hercúleo para tornar visível a necessidade de encararmos nosso passado como condicionante do presente e insumo para um projeto de futuro. Neste patamar, embora a circunstância lhe fosse complexa politicamente, apontava a inexorabilidade da abertura política e ali se instalou, positivamente, a serviço da construção, ao menos de uma parcela, do Estado brasileiro.

A habilidade e a autonomia com que Aloisio transita nos meandros do poder[12] e em suas inúmeras viagens pelo país carrega algo de sua herança familiar – os vínculos diretos com a administração pública

11_Ver na cronologia, o ano de 1975, p. 515.

12_Ver "Tempos de mudança. Saudação ao presidente João Figueiredo", p. 280.

através de seu tio, Agamenon Magalhães, interventor em Pernambuco durante o Estado Novo de Getúlio Vargas, e de seu pai, devotado médico à causa pública, que ocupou a direção da Faculdade de Medicina do Recife e a implantação de serviços de atendimento social na área da saúde, marcam definitivamente a sua relação com a coisa pública. O exemplo familiar ecoa em seu relato sobre como veio a projetar as cédulas do dinheiro brasileiro em 1967:

> Do ponto de vista pessoal, o que eu diria a vocês é que o desenho do dinheiro representa um compromisso social, ou seja, uma preocupação muito grande com a responsabilidade social. E aí você tem, vamos dizer, acesso ao desenho do cotidiano que circula dentro daquela cultura, daquela coletividade, e a possibilidade de ajudar também do ponto de vista técnico, em busca de uma independência. Hoje nós somos completamente independentes. Tudo é feito no Brasil, o papel, tintas, gravações, a elaboração dos *offset*, com toda a técnica, ao longo de dez anos foi possível tornar o país autônomo.[13]

Na Faculdade de Direito, o contato com os colegas integrantes do Teatro do Estudante de Pernambuco havia lhe garantido a proximidade afetiva com a manifestação artística de origem popular. Assim, uma especial combinação de fatores configura a trama da formação de Aloisio.

Ao decidir-se pelo design, deixando de lado a atividade explicitamente artística, a opção por um trabalho mais expressivo em escala se tornava gradativamente mais clara.[14] Alguns projetos dos anos 1960 – a criação do símbolo do IV Centenário do Rio de Janeiro e o desenho das cédulas do Cruzeiro Novo – conferiram a dimensão pública que desejava. Leia-se pública no registro de dimensão social, de repercussão e fruição coletiva, não no registro da fama ou da celebridade, que em parte chegaram, sem o afetar. A ele, importava a significação do gesto criativo e sua reverberação na sociedade. Inúmeras falas registradas na imprensa a respeito de design demonstravam uma profunda crença no potencial da atividade. De modo geral, em seu horizonte situava-se uma

13_Em sua intervenção na Semana de Arte e Educação. Ver documento "Arte e educação em debate", p. 298.

14_Ver "Aloisio Magalhães: a serena morte da pintura e a confiante aceitação dos limites", p. 80.

ação política integrada, pelo convencimento do seu poder de transformação associado à ideia de um desenvolvimento econômico social harmônico.

UM PROJETO DE NAÇÃO

Essa tese, da possibilidade de harmonia entre ação projetiva, referência histórica e cultural e desenvolvimento econômico, tem múltiplas raízes e remonta a Walter Gropius e a Mário de Andrade. Ela tem por base a conciliação entre opostos em processo somatório, não excludente, entre passado e futuro, artesanato e indústria, tecnologias apropriadas e de ponta. Aloisio Magalhães recorre à atividade do artesão para melhor explicitar sua noção de um "desenvolvimento harmonioso" e sobre o pernambucano Amaro de Tracunhaém ele diz: "Se o ceramista conhecer melhor seu processo de trabalho, poderá desdobrar seu produto em outros, produzir mais e com melhor acabamento."[15] Nessa observação, afirma-se algo a respeito da mudança de escala e da padronização qualitativa, temas encontrados em muito da literatura europeia sobre design e artes aplicadas no final do século XIX, tão caros em sua decisão pela nova profissão, em 1960.

É evidente que sua preocupação se ancora em um tripé: seu Pernambuco natal, com toda sua inebriante produção artesanal já identificada por Gilberto Freyre, em 1925; sua vivência europeia, na qual a tradição artesanal construiu sua exemplaridade econômica – o vinho, os queijos, os tecidos, a tapeçaria, a própria arquitetura; e, por fim, sua formação profissional, tendo a história do design como base. Repercutem, em Aloisio, e consequentemente em sua visão sobre os ofícios em geral, as campanhas inglesa, de 1835, e alemã, de 1870, pela melhoria dos padrões do gosto nacional que engendraram o estabelecimento das escolas de design nesses países.

Dos bens culturais de valor histórico "podem provir as referências para a compreensão de nossa trajetória como cultura e os indicadores para uma projeção no futuro",[16] afirma. Assim, o futuro se avizinha como algo passível de antecipação, portanto sob o domínio da ideia de projeto. E quando o improviso de sua fala se dá diante do impera-

15_Ver "O produto brasileiro começa a ter desenhada a sua fisionomia...", p. 133.
16_Em "Bens culturais: instrumento para um desenvolvimento harmonioso", p. 151.

tivo de pensar o ainda não pensado – ao que é convocado em debates, entrevistas e outras situações das quais se originam alguns dos textos reunidos nesta edição –, sua vivacidade aflora, exibindo uma posição política menos comprometida com as amarras institucionais. Nesses contextos, manifesta seu pensamento com uma maior contundência: "O processo criativo passa a ser assim um compromisso muito menor do que lúdico, do que uma expressão gratuita e gratificante, e se transforma numa expressão e numa representação útil, necessária, fundamental ao desenho de toda uma nação."[17] Esse desenho é, portanto, o necessário desenho projetivo do país.

Nos dias de hoje, é possível afirmar que parte significativa dos problemas brasileiros decorre do nosso precário traquejo em projetar. A articulação entre racionalidade e proposição não nos é habitual. É necessário transformar a noção de projeto coisa imperiosa, em sua dimensão compreensiva, com duplo significado – do entendimento e da abrangência. Por compreensivo, entenda-se o projeto das coisas no mundo desde que sejam observados e analisados os componentes mais complexos do problema a ser superado, seja qual for a sua natureza, e que sejam antecipados os possíveis reflexos das tomadas de decisão projetiva. Ou seja, que as condições de desenvolvimento do projeto não se situem no terreno exclusivo de uma criatividade voluntariosa, que gira em torno de si mesma, mas na disposição em analisar racional e sensivelmente o presente e seus elementos constituintes do passado. Isto ecoa alguma coisa? Claro. Aloisio era e nunca deixou de ser um projetivo, um designer. Sua relação com os referenciais a que tanto aludiu não é mais do que uma disposição ao projeto – projeto compreensivo.

No Brasil de 2017, torna-se mais do que necessário reavivar algo que, em um breve momento do passado, nos anos 1950, significou uma certa habilidade na construção de um futuro. Hoje, o país exige a recuperação de uma postura projetiva que já foi domínio do nosso conhecimento e que não é mais. O país passou a viver de circunstância, no registro exclusivo do biscate, da gambiarra, de soluções espasmódicas e, por força de análises equivocadas e sínteses mal formuladas, o futuro nos foi subtraído.

17_Em "Arte e educação em debate", p. 298.

Em sua última fala, realizada em Veneza pouco antes de morrer,[18] Aloisio se aproximou de uma questão deixada, até então, em aberto em muitas de suas conversas públicas: em prol da manutenção de certa identidade cultural, vale a pena manter os vícios da ordem social a ela inerente? Assim, na tentativa de reformatar as questões centrais trazidas à luz por Aloisio Magalhães, cabe-nos perguntar hoje: será possível refundar uma nação? Como superar nossa formação social extremamente comprometida com a disparidade social? Não seria pelo enfrentamento desse passado cheio de nódoas e comprometimentos espúrios, pensando possibilidades de superação dessa realidade que nos compõe? Retornando ao pensamento de Aloisio Magalhães, para tanto, faz-se necessário confrontar esses referenciais.

Uma cultura é constituída por hábitos e sua transformação requer um esforço excepcional no sentido da apropriação definitiva e positiva daquilo que nos faz ser o que somos – intuitivos, dotados de uma flexibilidade norteada pelo afeto, porém desprovidos de uma racionalidade que, cada vez mais, será exigida para o enfrentamento mais adequado de nossa complexidade. Operação esta a ser processada na perspectiva individual e coletiva, nos níveis da sociedade e do Estado, parametrizada pela responsabilidade social e pela relação civil com o outro, redimensionada por um desenho projetivo brasileiro a ser construído com tenacidade, competência e, sobretudo, consequência. Esta é a ideia que Aloisio Magalhães, designer gráfico, pensador da cultura, nos legou e que atravessa os textos reunidos nesta edição.

A POLÍTICA CULTURAL DE ALOISIO MAGALHÃES

Joaquim Falcão[1]

Introdução à primeira edição de *E Triunfo? A questão dos bens culturais no Brasil*, Rio de Janeiro: Nova Fronteira, 1985, p. 13-23.

Neste país, quem se ocupa, ou se preocupa, com política cultural, dificilmente poderá ignorar o pensamento e a ação de Aloisio Magalhães. Seja intelectual ou artista. Estando no governo ou nas oposições. Membro da administração pública ou da indústria cultural. Produtor ou consumidor da cultura. Poderá evidentemente vir a ser contra ou a favor. Criticar ou elogiar. Dificilmente, porém, poderá ignorar ou deixar de se posicionar. Por motivo simples. Ocupar-se de política cultural é ocupar-se também, embora não exclusivamente, da presença do Estado nas atividades culturais da nação. Como qualquer política pública, política cultural é um conjunto articulado e fundamentado de decisões, projetos, programas, recursos e instituições, a partir da iniciativa do Estado.

Ora, desde 1937 o país não assistia, no governo federal, a tamanha inovação conceitual, reformulação administrativa, acréscimo orçamentário e implementação de projetos como se verificou na gestão de Aloisio Magalhães (1979-1982). Primeiro no instituto do Patrimônio Histórico e Artístico Nacional (Iphan), em seguida na Secretaria da Cultura do Ministério da Educação e Cultura (Secult – MEC). E abrangendo tantas áreas culturais, como, por exemplo: preservação patrimonial, teatro, folclore, museu, biblioteca e fotografia.

As novas instituições, metodologias e projetos implementados (ou apenas iniciados), não resultaram da expansão autoconservadora da máquina burocrática estatal, que, parafraseando Guimarães Rosa: "De tão egocêntrica, ela se coleciona." Nem resultaram de imposição de credores internacionais, que em passado recente determinou grande parte da ação do governo federal na administração pública. Seja na estatização, seja na desestatização. O caminho percorrido foi outro.

Foi um caminho que, por um lado, constatou a inadequação do modelo de desenvolvimento socioeconômico que o país adotara. Por ou-

1_Em 1985, por ocasião da edição de *E Triunfo?*, Joaquim Falcão era conselheiro da Fundação Nacional Pró-Memória, pesquisador da Fundação Joaquim Nabuco e professor da Universidade Federal de Pernambuco. Hoje, dirige a FGV Direito Rio, Escola de Direito da Fundação Getulio Vargas, no Rio de Janeiro, onde é professor titular.

tro, viabilizou uma forte determinação pessoal de atuar. De interferir. De assumir, como cidadão, responsabilidades públicas. De devolver à nação os privilégios que tinha recebido. Ou, como disse Paulo Sérgio Pinheiro, com seu estilo contundente, ao jornal *Folha de S.Paulo*: "Impaciente, [Aloisio] achou que em 1975 já testemunhara descaso e abandono demais para continuar fora das políticas concretas de Estado".

A questão fundamental a partir da qual se estruturou sua política cultural foi a seguinte:

> Será que a nação brasileira pretende desenvolver-se no sentido de se tornar uma nação rica, uma nação forte, poderosa, porém uma nação sem caráter? Será que o objetivo do chamado processo de desenvolvimento é somente o crescimento dos benefícios materiais, o aumento de uma ilusória alegria e felicidade do homem através dos seus bens e dos seus elementos de conforto material?

A dupla evidência de que o desenvolvimento socioeconômico desprezava indicadores básicos de nossa cultura, e de que os modelos europeu e norte-americano falharam ou foram insuficientes, levava à inevitável conclusão: o país chegara ao momento de mudanças sociais, econômicas e políticas. "O Brasil muda, e quem não acreditar nisto que se cuide. Nossa trajetória na direção de um processo de abertura, de arejamento, de renovação, é inexorável..." Diante da mudança inexorável, os cidadãos não poderiam ficar inertes:

> Não vejo, não posso sentir, dentro das responsabilidades sociais, como homens de grande valor da nação brasileira se estejam omitindo, estejam esperando em casa que alguma coisa, um milagre, ocorra. Isto não ocorrerá. Ou trabalhamos nessa direção, cada um no seu galho, na sua competência, na direção de uma afirmação democrática, apoiando-nos mutualmente, conquistando, através do diálogo permanente, o apoio, ou corremos o risco de o país não se desenvolver na harmonia que desejamos.

Tudo apontava para uma política cultural que se dispusesse a conhecer o Brasil, a identificar seus múltiplos referenciais culturais, a redescobrir sua heterogeneidade cultural, visto que "a homogeneidade é a inverdade". O que deveria ser feito sempre se buscando a visão do conjunto. Recuperando-se a visão do *todo* cultural. Dito de forma direta e didática:

> A nossa realidade é riquíssima, é inclusive desconhecida. Eu não creio que nós tenhamos condições, no Brasil, de conhecer verdadeiramente, ter uma noção precisa do universo, do potencial que existe dentro do espaço brasileiro. E é essa realidade que precisa ser conhecida. É essa realidade que precisa ser levantada. É como se o Brasil fosse um espaço imenso, muito rico, e um tapete velho roçado, um tapete europeu cheio de bolor e poeira tentasse cobrir e abafar este espaço. É preciso levantar este tapete, tentar entender o que se passa por baixo. É dessa realidade que devemos nos aproximar, entendendo, tendo sobre ela uma certa noção.

Ao mesmo tempo, Aloisio Magalhães percebia a inadequação das instituições culturais do Estado para lidar com a necessidade de mudança. Identificou, por exemplo, um Iphan "cerceado, inibido, prisioneiro, sujeito às estruturas do Departamento Administrativo do Serviço Público (Dasp), tendo de dispensar equipes de artesãos e mestres que foram criados ao longo do processo histórico, num aprendizado penoso, metodologicamente importantíssimo".

Em março de 1979, quando Aloisio assume a diretoria do Iphan, depois de quatro anos da experiência do Centro Nacional de Referência Cultural, então estimulado pelo ministro Severo Gomes, não deixa dúvidas sobre sua disposição de se responsabilizar pelas mudanças necessárias. Em seu discurso de posse, recita um poema de Camões:

> *Mudam-se os tempos, mudam-se as vontades,*
> *muda-se o ser, muda-se a confiança;*
> *todo o mundo é composto de mudança,*
> *tomando sempre novas qualidades.*

Mesmo enquanto formulador e gestor da política cultural do governo federal, Aloisio não abandonou um dos traços fundamentais de sua personalidade: a permanente busca da coerência. Coerência que não desconhecia; ao contrário, revigorava-se nas contradições e paradoxos. Contradição, paradoxo, ambiguidade são palavras reiteradas em suas falas. Um dos desafios da coerência era justamente compatibilizar conceituação e ação. Teoria e prática. Personalidade e profissão. O cargo de autoridade pública que exercia, a exigir a razão, o formalismo e o planejamento, com a experiência do cidadão-artista a exigir a intuição, o lúdico e o imprevisto.

Um Iphan e uma Secretaria da Cultura que pretendessem se aproximar do heterogêneo Brasil não poderiam ficar no Rio de Janeiro. Mudaram-se para Brasília, porto de chegada ao Brasil moderno. Do mesmo modo, um secretário da Cultura que pretendesse conhecer o complexo Brasil não podia ser aprisionado na mesa burocrática. Administrar a política cultural passou a significar viajar, conversar, dialogar, ver, visitar e apoiar descentralizando. Quase sempre o contato pessoal substituiu o relatório, o processo administrativo. Semanalmente, Aloisio Magalhães estava em algum canto do país, identificando e apoiando um bem cultural relevante: em Missões, em Ouro Preto, em Orleans, em Cachoeira, em São Paulo. Todo o tempo fazendo conviver a autoridade e o artista. O que exigia, no mínimo, uma boa dose de senso de humor e autocrítica. Uma vez, disse para Lucio Costa, espantado com sua inesgotável paciência em suportar a burocracia federal: "Ou se curte, ou não se aguenta. (...) Senão, como suportar a ansiedade das salas de espera, a dúvida do vou ou não vou conseguir, a sensação de nos sentirmos chatos de tanta insistência na luta sem trégua para obter recursos?"

Podia tanto ser encontrado bebendo cerveja, sem camisa, numa palhoça de Itamaracá, tocando violão e cantando, conversando com Mário Pedrosa, imaginando que aquela ilha – o rio, o mar e a vegetação – deveria ser tombada de modo a aliar preservação e desenvolvimento, como podia ser encontrado em solenidades oficiais brasilienses. A propósito: certa feita, tendo de comparecer a uma recepção que exigia casaca e condecorações, não hesitou em pregar uma pequena esmeralda, na verdade um brinco russo herdado por sua mulher Solange, no lugar da condecoração oficial que não tinha. E curtiu muito a curiosidade dos diplomatas do Itamaraty, ansiosos por adivinharem o país da condecoração.

Três conceitos são fundamentais para se apreender a matriz conceitual que moldou a política cultural então implementada: a noção de continuidade, a noção de bens culturais e a noção de cultura jovem.

Para Aloisio, na trajetória da nação, a continuidade do processo cultural era condição indispensável para assegurar identidade e autonomia no contexto internacional. Condição mesmo para se defender das ambições colonialistas de culturas mais antigas, a se revestirem sempre de novas roupagens, como agora a da transferência de tecnologias, por exemplo. A ênfase na continuidade o levou a dar relevância, na Secretaria da Cultura, à vertente patrimonial. Prioridade à defesa da memória nacional.

Dizia, no Conselho Federal de Cultura do MEC:

> Uma cultura é avaliada no tempo e se insere no processo histórico não só pela diversidade dos elementos que a constituem, ou pela qualidade de representações que dela emergem, mas sobretudo pela sua continuidade. Essa continuidade comporta modificações e alterações num processo aberto e flexível, de constante realimentação, o que garante a uma cultura sua sobrevivência. (...) Pode-se mesmo dizer que a previsão ou a antevisão da trajetória de uma cultura é diretamente proporcional à amplitude e profundidade de recuo no tempo, do conhecimento e da consciência do passado histórico. Da mesma maneira como, analogicamente, uma pedra vai mais longe na medida em que a borracha do bodoque é suficientemente forte e flexível para suportar uma grande tensão, diametralmente oposta ao objetivo de sua direção.

Fácil perceber. A ênfase na continuidade – feita de mudanças, alterações e eventualmente até de rupturas – não se confunde com a defesa do passado ou do elitismo cultural. Sempre que podia, este alerta era dado: "Não tem sentido a memória apenas para guardar o passado.

(...) A tarefa de preservação do patrimônio cultural brasileiro, ao invés de ser uma tarefa de cuidar do passado, é essencialmente uma tarefa de refletir sobre o futuro."

Uma interpretação que resumiria a noção de continuidade diria: o passado forma, e às vezes até deforma o presente. Mas necessariamente não o conforma. Ao contrário, muitas vezes o reforma.

De resto, seria pouco provável que Aloisio passasse de profissional de vanguarda que sempre foi a mero protetor da retaguarda. Como universitário, participou de todos os movimentos culturais mais avançados no Recife, ao lado de Ariano Suassuna, Reynaldo Fonseca, Hermilo Borba Filho, José Laurenio e tantos outros. Como artista foi adepto de Paul Klee, da Bauhaus, com formação pelo cubismo, pelo informalismo e pelo abstracionismo. Como designer, praticamente introduziu esta moderna profissão no Brasil.

Na verdade, por mais paradoxal que seja, uma das formas de depender do passado é justamente elegê-lo não como referencial-pró, mas como obsessivo referencial-contra. É transformá-lo no inimigo todo-poderoso e onipotente. Por isto mesmo sua noção de continuidade não se submetia a uma valorização do passado nem se comprometia com determinado passado. Exigia, isto sim, que se conhecesse o passado e se tomasse posição diante dele. Sobretudo se considerarmos que inexiste uma relação necessária entre ser moderno e ser contra o passado. "Às vezes é preciso coragem de dizer que construir não implica necessariamente fazer; que progresso não pressupõe sempre mudar, mas, muitas vezes, apenas conscientizar e conservar."

Sua noção de bens culturais se opôs à noção de patrimônio histórico e, ao mesmo tempo, a incorporou. Opôs-se na medida em que a noção de patrimônio foi, historicamente, apropriada e reduzida à noção de preservação do patrimônio de pedra e cal. De preservação arquitetônica dos monumentos da etnia branca e sua elite civil, militar ou eclesiástica. Incorporou-o na medida em que patrimônio histórico passou a ser a espécie, e bens culturais, o gênero. Trata-se, portanto, de conceito mais abrangente, que incorpora o bem ecológico, a tecnologia, a arte, o fazer e o saber. Das elites e do povo também. Da etnia branca e também da negra e da indígena. Pois, como gostava de dizer: "A cultura brasileira não é eliminatória, é somatória."

Registre-se que, para esta noção abrangente de bem cultural, Aloisio Magalhães buscou apoio em Mário de Andrade, com seu famoso projeto sobre o patrimônio histórico a preservar: as artes arqueológica, ameríndia, popular, histórica, eruditas (nacional e estrangeira) e aplicadas (nacionais e estrangeiras). Mário de Andrade, por sua vez, sintetizou a tendência que já se explicitava não apenas em São Paulo, mas em experiências anteriores de outros estados brasileiros: na Bahia, no governo de Francisco Calmon; em Pernambuco, com Gilberto Freyre no governo de Estácio Coimbra; no Rio de Janeiro, com o professor Bruno Lobo; e em Minas Gerais, no governo de Melo Vianna.

A consciência de que a reformulação administrativa da Secretaria da Cultura deveria se moldar a partir da noção abrangente de bens culturais levou Aloisio muitas vezes a querer propor ao ministro da Educação e Cultura a incorporação da Funai, visto que a questão indígena, antes de ser questão de demarcação de terras e de exploração mineral, é questão cultural. Do mesmo modo que tentou trazer, para a Secretaria da Cultura, o Museu Nacional da Quinta da Boa Vista.

Esta noção de bens culturais como gênero, e ao mesmo tempo crítica ao elitismo, é muito bem explicitada no documento que preparou em 1978, e que levou os ministros Golbery do Couto e Silva e Eduardo Portella a convidá-lo para dirigir o Iphan.

> (...) o conceito de bem cultural no Brasil continua restrito aos bens móveis e imóveis, contendo ou não valor criativo próprio, impregnados de valor histórico (essencialmente voltados para o passado), ou aos bens da criação individual espontânea, obras que constituem o nosso acervo artístico (música, literatura, cinema, artes plásticas, arquitetura, teatro) quase sempre de apreciação elitista. (...) Permeando essas duas categorias, existe vasta gama de bens – procedentes sobretudo do fazer popular – que por estarem inseridos na dinâmica viva do cotidiano não são considerados como bens culturais nem utilizados na formulação das

políticas econômica e tecnológica. No entanto, é a partir deles que se afere o potencial, se reconhece a vocação e se descobrem os valores mais autênticos de uma nacionalidade.

Interessante observar que, se por um lado esta noção contribuía para democratizar o processo cultural, diluindo os exclusivismos, combatendo as hegemonias, valorizando as comunidades, por outro, colocava um problema prático bastante complexo. Como compatibilizar tanta abrangência conceitual com tanta exiguidade institucional e orçamentária? A resposta foi a estratégia político-administrativa adotada: conscientizar e mobilizar governo e sociedade através de ações-exemplos.

Além de inovação conceitual e reformulação administrativa, sua política cultural continha importante componente didático-conscientizador. O apoio dos meios de comunicação foi indispensável para valorizar estas ações-exemplos. Ações que apontavam caminhos. Orientavam o trabalho de seus colegas na Secretaria da Cultura e envolviam a nação. Arrematar os autos da Inconfidência no leilão da Sotheby's em Londres, ou adquirir as partituras de música barroca mineira que estavam no Uruguai simbolizava a determinação do Brasil de defender seu patrimônio cultural internacionalmente. Aloisio teria ido à Cracóvia negociar a vinda dos originais de Marcgraf e Eckhout se, a meio caminho, não tivesse tido em Veneza o fatal acidente cerebral vascular. Defender, na Unesco, Ouro Preto e Olinda (e até mesmo Missões, no Rio Grande do Sul) como patrimônios da humanidade apontava para a necessidade de se incorporar à cultura internacional, referenciais históricos da civilização tropical luso-brasileira. Propor o tombamento do terreiro de candomblé Casa Branca, na Bahia, estimulava a preservação viva dos valores culturais da etnia negra. Assim como o tombamento de Monte Santo abria a possibilidade de usar este poder legal para preservar não mais apenas edifícios e cidades históricas, mas a memória de movimentos sociais historicamente relevantes, no caso, o de Canudos. Documentar e proteger a cerâmica utilitária de Amaro de Tracunhaém e a tecnologia de reciclagem do lixo industrial – pneus que se transformam em depósitos de lixos – concedia ao fazer popular um caráter culturalmente relevante. A revitalização da estrada de ferro Madeira-Mamoré, no Amapá, e da fábrica de vinhos de caju Tito Silva, na Paraíba, explicitava a estreita vinculação entre a proteção do bem cultural e um desenvolvimento econômico mais autenticamente brasileiro.

Finalmente, a noção de cultura jovem é melhor apreendida através da proposta de Aloisio para focalizar a relação dos países com seu patrimônio cultural a partir de quatro categorias de países: países velhos e ricos, velhos e pobres, jovens e ricos e jovens e pobres. O Brasil se insere nesta última categoria, o que acarreta aspectos negativos e positivos.

Os aspectos negativos dizem respeito à maior fragilidade da cultura jovem diante da transferência internacional de valores culturais e tecnologias.

> Nenhuma das formas de valorização econômica, tecnológica e mesmo científica está verdadeiramente à disposição de todos. É uma inverdade, uma balela, a transferência de tecnologia. Isso não existe. O que existe é subordinação, venda de tecnologia, de formas de fazer, que são impostas suavemente a outras nações, mas que, na verdade, são imensas e novas garras, vínculos de dependência tecnológica...

Daí a necessidade de questionar o conceito de que o universal é o igual. "Universal, meus senhores, não é igual. (...) Que igualdade é essa que, na verdade, só faz diminuir a capacidade criativa, só faz diminuir a intensidade das relações, só faz diminuir a potencialidade de riquezas não conhecidas?..."

Os aspectos positivos da cultura jovem decorrem, por um lado, da constatação de que a forma civilizatória dos países ricos e velhos não trouxe felicidade a nenhum de seus povos. Ao contrário, levou-os à violência urbana, à militarização compulsiva, ao medo permanente da guerra, ao intermitente desemprego e à crescente especulação financeira. Por outro lado, decorrem do fato de o país detentor de uma cultura jovem ter maior potencialidade de invenção e criação. Não estão ainda sedimentados os parâmetros culturais definitivos. A contrapartida positiva da maior fragilidade é a maior flexibilidade diante da inovação. Daí a necessidade de se preservar manifestações culturais espontâneas e populares, eventualmente portadoras de soluções não percebidas pelos países ricos e velhos. Mesmo porque, como dizia dos países jovens e pobres, a mudança é uma necessidade.

Para que a cultura dos países pobres e jovens contribuísse para a civilização contemporânea não bastava a ação de seus nacionais. Era preciso também a compreensão de países mais desenvolvidos, exportadores de tecnologias e de padrões culturais, com os quais se está inexoravelmente em relação. Este foi o tema do seu último discurso em Veneza, na reunião dos ministros da Cultura dos países latinos, pouco antes de morrer, quando se discutiam mecanismos de divulgação e proteção do legado humanista da latinidade. Diante da proposta de um representante de um país rico e velho para que se espalhassem no mundo centros culturais de defesa da latinidade, Aloisio Magalhães reagiu:

> Não creio que a permanência do espírito humanista que herdamos – nós das Américas, sobretudo, e vós da Europa – possa manter-se, e manter-se de maneira condigna e enriquecedora, quando nós, a maioria dos países das Américas, lutamos pela sobrevivência de parte dos habitantes. Esse caráter humanista, enriquecedor e profundamente caro a todos nós, não sobreviverá debaixo de fome e de ignorância.

Estas três noções – continuidade, bens culturais e cultura jovem – moldaram a matriz conceitual da política cultural de Aloisio Magalhães, iniciada com a reforma e a valorização do Iphan (retomando e atualizando as propostas de Mário, Rodrigo e Capanema) e interrompida em pleno processo de consolidação da Secretaria da Cultura do MEC. Consolidação esta que se desenvolvia a três níveis distintos, mas integrados: a) a nível do próprio Estado, motivando e mobilizando órgãos e pessoas dos governos federal, estadual e municipal para implementar a política cultural como uma política do governo em seu todo, e não apenas de seus organismos especificamente culturais; b) a nível das comunidades, significando basicamente uma ampliação sociogeográfica da política cultural, fugindo ao eixo Rio-São Paulo, e convocando-as para assumir responsabilidades ("A comunidade é a melhor guardiã de seu patrimônio"); c) finalmente, a nível internacional, simbolizando não só maior autonomia em relação às transferências de tecnologia e padrões culturais, mas sobretudo o inverso: lutando para que valores e bens culturais especificamente brasileiros passassem a ser considerados bens universais. A consolidação da Secretaria da Cultura seria condição necessária para a criação do Ministério da Cultura. Antes, não.

Resta, por fim, lembrar ao leitor que a definição de uma matriz conceitual, a ascensão a uma posição de poder e mando, a criação de instituições, a implementação de projetos, a conquista de recursos e de apoio político são condições indispensáveis para o sucesso de uma política cultural. Não são, porém, condições suficientes. Pelo menos para Aloisio Magalhães. A determinação, a coragem e a competência pessoal são também indispensáveis. "A determinação de resolver os problemas é, para nós, o primeiro pré-requisito da ação de proteção do bem cultural." Em outras palavras, o sucesso de uma política cultural seria proporcional à competência profissional, à coragem pessoal e à determinação dos que a formulam e implementam. Certa feita chegou a ir longe. Foi quando afirmou: "Esta tarefa é para ser feita com obsessão."

Obsessão, bem entendido, não como patologia do temperamento, mas como intensa disposição interior para defender, em todos os lugares, a todo momento e de todas as formas, uma política cultural a favor da cultura brasileira.

Defender a cultura brasileira oficial e solenemente, como o fez na reunião do Conselho Federal de Cultura do MEC, ao rebater a crítica do brasilianista Thomas Skidmore sobre a posição do negro, em último lugar, no painel de representação das etnias brasileiras na cédula de quinhentos cruzeiros que desenhara:

> Por que o professor americano não foi capaz de ler o que todos nós lemos? O painel observa um critério de precedência histórica,

no sentido natural da leitura, ou seja, da esquerda para a direita. A partir do índio brasileiro, as etnias se superpõem no tempo, numa sequência em aberto. Não estaria o eminente professor transpondo, para a análise do nosso contexto cultural, modelos e estruturas preconceituais de onde o problema se apresenta de maneira diversa? Que outra nação usou com naturalidade sua formação étnica em objeto de comunicação tão amplo como o seu próprio papel-moeda?

Defendeu a cultura brasileira com graça e sutileza. Como o fez certa feita ao receber de alta autoridade mexicana correspondência protocolar, em que, ao final, antes da assinatura, constava um dístico que dizia: *"Por mi raza hablará el espíritu."* Diante de afirmação tão categórica de sedimentação e orgulho cultural, de certeza da identidade cultural, mergulhado nas incertezas, fragilidades, hesitações, contradições, paradoxos e interferências externas da jovem cultura brasileira, Aloisio sentiu-se desafiado. Não hesitou. Respondeu, formalmente, em correspondência protocolar, como secretário da Cultura do Ministério da Educação e Cultura. Entretanto, depois das saudações finais de praxe, ao final da carta, ao assinar, acrescentou: "Minha terra tem palmeiras, onde canta o sabiá." Diz a lenda que a autoridade mexicana recebeu a carta, leu e não gostou.

Ele, o de mil artifícios,
conheceu mundo e sertão.
Viu Veneza e viu Triunfo;
cara a cara, a solidão
(que trazia ao pé de si,
numa coleira de cão).

**FÉLIX DE ATHAYDE,
"ALOISIO MAGALHÃES,
INTERLOCUÇÃO FÉLIX DE ATHAYDE".**

1957 | 1960
AS ARTES NO CONTEMPORÂNEO

TEATRO DE BONECOS

A arte de movimentar bonecos, pequenas figurinhas de pano, madeira ou palha, que no palco se transformam em seres cheios de vida, agilidade e beleza, existe na tradição de quase todos os povos do mundo. Já no Egito, Grécia ou Roma, o povo através deles sentia as suas próprias glórias, alegrias e sofrimentos. É teatro puro e verdadeiro. "Seus valores intrínsecos são autênticos por serem primitivos."[1] Quase sempre o repertório desses pequenos teatros gira em torno de temas bíblicos ou atuais, sendo a farsa – de um modo geral – o que melhor se presta. "Máscara imóvel, estética, sua defesa reside nos movimentos. Não há emoção transmitida e emanada do espírito e corpo presentes do ator."[2] Daí resulta a necessidade de que o espetáculo não se prolongue por demais. Quinze a vinte minutos no máximo. Nos primeiros momentos, a sensação de mistério, novidade, prende totalmente a atenção do espectador. Mas o cansaço facilmente se apodera dele, correndo o risco de estragar toda a beleza do espetáculo. Chega-se à mesma conclusão a que chegou Mário de Andrade quanto ao desenho animado. Como ele diz, "de tal jeito ele é violento, de tal jeito ele arromba o que Couto de Barros, numa página admirável, chamou de limite existencial das coisas, que o seu prolongamento a proporções agigantadas, em vez de convencer, fatiga pelo deslocamento que exige, e desilude pela falsificação que lhe é inerente".[3]

Do ponto de vista educacional, o teatro de bonecos é de grande utilidade como elemento divulgador da literatura, sobretudo da literatura primitiva de todos os povos, que, com algumas modificações, se presta magnificamente como repertório. Que espetáculo maravilhoso seria a representação de clássicos espanhóis e portugueses, como Lope de Vega, Gil Vicente, Cervantes ou Calderón? Ou de modernos como Garcia Lorca que, juntamente com *La Barraca*, apresentava o seu teatro de títeres, "La Tarumba"; peças maravilhosas como *El Retablillo de D. Cristobal*, *Amores de D. Perlimplín con Belisa en su jardín* ou *La niña que riega la albahaca y el príncipe pregunton*.

Este artigo foi originalmente publicado no Recife, c. 1957.

1_Mané Bernardo, *Antología de Teatro y teatro de Títeres*. Buenos Aires: Editorial Latina, 1986.
2_Idem.
3_Mário de Andrade, *Baile das Quatro Artes*. Rio de Janeiro: Nova Fronteira, 2012.

O folclore, por sua vez, poderá ser magnificamente divulgado pelo teatro de títeres. Entre nós, Cecília Meireles realizou adaptações magníficas como a da "Nau Catarineta". Na montagem, crianças ou adultos encontram campo aberto para experiências de escultura, pintura ou música. A música tem grande importância nas representações, observando-se a existência do *background* musical, seja popular – com violões, tamborins, cavaquinhos – ou mesmo aperfeiçoadas composições orquestrais, como *Auto de Natal*, de Cecília Meireles, ou as belíssimas canções de Capiba para *Amores de D. Perlimplín*.

Dentre os títeres, o mais aperfeiçoado, ou melhor, o mais requintado, é o marionete. Funciona num palco em miniatura idêntico ao dos teatros de gente grande. É um boneco de corpo inteiro, acionado por cordões que lhe dão movimentos, quase perfeitos. Com o marionete é possível realizar-se montagens maravilhosas com todos os requintes de *mise-en-scène*. Os monstros mais fantásticos ou os canários mais complicados podem ser realizados. No Brasil é praticamente inexistente, afora a realização do Instituto Pestalozzi, no Rio. Muitos condenam a criação de teatros de marionetes, alegando que não pertencem à nossa tradição. Ignoram, talvez, que o marionete é uma consequência do títere ou mamulengo, um aperfeiçoamento natural. Não é mais do que a evolução do mais primitivo para o mais perfeito. De fantoche, boneco luva, ou mamulengo, como é chamado entre nós, existem dois tipos, segundo Luiz Edmundo: o títere de capote e o títere de porta. O títere de capote existiu no Rio de Janeiro a partir do século XVIII. Apresentava-se, segundo o mesmo autor, do seguinte modo:

> Boca de cena dessa ópera improvisada, feita pelo próprio empresário com o planejamento amplo do seu capote, traçado de ombro a ombro em linha horizontal de tal sorte formando o campo necessário à movimentação do boneco. Escondido na pregaria da capa, que tomba até o joelho do 'homem palco', está o guri que dá aos personagens de pano e massa o movimento necessário. O 'homem palco' é, ao mesmo tempo, 'homem orquestra', pois que, com os dedos, repinica a viola da função, que o capote nem sempre dissimula".[4]

4_Luiz Edmundo, O *Rio de Janeiro no tempo dos Vice-Reis*. Rio de Janeiro: Athena Editora, 1935.

Por esta descrição temos uma ideia do que seja o "títere de capote". Está hoje completamente desaparecido. Sendo exatamente um tipo mais primitivo, o mais rudimentar, deu lugar ao mais desenvolvido, "o títere de porta". Nesse, está enquadrado o nosso mamulengo, embora com algumas características próprias. A função se processa num vão de porta com um cortinado até o chão, deixando uma abertura no alto, de cerca de cinquenta centímetros. Observa-se, nesse teatro, a existência de bonecos com personalidade firmada, em geral cômicos ou heróis. Gozam de grande prestígio popular e intervêm em quase todas as funções: é o caso do nosso Cabo 70, herói cômico muito exaltado que causa atrapalhações a todo mundo. Este personagem típico está espalhado por todo o Brasil mudando unicamente de nome. Cabo 70 em Pernambuco, João Minhoca no Rio de Janeiro, João Redondo no Rio Grande do Norte... Observa-se também, naturalmente com as variações locais, a existência desses tipos permanentes não só no Brasil como no estrangeiro. Tipos absolutamente nacionais, como D. Cristobal na Espanha, Hans Wurst na Alemanha, Punch na Inglaterra, Klasson na Austrália, Pekelharing na Holanda, Karagöz na Turquia, Pondj na Pérsia, Petrouchka na Rússia, Gnafron na França e Woltz na Bélgica...

O repertório do nosso mamulengo tem muito de improvisação. Dentro de um enredo estabelecido, tudo o mais momentâneo variando consequentemente de espetáculo para espetáculo. São peças de tradição puramente oral. Temas bíblicos e sobretudo atuais. Observa-se também, no mamulengo, e é uma característica essencialmente sua, a inexistência do cenário. A não ser alguns objetos que geralmente se encontram, tais como ambulância ou telefone, nada mais existe quanto à *mise-en-scène*. São representações de uma pureza, simplicidade e lirismo comoventes. Através de poemas como o que se segue, podemos verificar a riqueza política do nosso povo:

Deixa que eu morra
Desta ferida
Que é melhor vida
Morrer por ti

Se me desejas
Da morte isento
Não te retires

Pois só me alento
Com o ver-te aqui

SOBRE O ENSINO DAS ARTES

Chamado a entrar no jogo, por deferência simpática dos condutores desta casa, eis-me aqui disposto a aceitar-lhes as regras, pedindo-lhes isso, já que me encontro entre professores e não podendo propriamente me considerar um deles, me sejam permitidas algumas exceções, prometendo-lhes em troca talvez poder diverti-los um pouco com a minha maneira inortodoxa de abordar o assunto. Pensando assim, decidi oferecer-lhes hoje não uma aula cientificamente correta no que diz respeito à verdade histórica, levantamento preciso de arquivos ou metodologia dos novos encaminhamentos do ensino de arte, mas decidi, por sinceridade e também por coerência, fazer-lhes ouvir um depoimento simples da experiência de um artista, dos tropeços e achados que condicionam toda formação feita sem escola.

Em vez de um rio que nascido olho d'água recebe no seu caminhar a cooperação e o alargamento lógico de afluente que o engrossam e o tornam rio largo de caminhar ligeiro, o que escuta reis é o depoimento de acidentado riacho, que nascido também olho d'água, em terreno muito acidentado, conseguiu engrossar mas à custa de saltos, inesperadas curvas e retrocessos – rio sem leito próprio e que espera também poder chegar ao mar, senão tão diretamente, pelo menos trazendo consigo uma forma de alegria que é concedida a todo encaminhamento sincero. Uma história assim contada será menos a minha história do que a de todos nós, os artistas desta região, que sofremos os mesmos impactos e as mesmas limitações.

Escolhamos, pois, um ponto qualquer da história do ensino das artes plásticas em nossa região e suponhamos que ele coincida com o momento em que fomos impelidos a participar como iniciantes. Para os nascidos em 1927, este ponto foi em torno de 1940 a 1945. O que havia então no domínio do ensino plástico e nos foi oferecido? A Escola de Belas Artes, com cursos de pintura, escultura e arquitetura. Ensinava-se a pintar paisagem ao natural, naturezas-mortas, vistas, através de arranjos artificiais de objetos de cera, pássaros empalhados, jarros de mausoléu.

Documento originalmente datilografado pelo autor para aula a ser ministrada em Recife, 1958. Tudo leva a crer que esta aula tenha sido dada na Escola de Belas Artes de Pernambuco, fundada em 1932 e incorporada à Universidade do Recife em 1946, a que Aloisio refere-se muitas vezes no texto. É possível imaginar que quisesse transmitir a seus amigos e conterrâneos a possibilidade de renovação professada pela escola alemã de artes e design – Bauhaus – trinta anos antes, animado por sua experiência americana de 1957, quando se deparou com o design.

Ensinava-se o desenho de modelo vivo, segundo regras presas e matemáticas ou verificar-se no gesso a luz e a sombra de uma cabeça de Sófocles. Modelava-se o barro de maneira convencional, como aliás ainda hoje se modela. O curso de arquitetura, bem mais evoluído, consciente de uma nova responsabilidade que se iniciava no Brasil, oferecia muito mais aos novos estudantes. Já se distanciava perigosamente dos métodos de ensino do setor belas-artes, acarretando com o tempo o que veio infelizmente a ocorrer: a separação em duas escolas independentes.

Não se pode, entretanto, desconhecer os méritos da Escola de Belas Artes. Fundada por homens abnegados que lutaram por anos a fio pela sobrevivência de seu ideal e que, naquela altura, apenas vislumbravam tomar bom vento o barco tão dificilmente sustentado.

Mas, para o adolescente daquela época, informado ou pelo menos intuindo o que se passava pelo mundo, aquela escola já não poderia satisfazer. As portas da percepção já se abriam nele através de leitura de poesia, literatura de ficção, do que lhe vinha pelo rádio, pelo cinema, pelas reproduções de quadros. Havia pois uma contradição evidente entre as informações que recebíamos de fora e com as quais vibrávamos intensamente, e aquilo que nos era oferecido como possibilidade de ensinamento.

Tentamos, entretanto, a escola, na esperança de conciliar os nossos arroubos pela brisa que nos vinha de fora com a calmaria que reinava no casarão do Benfica. E, de fato, houve uma ponte-ligação; o pintor Lula Cardoso Ayres iniciara um curso livre de desenho, do qual muitos de nós participamos com entusiasmo. Heroicamente ele constitui, dentro de um ambiente de certo modo hostil a tudo que se relacionasse com a chamada arte moderna, uma possibilidade. Ali ensinava-se a observar a figura e a fixá-la, não através de rígidas e convencionais regras de medida, mas através do exercício constante do olho e da observação. Também ali a atmosfera era diferente; respirava-se o mesmo ar, conversava-se e ouvia-se falar sobre os nomes que estávamos habituados a ouvir e que queríamos ouvir, e que, só em pronunciá-los, davam-nos a impressão de também participar da revolução que se processava.

Uma coisa causava espanto. Como era possível que fatos e acontecimentos que se vinham desenrolando há tanto tempo, acontecimentos alguns até já mortos, outros já adultos e respeitados, não fossem sequer conhecidos e, senão respeitados, pelo menos discutidos?

Façamos agora um parêntesis, abramos uma vereda ao lado desta narrativa, espécie de nota de pé de página, e vejamos de maneira sinóptica uma série de fatos e acontecimentos no mundo não só da arte mas também da vida que não poderiam deixar de abalar e influir poderosamente nosso espírito.

Façamos um recuo até o ano de 1900 e vejamos, a partir dele, o que aconteceu: em Paris, realizou-se a exposição do Centenário que consagra de maneira definitiva a obra de Cézanne ao mesmo tempo que se inaugura o metrô, a linha de transporte urbano subterrâneo. É exibido pela primeira vez o filme *Hydrothérapie fantastique*, de Mélies.

O caso Dreyfus divide a França, é fundado o partido trabalhista na Inglaterra, morre Toulouse Lautrec e Thomas Mann escreve *Os Buddenbrooks*, tudo isso em 1901.

Pelléas et Mélisande é composta em 1902, mesmo ano em que são publicadas as obras completas de Ibsen, e a primeira edição d'*Os sertões* de Euclides da Cunha. Picasso chega a Paris em 1904, mesmo ano em que Romain Rolland escreve *Jean Christophe*.

Em 1905, realiza-se o salão de outono, a revolução dos *fauve* com a participação de Matisse, Derain, Braque, enquanto Einstein concebe a teoria da relatividade, estoura a guerra russo-japonesa e Picasso atinge o auge da sua fase rosa.

Paul Klee expõe pela primeira vez em Munique em 1906 e, em 1907, realiza-se a grande retrospectiva de Cézanne, ano em que Bergson escreve a *Évolution creatrice*.

1908 é o ano das primeiras experiências cubistas de Braque e Picasso e Schoenberg compõe *Pierrot lunaire*.

Kandinsky publica o famoso livro *O espiritual na arte* em 1910, ano em que morre Henri Rousseau. Stravinsky compõe *O pássaro de fogo*, e o Japão anexa a Coreia.

Em 1913, realiza-se a famosa *Armory show* em Nova York, enquanto Guillaume Apollinaire publica o seu livro *Alcools*, e Marcel Proust, *Du coté de chez Swann*.

Começa a pintura metafísica na Itália em 1914, ano em que Gide publica *Os subterrâneos do Vaticano*, e começa a Primeira Grande Guerra.

Em 1917, na Holanda, Mondrian lidera o movimento De Stijl na França, Valéry publica *La jeune parque*, os bolchevistas assumem o controle na Rússia.

Em 1919, funda-se a Bauhaus na Alemanha, a música de *jazz* invade a Europa, celebra-se o tratado de Versailles. Pirandello escreve *Seis personagens à procura de um autor*. 1921 é o ano em que se instala a Bauhaus em Weimar.

Em 1923, publicam-se as *Elegias de Duíno*, de Rainer Maria Rilke, e *Vers une architecture*, de Le Corbusier, e já desde 1922 havia aparecido o *Ulisses*, de James Joyce, ano em que Mussolini assume o controle da Itália. Em 1925, a Bauhaus é transferida para Dessau, realiza-se a primeira exposição surrealista em Paris e são publicados os primeiros livros de Kafka, já morto desde o ano anterior.

Ravel compõe o famoso "Bolero" em 1928, a Rússia executa o primeiro plano quinquenal, Mário de Andrade publica *Macunaíma*. Paul Klee é consagrado em Berlim, Max Ernst expõe em Paris, Walt Disney concebe o *Mickey mouse*, há o *crack* da bolsa de Nova York, em 1929. Em 1931, Picasso ilustra as *Metamorfoses*, Saint-Éxupery publica *Vol de nuit*, instala-se a república na Espanha.

Faulkner publica *Luz de agosto* em 1932, e em 1933 Klee é expulso da Alemanha nazista, Maulraux escreve *A condição humana*, Roosevelt é eleito presidente dos Estados Unidos, Hitler, chanceler do 3° Reich, Gilberto Freyre publica *Casa-grande & senzala* no Brasil.

Em 1935, a Itália ocupa a Etiópia, T.S. Elliot publica *A morte na catedral*. Já em 1936, morre Garcia Lorca fuzilado pelos franquistas, e em 1937 Sartre publica *A náusea*. O Japão ocupa Pequim, Vargas instala o Estado Novo.

Em 1939, Joyce publica *Finnegans* wake, é descoberto o DDT e declara-se a Segunda Grande Guerra Mundial.

Paul Klee morre em 1940, mesmo ano em que Mondrian executa a famosa série de quadros *Boogie Woogie*, em Nova York, Churchill torna-se primeiro ministro da Inglaterra.

Enfim, poderíamos continuar quase indefinidamente, ou ainda enriquecer com inúmeros outros fatos, este quadro de acontecimentos.

O que na realidade intuíamos, sem que nos fosse possível uma análise por falta de perspectiva, é que qualquer coisa de muito sério e grave ocorria no domínio da criação artística em todos os seus setores. Sentíamos que um processo se desenvolvia, que, por exemplo, a imagem passou a ser a expressão mais forte de nosso século em substituição aos livros, a palavra impressa – expressão absoluta no século XIX. O cinema, a fotografia, a fixação da imagem em cores, o extraordinário interesse e a curiosidade que se concentrou em torno de experiências científicas no mundo do macro e do microcosmos, a paisagem nova que se desenvolveu pouco a pouco e foi oferecida aos nossos olhos, acrescidas da extraordinária diminuição de distâncias, novos valores em relação ao tempo, enfim, um interminável número de fatores que passou a constituir os valores do nosso tempo, e que a eles não podíamos faltar.

Acrescente-se o fato de que, no caso específico da pintura, ela desde muito havia deixado de ser o veículo único, ideal de fixação de acontecimentos, registro mais lógico e prático. O pintor perdeu a sua integração social de anotador principal dos fatos que ocorriam no seu agrupamento. Deixou de ser necessário. Novas formas de fixação de fatos, mais precisas e sobretudo mais instantâneas, a substituíram com vantagem. De que serviria a sua imagem manual e imaginária diante de possibilidade da imagem verdadeira, e até mesmo em movimento?

Assim o grande cisma tendo ocorrido, necessitava o artista encontrar o novo mundo para onde dirigir o seu olhar, e foi aí que ele levantou o véu e pôde ver além da realidade imediata do aspecto mais exterior da natureza. Não que os artistas de outras épocas tenham desconhecido o mundo do menos visível, mas o que passou a ocorrer foi uma forma de preferência por este mundo "novo velho". E exatamente por ter sido liberado de sua anterior função de anotador é que ele pôde ver mais e mais profundamente a realidade que o cercava.

Isolou-se pois do seu meio por ser de certo modo prescindível. Distanciou-se e pôde ver mais claro. Sem paixão e, sobretudo, sem necessitar atentar para detalhes. Preocupa-o o essencial.

Permitam-me outro parênteses. Exploremos um pequeno galho que nos surge à esquerda, com muito cuidado para não nos perdermos do tronco principal, e sobretudo por se tratar de matéria para a qual não estou preparado e só a intuição me guia. Galho muito frágil, de onde poderei escorregar por qualquer deslize.

Disse que preocupa-o o essencial.

Entremos aí em pleno domínio da filosofia. Não aspira ela a compreensão da realidade e o sentido da vida? "A arte nada ensina a não ser a significação da vida.", diz-nos Henry Miller. Mas, parece-me, filosofia não como o estudo de sistemas ou da obra de antigos e modernos filósofos; tampouco a memorização de textos ou a acumulação de conhecimentos escolásticos. Filosofia como uma atividade fundamental e criadora do intelecto, impulso irresistível, velha como o próprio homem e forte como o impulso de fome, sede e sexo.

> Da vida resulta a morte, e da morte, a vida; da juventude, a velhice; da velhice, a mocidade; do acordar, o sono; e do sono, o acordar; o fluxo criador nunca permanece imutável... Construção e destruição, destruição e construção, esta é a norma que norteia todos os ciclos de vida natural, do menor ao maior elemento. Assim, como o cósmico emerge do primordial, a ele deve retornar mais uma vez, um duplo processo seguindo seu curso medido através dos tempos, um drama eternamente reencenado.

Diz-nos Heráclito, o obscuro, como classificavam-no os gregos. Ou então "a harmonia oculta vale mais do que a harmonia visível".

Diante, pois, de tais preocupações e de tais aspirações, não lhes parece evidente que necessitava o artista de uma renovação total dos seus meios de realização? Nova função exige novos meios de atingi-la. Estabelece-se então uma fragmentação completa no domínio da técnica utilizada para atingir ao fim aspirado. Não mais lhes servem as receitas que estavam a serviço de um fim que deixou de ser o aspirado. Já não lhe bastava mais saber que se obtinha uma boa carnação na figura com uma mistura de determinado carmim, ocre e branco de zinco, ou que uma boa sombra era feita com violeta de cobalto; necessitava ele descobrir, e sozinho, à sua maneira, o seu modo particular de dominar a técnica e que servisse especificamente às suas necessidades de expressão. Voltou como que à estaca zero. Evidentemente, passou a interessá-lo profundamente a arte dos primitivos, das crianças ou mesmo dos alienados, pelo que elas representam de espontâneo e livre de preconceitos acadêmicos. Todo um novo aprendizado era necessário ser feito, longo, difícil e, sobretudo, pessoal, e que só indiretamente poderia ser ajudado. Depois que a explosão serenou um pouco e a fumaça e a poeira por ela deixada permitiram uma visão dos destroços, foi pouco a pouco possível estabelecer por analogia alguns esboços de agrupamentos, algumas tendências gerais possíveis de serem aplicadas em escolas. Alguns desses agrupamentos tiveram vida curta, outros melhor frutificaram e, por sua vez, subdividiram-se. Mesmo os de vida rápida tiveram sua importância pelo que deixaram de experimental a serviço dos que vieram depois. Outros nem sequer pretenderam ser coisa definitiva, mas momento apenas, degrau necessário a outros encaminhamentos.

De modo geral, dois grandes grupos se definiram. Os que viam na figura um empecilho definitivo, uma tara indelével, e abandonando-a entraram no domínio do abstrato; e outra grande família que preferiu permanecer fiel à figura, apenas procurando realizá-la de maneira não convencional. Os primeiros, isto é, os abstratos, dividiram-se por sua vez em dois grupos: um, que ainda permaneceu ligado à natureza e que busca através dela, de formas orgânicas, ou cósmicas, expressarem a sua verdade. O outro nenhum comércio estabeleceu com a natureza, preferindo um mundo a que chamam de concreto, purista, e que estabelecem na geometria e nas cores básicas os limites para sua realização. Não nos compete julgar nenhuma delas. Nem estabelecer prioridades, mas apenas aceitá-las como um fenômeno de nossa época, evidente transição, busca insaciável de verdade.

Desculpem-me se só agora chego ao assunto que deveria ser o específico de nossa aula, mas é que me pareceu lógico, imprescindível mesmo, antes de abordar os elementos que constituem, a meu ver, os novos métodos de ensino das artes plásticas, e sua repercussão em nosso meio, fazer esta localização do problema, esta justificativa, digamos assim, da posição do artista contemporâneo.

Se me fiz compreender, creio que lhes parece claro que toda uma renovação se impôs no domínio do ensino plástico. Acontece, entretanto, que, ao contrário do que ocorreu nos outros domínios do ensino – como no científico e técnico, por exemplo, que se atualizaram e que vivamente procuraram acompanhar a revolução que se processava –, em torno do nosso ensino de arte, nada disso ocorreu. O espírito *beaux-arts* continua a prevalecer oficialmente numa tentativa desesperada de sobrevivência. Não é impunemente que essas escolas lutam com deficiência de alunos; que cada ano diminui o número dos que acorrem a escolas de belas-artes. Como podem elas esperar que a curiosidade e a sede de alguns jovens de hoje possa ser saciada, pelos métodos obsoletos e desusados que em nada correspondem à realidade presente? Peço-lhes que compreendam que não reivindico uma posição de *avant-garde*, mas um mínimo de atenção para problemas que desde muito deixaram de ser tomados como excentricidades ou modismos, e que têm sido estudados e dissecados profundamente por críticos e ensaístas, e que representam hoje talvez a matéria mais estudada e mais divulgada de nossa época. O mundo inteiro, no que tem de mais civilizado e desenvolvido, reconhece desde muito esses novos valores. Lembremo-nos que, na data de 1919, o manifesto em que Walter Gropius proclama a necessidade de uma renovação completa do ensino de arquitetura e belas-artes resultou na instalação da Bauhaus, escola que representa a primeira e mais importante tentativa de renovação do ensino plástico.

Que pensava Walter Gropius então? Que pensava ele poderiam ser os elementos a introduzir e que resultassem, em primeiro lugar, no bom desenvolvimento dos jovens artistas de sua época e, em segundo lugar, em como fazer penetrar nas camadas menos acessíveis intelectualmente o gosto e a aceitação dos novos valores? Antes de tudo, abolir as diferenciações de valor entre os diversos tipos de expressão plástica, a odiosa classificação de arte maiores e menores. Toda expressão é válida quando feita segundo um princípio de dominação da técnica e de sinceridade de objetivo. Seria Blake menor do que Rembrandt por se utilizar da gravura em vez da pintura a óleo? Parece-me evidente que não.

Abolidas as diferenciações, pensava Gropius fazer introduzir no currículo normal algumas das novas formas de expressão até então não consideradas válidas artisticamente. A fotografia, por exemplo.

Além disso, estabelecer o que me parece a mais importante contribuição no domínio do ensino plástico, ou seja, o princípio de que o jovem, ao ingressar na escola, no seu primeiro ano de currículo, não estabelecesse preferência por nenhuma especialização, partindo-se do pressuposto de que potencialmente todos eram iguais. Isto é, de que o ânimo inicial que atira um jovem para a expressão plástica é comum e que só é possível uma preferência por determinado setor ou técnica depois de um aprendizado geral de todas as técnicas e de conhecimento de todos os materiais. Assim, ao entrar na escola, o jovem não sabia se de lá sairia arquiteto, pintor, escultor, gravador, técnico em tecelagem, *layout man*, desenhista industrial, tipógrafo, fotógrafo, professor de arte, enfim, qual a sua designação final que era fruto não de uma escolha acidental ou mais ou menos apriorística, mas resultava da análise feita dos resultados de sua passagem pelas diversas oficinas que constituíam a escola.

Humildade e segurança na escolha. De que serve um mau arquiteto, frustrado e desolado, quando o encaminhamento correto poderia tê-lo levado a uma forma de expressão que o conviesse? Poder-se-ia argumentar que cada um tem obrigação de descobrir por si mesmo as suas próprias possibilidades e limitações. Será isso verdadeiro?

Uma escola assim organizada não poderia deixar de resultar magnífica, como de fato resultou. Acrescente-se a qualidade dos que lá estavam como professores. De Klee a Kandinsky, de Gropius a Herbert Bayer, de Moholy-Nagy a Oskar Schlemmer ou Lyonel Feininger.

Contato com os materiais puros, observá-los detidamente, analisar a sua resistência, o seu peso, as suas possibilidades de aplicação, sentir por que a pedra é dura, e como usá-la. Prescindir dos materiais pobres e preferir os nobres. Usá-los como artesão e como criador. Depois, e mais fundamentalmente ainda, saber usar o olho. O olho seletivo, o olho treinado. O olho que sabe ver e sabe relacionar e selecionar. A observação profunda da natureza, constante, diária, obsessional. O olho, se quiserem, viciado, que relaciona e constata. Depois, uma profunda integração na vida. Um despojamento tanto quanto possível de coisas prescindíveis, acidentais. Vida no sentido integral e profundo. Exatitude apoiada na intuição.

Uma escola assim, que falava uma linguagem semelhante, não poderia deixar de influir profundamente no espírito dos homens que por ela passaram. Infelizmente, o espírito nazista não podia tolerar tamanha aventura no domínio do espiritual e ordenou seu fechamento em 1933. Mas era tão forte o seu poder e a força dos homens que a idealizaram, que era necessário continuar custasse o que custasse. Felizmente, os Estados Unidos acolheram-nos. (Esses bravos irmãos do Norte, tão injustamente atacados por falta de espiritualidade.) Foi onde aquelas ideias encontraram acolhida e campo para o seu desenvolvimento. Em Harvard, formou-se um grupo em torno de Gropius. Em Chicago, outro em torno de Moholy-Nagy e de Mies van der Rohe. Herbert Bayer, depois de várias experiências, acabou por fixar-se no Colorado. Espalharam-se assim as ideias da Bauhaus.

Em 1957, tive a chance de visitar algumas dessas escolas. O grupo de Harvard, o grupo de Chicago e sobretudo as experiências que vêm sendo feitas na Philadelphia Museum School of Art. Nesta última, foi-me oferecida a oportunidade de, na qualidade de instrutor convidado, observar os métodos ali empregados, participar das sessões de criticismo, enfim, estabelecer contato com os diversos setores da escola. Permitam-me que lhes conte uma pequena história de como se processou o contato que resultou na minha permanência naquela escola.

Não me move nenhum interesse nem nenhuma vaidade ao contar-lhes esta história. Ela visa apenas a ilustrar o espírito que preside os condutores daquela escola.

Filadélfia fazia parte do meu roteiro, atraído que estava pela importância do seu museu. Ao visitá-lo, vi alguns cartazes e anúncios dos programas e atividades da escola de arte mantida por aquela instituição. Decidi visitá-la no dia seguinte e, apresentando-me ao serviço de relações públicas, demonstrei o meu desejo depois de dizer quem era e a que vinha. Tudo me foi prontamente facilitado e depois de uma longa visita à escola, fui convidado a conhecer o diretor. Em conversa com ele, não pude deixar de externar o meu entusiasmo e minha profunda admiração pelo que vi. E. M. Benson é conhecido na Filadélfia como um homem seco, direto, extremamente ágil e responsável pela revolução que se vinha processando na escola. Conversamos longamente e fui submetido a uma verdadeira sabatina de perguntas: primeiro sobre o que havia observado na escola, depois sobre o Brasil, a situação das artes plásticas, e mais detalhes sobre a minha formação artística. Ali mesmo, sem mudar de tom ele me surpreende com um convite para voltar à escola por um período de dois meses, como instrutor. É bem imaginável o meu espanto. Usei da mesma linguagem e disse-lhe quanto estava surpreso e das dúvidas que me acudiam quanto à vantagem para eles daquele convite. Falei-lhe da minha falta de conhecimentos, de currículo, da minha formação inteiramente autodidata e das deficiências que isso implica, e que certamente eu iria lucrar muito mais do que poderia dar.

Respondeu-me ele que nada disso tinha a menor importância; o que ele via no meu estágio na escola era a conveniência do contato dos alunos com um artista de formação inteiramente diferente, feita em circunstâncias diferentes, e que esse contato só poderia resultar proveitoso para ambos. Para a escola e para mim.

Voltei, pois, à Filadélfia para cumprir o combinado e, durante os dois meses em que lá estive, em contato direto com a escola, pude observar longamente os métodos e os princípios que norteiam o ensinamento das artes visuais. Seria demorado, mas talvez interessante alongar-me nos detalhes do que me foi dado observar. O que aqui disse no decorrer desta conversa é fruto do que pensei durante aquela observação. A cada momento, o meu pensamento voava até aqui e eu comparava e estabelecia paralelos entre o que via e o que poderia ser feito no Brasil.

Deixemo-nos agora iluminar por este sol magnífico, lancemos um olhar para esta atmosfera cristalinamente transparente, sintamos estes verdes úmidos ou ácidos da paisagem que nos rodeia, contemplemos a pura nitidez do nosso horizonte e a natureza especial da cor do nosso mar. Chegamos, pois, à nossa região. Analisemos o que seria necessário fazer em relação ao problema do ensino das artes plásticas.

Acredito que nesta matéria, cujo objetivo essencial é um só: o de preparar um grupo de homens que se dispõem a observar o mundo e, a partir desta observação, fixá-la através de tinta, madeira, pedra ou metal, pouco devem diferir os métodos de ensinamento dos aplicados a outras regiões. Se o fim é o mesmo, se os meios são os mesmos, se as técnicas são as mesmas e só difere a substância a ser analisada, creio que só detalhes devem ser modificados e adaptados às nossas circunstâncias. Creio, até mesmo, que poderemos levar uma certa vantagem, pela inexistência de uma tradição rígida, grande empecilho às renovações. Somos um país novo, sem maiores responsabilidades de passado a preservar, com um potencial plástico extraordinário e só na superfície explorado, tudo isso representa uma extraordinária vantagem. Não que se deva negar todo o passado, desprezando-se riquezas e valores extremamente nobres de nossa formação colonial, mas tendo o necessário cuidado de não se apegar demasiado a eles, e saber bem distinguir o que é verdadeira e eternamente vivo do passado morto. "Não há passado de que seja permitido ter saudade. Existe o eternamente novo, que nasce de elementos permanentes do passado; e o verdadeiro saudosismo deve ser produtivo, deve criar sempre alguma coisa de nova e melhor." (Goethe).

Objetivamente, vejamos quais as instituições de que dispomos e que pretendem esta finalidade: a Escola de Belas Artes, as escolas técnicas industriais e artesanais. No passado, houve uma instituição que, se houvesse sobrevivido na sua integridade e se houvesse se desenvolvido dentro do espírito que por muitos anos a norteou, teria provavelmente chegado bem perto do ideal que almejamos. Trata-se do Liceu de Artes e Ofícios. Houve uma época em que ali foram estudados os materiais simples, sua pureza, sua aplicação. O artesanato esteve de mãos dadas com a criação e, para espanto nosso, até mesmo certas técnicas fundamentais, como, por exemplo, a gravura em metal e a gravura em pedra, ali foram ensinadas. Infelizmente, isso faz parte de passado remoto; a gravura foi esquecida, as prensas desmanteladas, esqueceu-se tudo. Infelizmente, um aluno de belas-artes hoje é incapaz de distinguir diante de uma imagem gravada se se trata de metal, pedra ou madeira.

As escolas técnico-industriais teriam sido um bom elemento de ensinamento plástico, não houvessem elas se apegado a um aprendizado superficial e só técnico. Cogita-se de preparar operários eficientes e destros, mas ficam só nisso. Como seria fácil levá-los um pouco além e mostrar àqueles jovens que a técnica só não representa tudo e de que existem outros valores a considerar?

Entretanto, o elemento principal com que contamos é a Escola de Belas Artes. Ela é, desde a sua fundação em 1932, o estabelecimento próprio e específico do ensinamento que analisamos. Infelizmente, um acontecimento da maior gravidade, a nosso ver, acaba de ocorrer. O desmembramento do curso de arquitetura em escola autônoma, a exemplo do que ocorreu na Escola Nacional. Este erro é fruto do desequilíbrio existente entre a atualização que se vem procurando impor ao setor de arquitetura, em contraposição à desatualização do setor belas-artes, pintura e escultura. Argumentam os separatistas que não é possível nem convém mais aos estudantes de arquitetura aquela convivência. De fato, se observarmos o problema no sentido imediato, existe realmente uma grande diferença entre os dois cursos, e é admissível aos alunos do curso de arquitetura este desejo de separação. Mas, se olharmos o problema com mais distância, com mais perspectiva, verificamos que se trata de um erro da maior gravidade, e cujas consequências são imprevisíveis. Exatamente o contrário da separação que pregam os estudiosos do assunto. Afirmam eles e com absoluta razão, que quanto mais unificado, quanto mais global forem os conhecimentos e sobretudo a experiência dos alunos, melhor e mais conscientemente poderão eles chegar a uma decisão quanto ao ramo escolhido. O que eles deveriam almejar, lutar por, era uma maior fusão de todos os setores de atividade de criação plástica, e ampliação desse ensino com a inclusão de várias outras técnicas desconhecidas, ignoradas, senão desprezadas pelo espírito *beaux-arts*. Impossível negar a importância da fotografia como uma das expressões mais fortes e mais legítimas de nossa época; impossível desconhecer o processo de renascimento das diversas técnicas de gravura que se observa no mundo inteiro; impossível deixar de incluir o desenho industrial, o desenho de observação, o desenho tridimensional, a técnica de cartazes de *layout*, a cerâmica, a tecelagem.

O que eles, esses alunos de hoje, deveriam pleitear, além da abertura dessas novas trincheiras, era que também se estudasse a transformação completa dos currículos na forma existente de cadeiras autônomas e isoladas, que resultam num ensinamento seco, independente do puro arbítrio de cada professor, e que fosse adotado o princípio dos departamentos, enfeixando cada um os diversos aspectos comuns do ensino de cada técnica. Aí sim era possível um conhecimento verdadeiro e profundo da matéria. Todos os satélites, que constituíam no seu todo um departamento, marchavam em comum acordo, baseados no mesmo espírito e animados pelo mesmo entusiasmo, sob a direção de um professor que, sendo o mais experiente, auscultava todos e mantinha a unidade geral. Exemplifiquemos: existe a cadeira de modelagem comum a todos os cursos, isto é, arquitetura, pintura e escultura. O que é ali ensinado? A copiar servilmente uma pobre folha de parreira segundo um modelo de gesso. Será isso bastante? Poderá isso interessar a um aluno que pretende ser arquiteto, por exemplo? Claro que não. Mas se poderia perguntar o que deveria, o que poderia ser ensinado em modelagem? Em primeiro lugar, aprender a lidar com o barro. Suas variedades de consistência e plasticidade. Seu emprego corrente. Como moldá-lo no torno. Sentir com as próprias mãos a beleza de levantar, de transformar uma bola de barro em pote, forma livre nova, independente. Talvez seja essa a sensação, a forma mais direta, mais palpável de criação: o trabalho do oleiro.

Depois que o barro fosse assim estudado, outras formas de construção no espaço deveriam ser introduzidas. O arame e a infinidade de possibilidades que ele oferece como sugestão de espaço, através dos vazios. A criação de formas tridimensionais a partir de um retângulo bidimensional que, através de cortes e dobras sem que se perca nenhuma parte, e sem que nenhuma outra seja acrescentada, transforma-se em objeto livre, no espaço.

Enfim, seriam inúmeros os exemplos do que poderia ser feito no mundo da invenção, invenção disciplinada e que visariam aguçar a curiosidade dos alunos, abrir-lhes os olhos para formas novas e puras.

Seria injusto não me referir a algum encaminhamento que tenha sido feito nessa direção. A entrada de Vicente do Rego Monteiro na escola e suas experiências no domínio da preparação de tinta. Sob a alegação de que os alunos ao prepararem as suas próprias tintas fariam substancial economia, Vicente conseguiu que eles, trabalhando em contato com o pigmento puro na preparação das tintas, pudessem ver a cor, em seu completo esplendor. Porque trabalhando-as à base de pequenos tubos comerciais, economizando o mais possível o seu conteúdo, fica o aluno privado de ver o que é realmente a cor. Mas se ele lida na preparação com grande quantidade realçada pelo fundo branco da pedra de mármore que lhe serve de mesa de trabalho, pode ele ver a pureza e a luminosidade da cor pura. Como resultado, verifica-se que os alunos tratam de limpar, de clarear suas palhetas, pois é impossível resistir à tentação de tamanho esplendor.

Também o trabalho de Lula Cardoso Ayres, primeiro através do seu curso livre, a que já nos referimos, e atualmente como responsável pelo setor de composição decorativa, muito tem feito para arejar, para clarear a atmosfera de qualquer modo ainda extremamente sombria dos ateliês da nossa escola. De qualquer modo, muito ainda é preciso ser feito para que a nossa escola venha a ser uma instituição realmente atualizada e capaz de atrair para o seu seio, capaz de apaziguar e conduzir, e encaminhar corretamente a inquietação dos jovens que se dispõem a essa profissão extremamente difícil que é a criação plástica.

Para finalizar, gostaria de deixar claro que esta análise provavelmente incompleta, talvez injusta em alguns aspectos, é, como disse no começo, apenas o depoimento de um artista desta região, que sofreu os problemas e as limitações das circunstâncias, e que luta conscientemente para suprir as deficiências de toda formação autodidata e que por isso mesmo não poderia se furtar diante de ocasião como esta. Estamos numa casa onde se estudam os problemas de ensino e se aspira corrigir e melhorar os métodos; ofereço-lhes o meu depoimento, afirmando-lhes que ele foi feito na base da mais absoluta sinceridade.

SIGNIFICAÇÃO DAS ARTES VISUAIS NO MUNDO CONTEMPORÂNEO

Sempre que me ocorre ser chamado a usar da palavra escrita, a desviar-me do meu natural meio de comunicação, a pintura, costumo antecipar o assunto que pretendo abordar, e que me chamaram a depor, por uma espécie de justificação preliminar. Isto porque temo sempre essa troca de posição; o meu veículo natural são a pintura, as cores, a forma, a linha. A mão, habituada a uso bem diverso, sente-se emperrada e desabituada a esta forma nova de grafismo que é a da palavra. Desde muito que sua preferência está na fixação muito mais abstrata e liberta de forma e cor, perdendo mais e mais o costume de ser chamada a expressar-se através de símbolos ordenados e de significação precisa, como é a palavra.

Em todo caso, justifico-me porque sinto que temos a obrigação, nós os artistas, de contribuir sempre que necessário para a divulgação e para a defesa daquilo em que acreditamos. O conhecido aforisma "artista não fale, pinte", bastante eloquente, tem necessariamente suas exceções e elas têm sido várias e bastante úteis. Sinto-me, pois, bem acompanhado, quando, temendo a aventura da palavra, me lembro de outros artistas que, em diversos momentos, dela fizeram uso, entregando-se à nobre tarefa de coordenar ideias e de fixá-las no papel.

É bem esse o caso presente. Chamado por vocês para vir aqui fazer um depoimento, uma avaliação daquilo que se poderia chamar situação das artes visuais no mundo contemporâneo, sinto que não poderia deixar de atender a esse apelo e que seria trair-me a mim mesmo se não viesse tentar elucidá-los ou pelo menos fazer aumentar em vocês a natural curiosidade pelos assuntos relacionados com as artes plásticas.

Texto originalmente escrito para aula ministrada na Escola Brasileira de Administração Pública, Fundação Getulio Vargas, no Rio de Janeiro, em outubro de 1959.

Feita esta justificação, convido-os a percorrer comigo, lado a lado, uma série de indagações e ideias gerais que possam talvez caracterizar a posição do artista no mundo contemporâneo. Realmente, e isso seria a indagação inicial, o que é um artista? Qual será o elemento básico, preponderante, que caracteriza ou diferencia o artista dos outros seres, e que lhe confere uma posição à parte? Em primeiro lugar, quero esclarecer que, quando me refiro à diferença e situação à parte, não pretendo uma classificação de valor, isto é, que o artista seja melhor do que os outros homens, o que digo é que é diferente. E essa diferença que o caracteriza não representa propriamente uma escola ou opção que se lhe tenha sido oferecida, mas uma situação de fato, uma posição que lhe foi imposta pela própria vida. E como tal, ele tem obrigações a cumprir e forçosamente aceitar as consequências que sua posição impõe.

Dos vários elementos que constituem a personalidade do artista, acredito sinceramente que o elemento trabalho-integração profissional-disciplina conta mais do que o chamado talento. Entretanto, é necessário haver um equilíbrio, um balanço entre esses diversos fatores para que existam condições para criação de verdadeira obra de arte.

Sendo assim, o artista possui uma visão não melhor, porém diferente, especial, uma maneira sua de ver e sentir o mundo, atento aos acontecimentos, cujo olho foi treinado de maneira a captar, a registrar e daí então tentar fixar e transpor para tela, pedra ou madeira as suas emoções, vejamos, qual a sua posição em relação ao grupo social em que vive. Qual a sua relação com o meio ambiente, sua integração ou desassociação? Se recuarmos um pouco e, através da história, tentarmos um retrospecto, verificamos em primeiro lugar que o homem sentiu a necessidade incontida e permanente de fixar formas visuais. O homem da caverna. Depois, pouco a pouco, esse grito inicial e incontido transformou-se à custa de disciplina em forma mais articulada e consciente. Sempre, entretanto, ligado ao desenvolvimento do grupo social. Não é por acaso que a arte grega tenha atingido tal significação. Ela é, a arte, como foi o pensamento e a ordem social reinante, fruto de um conjunto total, de uma harmonia universal, no qual todos os elementos do grupo social ascenderam conjuntamente. E esse fato, esse fenômeno de integração, repete-se em diversas épocas, como na Idade Média e na Renascença.

Existiu, portanto, uma perfeita ordenação entre os diversos elementos que constituíam o grupo social, a cultura. E essa ideia não se aplica só aos exemplos citados de fases do desenvolvimento de nossa cultura ocidental, mas também a outros tipos de civilização, algumas até que chamamos de primitivas mas que dentro de sua ordenação particular atingiram momentos de alta significação cultural. Os pré--colombianos, os incas e astecas, por exemplo.

Peço-lhes desculpas por estas digressões ou análises de natureza histórico-filosóficas, mas se as faço é por considerá-las extremamente necessárias para a compreensão do problema da arte contemporânea. Porque o que passou a ocorrer a partir da segunda metade do século XIX foi uma mais e mais forte perda de contato entre o artista e o seu meio social. Desassociação esta provocada por inúmeros fatores dos quais não podemos responsabilizar ninguém, nem o artista nem o espectador.

O que ocorreu foi uma explosão enorme, fantástica, em todas as direções, e cuja fragmentação quebrou com todos os valores de que dispúnhamos para elemento de comparação ou análise. É necessário frisar que essa explosão foi necessária. A saturação a que haviam chegado as artes plásticas no século XIX não poderia deixar de provocar uma reação da força e da intensidade da que ocorreu.

Na verdade, nós artistas perdemos o nosso lugar, a nossa posição como elemento necessário e integrado no meio social. De fixadores de acontecimentos que éramos, de únicos e indiscutíveis elementos que através da pedra ou das cores e linhas oferecíamos ao povo o retrato do rei ou o painel comemorativo de suas vitórias, essa função eminentemente social nos foi retirada e fomos substituídos, logicamente, aliás, por novos meios de fixação da imagem, instantâneos e precisos, como a fotografia e posteriormente o cinema. Nada mais perfeito do que a captação da imagem em movimento.

O mundo contemporâneo, a partir da segunda metade do século XIX, transformou-se de tal maneira, e nessa acelerada carreira de revolução transformou, ou mesmo destruiu, uma ordenação de valores e de conceitos com os quais estávamos habituados a lidar. Não preciso insistir neste sentido, pois estamos, nós, vivendo a cada instante esse processo realmente fabuloso de metamorfose. O mundo, tanto do micro como do macrocosmo, está sendo revelado ao homem, como um véu que se levantou sobre um mundo até então inteiramente desconhecido e do qual apenas pressentíamos a existência através do pensamento antecipado de alguns homens de gênio. O fabuloso mundo do infinitamente pequeno revelado através do microscópio, formas de vida desconhecidas por invisíveis ou as formas infinitamente grandes e distantes, reveladas pelos telescópios. E não só a revelação, como a submissão e o controle, como no caso da desintegração atômica, ou até a conquista física dos espaços siderais, como parece que irá ocorrer dentro em pouco.

Tudo isso está sendo incorporado à nossa vida cotidiana. A própria noção de distância também exige novos valores desde que o mundo encurtou. O que eram dias passou a horas ou minutos. O que era mistério distante passou a ser acessível e ao alcance da mão. Três meses foi o tempo necessário para que a notícia da morte do rei D. João IV chegasse ao Recife, dois minutos foi o tempo gasto para que o mundo inteiro tomasse conhecimento de que o homem fora bem-sucedido em enviar à lua o Lunik III.

Tudo isso nos afeta diretamente e exige de nós uma revalorização de atitude e de sentido de ação. Como localizar neste mundo turbulento a posição do artista? Qual será o seu lugar e a quem deverá ele dirigir-se? Haverá sentido para sua existência? Eis uma série de perguntas que lhes proponho honestamente porque são essas as perguntas que me faço a mim mesmo numa tentativa de poder me localizar e de honestamente participar do meu tempo.

B

Façamos um pequeno parêntesis. Convido-os a entrar comigo pela imaginação no ateliê de um artista. Vejamos o que ali se passa. A sala é ampla e naturalmente desarrumada. Não que lhe falte ordem, porque esta é necessária. Apenas trata-se de uma ordem diferente, extremamente pessoal e que corresponde intimamente à natureza de quem a habita. As paredes devem ser claras; brancas, se possível. Uma luz de preferência vinda do norte deve penetrar e encher todo o ambiente sem que contudo seja demasiadamente forte. Reina, pois, uma alegria calma. Ali, naquele ambiente, processa-se alguma coisa de extremamente simples e, no entanto, misteriosa. Um homem só. Diante de uma tela branca, desligado momentaneamente de pressões externas, esquecido por algum tempo de problemas naturais da vida. Nada que o perturbe, nenhum elemento exterior que o pressione. Inicia então ela a sua tarefa de transpor e fixar os elementos dos quais está profundamente possuído e que absorveu em contato com o mundo exterior. Desse diálogo tela-homem, através do veículo tinta-cor, estabelece ele um sistema de comunicação com os outros homens.

Há, portanto, neste esquema uma série de valores e elementos que seria interessante analisarmos. Em primeiro lugar, constata-se que ele é um ser humano, que vive, sofre, ama, percebe e apreende. Nesta fase de observação e de absorção, ele é apenas dotado de uma capacidade de ver, mais acurada. Depois ele sente a necessidade de se esvaziar, de poder transmitir aquilo que o flagrou, aquilo que lhe foi dado ver. Então ele pinta. E ele pinta não para si, para seu próprio prazer, se bem que haja em si uma grande alegria nesse processo, mas ele dirige-se sobretudo a um terceiro elemento, a uma terceira pessoa que pode ser uma ou cem ou mil, não importa. O que importa é que haja a comunicação, isto é, que o processo se complete, que o ciclo se feche.

Tudo isso foi dito, todas essas indagações propostas me ocorreram recentemente quando da inauguração da V Bienal de São Paulo. Desculpem se lhes digo que o que lá se vê é necessário de ser visto, mas, infelizmente, não nos transmite mensagem de satisfação nem tranquiliza o nosso temor de que qualquer coisa de errado, talvez falso, desesperador até, reina em torno da criação artística de hoje. Poderá se argumentar que é fruto do que se passa no mundo, e estando o mundo como está, terrivelmente revolucionado, a arte hoje não poderia ser diferente. Penso, entretanto, que somos responsáveis mesmo por uma atitude de não conformismo com esse estado de coisas, sobretudo porque acredito que muito da confusão reinante é fruto não de uma profunda convicção, digamos, de mudança e de renovação, mas infelizmente artificialmente provocada pelos senhores do mundo, por um grupo organizado e poderoso que conduz ou tenta conduzir a criação artística. Os grandes comerciantes de arte, os grandes *dealers* internacionais, capazes de derrubar ou de construir montanhas, estão na linha de frente e muitos são os artistas que sucumbem a eles. E penso nisso tudo sobretudo quando vejo que, num país novo como o nosso, no qual tudo está no começo, onde a inexistência de severa tradição nos deixa de mãos livres, onde as circunstâncias de vida, clima, paisagem, em termos de sol, transparência e luz, nos deveriam conduzir a uma expressão nova e pessoal, pouco ou nada disso ocorre. Somos levados, nos atrelamos aos vícios e à correnteza geral criada sobretudo pelos que deveriam ser os condutores e guias dos artistas.

Quero frisar bem que não reivindico uma arte local, folclórica, formada de elementos provincianos, mas penso e acredito sinceramente que toda expressão realmente válida em criação artística tem de corresponder a uma realidade pessoal, vivencial, que é a do artista, o seu mundo, o que o cerca. E isso transposto a símbolos de validez universal. Assim foram sempre as grandes obras de arte. Cézanne, sem a Provence; Van Gogh sem o Midi; Rouault sem a memória dos seus antepassados, fabricantes de vitrais; Picasso sem a Catalunha, para falar de alguns contemporâneos. O que seria deles sem a profunda integração na realidade que os circundava ou que lutaram por encontrar?

Não podemos nem devemos ignorar o que se passa em torno de nós no mundo inteiro, porque isso é um privilégio de nossa época, mas esse conhecimento, essa atualização, não significa nem deve representar a perda daquilo que é nosso, profundo e verdadeiro. Temos, portanto, uma condição ideal que é a possibilidade de conhecimento, aliada a uma virgindade e frescura de visão que poderia nos proporcionar uma posição ideal no mundo da criação de hoje.

Veja-se a nossa arquitetura, por exemplo. Com seus possíveis defeitos ou falhas, não representa ela uma expressão profundamente autêntica, nossa, e ao mesmo tempo universal?

Permitam-me que, para terminar, faça minhas as palavras de Herbert Read, que muito a propósito ele enviou numa comunicação ao Congresso Internacional de Críticos de Arte que se realizou no Brasil no mês passado:

Um povo não pode se constituir numa nação, no sentido cultural e histórico, enquanto a vida comunal não for expressa através de obras de arte apropriadas e duradouras. Por mais harmonioso que seja seu comportamento e sereno seu temperamento, o homem não será feliz, se não puder participar de atividade de grupo. A maioria dessas atividades é da categoria das competições e jogos, o que não devemos deplorar. A arte mesma é uma espécie de jogo, e de fato, ainda como disse Platão, o melhor modo de encarar a própria vida é como uma espécie de jogo. A maioria dos jogos os cansa fisicamente (agradavelmente), mas a arte é uma modalidade de jogo que nos vitaliza – acima de tudo, vitaliza a comunidade. É por isso que, na longa perspectiva da história, as épocas que se destacam e que merecem nossa mais profunda simpatia e admiração são aquelas em que a arte floresceu.

PROBLEMAS DE ARTE CONTEMPORÂNEA

Gostaria que a nossa conversa de hoje versasse mais sobre conceitos gerais, ideias gerais do problema das artes plásticas no mundo contemporâneo, suas possibilidades, sua repercussão, sua razão de ser, do que sobre aspectos particulares desse problema. Gostaria que conversássemos, numa tentativa de alinhavar, articular e tentar dar forma, sobre todo um conjunto de ideias, conceitos, técnicas e sistemas que temos ouvido e aprendido isoladamente. Imagino, e a qualidade das pessoas implicadas neste curso bem o prova, que vocês tenham tido a oportunidade de ouvir e informar-se o suficiente sobre cada ramo do consórcio cultural a que se propõe este curso.

À primeira vista poderá parecer pretensiosa de minha parte esta tentativa de visão global e panorâmica, mas asseguro-lhes que ela é apenas fruto de uma preocupação na qual desde muito me venho detendo. Parece-me, e sobre alguns aspectos está mesmo provado, que a nossa época se tem caracterizado por uma extrema preocupação no detalhe, um extraordinário apuro no particular, uma exagerada crença no poder da técnica especializada. O nosso desenvolvimento técnico tanto no Ocidente quanto no Oriente tem alcançado tais proezas que já hoje não nos surpreendemos mais quando um foguete atinge a lua ou outro qualquer dos misteriosos elementos do espaço sideral. Também ninguém mais se inquieta quando, no bojo de um Boeing 707, se é transportado em nove horas (que acabam sendo sete pela diferença de fusos horários) do Rio para Nova York. Tudo isso passou para o domínio do cotidiano, foi incorporado à vivência de todo dia. E, coisa curiosa, se bem que feito pelo homem, para o homem, todo este amontoado de conquistas técnicas de fabulosos avanços acabou por esconder o homem, isto é, colocou o indivíduo, o ser humano, num plano secundário; uma espécie de névoa o encobre. É que coisas fundamentais, básicas da relação do homem ambiente, homem resultado, têm progressivamente diminuído. Não é sem razão que já não vemos mais a presença da mão

Texto originalmente escrito para aula a ser ministrada na Escolinha de Arte do Brasil, Rio de Janeiro, provavelmente em 1959, dado seu tema.

do homem no objeto feito. O sinal particular que, na manufatura do objeto de uso, seu e de seu semelhante, marcou-o com um tom particular que o distinguia e particularizava; como que um calor, um sopro, o animava e vivificava. Este sinal desapareceu. A máquina que substituiu parcialmente o homem, com vantagens é certo, com maior precisão e rapidez, matou, anulou uma das formas principais de calor – a comunicação humana. Mas, nisso quero ser bem claro, não me coloco entre saudosistas, apenas analiso e tento verificar os fatos. A máquina inegavelmente trouxe suas vantagens e era inevitável o seu desenvolvimento. O que quero bem caracterizar é que a corrida tecnológica aí está e com ela já bem visível suas consequências, suas marcas, suas feridas, que se acumulam e se multiplicam numa sequência impressionante. Quanto mais desenvolvimento técnico, maior desajuste e maior desarrumação em setores essenciais da relação humana. Não é impunemente que a delinquência juvenil, o desajuste de família – célula absolutamente fundamental –, os crimes de guerra, o tédio, o suicídio, a frequência de males incuráveis têm aumentado quase numa proporção direta ao desenvolvimento técnico, o chamado progresso. A psicotécnica e a psicanálise aí estão lutando desesperadamente no nosso mundo de hoje para diminuir a névoa enorme que se acumula e aliviar o estresse que nos pressiona.

E qual é a atitude do artista contemporâneo frente a tudo isso? Qual a sua posição e que deve ele fazer?

Piloto que é, com seu radar de visão antecipada, a sua posição é extremamente importante e excepcional. Antes ele foi um ser isolado, preso a sua circunstância particular, universal porém local na sua essência, envolvido por um mundo que era seu e era pequeno. Limitava-se dominando a sua técnica, o seu *métier* – o que melhor lhe conviesse –, registrar os acontecimentos, fixá-los para preservação e deleite do ambiente social a que pertencia. E ele era necessário. Socialmente integrado, veículo único e indispensável de fixação dos acontecimentos. O retrato do rei ou a batalha que foi vencida não dispensavam a presença do artista para documentá-los. Este aspecto de sua integração ao grupo social me parece fundamental. Depois, pouco a pouco ele começa a perder a sua posição de elemento necessário, substituído que foi por novos meios técnicos de documentação que culminaram por expulsá-lo completamente. E, veja-se bem, a sua situação não pode ser completamente condenada porque realmente, como fixadora de acontecimentos, a máquina que o substituiu leva-lhe vantagens, ao ponto da imagem não só poder vir a ser fixada em movimento como também ser transmitida através do espaço.

A sua introversão, o seu encaramujamento resultou da perda de sua integração social. Suas preocupações se voltam para outros setores. Empolga-o por exemplo a realidade menos visível. Ele levanta o véu que encobre todo um mundo fantástico do macro e do microcosmo. E nessa incursão ele perde mais e mais contato com a realidade circundante, refugiado que está no meu mundo particular. A sua mensagem então adquire um tom de comunicação extremosamente particular e se faz através de contatos de raros indivíduos cuja sensibilidade mais aguda penetra e compreende a sua linguagem. Quase todo o século XIX e o século XX se caracterizaram pela presença desse tipo de artista, grandes sem a menor dúvida, alguns até mesmo dos maiores em qualquer época, mas todos ou quase todos desarraigados de uma comunicação mais ampla, da qual sem dúvida sentem falta.

Há pois hoje, a meu ver, sobretudo para nós neste lado da América, uma grande responsabilidade. Cabe-nos, já que somos nações jovens ainda, em começo de estruturação cultural, ainda imunizados de uma quantidade de vícios e amarras, mas ao mesmo tempo gozando de um privilégio excepcional que é o conhecimento automático, através do cinema, rádio, livros e tudo que se passa, atualizados compulsoriamente pelo conhecimento inevitável do que se passa ao redor não só de nós mas do mundo inteiro, cabe-nos, como disse, uma atitude nova, uma conceituação nova do problema da criação artística. Veja-se que, quando falo em conhecimento geral do mundo, refiro-me à possibilidade de extrair do passado e da tradição o que ela tem de válido e ao mesmo tempo atentar para não cometer os mesmos erros que ainda nos é possível evitar.

Assim, pois, devemos assumir uma atitude extremamente ativa e dinâmica. Já que a máquina existe e ela substituiu o homem e a sua mão, devemos não fugir da máquina, mas tentar conferir-lhe qualidade e dignidade. Fazer que a mão do homem reapareça não diretamente, como antes, mas de forma mais sublimada porém presente. Creio que isto é possível. Já desde os meados do século XIX os artistas começaram a perceber isto. De onde se vê que não se trata de uma ideia nova: Walter Gropius me parece ter sido o primeiro a levantar objetivamente o problema com a fundação da escola alemã, a Bauhaus. Ali, pela primeira vez, uma conceituação nova do problema da criação começou a se estabelecer. Em torno dele reuniu-se o que havia de melhor como professores: Kandinsky, Paul Klee, Mies van der Rohe. Banida pelo nazismo em 1933, aquelas ideias só poderiam ter acolhida na América, para onde transferiram-se todos ou quase todos os elementos que constituíam a antiga Bauhaus. A partir de então, diversos núcleos originados desses elementos iniciais têm-se desenvolvido de maneira bastante eloquente. Evidentemente renovados que foram os conceitos, também novos foram os métodos didáticos de ensinamento por eles adotados. O velho espírito de *beaux-arts*, tradicional e acadêmico, foi substituído completamente por métodos que se experimentaram e demonstraram corresponder às necessidades novas do que se queria dizer e ensinar.

Quando me refiro à nossa posição especial na América Latina, quero dizer que, já que ainda estamos no começo, já que conhecemos o que existe em torno de nós – e já aí me refiro em torno de nós num sentido universal, pois o mundo encurtou –, a nossa chance é maior e consequentemente maior é a nossa responsabilidade. Ao mesmo tempo, parece-me que o risco a enfrentar é também muito grande. Porque o problema é complexo quando verificamos que, ao mesmo tempo que é necessário o conhecimento geral, a atualização, mais necessário ainda é não perdermos o nosso patrimônio particular, aquilo que cada um de nós traz de seu, aquela precisa faixa de luz e vivência de que estamos impregnados através da infância e da adolescência, patrimônio indispensável e razão de ser de cada indivíduo. É, pois, uma atitude de assumir dois extremos, o profundamente geral e o profundamente particular e íntimo, sem o que nenhuma criação é possível.

É por tudo isto que aqui estou hoje. É também porque acredito no que vocês estão fazendo. A atividade a que vocês se dedicam me parece da mais absoluta importância dentro de toda a conceituação nova do problema plástico no mundo em que vivemos. Ela é mesmo tão rica de dimensões e preenche tantos aspectos que se pode colocá-la entre as mais válidas e produtivas atitudes do homem frente ao homem na luta contra a dissolvência, a perda da sua dignidade.

1962 | 1974
O DESIGN E A COMUNICAÇÃO

AS LINGUAGENS VISUAIS: NEM MAIS, NEM MENOS

Além da linguagem falada e da escrita, o homem faz uso, a todo instante, de uma ou mais precisamente de várias linguagens puramente visuais.

O repertório visual nasce dos próprios gestos humanos e da espontaneidade de sua expressão corporal. Levantar o dedo polegar significa: positivo! Colocar o indicador por sobre os lábios traduz-se universalmente por: silêncio! Dos hieróglifos à flor dos hippies e à marca de uma fábrica de sabonetes, ocorreu um processo de desenvolvimento de ideias, anseios e mensagens. A vida confunde-se com o símbolo.

Nossa civilização é, pois, a civilização da imagem. O homem dos grandes centros urbanos sofre solicitações visuais a cada momento. Cartazes, anúncios, periódicos, livros ilustrados, televisão e cinema açambarcam-lhe os sentidos, condicionando gostos e hábitos. Nas grandes indústrias, nos aeroportos e nas rodovias de tráfego intenso, o símbolo visual é um agente declarado de segurança, na mudez de sua informação e na eficiência de seu apelo.

Um símbolo, por isso mesmo, deve atender a duas exigências básicas: leitura e memorização fáceis. Para tanto, precisa ser simples, mas conter elementos que lhe deem uma certa "complexidade", isto é, que o tornem característico daquilo que pretende representar. Um triângulo (por exemplo) é um sinal, uma figura geométrica convencional; se quisermos que ele simbolize determinada empresa, teremos que introduzir nele elementos característicos, uma novidade – um corte, digamos, em um de seus ângulos. Mas é essencial que esse sinal seja sugestivo, que o triângulo cortado individualize bem a função da empresa, para que o usuário, quando visualmente solicitado, o identifique de imediato.

Datado de 1962, no Rio de Janeiro, este texto, ou variantes dele, costumavam acompanhar as propostas de trabalho do autor, com o sentido de explicar a nova atividade do designer.

A marca ou o símbolo de uma firma funciona à semelhança de um brasão de família: caracteriza-a e qualifica-a. Para que, em meio à multidão de outras marcas, seja de alta legibilidade, e que impregne no público um significado. Sua elaboração exige tempo, pesquisa e análise científica. Mas não é só o símbolo que personaliza e valoriza uma empresa comercial, e sim todo um programa unitário de visualização, que compreende cartazes, papéis de escritório, revistas, embalagens, fardamento, frota de veículos, publicidade etc., a cujas diversas funções a marca atende especificamente.

Apesar de tudo, um fenômeno de supersaturação está ocorrendo no mundo dos sinais, transformando aquilo que é a preocupação essencial do designer – a organização visual – em um verdadeiro caos informacional – em desorganização visual. A multiplicidade de letreiros luminosos, de signos, cria agressivamente uma espécie de poluição visual urbana (em analogia com a poluição auditiva, a atmosférica, a da água etc.). A programação visual seria a forma por excelência de impedir essa indisciplina semiótica, mas o problema é tão complexo, e depende de estudos e observações em tantas áreas (antropologia, sociologia, psicologia) que, à falta de uma metodologia e de uma abordagem programática imediatas, tão cedo não se conseguirá ainda restabelecer o equilíbrio.

Mesmo as mensagens verbais passaram a possuir, em uma parafernália citadina, um suporte visual que as supera em importância – é atentar para os imensos cartazes de *outdoor*, exemplo no qual a quantidade (tamanho) se converte em qualidade, a alterar o próprio modo de percepção do indivíduo. A materialidade mesma dos signos passou a presidir o mundo da informação. Ao contrário do século XIX, quando a informação era ainda, por assim dizer, de índole conteudística, "espiritual", e independia do seu meio de comunicação, no século XX os *media*, e sobretudo os *mass media* (televisão, rádio, imprensa etc.), passaram a conduzir o processo. Todo designer e, por extensão, todo criador, pensa e cria em função do *medium*, do veículo que irá materializar o seu "recado".

O erro por excesso pode ser tão nocivo – ao exercer o ponto de saturação – quanto o da carência. Viver adequadamente significa viver com a informação adequada – o lema é de Norbert Wiener, o pai da cibernética. E viver com a informação adequada detém uma conotação também quantitativa, seletiva: nem de mais, nem de menos.

A LEITURA DO MUNDO

Há dois aspectos fundamentais a examinar: o conceito de comunicação visual e o contexto social em que ela deverá funcionar. Assim, inicialmente, procuraremos conceituar a ciência e apontar o seu papel na vida moderna e, em seguida, encararemos as possibilidades e perspectivas para esta atividade no contexto brasileiro.

A comunicação visual nasceu de uma contingência típica de nossa época, o impasse grave e complexo diante do qual se viu o homem quando o grande avanço tecnológico dos tempos modernos modificou estruturalmente todas as atividades de comunicação. O número de informações emitidas a cada instante aumentou intensamente. Em qualquer ponto do mundo, a cada instante, chega uma enorme quantidade de informações, tornando o mundo menor e aumentando extraordinariamente as possibilidades de sabermos o que se passa.

Mas essa diminuição dos efeitos da distância e a intensificação das emissões criaram acúmulos desordenados e um consequente atropelo no comércio de informações, exigindo esforços adicionais da percepção para captar e selecionar o vasto material informativo colocado diante de cada um de nós.

A comunicação visual é, em última análise, uma tentativa de criar condições para aumentar a rentabilidade da leitura de uma informação divulgada.

Em nossa vida cotidiana estamos nos defrontando, a cada passo, com situações que envolvem problemas que a comunicação deve resolver. Ao sair à rua, por exemplo, somos solicitados por uma multiplicidade de comunicados – cartazes de propaganda comercial, avisos de advertência, ruídos provocados por alto-falantes e por veículos de transporte – que frequentemente confundem a percepção. E há, em meio à enxurrada, informações cujo desconhecimento pode acarretar a perda da própria vida, como os sinais de tráfego. Diga-se, entre parêntesis, que na sinalização adequada para o tráfego reside um dos

Palestra realizada na Pontifícia Universidade Católica do Rio de Janeiro (PUC-Rio), em 21 de setembro de 1965.

problemas mais sérios e difíceis que os técnicos em comunicação visual devem resolver.

Ora, uma primeira verificação acerca da natureza e dos efeitos do acúmulo de informações nos leva à procura da funcionalidade através da simplificação e da síntese, possibilitando ao olho humano perceber mais fácil e rapidamente a informação apresentada.

Chegou-se à identificação dos princípios que permitem medir o grau de legibilidade de um letreiro, por exemplo. Sabe-se já muita coisa acerca do papel, do tamanho, forma e cor de uma letra, através das leis da percepção. Há todo um campo de detalhes técnicos e cientificismo que não cabe abordar aqui.

Na linha da simplificação e da síntese procura-se hoje a criação de sinais que possam simbolizar toda uma informação e caracterizar uma determinada realidade. Ao contrário da frase, que para ser conhecida precisa ser percorrida paulatinamente em toda a sua extensão, o sinal é apreendido como um todo, de maneira imediata, por um processo gestáltico. A legibilidade de um sinal é, portanto, imediata e total, não havendo perda de tempo. Mas, para isso, é necessário que o sinal seja simples. Se for, por exemplo, um brasão à moda antiga, sua leitura poderá resultar ainda mais demorada que a de uma frase. Ora, ser simples significa aproximar-se o mais possível de formas geometricamente puras, o círculo, o quadrado, o triângulo. Surge, então, um problema: se os sinais criados ficassem reduzidos a essas formas ocorreria grande repetição e os sinais deixariam de caracterizar coisas especiais. Por essa razão, o sinal deve ser simples, mas terá que conter uma certa complexidade que o caracterize e particularize.

O triângulo, por exemplo, é uma forma simples, equilibrada, sem ruído, mas não pode caracterizar algo particular. Para isso é preciso que alguma coisa ocorra no triângulo.

FIGURA DE TRIÂNGULOS

A novidade introduzida passou a caracterizar este triângulo, que agora pode representar, por exemplo, marca de fábrica. O olho pode captar facilmente a forma, enquanto a mente vai gravá-la e associá-la ao produto.

A marca da Mercedes-Benz, por exemplo, é hoje um símbolo universalmente identificado ao produto. A Mercedes não necessita mais escrever seu nome. Basta exibir o símbolo.

Outro sinal universal é o desenho característico da palavra Coca-Cola. Neste caso, o desenho não é simples, mas conseguiu criar uma imagem universal. É que outro fator interferiu: o peso da propaganda maciça. Mas os fabricantes, é bom não esquecer, acabaram por lançar mão de recursos dados pela comunicação visual, como a bola vermelha dentro da qual a palavra é escrita. Hoje, o que chama a atenção, em primeiro lugar, é a bola vermelha. Por outro lado, o desenho das letras vem sendo paulatinamente simplificado, no decorrer de anos, a fim de não quebrar a continuidade da imagem na mente dos consumidores. O atual já é o quarto desenho da palavra Coca-Cola, mas o público não chegou a se aperceber disto. Coloca-se, então, a questão: para divulgar seu símbolo inicialmente inadequado, quanto terá a Coca-Cola gasto mais do que a Mercedes-Benz?

Mas a comunicação visual não funciona somente por meio de símbolos individuais. Um passo adiante é constituído por todo um conjunto de sinais que possam ser utilizados por um agente para transmitir suas diversas mensagens. É o caso, por exemplo, da Olivetti, em que todos os elementos visuais foram estudados dentro de um mesmo programa, criando uma personalidade visual para a empresa. Há uma escolha harmônica que vai da letra à cor, passando pela frequência de determinados elementos formais. Assim, há um conjunto de valores visuais característicos que são empregados do papel de carta ao caminhão de entrega, do anúncio de propaganda ao cartão de pagamento do pessoal da empresa. O rendimento promocional é evidente, pois qualquer desses veículos é imediatamente reconhecido como Olivetti, marcando a presença da empresa.

O papel da comunicação visual não se restringe ao campo da propaganda e das informações a pedestres e motoristas. Einstein dizia que o estudante de física não podia tomar conhecimento, pela leitura tradicional, de tudo que se fazia no campo de física. Cabe ao técnico em comunicação visual apresentar a matéria de maneira a facilitar a leitura e permitir uma seleção mais rápida daquilo que realmente interessa ler. Há, portanto, todo um campo importantíssimo a ser atendido, o das artes gráficas.

Como se apresenta o contexto brasileiro para o profissional de comunicação? Há aspectos positivos e negativos.

Por um lado, é necessário analisar a unidade geográfica e cultural da nação. Trata-se de um vastíssimo território contínuo não interrompido por nenhum acidente geográfico significativo, que se estende do oceano aos Andes. Ao lado disto, contamos com um grau de homogeneidade cultural elevado, com unidade política e idiomática que apresenta diferenças apenas superficiais. Todos esses fatores parecem indicar a possibilidade de construirmos uma cultura própria, com características peculiares. E o técnico em comunicação visual não deve perder de vista essa possibilidade, procurando não copiar soluções importadas, mas adaptá-las e recriá-las a partir do contexto brasileiro.

Há um outro fator que permite ao profissional inovar e criar com maior liberdade. Ao contrário da Europa, onde o peso da tradição é um fator preponderante, nós aqui não estamos, de uma maneira geral, amarrados a tradições insuperáveis. O que há a fazer é incomensuravelmente mais amplo do que já foi feito. O futuro é para nós um valor muito mais importante que o passado.

Há um aspecto negativo nessa disponibilidade, que é o perigo da improvisação, da facilidade de feitura, por falta de cotejo com valores do passado, por falta de elementos que permitam comparações críticas.

Mas, por outro lado, podemos queimar etapas.

Essas diferenças de contexto colocam diante de nós problemas como este: na Europa, o designer é obrigado a lutar para convencer o diretor a mudar o secular símbolo característico de sua empresa, enquanto que no Brasil estamos tentando convencer aos diretores que suas empresas devem ter um símbolo.

Em suma, o contexto brasileiro oferece amplas perspectivas e possibilidades para o desenvolvimento da comunicação visual, que poderá desempenhar um importante papel na fixação de valores culturais especificamente brasileiros.

ALOISIO MAGALHÃES: A SERENA MORTE DA PINTURA E A CONFIANTE ACEITAÇÃO DOS LIMITES

[Entrevista]

Aloisio Magalhães está com uma exposição de litogravuras, aquarelas e cartemas na Galeria da Praça. Desenhista industrial renomado, há muito tempo distante das galerias, ele agora retoma um caminho que há mais de dez anos ficou esquecido no Recife. O artista, no entanto, não nega sua dedicação ao design: acha que ganhou porque soube perder.

Aloisio Magalhães_ Eu não sabia o que queria definir, então escolhi um campo aberto, onde tudo pudesse acontecer. Mas eu sempre senti necessidade de ser mais objetivo, mais palpável. A satisfação dessa necessidade o design me dá e a pintura nunca me deu.

Com uma exposição desde o início desta semana na Galeria da Praça, Aloisio Magalhães é uma figura serena e de maneiras confiantes que coordena uma equipe de desenhistas industriais numa casa antiga da rua Mena Barreto, em Botafogo. Cafezinho, ambiente moderno e cheio de papéis, muitas pessoas novas trabalhando em volta. Para quem começou pintando inspirações no rio Capiberibe, o ambiente industrializado de uma sala de design pode parecer até chocante. O próprio Aloisio, quando explica que não sabia o que queria definir e de alguma forma faz supor que preferiu deixar as coisas acontecerem mais do que forçar ou optar por acontecimentos, admite um certo inesperado no rumo que seu interesse pelas formas de expressão em geral o acabou levando.

AM_ Posso explicar dizendo que, quando deixei todos os caminhos abertos e aceitei estar pronto para todos, meu caminho fechou. E posso dizer ainda que, com essa exposição, agora estou tentando – e acredito que conseguindo – uma outra abertura. Mas de uma maneira diferente. Mais madura.

Entrevista concedida a José Castello, publicada em *Diário de Notícias*, Seção Artes, 14 abr 1974, p. 13.

Para Aloisio, a formação inicial como pintor foi uma consequência pura e simples do Recife em que vivia. Hoje acredita que seu interesse naquela época não era especial pela pintura, mas, de uma maneira mais geral, pelo registro plástico ou gráfico das ideias e conceitos que tinha a respeito do mundo. Com essa informação a respeito de seus próprios sentimentos iniciais em relação à arte, procura mostrar que talvez o encontro com a pintura tenha sido um mero acidente.

AM_Mexi com literatura, biologia, artes gráficas. Fiz a Faculdade de Direito. Na França, preferi cursar museologia no Louvre. Minha formação foi eclética e humanista. Até que deixei de pintar e parti para o trabalho com o design, que praticamente ainda não tinha sido introduzido no Brasil. Por algum tempo, achei que a pintura estava morta. Hoje não posso mais dizer a mesma coisa. O desenho industrial me obrigou a ser mais pragmático, a ter um contato mais direto com o meu meio social, a aceitar muitos limites. Hoje, quando faço os cartemas, eu ainda estou aceitando um limite: o do cartão-postal. Mas, assim como não acredito mais que a pintura esteja morta, não coloco abaixo de nada do que faço minhas atividades como desenhista industrial. Acabei descobrindo que a cultura não é eliminatória, mas somatória.

Uma viagem à França, duas aos Estados Unidos e só em 1959 o Rio. Aloisio diz que nesse período começou a sentir necessidade de comercializar seu trabalho "para me sentir profissional". E uma mudança bastante radical ocorreu no homem que, anos antes, liderava um grupo de universitários pernambucanos que sozinhos criaram uma gráfica e começaram a imprimir seus próprios livros. O "gráfico amador" – denominação do grupo – desapareceu com "um interesse pelos sinais, pelas sínteses, as formas pequenas e expressão intensa". De lá para cá, ficou doze anos apenas fazendo design, trabalhando junto à Escola Superior de Desenho Industrial.

AM_Com o design, lida-se com um problema para o qual se tem que encontrar apenas a solução mais adequada e não a que se adapte mais ao gosto de quem faz. Há uma tarefa a ser desenvolvida e se enfrenta problemas de uma complexidade diferente daquela enfrentada na pintura, mais objetivos. O design está ligado diretamente à formação industrial das nações, não existe sem ela. Ele me disciplinou. Me obrigou a aceitar os limites em volta.

De doze anos em contato apenas com desenho industrial, Aloisio voltou com os cartemas – a denominação foi dada por Antonio Houaiss. Os cartemas são montagens feitas com a utilização simplesmente de cartões-postais. Alguns críticos viram neles "um jogo com as imagens refletidas". Aloisio prefere falar, entretanto, das vantagens de se partir do rigor que oferece um produto industrial acabado e banalizado como os postais. Para ele, só aceitando limites (no caso, os quatro lados e a forma pouco renovadora dos postais) se pode exercer uma plena criação. E os cartemas estão lançados, estão aí para todo mundo fazer.

AM_ Do ponto de vista formal, os cartemas são cartesianos – um problema matemático. Mas, do ponto de vista do significado, não acredito que sejam. Eu acredito muito no artista que parte dos limites de uma realidade. Nas litografias e nas gravuras, também presentes em minha exposição, tento me liberar mais um pouco. As litogravuras me levam a uma técnica antiga, as gravuras me exigem uma técnica severa e não me deixam perder o rigor que conquistei com o design e os cartemas.

Até para seu trabalho com gravuras em cédulas de cruzeiro ora em circulação, Aloisio Magalhães levou o "rigor" que conquistou. Admite mesmo que para realizar esse trabalho teve que dispor de tudo o que aprendeu. Para ele, a Escola Superior de Desenho Industrial – apesar de muitos limites que enfrenta – dá aos alunos (e aos que lá trabalham, como ele) uma experiência "mais concreta, vivencial, direta com a realidade objetiva". Chega mesmo a admitir que ela não deveria existir separada da Escola de Belas Artes, porque os dois tipos diferentes de experiência que as duas transmitem "são igualmente necessários ao artista em formação".

AM_O autodidata, como eu, pode estar mais exposto a buracos acidentais, mas também pode se enriquecer mais. Na verdade, eu não sei o que é uma escola de arte, o que deve ensinar e como. Ensinar arte é ensinar a ver. Mas o que é ensinar a ver?

Quando admite, pouco depois, que os artistas novos que estão trabalhando com ele em design há algum tempo "podem ter uma formação mais firme do que a que tive", no entanto, Aloisio Magalhães acaba dando uma fórmula particular, ao mesmo tempo que meio despercebida, do que entende por uma boa formação de artista plástico hoje. Sua segurança em relação às vantagens do design, por sua vez, também não são absolutas e ele demonstra isso quando diz que começou a fazer litografia – uma técnica primitiva – "para contrabalançar um pouco as coisas". Seu trabalho estabelecido e plenamente desenvolvido com o desenho industrial foi uma conquista da aceitação dos perímetros da realidade (industrial, é bom destacar). A objetividade de um design contou mais que um sonho romântico às margens do Capiberibe.

1975 | 1976

A CULTURA COMO QUESTÃO

PROBLEMAS DE CONCILIAÇÃO DO MODERNO COM O ECOLÓGICO-TROPICAL

Aloisio Magalhães_ Senhor presidente, mestre Gilberto Freyre, senhores membros do Seminário de Tropicologia, minhas senhoras e meus senhores.

Parece que se poderia tomar como válida a hipótese de que a trajetória do homem, no seu processo civilizatório, em tudo se assemelha a uma corrida de revezamento. Assemelha-se na medida em que a um percurso segue-se outro percurso e na medida em que, a cada percurso, o mesmo bastão é passado de mão em mão. Isto não significa que todas as etapas da corrida, cujo bastão é o mesmo, tenham o mesmo significado e a mesma complexidade. Cada etapa é diversa, cada etapa tem obstáculos ou facilidades conhecidas ou desconhecidas, esperadas ou súbitas.

Creio que se poderia dizer que nossa época se caracteriza por inúmeras mudanças. Talvez o aspecto mais precioso e mais válido dessa mutação seja o fim do pensamento linear, o declínio das ciências separadas e estanques e o advento do pensamento globalizador. Nenhum conhecimento poderá permanecer isolado na medida em que depende e se alimenta de uma forma de compreensão dinâmica e globalizante. Algumas tecnologias já nasceram em consequência disso. Não acredito que a tecnologia se antecipe à intuição e às ideias. Ao contrário, são as intuições e as ideias que determinam a modificação e o aceleramento do processo tecnológico, a fim de fornecer o instrumental necessário ao desenvolvimento desse tipo de pensamento.

É possível afirmar que o homem surgiu nos Trópicos. O aparecimento da reflexão, esse momento, essa mutação fundamental, deu-se em áreas tropicais. Mas aí se poderia perguntar: por que o homem, nascido no espaço tropical, resolve deixar esse espaço tropical em busca de áreas mais temperadas e é nessas áreas que o homem tem atingido os seus pontos mais altos de civilização? É possível imaginar que o homem tenha tido necessidade de procurar espaços mais confortáveis, onde

Intervenção no Seminário de Tropicologia, em reunião realizada em Recife, em 29 de abril de 1975. O Seminário de Tropicologia, instalado por Gilberto Freyre em 1966, no Recife, é um espaço de discussão permanente sobre a vida, o ambiente e a cultura nos trópicos. Sua continuidade se dá através de sucessivas reuniões a que comparecem estudiosos acadêmicos e não acadêmicos, pesquisadores de assuntos correlatos. Realizadas primeiramente na Universidade Federal de Pernambuco, as sessões passaram para a Fundação Joaquim Nabuco (Fundaj) e depois para a Fundação Gilberto Freyre. Após breve e recente interrupção, em 2016 as sessões voltaram a ser realizadas na Fundaj. Texto originalmente publicado em *Trópico &*, Gilberto Freyre (coord.), Recife: Editora Massangana, 1982, t. 9, p. 21-34.

ele pudesse tranquilamente refletir. E parece válido dizer que o maior índice de reflexão reside nas áreas menos aguçadas pelos elementos naturais. Assim, na sua trajetória, o homem naturalmente tropical foi buscar em áreas mais amenas o acolhimento necessário ao desenvolvimento do seu pensamento, da sua reflexão. E construiu inúmeras civilizações, que se sucedem desde o princípio da corrida de revezamento.

O que seria interessante observar é que o mundo moderno talvez ofereça condições propícias para que o homem volte à área tropical e nela consiga estabelecer-se, com a carga enorme de conhecimentos que lhe foi dada pelas áreas mais temperadas e que aqui, com a ajuda da tecnologia que hoje lhe é possível dominar, consiga criar uma civilização nova. E, curiosamente, é possível supor que a reiterada presença de elementos provocadores que a área tropical oferece ao homem dê a ele, nesta altura dos acontecimentos, condições de retornar a uma forma de menor tensão psíquica e de maior liberdade natural. Parece evidente que a amenidade de outras áreas aumenta a reflexão do homem, mas é provável que diminua sua espontaneidade enquanto homem natural. Por isso entenda-se a ideia de uma liberdade no contato com os elementos de base, diante dos elementos de sua circunstância.

Essa hipótese é possível de prever-se para um contexto como o brasileiro. É possível com o espaço físico; é possível com o aglomerado étnico; é possível com a unidade de língua; é possível com a inexistência de tensões e repressões entre as culturas indígena, africana e europeia. Parece existir um conjunto de fatores que propiciarão ao homem brasileiro uma nova forma de civilização. Esses condicionamentos não ocorrem com igual liberalidade em outras áreas tropicais, mesmo do Novo Mundo, na medida em que as tensões entre as culturas europeias e não europeias ainda estão presentes e atuantes em toda a América Latina de origem castelhana.

Muitos acusam os portugueses de certa negligência, de preguiça intelectual. Mas da mesma maneira se poderia afirmar o oposto. Esses traços de comportamento são justamente favoráveis à miscigenação, à situação de um colonizador que se apresenta como igual. É possível ir mais longe. A lentidão portuguesa ofereceu ao Brasil um aceleramento relativamente lento em seu processo de civilização. E, na medida em que mais lentamente esse processo se desenvolve, mais seguramente ele se faz. Nações como a Argentina, por razões de ordem geográfica e climatológica, presenciaram um rápido desenvolvimento tecnológico, científico e cultural. Mas esse desenvolvimento acelerado não foi desenvolvimento, foi transplante. E por transplante entenda-se a presença de um corpo estranho dentro de outro corpo, com todos os perigos de rejeição. Tentou-se construir, na nação irmã, uma civilização europeia. Esse transplante encontrou abrigo temporário, mas agora começa a ser rejeitado pela alma nacional. No caso brasileiro, esse processo de rejeição parece não existir, ou, pelo menos, não atingir a substância mais profunda do contexto cultural brasileiro.

Parece-me claro que, em relação ao processo cultural brasileiro, o primeiro passo que se deu, no sentido da percepção desses valores novos autônomos e de seu possível aproveitamento no sentido da formação de uma cultura brasileira própria, foi o da sua intuição por alguns grandes homens brasileiros. A essa intuição segue-se naturalmente uma conceituação. E, em terceiro lugar, a consequência lógica disso tudo que é a ação. Não seria da minha competência analisar detalhadamente esses grandes homens, mas citaria apenas dois: Euclides da Cunha e Gilberto Freyre. Em ambos os casos, as duas primeiras etapas desse processo civilizatório – a intuição e a conceituação – apresentam-se de maneira clara. Esse tem sido o papel imenso e extraordinário dos grandes homens brasileiros.

O primeiro índice fundamental da passagem para a ação foi a construção de Brasília. Por mais que se queira negar, por mais que se queira, com pequenos argumentos, diminuir a importância desse gesto, acredito firmemente que significou o momento decisivo da ação cultural brasileira. Dentro da concepção de que nos Trópicos convivem polos opostos, podemos dizer que Brasília tenta unificar o cartesiano e o barroco, isto é, o espontâneo ou natural. E por que o aspecto cartesiano na construção de Brasília? Por causa da necessidade de, através de um certo formalismo, de uma certa hierarquização, de uma forma simétrica, realmente propiciar um sistema adequado ao desenvolvimento do pensamento globalizante do todo brasileiro. E tudo que possa haver de excessivamente cartesiano na concepção de Brasília foi rapidamente compensado, em termos de espontaneidade, pelo surgimento de uma constelação de cidades satélites, trazendo o pó, a presença dos valores naturais, oriundos de todas as áreas brasileiras, balanceando os excessos de racionalismo porventura existentes na cidade.

Quero ainda citar dois exemplos na área da criatividade artística. E por que nessa área? Porque o artista possui uma argúcia, uma espécie de radar ou de percepção mais rápida do que a que se encontra noutras formas de desenvolvimento cultural. Peço desculpas por citar dois exemplos que me são muito caros no plano sentimental e afetivo. Mas, ao mesmo tempo, acredito que justamente pela existência do plano afetivo é que o conhecimento se torna mais amplo, mais profundo e mais adequado. O primeiro exemplo que eu citaria é a obra escrita de Ariano Suassuna. O escritor encontra-se num posicionamento, num tipo de comportamento criativo que é novo no contexto brasileiro. E, como no símile da corrida de revezamento, utiliza-se do material, da substância, do bastão da ligação com a cultura hispânica, com a cultura ibérica. O próprio Guimarães Rosa, que se poderia contrapor como antecessor de Ariano, acaba comprometendo a força de seu posicionamento pela carga excessiva no uso do instrumental, da língua. Ariano utiliza uma linguagem normal e quotidiana, sem abusar desse elemento linguístico ou instrumental. Ariano não necessita do descritivo, do anedótico, do linear. *A pedra do reino* pode ser lido em qualquer página, qualquer página contém o todo do livro. Certa crítica literária superficial acusa o livro de repetitivo, esquece que ele é reiterativo e que cada página contém o todo do universo do próprio livro.

O outro exemplo que eu citaria como posicionamento novo, além de Brasília, além de Ariano Suassuna, é o do pintor Francisco Brennand. Aí o problema é mais complexo. Porque o veículo – no caso de Ariano Suassuna, a linguagem – o veículo do pintor, a maneira de expressão plástica neste momento histórico, nesta etapa da trajetória histórica do processo plástico, está totalmente transtornado. Os valores antigos foram arrebentados e não há nenhuma forma de apoio mais imediato para a expressão do pensamento plástico. E vejam bem que Brennand, de maneira criativa e absolutamente correta e coerente, não se preocupou com o moderno. Brennand se preocupou com os renascentistas, com os pré-renascentistas, o máximo que concedeu foi chegar até os impressionistas, até Cézanne. Porque para ele não teria sentido um comportamento que teria sido mimético quanto a modelos estrangeiros, como de resto é o comportamento da maior parte dos artistas plásticos brasileiros. Ele queria ir ao encontro de uma forma de autenticidade cujo caminho não passaria através do processo moderno de expressão plástica. E ele tem a coragem, a imensa coragem, de dar o salto e de assumir a responsabilidade de um posicionamento que se poderia chamar primitivo. Ainda mais, assume a responsabilidade de reativar aquilo que é profundamente caro ao homem, que são os valores do decorativo. Qualquer atitude mimética teria rejeitado o decorativo como sendo arte menor, como sendo uma arte sem significado. O salto que ele foi obrigado a dar foi muito maior do que o que Ariano teve que dar.

Que linha de atividade poderia ser planejada como contribuição para o processo globalizante, para o desenvolvimento harmonioso do processo cultural brasileiro? A resposta adequada desta questão estará sempre ligada à possibilidade de um conhecimento mais profundo do que é a realidade cultural brasileira. Resposta que hoje não se pode dar a não ser de maneira fragmentada, setorial. Nenhum debruçamento foi feito ainda, nenhuma tentativa de coligir, compreender, interpretar, inter-relacionar índices referentes a hábitos, costumes, maneiras de ser do homem brasileiro. Hoje a possibilidade do intercruzamento de informações, de comunicações, é espantosa. E isso vem ao encontro das necessidades de um pensamento globalizante, necessário nesse momento histórico do Brasil, momento que é também o da tecnologia que não deixa de pôr em risco os valores e os índices do nosso desenvolvimento histórico. Se não houver quem cuide e quem alerte para a presença desses valores, eles serão inapelavelmente eliminados. E não caberia aos organismos operacionais do desenvolvimento tarefa dessa natureza. O problema da formação de grupos de pesquisa, da organização do pensamento científico globalizante, supera o âmbito dos organismos setoriais.

Mas um organismo centralizado poderia atender aos pedidos das áreas setoriais do processo de desenvolvimento. Sua missão seria juntar, recuperar e classificar a informação, para depois devolvê-la à realidade nacional.

Esse é o grande desafio do projeto do Centro Nacional de Referência Cultural. Vai receber informações para responder a pedidos de uma realidade imediata. Mas, na medida em que as receber, as informações serão incorporadas à memória central. A tarefa do Centro não terá fim. Sempre haverá novas informações a recolher e novas maneiras de combinar essas informações.

Gilberto Freyre_ Veem os presentes que não houve exagero nenhum de minha parte ao chamar de mestre o designer admirável, o artista brilhantemente criador que é Aloisio Magalhães. Ele acaba de fazer uma exposição magistral de sua abordagem do problema cultural brasileiro, dentro da perspectiva da ecologia tropical. Para comentar a conferência que com tanto interesse acabamos de ouvir, foi convidado o poeta e crítico César Leal. Raramente ocorre combinação tão sólida de poeta e crítico. É de fato um poeta, um admirável poeta, e é um crítico penetrante e arguto de coisas literárias e até de coisas extraliterárias. Com a palavra, o poeta César Leal.

César Leal_ Senhoras e senhores, confesso que não tinha nenhuma informação sobre o texto da conferência de Aloisio Magalhães, o que não é comum neste Seminário. Geralmente recebemos o texto com muita antecedência para, baseados nele, debater as ideias num clima da maior objetividade. Aloisio Magalhães, que é um amigo a quem muito estimo, não irá, contudo, escapar ao comentário das declarações que tem feito sobre o tema e sobre problemas que não foram colocados agora, mas que ele apresentou à revista Veja de 24 de fevereiro último, em declarações sobre o Centro Nacional de Referência Cultural, que irá ser criado em Brasília.

Aloisio Magalhães parte da conceituação um tanto ambígua de "memória nacional". O Centro visaria, antes de tudo, através de uma atuação permanente e vigilante, a "impedir que o desenvolvimento acelerado do país atropele e esmague a identidade de nosso país como sociedade culturalmente independente". Como se vê, o projeto é ambicioso. Por isso é natural que seus organizadores sejam tomados de entusiasmo capaz de mobilizar, para seus fins, amplos setores de nossas elites. Refiro-me às elites sublimativas e integrativas, da classificação de sociólogos e antropólogos: ministros de Estado, governadores e artistas, como é o caso do próprio Aloisio Magalhães.

Aloisio tem revelado detalhes merecedores de atenção especial por parte dos integrantes deste Seminário. E não só deles, mas de quantos estejam interessados na preservação de nossos valores culturais, em resguardá-los das forças de pressão e atração liberadas maciçamente através dos meios de comunicação de massa e de outros meios elaborados por culturas economicamente mais fortes. Contudo, é preciso lembrar que não há necessariamente relação entre o desenvolvimento econômico e o desenvolvimento cultural. O próprio Marx o reconheceu. Raramente se chega a conclusões bem fundamentadas acerca das relações entre criações culturais e seus alicerces econômicos.

Daí a imperativa necessidade de que um centro nacional de referência cultural, como o que se está estruturando em Brasília, conte com o apoio de todos que possam contribuir para o máximo de eficiência que ele possa alcançar. Agora pretendo fazer algumas observações de caráter mais imediato. Não entendo por que deixaram de ser mobilizadas, desde o início, instituições altamente qualificadas para uma participação mais direta no projeto de criação do Centro. Refiro-me especialmente à ausência deste Seminário de Tropicologia, cujos estudos sobre cultura brasileira abrangem campo vastíssimo. Pertenci a este Seminário durante três anos. Seus estudos não foram feitos apenas de um ponto de vista regional, mas antes alcançaram até mesmo uma escala supranacional. Todos os documentos relativos à preservação do seu material estão registrados em forma linguística, através de livros ou de fitas gravadas para oportuna publicação em livros. Discordo, portanto, da preservação do material cultural através de elementos puramente iconográficos, como propõe Aloisio Magalhães para o Centro de Referência Cultural. Acredito que desde o primeiro momento deveriam ter sido mobilizados tanto o Seminário de Tropicologia desta universidade quanto o Instituto Joaquim Nabuco de Pesquisas Sociais, ao invés de outras instituições, igualmente importantes, porém menos credenciadas.

E por que escolher, para formar a rede interna de coleta de informações do novo centro, o Departamento de Assuntos Universitários do MEC, quando o MEC também possui um Departamento de Assuntos Culturais? Aqui, o MEC dispõe também do Instituto Joaquim Nabuco, com um corpo de cientistas altamente qualificados em todos os campos da cultura artística, científica e tecnológica. O Departamento de Assuntos Universitários – o escolhido para formar a rede interna do Centro – é apenas um organismo do ministério, encarregado de graduação e pós-graduação, legislação educacional, problemas de corpo discente, corpo docente e outros afins. Nós aqui no Nordeste estamos sempre esquecidos. Porque, embora nós tenhamos bons representantes, como Aloisio Magalhães ou Edson Nery da Fonseca, quando comissões são formadas no Sul, geralmente esquecem a contribuição imediata que podemos dar.

Aloisio Magalhães, se não me engano, afirmou que as atividades do Centro poderiam começar com uma exposição sobre o índio em 1500. Tal afirmativa não foi feita hoje, mas consta em documentos a que tive acesso. Ora, a influência do ameríndio em nosso país se processou de modo bastante diluído. Uma exposição sobre objetos indígenas de 1500 não apresenta sentido prático para nossa cultura atual. Porque do índio brasileiro, de sua cultura, resta muito pouco ou nada. O índio do século XVI já não tinha mais nada. Quando Cardim[1] chegou aqui, encontrou o índio tocando órgão, ajudando o padre a celebrar missa em latim, lendo latim, castelhano e português, quase esquecido do seu tupi. No que se relaciona ao índio, o que devemos fazer em seu benefício é observar o que ainda possa haver de índio na nossa literatura, na música, na pintura, na cerâmica, na dieta, na tecnologia agrícola. Somente através disso se poderia saber alguma coisa sobre o que um tanto impropriamente se poderia chamar cultura indígena brasileira.

Outra questão que consta do texto da revista *Veja* prende-se à declaração do ministro Severo Gomes de que a arquitetura de Brasília constitui a maior prova do estilo nacional de nossa cultura. Contudo,

1_Pe. Fernão Cardim, jesuíta que, durante sua estadia no Brasil entre 1583 e 1601, escreveu sobre os índios brasileiros.

apesar da grandeza de um Oscar Niemeyer, Brasília nada tem, ou tem muito pouco, daquilo que se possa definir como estilo nacional na arquitetura. O que fez Niemeyer foi dar forma plástica às teorias de um Sullivan, de um Otto Wagner, de um Lutz, codificadas, posteriormente, nos cinco princípios de Le Corbusier: 1) os pilotis; 2) o jardim; 3) o plano livre; 4) as janelas e as cortinas; 5) as fachadas livres. Não quero dizer que não haja originalidade em Oscar Niemeyer, mas apenas mostrar que ele é arquiteto da modernidade, entendida, na acepção de Baudelaire, como sinônimo de civilização técnica. O estilo de Brasília é antes um estilo internacional, assim como era internacional o estilo dos gêneros literários do Renascimento. Se podemos falar de um sistema nacional de arquitetura em Brasília, acredito que devemos ter em mente apenas a coroa de mocambos que se vem formando ao redor da capital, sabiamente designada de "cidades satélites".

A América Espanhola estava montando universidades, como a de São Marcos, no Peru, em 1534, quando aqui Duarte Coelho fundava os primeiros engenhos. É nas universidades que nasce a reflexão, ou pelo menos onde ela se desenvolve. E é nas universidades que se desenvolve um dos elementos básicos de sustento da cultura. Refiro-me à linguagem, aos estudos de linguagem, à linguística. Julgo que a simples preferência pelo material iconográfico não seja válida. As civilizações urbanas são essencialmente visuais, enquanto as rurais são de natureza predominantemente oral. É o caso da civilização brasileira. A glorificação do visual numa cultura de fundamentos rurais, como a nossa, está em completo desacordo com as próprias ideias do conferencista. A linguística moderna vem sendo apontada como uma ciência não apenas destinada a explicar todos os fenômenos da estrutura verbal ou a descrever comparativamente as línguas do mundo, mas tem também, como principal função – a opinião é do professor Hans Seldmayer, da Universidade de Munique –, preservar a cultura e manter suas conquistas através dos tempos. A língua é o único elemento que pode estudar as relações existentes entre todos os setores de uma cultura. Daí minha radical discordância quanto a uma documentação preferentemente iconográfica para o Centro.

A conferência de Aloisio Magalhães foi muito rica de sugestões. É extremamente difícil para mim abordá-la aqui, assim, de forma improvisada. O sentido de minha crítica é o seguinte. O Centro não deveria ter preferência por esse ou aquele tipo de documentação. Nem o absolutismo iconográfico nem o absolutismo linguístico. O melhor seria utilizar tudo que possa servir aos objetivos do Centro, sem preferências especiais por qualquer tipo de documentação. Assim podemos chegar ao conhecimento de objetos através de diferentes pontos de vista. É o "perspectivismo", sugerido por Ortega y Gasset. Concluo minhas observações pedindo desculpas pelo caráter fragmentário de minhas observações, pelo tom talvez agressivo de minha linguagem. Mas isso pertence ao meu modo de falar, ao meu jeito de dizer as coisas de improviso. Muito obrigado.

GF_ Senhores, todos concordarão que o poeta César Leal esteve brilhante, brilhantíssimo, até em suas objeções ao conferencista. Eu, de minha parte, não tenho novo comentário a fazer. De modo que vou dar a palavra a Aloisio Magalhães, para considerar as objeções que lhe foram feitas.

AM_César Leal parece supor que imaginamos construir, em Brasília, uma estrutura capaz de, sozinha, absorver e codificar tudo que já se fez neste país em matéria de cultura. O que na realidade pode ser feito é uma central de informações. Central essa que não só vai possuir uma unidade conceitual na manipulação das informações, como vai permitir que um pesquisador do Museu Emílio Goeldi, de Belém, possa eventualmente tomar conhecimento do que está sendo feito no Instituto Joaquim Nabuco, do Recife.

Renato Campos_ Esse Centro parece que vai desempenhar o papel de um grande banco de dados. Mas eu gostaria de saber se o Centro não corre o risco de assumir certo papel totalitário e pretender dizer o que é brasileiro e o que não é brasileiro a todas as outras instituições.

AM_A pergunta é pertinente e tenho resposta para ela. Vamos reter esse problema para daqui a pouco. Eu diria ainda ao meu caro César que o que se pediu ao DAU – Departamento de Assuntos Universitários do Ministério da Educação – foi que entrasse em contato com as universidades, que serão os pontos de apoio fundamentais do Centro. Aliás, hoje é a primeira vez que de público se fala sobre esse projeto. Não foi gratuitamente que vim a Pernambuco. Logo que cheguei fui falar com Gilberto e ele imediatamente me convidou para vir aqui. O DAC – Departamento de Assuntos Culturais do Ministério da Educação – não me parece o organismo pertinente. Ele faz concertos, faz exposições, faz teatro, incentiva uma série de coisas assim. O que nós queremos é uma estrutura de reflexão e de pensamento.

O trabalho do Centro em relação às culturas indígenas é muito profundo e muito sério. Todos nós sabemos que os grandes documentos dos aspectos culturais do índio brasileiro não estão mais no Brasil. Estão em Viena, em Basileia, em Roma. E, curiosamente, esse material não está catalogado devidamente, não interessa aos museus que o detêm. É possível um trabalho delicado, mas viável, de recuperação desse material para análise, para estudos. Quanto à situação atual do índio, eu discordo de você, meu querido César. Eu acho que ainda é possível um enriquecimento profundo da realidade brasileira através do conhecimento do que são realmente as culturas indígenas do Brasil. É de estarrecer o profundo desconhecimento que todos nós temos dessa realidade.

RC_Eu pediria um esclarecimento. Se o Brasil entrasse num regime comunista, a obra de determinados autores passaria a ser antibrasileira. Num regime fascista, algumas obras profundamente nacionais, como as dos autores de esquerda, seriam consideradas antibrasileiras. Quer dizer, há o perigo de interferências políticas num centro nacional de referências culturais.

O pensamento globalizante de que você fala terá alguma coisa a ver com essa tese da "aldeia global" de McLuhan? Porque essa tese serve muito bem aos países imperialistas, que esmagam outras culturas através dos veículos de comunicação. O próprio McLuhan, conforme eu li numa publicação recente, já está recuando e mostrando os malefícios dessa tese de "aldeia global".

E eu acho que, quando você fala em pensamento globalizante, você não se lembra que em nossa época não existe um filósofo do porte de um Hegel, de um Marx. Quer dizer, parece que não existe esse poderio de pensamento a que você se refere.

AM_ Vamos por partes. Na realidade, existem riscos na criação do Centro. Mas é melhor não fazer com medo do risco ou fazer e assumir o risco? Mas não há perigo de manipulação do que é brasileiro na medida em que o Centro não faz crítica. Ele estabelece cientificamente, à luz dos elementos pertinentes de cada área, o que deve ser estudado. Mas ele não faz o menor comentário. A interpretação é feita por quem procura o Centro.

RC_ Você considera, por exemplo, Guimarães Rosa menos brasileiro do que Ariano Suassuna. Qual seria esse critério de aferição?

AM_ Bom, aí é que está. Em primeiro lugar, a minha observação sobre Guimarães Rosa não envolve um julgamento sobre ele. O Centro registrará a obra de Guimarães Rosa como um todo, sem fazer interpretações.

GF_ Vamos ouvir agora o mais-que-geógrafo Gilberto Osório, que certamente tem alguma coisa a dizer sobre o assunto.

Gilberto Osório_ Eu tomei muitas notas a respeito desta admirável palestra proferida pelo meu velho amigo Aloisio Magalhães. Mas seria absolutamente inadequado tomar muito tempo no comentário a respeito desses tópicos. Eu vou poupar os senhores seminaristas, poupando também a mim mesmo, de me utilizar dessas notas todas e vou apenas me meter em dois pontos de menor importância, mas que eu gostaria de salientar de modo particular. Antes de mais nada devo dizer, talvez Aloisio não saiba, que eu aqui me comporto como um produto daquele dito: "O uso do cachimbo faz a boca torta." Tenho uma deformação profissional: costumo relacionar tudo que diz respeito à ecologia social do homem com sua ecologia natural. E, quando eu me refiro à ecologia social, estou me referindo fundamentalmente ao fenômeno da cultura.

Ora, uma pergunta que fiz desde a primeira conferência deste Seminário – que foi uma conferência sobre Colonização Europeia nos Trópicos, proferida aqui por Arthur César Ferreira Reis – dizia respeito aos pintores amazônicos. Como se comportavam eles em face da natureza, mesmo abstraindo da motivação florestal ou hileiana da sua obra? Eram pintores de largos horizontes abstratos, ou eram demasiadamente concretistas? Essa pergunta parece que não foi muito bem entendida pelo professor Arthur César. Que nos diz sobre o tema o nosso querido Aloisio, que é também o pintor de todos nós conhecido e admirado?

Creio ter notado na conferência o uso um tanto pejorativo do adjetivo "mimético". Ora, em Biologia, como o professor Bezerra Coutinho certamente confirmará, é exatamente o contrário. Se mimetismo é imitação, é imitação do próprio meio. Não importa assimilar nenhuma geometria, nenhuma estrutura, nem nenhum cromatismo estranho, mas sim as cores, o desenho, os aspectos estruturais do microambiente em que o mimetismo se realiza. Eu acho que o mimetismo é algo de ecologicamente autêntico, nunca a imitação de aspectos culturais postiços.

GF_O escritor Virginius da Gama e Melo.

Virginius da Gama e Melo_ Bem, é evidente que o projeto da criação desse Centro de Referência é um projeto grandioso e tudo que é grandioso faz medo. Ainda por cima quando o projeto vai movimentar não simplesmente dados e referências, mas também atitudes e critérios. O próprio conferencista declarou que em primeiro lugar temos a ideia, para depois termos a ação. Eu queria obter um conceito claro do que se entende por brasileiro. Ora, se organizamos parâmetros para definir o que é brasileiro, ficamos num plano tradicional e não admitimos a possibilidade de renovação.

E nós sabemos que o processo cultural se realiza principalmente através da renovação. Se consultarmos Ariano Suassuna, que foi referido aqui, veremos que, até ele, nós tínhamos um estereótipo literário a respeito do matuto. Ariano modifica isso. Se tivéssemos um Centro de Referência antes de Ariano, o sertanejo de *A pedra do reino* não seria brasileiro. Quero dizer: esse Centro vai ter o grande problema de captar o processo de renovação.

GF_ Muito bem. O biólogo Bezerra Coutinho tem alguma coisa a dizer?

Bezerra Coutinho_ Mestre Gilberto, eu quero começar dizendo ao meu amigo Aloisio que me sinto fortemente possuído por aquela condição afetiva a que ele se referiu em certa altura de sua conferência. Houve uma relação pessoal de amizade entre mim e o velho Aggeu Magalhães, pai de Aloisio. Lembro-me perfeitamente bem, desde a minha chegada, recém-formado, do Rio de Janeiro, até o último dia de Aggeu Magalhães, quantas vezes nós conversávamos e discutíamos e, por mais extraordinário que pareça, nessas conversas, meus senhores, o otimista, o entusiasta, o indivíduo que acreditava incondicionalmente num futuro sempre melhor, não era o mais moço dos dois. Era precisamente Aggeu Magalhães. O que duvidava, o cético, aquele que não acreditava muito no desenvolvimento linear progressivo, no aperfeiçoamento constante da humanidade, era justamente o mais moço, aquele de quem era permitido esperar que tivesse uma visão otimista antes de haver passado por aquilo que se chama experiência de vida. E observem que, até agora pelo menos, não sou um indivíduo que tem uma história triste para contar. De modo que não me surpreende muito encontrar o filho de Aggeu Magalhães com esse espírito entusiasta, com a força de convicção própria daqueles que realizam as coisas, enquanto a função dos céticos é colaborar através da crítica.

Discutiu-se aqui a criação de um centro de informações culturais em nosso país. Será importante? Será indispensável? Ora, esse centro se torna necessário devido à necessidade de sabermos o que é que somos. O que somos nós, brasileiros? Como é que eu me sinto aqui no Brasil? Eu me sinto como um elo da cadeia de pensamentos que eu posso referir à cultura ocidental, ou devo considerar-me pertencente a qualquer coisa diferente dessa cultura?

Há riscos naturais na organização de um centro de informações. Além dos já referidos nesta reunião, as referências podem ser utilizadas para determinados tipos de opressão governamental. Tanto isso é verdade que pode ser comprovado na Escritura Sagrada. O senhor Jeová reprovava a existência de governos, como se vê pela resposta que deu, através do profeta Samuel, aos chefes das tribos, quando estes lhe solicitaram um rei. De maneira que devemos desconfiar dos governos, que podem utilizar um banco de informações para a manutenção de certos interesses dentro da sociedade.

RC_ Porque defendeu os cultos afro-brasileiros, como manifestação cultural autenticamente brasileira, que não era doença nem patologia social, e porque defendeu o mocambo, terminou na cadeia o coordenador deste Seminário. Porque considerou determinadas coisas autenticamente brasileiras, foi preso por pessoas que não as consideravam manifestações tão brasileiras.

BC_ Por falar nisso, eu tenho a impressão que, se as autoridades que cometeram esse abuso tivessem procurado outros indivíduos que não achavam o mocambo uma coisa tão horripilante, talvez eu tivesse ido compartilhar a cela do nosso coordenador. Mas não me foi dado gozar de sua companhia durante esse tempo.

GF_O humanista Marcelo Santos, para sua estreia.

Marcelo Santos_A minha estreia como membro efetivo deste Seminário está comprometida pela hora. Tenho de ser muito breve, embora eu quisesse fazer uma série de considerações. Em primeiro lugar, gostaria de pedir a Aloisio Magalhães que esclarecesse o sentido da palavra "referência" no nome do Centro que está criando.

AM_A utilização da palavra "referência" foi um dos primeiros problemas discutidos por nosso grupo de estudo. Muito ficamos devendo à ajuda de um pernambucano: o professor Edson Nery da Fonseca. "Referência" é mais abrangente do que "documento" e do que "informação". Em muitos casos teremos documentos, noutros informações, mas em muitos outros só o índice, a referência de que no Museu do Açúcar, do Recife, existem tais e tais documentos, com tais e tais informações.

MS_ Muito obrigado pela explicação. Mas ainda me preocupa a palavra "nacional". Está aí no sentido apenas geográfico ou quer definir o que seria realmente nacional ou brasileiro?

AM_Não houve tanta especulação no projeto. Ainda estamos na fase da conceituação. O que parece claro é que se pretende conhecer a informação, saber onde ela está, como recuperá-la e depois devolvê-la ao processo cultural.

Na realidade, nosso grande problema é o da abrangência do acervo. Temos de abandonar umas coisas, de optar por outras. É evidente que a preferência será por índices que expressem reiteração, capacidade de gerar. Esses elementos reiterativos não indicam uma generalidade brasileira e terão naturalmente preferência.

GF_ Dos novos membros do Seminário, faltou ouvirmos a palavra da nossa museóloga Regina Batista, do etnógrafo Mário Souto Maior. Gostaríamos também de ouvir a palavra dos membros já consolidados deste Seminário: Clóvis Cavalcanti, Tarcísio Burity, Janete Freire, Maria do Carmo Barreto Campello. Mas o tempo, como tantas vezes tem feito, mostra-se nosso inimigo. Está encerrada a sessão.

PERSPECTIVAS DO ENSINO EM BRASÍLIA

Antes de começar o que poderia chamar de um pequeno raciocínio, ou uma hipótese de pensamento que eu gostaria de desenvolver com vocês, me lembrei de uma história que pode servir de epígrafe.

Há umas três semanas um jornal muito importante no Brasil publicou uma matéria relativa ao nível de ensino primário, ou seja, de 1º grau, numa região bastante deficiente do estado de Minas Gerais. E lendo essa matéria eu vi, curiosamente, que ela poderia ser lida em dois sentidos, porque na realidade o que se exprimia no texto era o grau de deficiência das professoras do nível de 1º grau naquela região. E essas observações eram calcadas e baseadas em indicadores obtidos em testes. Anotavam e mostravam os exemplos da deficiência dos testes e insistiam terrivelmente em como era elementar o nível de ensino naquela região. E lendo essa matéria eu li ao contrário e disse: que beleza que, numa região tão pobre, neste lugar tão recuado, essas pessoas existam e se comprometam a ensinar o que sabem, o que podem. Em outras palavras, aquilo que parecia tão negativo, tão negro, a mim soou como válido e muito positivo. E essa leitura está relacionada com o que eu gostaria de desenvolver com vocês como raciocínio.

É que a realidade pode ser vista pelo menos por dois pontos extremados em que todos os fenômenos podem ser tidos, lidos e vistos como positivos ou negativos, dependendo da maneira com que queiram enfocar o problema da consciência que se tenha daquilo que se chama realidade. O que é provável é que as soluções mais aproximadas e mais harmoniosas dos problemas com que se defronta o homem contemporâneo estejam justamente na sua capacidade de lidar com esses opostos, na capacidade que ele tenha de estabelecer a dialética entre o sim e o não, entre o bom e o ruim, entre o técnico e o espontâneo e assim sucessivamente. No fundo, não adianta inserir uma ótica deformada da excessiva preocupação com determinado tipo de tecnologia ou excessiva preocupação com os aspectos negativos em determinada

Conferência proferida em Brasília, em maio de 1976.

realidade. Enfim, esse pensamento da dialética entre a ordem e a intuição, entre o método e a espontaneidade, está ligado a esse mesmo tipo de raciocínio. O que de fato ocorre é que o homem contemporâneo se vê diante de problemas extremamente complexos e ligados a essa realidade, e essa hipótese de realidade está expressa em extremos. Por exemplo: sem dúvida uma das mais importantes conquistas do homem é a dinâmica da informação imensa e maravilhosa, maravilhoso espectro que se tem hoje de técnica e de formas em que a comunicação se espalha rapidamente, em que a comunicação atinge de maneira imediata setores e áreas do mundo os mais longínquos, permitindo inclusive a simultaneidade do tempo na percepção de fenômenos. Enfim, esse maravilhoso instrumento que é a comunicação, oferecido ao homem contemporâneo, também comporta o seu lado negativo, ou seja, a inevitabilidade de que a aceitação indiscriminada dessa excessiva carga de informações pode levar a uma descaracterização, a uma uniformização de atitudes, de maneiras de ser, de maneiras de pensar, uniformização essa que é sem dúvida nenhuma contrária ao espírito de peculiaridade de uma cultura, contrária à riqueza acumulada ao longo do processo histórico, de peculiaridades de formas de ser que as culturas desenvolveram. E isso é tanto mais verdadeiro quando a gente se lembra que a atuação dessas formas maciças de informação sobre culturas muito desenvolvidas exerce esse tipo de influência, esse tipo de achatamento, de diminuição de peculiaridades. E essa influência é ainda maior quando se tem essas informações em cima de uma forma de cultura ou de um processo de cultura recente, jovem, não ainda estratificado, que apenas começa a explicitar suas peculiaridades.

Torna-se evidente que essa carga tão poderosa de elementos de informação uniformizadores poderá ocasionar a perda ou a morte desses indicadores da personalidade própria de uma identidade nacional, da forma particular de ser de uma cultura. É justamente esse pensamento, que me parece muito lógico, que a gente deve ter em mente quando considera o problema do desenvolvimento brasileiro. Nós somos uma nação num momento em que se necessita muito que aquilo que a gente importe, aquilo que a gente receba, que a gente possa digerir como forma, como elemento de formação de outras culturas, seja absorvido de maneira adequada, seja incorporado ao nosso processo de desenvolvimento cultural, não seja uma forma de imposição ou superposição que achataria e diminuiria as nossas peculiaridades.

Então, se nós temos que fazer esse trabalho, essa adequação de uma realidade que nos é imposta, que nos é colocada à disposição, essa adequação tem que ser feita desde que você tenha maior conscientização daquilo que você é. E esse tipo de preocupação é que seria a base fundamental, a meu ver, de uma preocupação com o problema do ensino. Na realidade, a pergunta seria: que brasileiro queremos educar? Que tipo de homem devemos preparar para que ele tenha condições, dentro deste contexto cultural, deste espaço cultural ainda em formação, de explicitar a realidade cultural brasileira? E é evidente que o primeiro ciclo, o primeiro grau é a base da formação cultural.

Na realidade, o que se coloca como muito curioso é exatamente o núcleo de todo o pensamento que se pode desenvolver em torno deste Seminário, é justamente a peculiaridade de Brasília. A peculiaridade de Brasília vem desde a sua origem, desde o momento em que, há mais de 150 anos, o pensamento determinou já a Ideia de que uma cidade deveria ser construída e que essa cidade deveria se localizar no Planalto Central, e que essa cidade deveria chamar-se Brasília, e que essa cidade seria a única maneira de se ter condições de uma visão sobre o conjunto, de se ter uma visão mais harmoniosa sobre os diversos níveis, os diversos contextos que procuram se armazenar e se harmonizar no todo nacional.

Ora, se o pensamento de Brasília é um pensamento que necessitou de tantos anos para se explicitar em realidade, explicitação que somente ocorreu há 15 anos, esse tempo necessário à maturação da criação de Brasília é fundamentalmente importante na direção de um pensamento de convergências, de um pensamento que tem que se tornar realidade no momento em que Brasília começa a exercer essa visão e essa possibilidade de visão de conjunto. E aí, alguns fenômenos, alguns ingredientes devem ser analisados. Em primeiro lugar, eu diria que o pensamento dialético a que me referi no começo, entre o sim e o não, o bom e o ruim, também existe na estrutura do pensamento da cidade de Brasília.

Se nós observarmos por exemplo o caráter simétrico, o caráter racional do Plano Piloto, poderemos inclusive perguntar por que razão o brasileiro, o homem tropical, cuja forma de ser – basicamente, sua estrutura – é muito mais intuitiva e muito mais espontânea e muito mais ligada à exuberância de contrastes etc., por que razão a opção e a decisão do traçado de sua cidade foram por uma cidade racional? Há um aspecto paradoxal, contraditório nisso. Mas se observarmos essa ideia de uma hipótese dialética entre a ordem, o método, a intuição e a forma espontânea, verificaremos que talvez o pensamento tenha sido justamente o de que a racionalidade e o espírito simétrico do plano de Brasília fossem o ingrediente necessário para contrabalançar o outro lado excessivamente presente de exuberância e intuição de forma espontânea. E que a cidade branca, limpa, simétrica, cartesiana de Brasília seria o momento focal importante de se introduzir o método, de se introduzirem ingredientes de pensamentos metodológicos. É curioso também observar que, como um corpo vivo, como a forma biológica, essa intuição é no fundo uma intuição pela ordem e pelo método, ela imediatamente foi acompanhada da presença da contrapartida oposta, ou seja, as cidades satélites, a presença do homem rural brasileiro na construção de Brasília. O homem que aqui se fixou introduz um componente novo, inesperado e maravilhoso, que é, ao lado dessa situação extremada de método e de razão, colocar a presença dos ingredientes intuitivos, dos ingredientes espontâneos da realidade brasileira como um todo, que é a presença em torno de Brasília, participando de Brasília, do homem brasileiro na sua mais alta representatividade. Então, uma situação peculiar se apresenta. É uma cidade construída pela razão, que abriga uma representatividade alta de brasileiros de um nível cultural mais alto que são os homens que vêm com a preocupação de metodologia e de comando, que poderia se tornar demasiadamente racional nessa relação e que é contrabalançada, nessa situação, de imediato pela presença de uma representatividade em alto nível de diversificação de tudo que é realmente peculiar ao fenômeno brasileiro.

E curioso fenômeno esse. O homem de governo, funcionário de qualquer nível, é na maior parte oriundo de contextos urbanos, representativo desses contextos urbanos e se situa no Plano Piloto. Por sua vez, os homens que se situam nas cidades satélites são basicamente de origem rural, trazem a contribuição do que faltava, ou seja, a presença da diversificação do homem brasileiro como um todo. Então, o que se torna extremamente sedutor e extremamente poderoso como fenômeno de análise é que, em Brasília, tudo o que for feito, sobretudo no ensino, será feito para Brasília, sem dúvida, mas terá uma possibilidade de verificação de conjunto e de ser hipótese de modelo para outras situações, coisa que nenhuma outra região teria, tal a presença em Brasília desse alto índice de representatividade brasileira.

Então, justamente o que seria interessante é que nunca se separasse muito e que, ao contrário, se procurasse fazer a maior aproximação possível entre as duas formas, ou as duas atitudes: a atitude um pouco mais elitista, inevitavelmente, do homem urbano que veio, e a do homem rural que aqui veio também. E que justamente do diálogo entre essas duas formas de ser pudessem surgir as experiências didáticas de ensino do novo homem de Brasília. Que se visse o resultado de tudo isso, porque na verdade não existe um homem de Brasília, existe muito mais do que isso, que é o homem brasileiro representado no seu sentido mais amplo. E essa característica, a meu ver, deveria ser tida como ponto principal e como ponto talvez fundamental nesse desenho que é a ideia total de Brasília, de ser uma cidade cuja visão seja uma visão de conjunto do fenômeno brasileiro como um todo.

Eu não quero me alongar demais. Eu diria, como especificidade mais direta em relação ao fenômeno do ensino, que a conscientização sobre o que pode vir a ser peculiar, brasileiro, pode ser encontrada em nível muito alto em Brasília pela razão que foi exposta, e que uma tarefa de grande sentido talvez fosse justamente essa, de avivar e incentivar com impulsos corretos tudo o que está e permanece, de certa forma, latente na diversificação desse homem que acorreu a Brasília. Para isso, a meu ver, uma das tarefas mais importantes seria, nesse processo de conscientização, a tentativa de não perder contato com a realidade, com os elementos verdadeiramente reais. Em outras palavras, penso que as tecnologias modernas de ensino são de grande validade desde que a gente não sinta por elas um fascínio como se as tecnologias e as formas de comunicação mais modernas fossem a única maneira de aprendizado. Muitas vezes, ao contrário, é o bom senso, é o bom equilíbrio entre uma tecnologia mais sofisticada e as formas típicas e puras de bom senso diante da própria realidade que se toca que poderá criar uma metodologia correta, isto, em termos de política de ensino para o homem brasileiro.

Penso muito que o contato de cada indivíduo com a realidade cada vez se perde mais. Penso muito que o próprio indivíduo cada vez tem menos condições de viver em contato com sua própria realidade, de tal modo ele a vê substituída por formas representativas dessa realidade. É preciso que a gente não esqueça que a imagem, a representação de uma realidade, é apenas bidimensional, ao passo que a realidade é pluridimensional. A cada momento que uma realidade é tocada e analisada, ela oferece indicadores surpreendentes de ordem mítica, mutadores de todos os sentidos que enriquecem e que dão a essa realidade uma forma de ser completa. A representatividade dessa realidade é levada na medida em que a gente precisa conhecer várias hipóteses de realidade; não se pode conhecer todas, mas essa representatividade é um elemento de grande limitação e que restringe muito a forma de percepção, sobretudo quando se trata do homem jovem no seu momento de formação de repertório.

Penso que toda a tecnologia para o ensino nessa direção deveria estar muito voltada para o fazer, para o contato com formas, para o contato com indicadores da própria realidade, porque, por outro lado, a criança no mundo contemporâneo – e Brasília é um exemplo perfeito disso – já é inevitavelmente exposta a grande quantidade de estímulos de toda natureza, que são válidos, que são enriquecedores de seu repertório e que são representativos, apenas, através de formas de comunicação moderna: cinema, televisão, sistemas visuais de toda sorte. Esses elementos enriquecedores são válidos, mas é preciso contrabalançar isso com o contato direto com a sua própria realidade, e justamente no caso de Brasília não só com a sua própria realidade, mas com as diversas realidades que compõem o conjunto de amostragem cultural que Brasília detém. E dessa forma ele poderá ser representativo não só na resolução do problema de Brasília como também, e sobretudo, em transbordar e transferir para outras regiões as formas de contato, de conhecimentos adquiridos através daquela amostragem básica.

Esse raciocínio poderia se alongar muito, e não vejo razão para não interromper e deixar que o debate se estabeleça. Mas, antes de terminar, vou repetir para vocês uma estória que já usei em outra ocasião, mas que me parece muito pertinente.

Recentemente, relendo Guimarães Rosa, fiquei muito impressionado com o texto da estória do pequeno Miguilim, a criança do sertão que ia ser levada para a cidade, por um doutor de passagem, e que na cidade iria seguir o seu próprio destino. Essa criança, a um determinado momento, o médico verifica que é míope. Constata a miopia da criança e diz a ela que na cidade ela será contemplada com os óculos que lhe darão uma visão correta das coisas; e a criança então, no momento em que vai despedir-se da família, pede que o doutor lhe coloque os óculos. Ela, que tinha da realidade uma visão apenas de aparências e de conjuntos, de repente passa a ver com nitidez, percebe o perfil, o contorno da casa, dos móveis, da mãe, dos irmãos, da família, o cachorro, a paisagem, e se despede do seu contexto com essa visão nítida e correta de qual é a sua verdade. Essa estória me impressionou, na medida em que justamente é esse um dos pontos fundamentais do problema brasileiro. É a ótica que a gente tem de usar, de percepção da realidade, que faz parte do nosso repertório, do nosso universo. E é com ele, através desse repertório, que se pode constituir uma forma de cultura nova e, provavelmente, autêntica.

1976 | 1979

UM CALEIDOSCÓPIO CULTURAL

CENTRO NACIONAL DE REFERÊNCIA CULTURAL: UM PROJETO PARA EVITAR O MASSACRE

[Entrevista]

"É preciso uma grande dose de utopia, para começarmos um trabalho como este", expressou, quase em desabafo, o designer Aloisio Magalhães. Sua longa entrevista à equipe do *Correio Braziliense* (CB) é apresentada em seus principais aspectos. O tema: Centro Nacional de Referência Cultural (CNRC) em seu primeiro ano de atividades. Um trabalho prudente, corajoso que vai aos poucos solidificando suas bases para que assim surjam estratégias concretas e eficazes diante do massacre alienígena, responsável por elementos descaracterizadores de nossa identidade cultural. Aloisio Magalhães e equipe colocam a atuação do CNRC como profissão de fé. Uma atuação que acredita no reforço e no estímulo de expressões culturais – brasileiras – latentes, para que assim ocorra uma troca de informações reais e não um achatamento. Uma resistência doce. Lançar estímulos aos "massificados" canais do inconsciente coletivo, para o despertar pleno de nossas expressões. Atualmente o CNRC está ligado aos seguintes projetos: o artesanato como referência cultural; o artesanato indígena do Centro-Oeste; tecelagem popular no Triângulo Mineiro; o ceramista Amaro de Tracunhaém; documentário cinematográfico sobre brinquedos populares do Nordeste; levantamento ecológico e cultural do Complexo Portuário e Industrial de Suape (Recife); levantamento ecológico e cultural das Lagoas Mundaú e Manguaba; etnomusicologia na região nordestina; pantanal mato-grossense; cultura paulistana e renovação urbana; estudo multidisciplinar do caju; rotulagem em Minas Gerais; documentação do Museu do Índio; cadastramento do patrimônio cultural brasileiro; condições de vida no Rio antigo; recuperação e indexação de filmes documentários do acervo do fundo Fundação Cinemateca Brasileira; documentação brasileira no exterior; documentação estrangeira sobre o Brasil; publicação do mapa etno-histórico de Curt Nimuendaju; exposição das carrancas do São Francisco; exposição volante de D. Pedro II e seu tempo; elaboração de um

Entrevista concedida ao jornal *Correio Braziliense*, julho e agosto de 1976.

tesauro para processamento de informação sobre cultura brasileira (linguística) Brasil holandês; estudo da polêmica relativa à cultura brasileira instaurada pelo modernismo; Museu Goeldi.

Participaram da entrevista com Aloisio Magalhães: Tetê Catalão, Pamela Nunes, Celso Araujo, Heitor Humberto Andrade, Rui Faquini e Miguel Setembrino (representando a classe empresarial). As fotografias são de Eliana Motta.

Tetê Catalão_O que é o Centro Nacional de Referência Cultural?
Aloisio Magalhães_É uma proposta que na verdade a gente no começo não sabia muito bem que tipo de instituição se poderia alcançar, o que se sabia muito bem é o objetivo amplo do Centro, que é muito claro. Parece ser uma coisa frequente nos países em desenvolvimento o grande contraste entre situações de desenvolvimento já incorporadas ao processo chamado desenvolvimento ocidental, em contraste com outras áreas do contexto cultural que são totalmente atrasadas no sentido de permanecerem ainda num contexto primitivo, subdesenvolvidas e, com esse contraste, criando situações muito difíceis de serem resolvidas. Acontece que as grandes áreas desenvolvidas, poderíamos chamar de ilhas, pelo próprio processo de aceleração do desenvolvimento, incorporam tecnologia em geral sofisticada e contrastam ainda mais violentamente com as áreas subdesenvolvidas, e sobretudo não levam em conta certas peculiaridades que estão latentes ou permanecem naquelas estruturas de desenvolvimento mais lentas e que são esmagadas ao invés de serem explicitadas. Isso parece ser um fenômeno que ocorre não só no Brasil, mas em outros países que estão no processo de desenvolvimento. A ideia do CNRC é ser um organismo capaz de identificar ao longo do contexto cultural brasileiro formas peculiares de atuação, modo de vida, comportamento etc., que são os tais indicadores latentes que, se explicitados, dariam uma configuração de identidade nacional.

TC_ Ninguém partiria de um conceito de cultura brasileira para isso?
AM_Não. Partiria apenas de tentar identificar, conhecer, registrar, impulsionar esses elementos, esses indicadores, na esperança de que eles

pudessem oferecer condições de alternativa face ao outro lado da moeda que se desenvolve de maneira acelerada e que nem sempre leva em conta esses vetores; imagine se fosse possível, um dia, diante de uma proposta de um complexo industrial de uma região, oferecer às entidades que vão promover aquela alteração um perfil da região contendo esses indicadores de realidade cultural para que o processo de alteração fosse compatível e harmônico com essa base, que não seria contrastada ou esmagada como geralmente tem sido. Isso é muito importante quando se observa que nas sociedades desenvolvidas – os ocidentais que conhecemos bem – reina uma grande insatisfação. O aparato do sofisticado, a parafernália da tecnologia industrial não tem resultado numa sociedade feliz. Isso é mais uma razão para que a gente não observe indiscriminadamente uma situação que já comprovou não ser a ideal.

Rui Faquini_ Assim, eu entendo que um dos objetivos do CNRC seria impedir esse processo, evitar ou diminuir.
AM_ Evitar seria muito pretensioso a gente dizer, mas seria oferecer alternativas.

TC_Há quanto tempo está implantado o CNRC?
AM_ Bom, no CNRC nós temos dois tempos. No primeiro ano, iniciamos um convênio com a Secretaria de Tecnologia Industrial (STI), do Ministério da Indústria e do Comércio (MIC), e Fundação Cultural, em que perfilamos as ideias e começamos com um grupo muito pequeno. No fim do primeiro ano, conseguimos um convênio muito amplo para mais dois anos e meio, para a implantação e consolidação do CNRC. Estamos, agora, justamente, no segundo ano.

Heitor Humberto Andrade_O que o inspirou a criar o CNRC? Existe alguma outra entidade similar no mundo?
AM_ Evidentemente, a ideia não é minha só. Há tanto tempo está na cabeça de muita gente. De minha parte, por exemplo, o problema da realidade brasileira em função da perda da identidade nacional já está na minha cabeça há mais ou menos dez anos. Durante todo o meu tra-

balho em desenho industrial, venho observando esse tipo de perda da autenticidade em função de uma rápida transformação e achava que alguma coisa deveria ser feita. Evidentemente muita gente tinha esse tipo de reflexão. O grande problema era como fazer. Como atuar na direção de evitar essa perda. E aí é que entra a proposta do CNRC. Que tipo de ação poderia ser feita? E é justamente essa experimentação que nós estamos fazendo que é uma possível resposta ao problema de como atuar, diante dessa perda de autenticidade. Quanto a similares, não existe nenhuma instituição com essa configuração. Porque, na verdade, o conceito de cultural tomado de uma maneira ampla e abrangente é um conceito muito recente. A Unesco, por exemplo, grande organismo internacional, se ocupa de problemática cultural ao nível de cultura tida como um bem, eu diria, não só elitista, mas muito voltado para o processo criativo. Por outro lado, existem as grandes instituições de ordem de pensamento social ou, sobretudo, voltadas para os problemas econômicos. O que o CNRC tem de novidade é tentar uma visão cultural integrando as formas que são tipicamente de criatividade, de comportamento, com formas de produto, ou seja, de dinâmica, de fazer objetos entrarem na economicidade da família, do grupo social; enfim, a tentativa de uma visão de conjunto dos fenômenos sociais, criativos e econômicos.

RF_ Até que ponto o CNRC pretende interferir na descentralização da mídia? A centralização da mídia me parece ser um dos grandes responsáveis pela desfiguração cultural.

AM_ Implicitamente, sem dúvida, porque desde o momento que você tente acender, revelar, conhecer, conscientizar formas que são peculiares na cultura brasileira num domínio abrangente – como esse que vai desde situações que são pré-industriais, atividades de tratamento de matéria-prima –, você já oferece uma alternativa para essa tal centralização de informações através de mídia. Porque, se você tem essa centralização, essa difusão central, e não tem uma conscientização na base, ela vem e se instala. Desde o momento em que você tenha um mínimo de conscientização do valor cultural abrangente daquelas formas peculiares de determinadas regiões, há possibilidade de resistência.

TC_ Haveria uma estratégia na atuação do CNRC de trabalhar as informações de maneira que elas sejam veiculadas, que possam responder até num mesmo nível de ataque à invasão estrangeira que chega através da centralização da mídia? Do veículo televisão, por exemplo?
AM_ Eu diria a você que não, não há uma estratégia, porque aí você entra num problema que poderia ser paradoxal. Se você tenta uma reflexão sobre essas peculiaridades, se fosse sobre esses foguinhos todos, acende essas realidades todas, esse é um processo que não pode ser muito acelerado. Mas acontece que, ao mesmo tempo que esse procedimento é lento pela sua reflexão, ele é muito simultâneo, quer dizer, ele é muito rico de diversidade. Você está abrindo projetos, conscientizações em muitas áreas, então há uma quantidade de pequenos núcleos de conscientização e esse valor quantitativo é muito importante, enquanto o outro é um veículo unidirecional e que não atinge toda a área brasileira. No Centro, cada vez temos mais consciência de que o Brasil não é e não pode ser visto apenas com base nos grandes centros. O grande Brasil é quase que absolutamente desconhecido e, portanto, ainda mais ou menos intocável. A imagem que eu tenho é de um grande tapete verde, muito rico, cheio de manifestações latentes que ainda não foram descobertas. E a gente fica muito preocupado em achar que São Paulo ou o Rio de Janeiro seja o Brasil.

RF_É, mas acontece que a TV Globo está chegando lá primeiro que todo mundo. Só encontrei um lugar no Brasil em que a televisão não atua, que é no Alto Solimões.
AM_ Eu responderia a você da seguinte maneira. Em primeiro lugar, não acho que a gente deve ficar preocupado, temendo e achando que um determinado veículo de comunicação poderoso, como é a televisão, seja necessário e completamente negativo. Não é. Acho que primeiro tem coisas, muitas coisas positivas que se deve anotar, assim como existem coisas muito negativas também. A segunda coisa que eu diria é a seguinte, é preciso a gente ter cuidado de não achar que a comunidade que recebe é completamente passiva. Ela não é passiva. Ela tem um potencial muito grande de expressão própria. Então, se conseguirmos com o

nosso trabalho conscientizar mais ainda a comunidade da sua própria realidade, iluminando e valorizando as suas formas peculiares, a gente está aumentando a sua capacidade de crítica, de resistência. Porque, por outro lado, a televisão chegar a determinados pontos do território é uma coisa fantástica. Isso muda, inclusive, o conceito de conhecimento, de analfabetismo. Altera profundamente. Isso me faz lembrar o rádio, em relação ao trabalho de Roquette-Pinto. Quando o rádio se tornou no Brasil um instrumento poderoso de informação, ele tinha muito essa preocupação. Do benefício e do malefício que o rádio poderia trazer com seu poder de alcance como veículo de informação. Um certo achatamento das peculiaridades regionais com relação, por exemplo, à língua, uma vez que a transmissão era feita numa língua chamada de "língua geral". Isso na televisão é mais grave, na medida em que não é só a língua, é a imagem que pode introduzir modificações nos hábitos, nas roupas, no próprio comportamento da comunidade. Sem dúvida, isso é um fenômeno incrível que está acontecendo. Mas veja bem. Ninguém muda o mundo. A situação do mundo quanto à intercomunicação, a transmissão de conhecimento é tal que ninguém vai mudar mais esse processo de transformação acelerado. O que se pode fazer é ajudar para que as bases se conscientizem do seu próprio valor e não aceitem aquilo passivamente, que tenham uma capacidade de crítica.

HHA_ Quanto à função do CNRC, ele vai atuar somente nos chamados meios de raízes culturais ou vai também documentar a superestrutura industrial que é o fato condicionante das bases do país?
AM_A resposta seria em ambas as áreas. Existe, é claro, o estabelecimento de prioridades. O projeto maior que temos atualmente diz respeito ao conhecimento, à proteção, à coleta e à documentação de tudo que diz respeito à cultura indígena. Não é sem razão que estamos começando com o começo, com o índio. Esse material estava guardado no Museu do Índio, são dois milhões de documentos que foram colhidos em todas as antigas sedes do Serviço de Proteção ao Índio, hoje já extinto. Tem um grupo estudando esse material. Separamos primeiro 500 mil para indexar, microfilmar, e depois faremos os outros. Os

500 mil são, digamos assim, os irrelevantes. Agora, temos outros projetos que se preocupam com outros aspectos da peculiaridade nacional, como é o caso desse que vemos iniciar no dia 1º de agosto. Esse diz respeito a um procedimento de infraestrutura do processo de industrialização acelerado. Vai ser implantado um complexo portuário numa região em Pernambuco. Esse projeto é tecnicamente elaborado. É um grande porto, com implicações como o surgimento de indústrias do lado desse porto, para escoamento. O que nós vamos fazer é o estudo da região onde vai ser implantado esse complexo, para conhecer a realidade dessa região, detectar todo tipo de manifestação cultural que existe. No caso, tem até material arqueológico, porque foi um porto utilizado pelos holandeses. Vamos tentar compatibilizar o aspecto da construção com os aspectos arqueológicos e históricos da região. É um outro tipo de atuação do Centro e que não vinha sendo feito no Brasil. Há quem diga que nossa atuação é tardia, ou seja, já vai ser feito o complexo portuário e o que nós podemos fazer, na realidade, é minimizar a alteração. O ideal seria que um estudo como esse fosse feito antes de se tomar qualquer decisão quanto à escolha do sítio. Mas aí seria uma pretensão muito grande.

HHA_ Mas fazer um estudo em cima da alteração ecológica, por exemplo, que um complexo desse possa determinar, não daria mais vitalidade ao Centro? Porque atuaria em cima de uma coisa viva, no ponto crítico de uma alteração. A coleta antes é quase museológica.

AM_ Mas não é só essa a nossa intenção. Não é só do registro do passado que o Centro se ocupa. Ele tenta interferir. No caso de Alagoas, um projeto que já está mais adiantado, o que se pretende fazer é tentar impulsionar uma série de atividades primárias na região – cerâmica, pequenas olarias etc. – no sentido de dar maior evolução, complexidade, atividade, procedimento que talvez evite que ela desapareça e, quem sabe, até a integre na nova realidade.

TC_ Como o Centro vai aplicar seus projetos, através de alguma entidade, de algum órgão, como vai ser a utilização prática desses trabalhos?

AM_Não sei. Esse não sei implica em dizer que a gente começa a atuar dentro de uma determinada realidade e essa atuação vai se avolumando, se adensando. No Centro, nós sempre trabalhamos de baixo para cima. E estamos ainda na parte de identificação, agora que o grupo vai começar a trabalhar no sentido de apurar qual o tipo de impulso que deve receber cada uma dessas áreas. Como estamos no começo, esse tipo de problema ainda não surgiu. Quando as informações se avolumarem a tal ponto que se possa dar um destino prático a elas, as formas, os meios, vão, então, surgir naturalmente.

HHA_Já houve alguma atuação do Centro junto, por exemplo, ao IBGE?
AM_Sem dúvida, não só nos valemos dos dados como procuramos estabelecer gabaritos e critérios dentro da linguagem, dentro da metodologia já usada pelo IBGE. Não se pode esquecer que o CNRC só tem um ano de idade.

Vou responder à sua pergunta através de um exemplo. O projeto do caju. Esse projeto é a tentativa – esse projeto está acoplado ao Instituto Joaquim Nabuco, de Pernambuco – de conscientizar uma comunidade sobre a importância e para a utilização de um produto natural daquela região, que é o caju. É um produto brasileiro. Originalmente brasileiro. Esse produto ele existe, é parte do fenômeno cultural brasileiro desde o descobrimento do Brasil. Desde os primeiros contatos do Brasil com a civilização ocidental. Você tem, então, um registro histórico de que esse produto tinha uma vida permanentemente rica dentro da comunidade. No Espírito Santo, por exemplo, existiam grupos indígenas que recuavam com a implantação de núcleos portugueses e determinadas épocas do ano esses índios voltavam e atacavam os colonizadores. Até que descobriram que eles voltavam na época do caju. O caju era um elemento fundamental para o equilíbrio alimentício do grupo. São exemplos dessa natureza que mostram a importância de um produto num contexto cultural. Observando a trajetória histórica, você vê como esse produto está sempre presente. Você vê, também, hoje em dia, os grandes investimentos que estão sendo feitos nas áreas de castanha, mas no fundo ninguém tem uma visão de conjunto sobre esse produto natural. Tem o sujeito que se especializou no plantio, outro que se preocupa com a comercialização da castanha, mas a visão compreensiva do produto natural como fenômeno cultural importantíssimo não existe. Portanto, devem existir vastas áreas de aproveitamento que não estão sendo usadas. O problema é bastante crítico. Nós estamos reunindo bibliografia e estamos já programando o projeto. Já no fim de agosto teremos a primeira reunião sobre ele, em Recife. Mas vejam, eu recebi de um instituto indiano de pesquisa do caju – aí um lembrete, a Índia recebeu castanha do Brasil através de portugueses. Era um produto que não existia lá. Hoje, inclusive, eles são maiores plantadores e exportadores do que o Brasil. Esse instituto de pesquisa publicou recentemente um livro que contém as patentes internacionais de uso do líquido da casca da castanha do caju. São 243 patentes. Dessas, 111 são americanas, 75 inglesas, o resto é dividido entre Japão e a Índia. E o Brasil não é nem mencionado. Quer dizer, nós não temos nenhum conhecimento, nenhum aproveitamento de fato, nenhum controle, sobre um produto que é natural daqui. E, veja bem, de um dos subprodutos do caju. Que é a resina da casca da castanha do caju. Curiosamente, você pega Gabriel Soares de Sousa,[1] ele cita o caju e menciona, "um líquido que se extraía da casca da castanha do caju e que era curioso porque queimava a mão". Isso em mil e quinhentos e qualquer coisa. É incrível que nós tenhamos ignorado um produto assim durante tanto tempo. Hoje a gente encontra [um] contraste como esse. Era um produto daqui. Conhecido desde a época do Descobrimento e que hoje em dia tem uma importância muito grande e nós detemos muito pouco conhecimento sobre ele. Agora, o que é que nós vamos fazer com esses resultados? Eu não sei. Vamos continuar estudando, reunindo informações, até que alguma coisa possa ser feita no sentido de contribuir de forma prática com o nosso trabalho. Eu sei, por exemplo, que nós importamos uma resina importantíssima na fabricação de tintas, inclusive as tintas que a Casa da Moeda importa, uma delas a Índia já fabrica com base nessa resina do caju.

TC_ Quem trabalha no CNRC? Como está dividido esse pessoal?

AM_Aí também nós seguimos um processo quase que fenomenológico. O núcleo inicial era uma coisa muito pequena. Nós temos um elemento

1_Gabriel Soares de Sousa, naturalista português do século XVI.

de nível muito alto em pensamento sistêmico em ciências exatas que é o professor Fausto Alvim, matemático. E com isso nós esperamos deter toda a estrutura do pensamento sistêmico para que não se perca. Ao mesmo tempo nós temos uma pessoa no plano das ciências humanas, na antropologia, que é George Zarur. Depois nós temos uma pessoa básica na parte de documentação, a Cordélia Cavalcanti. Assim nós abordamos áreas do saber diferentes. Depois nós agregamos mais uma coordenadoria que, curiosamente, nos primeiros meses, se chamou coordenadoria em aberto, porque ela abrigava uma série de coisas que não tinham que ser necessariamente estudadas por uma das três áreas, logo... Depois temos uma coordenadoria de editoração que já está tentando organizar um sistema para que a gente possa se comunicar. Essas coordenadorias, agora, já têm um adjunto, uma ou duas pessoas, na qualidade de pesquisadores, trabalhando acoplados e temos uma infraestrutura de apoio, ou seja, a secretaria, a administração, a mecanografia etc. Esse é o núcleo Brasília. Cada projeto que a gente inaugura, e os cerca de vinte em que a gente já está trabalhando, formam, em determinado momento, um núcleo próprio, na região, sempre com pessoas da região a quem a gente leva o apoio metodológico, o apoio de recursos humanos, o apoio econômico. E ficamos trabalhando inteirados com eles. O outro apoio que é fundamental é o seguinte: você pode ter recursos humanos muito ricos participando desses projetos. Você pode precisar de um ecólogo, por exemplo, e sabe que alguém da USP ou da Unicamp é um excelente ecólogo, então a gente convida esses especialistas para irem ao local e trabalharem no projeto como assessores. Com isso você pode ter um corpo de cientistas muito rico. Isso você também, nenhum de nós tinha previsto. Ninguém sabia que seria possível. O adensamento do trabalho que levou a isso.

TC_Quanto à solicitação dessas informações, elas podem ser adquiridas por qualquer pessoa?

AM_Atualmente é pequeno o acesso às informações sobre os projetos que estamos desenvolvendo porque o acervo do CNRC ainda é muito pequeno. Não há quantidade, a gente não tem ainda muito o que oferecer. O mais importante de se observar nesta fase é o número de pedidos que a gente recebe de projetos novos. Porque nós não inventamos projetos. Nós esperamos que ele emerja de um grupo que chega até nós e sugere um trabalho em determinada área. Isso garante a autenticidade.

Pamela Nunes_ Como é que o CNRC seleciona os pedidos que chegam?
AM_ Quando o pedido chega ele é distribuído entre todos os que trabalham no CNRC. Nos reunimos para debatê-lo e logo surge um consenso. Aí vamos ver se é viável do ponto de vista de metodologia, se é viável do ponto de vista econômico, enfim, é examinado sob vários ângulos, até decidirmos se ele se consolida ou não.

PN_ Quanto aos recursos do CNRC, de onde são provenientes?
AM_ Os recursos ainda são pequenos. Então, o que temos feitos é injetar determinado valor de recursos para acender e imediatamente vamos a outras fontes copiar recursos. Em Alagoas, nós conseguimos que a Sudene financiasse 70 por cento, o resto foi o CNRC.

TC_O CNRC está ligado diretamente a que organismo?
AM_O CNRC, na realidade, não tem personalidade jurídica, ainda. Isso porque a gente achou, dentro dessa mesma linha de ideias, que era cedo dizer que instituição é essa. Nós não somos ainda uma instituição, e sim um projeto. Então nós conseguimos com o governo, em agosto do ano passado, estabelecer um convênio do qual participam a Secretaria do Planejamento, através do IPEA; o Ministério da Educação e Cultura, através do DAC, o Ministério da Indústria e Comércio, o Ministério do Interior, o Itamaraty, a Universidade de Brasília e o governo do Distrito Federal. Quanto à iniciativa privada, ainda não cogitamos nada, inclusive já estamos tendo problemas, na medida em que nossos projetos podem envolver áreas de interesses da iniciativa privada.

TC_ Agora, eu gostaria de fazer uma pergunta que foge um pouco ao CNRC, mais a respeito de sua abordagem filosófica. Existe uma unidade cultural dentro do Brasil?

AM_Não sei se a palavra unidade seria a correta. Talvez identidade. A gente não conhece, mas temos certeza que existe. Em primeiro lugar, quando um país como o Brasil recebe uma carga de informação cultural em cima de um contexto muito limpo, sem nenhuma cultura própria muito desenvolvida, evita, em primeiro lugar, a existência de um confronto, de um contraste. Isso dá condições de surgimento de uma cultura nova, e não uma cultura de transplante etc. Se isto é válido, a predisposição a uma nação nova cria uma grande liberdade para a aproximação dos fenômenos. Se isso também é válido, você observa, viajando pelo Brasil, sobretudo pelo Nordeste, essa disponibilidade de criar sendo extremamente rica, é como se fosse uma grande capacidade de invenção, a nível de raça, de adaptação, de liberdade de criação. O sujeito do Nordeste, por exemplo, transformou o detrito industrial em produto novo. Como vocês sabem, o maior problema do mundo atual é o lixo industrial, o que fazer com ele.

No Nordeste existe uma indústria que cuida do aproveitamento de pneumáticos na fabricação de produtos novos, sobretudo depósitos de lixo doméstico. Essa disponibilidade de transformar coisas é positiva, e a gente encontra, facilmente, no contexto brasileiro, muitas vezes até com muito humor. Como é o caso de algumas casas no sertão do Nordeste, onde a lâmpada de querosene é adaptada a partir do bojo de lâmpadas elétricas, que as pessoas transformam adaptando um pavio. A perfeita apropriação, a recuar no tempo. Eu diria que essa capacidade de invenção é um dos fatores mais presentes no Brasil. Agora, com relação ao preconceito. Uma pessoa faz cerâmica. De repente ele resolve pintar os objetos e vai numa loja especializada em tintas e compra as cores já industrializadas ao invés de utilizar processos primitivos de obtenção de cores. Isso num país tradicional, num país estabilizado, é inviável, na medida em que o artesão não se permitiria utilizar um segmento técnico diferente do ortodoxo. Isso que muitas vezes no Brasil é tido como coisa negativa, quase uma heresia, eu acho o contrário. É a liberdade, a disponibilidade, a falta de preconceito para utilizar coisas novas. Esse trânsito, esse tráfego entre áreas, é uma coisa muito rica. A meu ver, essa é uma característica muito presente e muito importante.

DA INVENÇÃO E DO FAZER

Antes de falar especificamente sobre artesanato, e a fim de tornar meu pensamento mais compreensivo, peço que vocês me permitam propor uma hipótese de raciocínio que tornará mais clara a natureza da minha reflexão sobre o assunto. Trata-se de um pensamento que procura observar o fenômeno do comportamento do homem em relação às suas atividades sob um ângulo menos diretamente ligado a uma atividade em si, tentando compreendê-lo de uma maneira mais abrangente e global.

Inicialmente eu diria que existe uma coisa fundamental que se chama vida. A partir da existência da vida, se encadeia uma série de compromissos que são lógicos, sequentes e inevitáveis.

Os elementos que constituem a vida são, em qualquer setor, em qualquer área, ligados a uma ideia de sistema. Uma série de fatores que, engendrados numa certa ordem, numa certa direção, e num certo momento, resultam naquilo que se chama vida. É, portanto, possível observar-se, em várias áreas do saber, quais são as características e quais são os elementos que constituem sistemas que resultam em vida. Basicamente se sabe que a forma viva luta pela sobrevivência, pela reprodução e perpetuação. Isso também se observa não só no plano biológico mas em outros tipos de organização ou de sistemas. Existem assim dispositivos que se podem tomar como verdadeiros parâmetros, podendo ser aplicados em várias circunstâncias.

Dispositivos como os de perpetuação, reprodução e sobrevivência se apresentam quase sempre bipolarizados. De um lado, tudo aquilo que é programado, tudo aquilo que de certo modo é rígido, permanente e invariável. E que, se poderia dizer, faz parte de dispositivos genéticos. De outro lado, existem situações em que essa polarização se apresenta em forma de espontaneidade de mutação, modificação, aprendizado e, em última análise, invenção. A esses dispositivos se poderá dizer que são fenomenológicos.

Trabalho apresentado no simpósio O artesanato e o homem, promovido pelo III Salão de Arte Global de Pernambuco, em 23 de novembro de 1976. Publicado em *Mercado Global*, Ano 3, edição especial. Rio de Janeiro: Rede Globo de Televisão.

O sistema de vida, no seu sentido mais amplo e abrangente no plano biológico, se apresenta assim, sendo o homem o exemplo mais perfeito e mais completo desse tipo de organização.

Nessa ordem de ideias, verifica-se também que os sistemas obedecem a uma trajetória e que essa trajetória é de certo modo inexorável. Ela segue o seu ritmo. E não teria sentido, seriam antinaturais as tentativas de alteração, de modificação dessa trajetória.

Seria bom, neste ponto do raciocínio, se acrescentar que o sistema homem existe inserido num contexto social, e em situações muito diversificadas, daí não se poder pensá-lo sem uma noção também absolutamente fundamental, que é a relação com espaço e tempo. Fatores que condicionam a existência de processo, dessa trajetória biológica.

Para continuarmos numa área menos abrangente, tentando baixar um pouco a rotação das ideias que compõem o pensamento, talvez fosse bom situá-lo numa dimensão que nos seja mais próxima. Proponho nos determos num segmento ligado à nossa era, a Era Cristã, e tentarmos observar alguns dos indicadores básicos que compõem o quadro da trajetória do homem ao longo desse período. Quadro interessantíssimo que eu pude construir baseado em Lewis Mumford, *Technics and Civilization*, como referencial para esta discussão. É um quadro indicativo de que determinados eventos nessa trajetória foram fundamentais para o desenvolvimento da civilização ocidental.

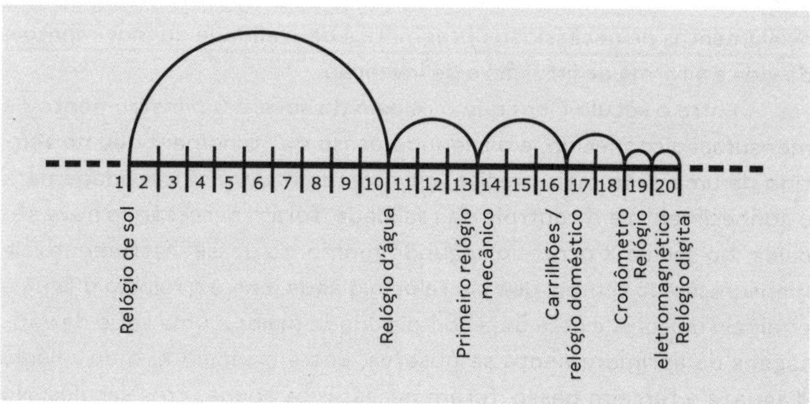

Suponha-se uma coordenada dividida em vinte pontos. Cada um desses momentos corresponde a um dos séculos que compõem a trajetória que nos interessa.

Evidentemente, o primeiro seguimento, século I, tem uma importantíssima anterioridade.

Observamos, no comportamento desse sistema, no plano social, os dispositivos de luta pela sobrevivência, reprodução e perpetuação, atuando de maneira dinâmica com os elementos que o sistema determina, utilizando-se dos valores intuitivos, valores da mutação, valores de invenção, portanto, fenomenológicos, e os do comportamento estável, permanente e invariável de natureza genética.

Para o uso adequado da invenção, o homem necessita fundamentalmente da razão. Criando uma forma dialética fundamental, que é a razão, combinada com intuição. Dessa dialética entre os valores intuitivos e os valores do método que caracterizam o homem, se elaboram conceitos que se concretizam em forma de ação. Essa ação muitas vezes resulta em objetos. E esses objetos são instrumentos que a intuição combinada com a razão indicaram ao homem como necessários à sua trajetória. Examinemos um desses objetos.

Antes da Era Cristã, conhecia-se um instrumento chamado relógio, construído à base da relação entre a luz e a sombra, com o qual era possível codificar-se, através da trajetória do sol, uma mensuração do tempo. Esse instrumento resulta da perfeita ação combinatória entre os elementos de necessidade pragmática da realidade do movimento e da vida e a forma de intuição e de invenção.

Entre o século I, em que o relógio do sol era um instrumento de mensuração conhecido, e o segundo passo que o homem deu no sentido de uma ação mais precisa, envolvendo maior complexidade para o conhecimento e o controle da realidade, foram necessários nove séculos. No século X ocorre o segundo momento desse instrumento de mensuração do tempo, que é o relógio d'água. Entre o relógio d'água e o relógio do sol já existe uma complexidade maior e uma série de vantagens de aprimoramento se observa. Entre o século X, o do relógio d'água, e o terceiro passo, foram necessários apenas três séculos. No século XIII surge o relógio mecânico. Para o passo seguinte foram precisos mais três séculos, o século XVI, que representa na realidade apenas o aperfeiçoamento da forma anterior. Os grandes carrilhões de catedrais e os pequenos relógios domésticos. Já aí se observa o processo de aceleração.

No século XVIII, o instrumento se aperfeiçoa e se aprimora: o cronômetro, a precisão, o aferimento detalhado do elemento tempo. E aí a aceleração se torna ainda maior. O uso individual do relógio ativamente desenvolvido e popularizado. Século XIX: especificação e aceleração: relógio elétrico, eletromagnético. Século XX: relógio digital.

Nesse quadro se evidencia, claramente, a trajetória na direção de maior complexidade para maior qualidade do instrumento, e se observa também – o que é fundamental no tipo de raciocínio – o fenômeno de aceleração e evolução.

Esse tipo de quadro serve como pano de fundo e dele pode-se elaborar uma série de raciocínios que ajudam talvez à compreensão da atitude do homem em relação às suas atividades, como, por exemplo, a atividade artesanal.

Quando se fala na relação do espaço-tempo, verifica-se que uma trajetória como essa não é necessariamente homogênea, sobretudo a partir do momento em que se observa a aceleração. Essa situação pode ser homogênea num contexto de desenvolvimento, como o europeu, e ser completamente insatisfatória em outras situações de espaço-tempo, como, por exemplo, nos países novos, sobretudo nos países que começam a sua trajetória a partir do século XVI. Na situação europeia, em que esse quadro pode ser tomado como exemplar, houve o tempo necessário à maturação dos instrumentos, como, por exemplo, o relógio. Portanto, esse processo de sedimentação criou condições de trato, de convívio, de um comportamento do homem em relação ao seu instrumental, aos seus objetos, muito diferente do comportamento do homem de cultura nova, que passou a existir a partir de um momento de aceleração, entrando nesse contexto na metade do percurso. Sua trajetória, em termos de explicitação como cultura, já se inicia impregnada de valores feitos, absorvendo instrumentais já conhecidos.

Não há dúvida que a maturação leva, em geral, a uma forma de cristalização de sedimentação importante. Entretanto, ela oferece o risco de criar situações muito rígidas, dificuldades e limitações na ação, levando a situações demasiadamente estratificadas.

Nos países novos, ao contrário, o não compromisso com essa sedimentação torna-os mais flexíveis e ricos em opções, alterações, às modificações, aceitando facilmente as transformações. Esse, portanto, seria um dado positivo para o quadro que já nos parece interessar mais, que é o da situação dos países que emergem, e entram nesse espaço a partir da metade do percurso.

Outro ponto peculiar de situações novas, como a brasileira, é que nos diferenciamos, de maneira bastante profunda, de outras situações de espaço-tempo que também ingressaram nesse itinerário no meio do caminho. Refiro-me, por exemplo, a outras nações latino-americanas que, como nós, só no século XVI participam dessa trajetória.

As culturas peruana e mexicana, por exemplo, entraram nesse novo espaço-tempo com uma carga de anterioridade poderosa e totalmente diversa dos elementos desse novo espaço-tempo. E a distinção é pertinente na medida em que a carga de anterioridade dos países hispano-americanos, de cultura importante, anterior à vinda da cultura europeia, criaram situações especiais de conflito, de tensão, que em grande parte aliás ainda hoje não foram resolvidas. Enquanto, na situação brasileira, essa anterioridade é o que se poderia talvez chamar momento "zero", na medida em que o contexto do ponto de vista do grupamento social, anterior à civilização ocidental, encontrava-se num nível de desenvolvimento extremamente primitivo para oferecer alguma resistência, contraste ou conflito. Havia, portanto, o que se poderia chamar de uma relativa harmonia na medida em que a civilização ocidental, através dos portugueses, encontrou um campo de ação muito livre e de pequena complexidade como choque cultural.

Essa complexidade era mais determinada pela natureza do espaço físico. Em outras palavras, o espaço tropical, no qual os referenciais de clima e natureza da terra obrigaram a cultura ocidental a uma atitude de adaptação, de adequação, fez com que ela de certo modo se aproximasse mais da situação autóctone, ao nível primitivo do índio brasileiro. Acrescente-se ainda o terceiro componente, que é o componente africano, que também vem como uma carga importantíssima nessa combinatória e que também, de certo modo, se organiza e se estrutura em termos, se poderia dizer, de uma relativa harmonia. Essa relativa harmonia foi suficiente, no plano genérico em que nós estamos discutindo, para criar condições extremamente favoráveis a uma situação em todo nova como cultura.

Se isso é válido, se essas observações têm sentido, a pergunta seria: o comportamento do homem, que resulta dessa situação nova, o seu comportamento em relação à sua ação de sobrevivência, à sua ação de proteção, à sua ação de posse e ao uso dos bens da terra, teria necessariamente que ser dentro dos mesmos padrões da Europa? E aí nos aproximamos do que eu penso poder ser um possível raciocínio em relação ao problema artesanal. É que, na realidade, eu penso que, dentro do conceito clássico e ortodoxo, não existe propriamente artesanato no Brasil. O que parece existir é uma disponibilidade imensa para o fazer, para a criação dos objetos. Parece-me que, no caso brasileiro, nós poderíamos dizer que toda a atividade com as características de artesanato, ou seja, a relação muito direta entre ideia e concretização, pequena intermediação entre a ideia e o objeto final, são formas iniciais de uma atividade que quer entrar na trajetória do tempo. Quer evoluir na direção de maior complexidade e de resultados mais efetivos.

Talvez seja preciso se ter a coragem de dizer que, não existindo as tradições profundas de cristalização do trato de matéria-prima que constituem formas artesanais clássicas, o que nós temos é que observar essa disposição, essa presença muito alta do índice de invenção.

E, na observação desses valores, desses indicadores, tentar acompanhar a evolução desse processo. E introduzir, nesse processo, condições para que ele se desenvolva com harmonia.

É possível até ir mais adiante e falar sobre esta evolução na direção de uma maior complexidade, de uma maior elaboração, caracterizada por um alto índice de invenção, como sendo uma atitude de pré-design. Em outras palavras, o artesão brasileiro é basicamente um designer em potencial, muito mais do que propriamente um artesão no sentido clássico.

A análise de exemplos poderá testar a possível validade dessa hipótese.

No contexto brasileiro, em pleno século XX, convivemos com situações que poderiam ser localizadas em qualquer um dos séculos anteriores; situações sociais que recuam até mesmo a um ponto anterior à Era Cristã: comunidades indígenas na Amazônia, Mato Grosso, por exemplo. Enfim, existe uma gama bastante ampla de situações dentro do Brasil em que podemos transitar dentro desse espaço-tempo. Isto pode criar conflitos na medida em que, se sentindo muitas vezes basicamente um homem do século XIII, ele tem que conviver com informações, com elementos cotidianos e com técnicas que são de outro espaço e tempo, ou seja, já do século XX. Daí o conflito, a dificuldade para ele se entender, se situar. E ele sobrevive graças à grande disponibilidade a que me referi antes: isenção e invenção.

Primeiro exemplo: o elemento de tecnologia contemporânea recua no tempo: a lâmpada elétrica. O globo da lâmpada GE se transformando numa lâmpada a querosene. É um maravilhoso exemplo dessa enorme flexibilidade e capacidade de adaptar-se e de transmitir no espaço-tempo. Essa forma de lâmpada é um depósito perfeito e adequado à sua nova utilização. É possível até observar-se um certo humor e graça nesta transformação. Não sendo possível dispor da luz elétrica, não tendo condições necessárias à utilização do benefício da eletricidade, o homem se utiliza aquele elemento e o transpõe para uma utilização semelhante no seu espaço-tempo.

O segundo exemplo é o oposto, o contrário do primeiro. É um avanço do espaço-tempo. O depósito de lixo feito de pneumático velho. A utilização massificada de produtos industriais provoca um problema contemporâneo, que é o do detrito, dos resíduos industriais desse produto. O homem, nesse espaço-tempo, por ser inventivo e por ser flexível, é capaz de imaginar a reutilização do detrito, transformando-o num objeto de uso próprio a um tempo mais recuado. O depósito doméstico de lixo usado em todo o Nordeste tem característica de tecnologia própria e de adequação absolutamente singulares.

O que esta tese procura demonstrar é que o grande potencial está no homem. A atitude certa é aceitar esse homem na sua dinâmica e ajudá-lo, a partir de indicadores do seu passado, ajudá-lo a dar o passo adiante necessário à complementação de sua trajetória.

É por isso que, diante do chamado artesanato seriado, tão criticado pelos ortodoxos, eu me coloco na posição, antes de mais nada, de apreciá-lo. Apreciá-lo na medida em que é possível encontrar alguns indicadores válidos. Ignorá-los ou condená-los *a priori* é uma atitude que não permite a descoberta desses elementos, talvez fundamentais para a compreensão do fenômeno. A frequência com que estes objetos existem é indicativa de uma coisa fundamental, que é a vontade e o potencial de fazer. Não se pode inibir esse potencial tentando aprisioná-lo a regras, a formulações ortodoxas. Ao contrário, devemos deixar que eles se exprimam e, na medida do possível, ajudá-los a poder formular a sua trajetória própria.

Ontem, visitando uma barraca típica de artesanato, o chamado artesanato de turismo, constatei a seguinte situação: no universo visível da loja (sem contar estoques guardados atrás das prateleiras), 3.298 objetos.

Não creio que alguma coisa possa existir com essa frequência num determinado contexto como uma loja e que essa frequência não tenha alguma significação.

Dessas 3.298 peças visíveis, distribuíam-se na seguinte ordem classificatória: cerâmica, 650 peças; couro, 255; renda, 40; palha, 570; madeira, 300; pinturas, 43; ferro, 18; sandálias e tamancos, 630; sisal, 12; areia multicolor, 200; cachaças especiais, 70; objetos de uso e conchas, 110; da miscelânea que foi impossível classificar, fizemos uma apreciação em torno de 400 peças.

Essa amostragem possibilita várias análises. Primeiro a frequência: a importância da quantidade. Em segundo lugar, índices maiores e menores de cada produto têm certamente um significado.

Por que só quarenta produtos de renda? Talvez seja possível, num estudo mais aprofundado, se encontrar os indicadores necessários para que esse tipo de atividade volte a ter maior desenvolvimento. Será menos procura, o jogo entre oferta e procura? Por que a presença de 43 pinturas? Como se localiza nesse contexto a figura do quadro? Enfim, são muitas as deduções e apreciações que se podem aferir desta amostragem.

O que nós pretendemos com a experiência do Centro Nacional de Referência Cultural é justamente tentar, na medida do possível, observar os fenômenos de peculiaridade brasileira por um ângulo menos convencional. Tentando encontrar os indicadores capazes de explicitar, compreender através da trajetória anterior, explicitar trajetórias para frente, com a preocupação de que nenhuma cultura é estática. Nenhuma cultura pode ser conservada artificialmente, sobretudo as culturas que não se explicitaram ainda, em síntese e em cristalização, como é o caso brasileiro.

É isto que eu tinha a comunicar a vocês.

O PRODUTO BRASILEIRO COMEÇA A TER DESENHADA A SUA FISIONOMIA: ALOISIO MAGALHÃES E O CENTRO NACIONAL DE REFERÊNCIA CULTURAL

[Entrevista]

É muito difícil encontrar Aloisio Magalhães – o homem que criou a programação visual da Petrobras e da Light e um dos pioneiros do design no Brasil – no Rio de Janeiro. Seu escritório funciona quase sem ele, pois, a maior parte do tempo, Aloisio está em Brasília. Os motivos são simples: Aloisio se apaixonou por uma de suas criações: o Centro Nacional de Referência Cultural. Um projeto ambicioso de pessoas que pretendem estudar as formas mais arcaicas das atividades da cultura brasileira, de modo a poder documentar o perfil de um Brasil que está se perdendo, vítima de uma industrialização nem sempre racional. Aqui, Aloisio explica o Centro e seus objetivos, além de fazer um balanço do que já foi feito.

***O Globo*_**Como nasceu a ideia de criar o Centro Nacional de Referência Cultural?

Aloisio Magalhães_A resposta a esta pergunta exige um certo recuo, uma apreciação mais ampla. A partir das décadas de 1950 e 1960, começou a observar-se uma série de fenômenos curiosos de insatisfação, atingindo todas as áreas do comportamento do homem ocidental. Uma espécie de fastio, monotonia, achatamento de valores causados pelo próprio processo de industrialização muito acelerado e sofisticado. O mundo começou a ficar muito chato.

Os países mais sofisticados em termos de desenvolvimento começaram com uma série de indagações e perplexidades. De repente, você vê homens como Robert McNamara, presidente do Banco Mundial, perguntando-se aonde o processo de industrialização desordenada levará os países mais atrasados, e até que ponto persistirá sempre uma

Entrevista concedida a Elias Fajardo da Fonseca, publicada em *O Globo*, Segundo Caderno, 5 jan 1977, p. 41.

defasagem entre países ricos e pobres. Como tentativa de resposta, há muito pouca coisa em todo o mundo. Há coisas como o Clube de Roma, que financiou três grandes projetos de estudos científicos nos últimos cinco anos. Além disso, grupos como o de Edgard Morin também se preocupam com o assunto. Enfim, os problemas existem, e há algumas análises no sentido de compreender o mundo de maneira diversa da atual e de formular alterações e transformações no sistema.

Uma das consequências mais flagrantes do achatamento do mundo é a perda ou diminuição de caracteres próprios das culturas. Mesmo em contextos muito estratificados, como a cultura japonesa, em que os elementos da cultura nacional são profundamente diferenciados, a diminuição e a perda de valores próprios pela aceitação de valores mais universais é enorme. Se isto é válido em culturas já mais assentadas, imagine então o que acontece em países como o nosso.

Mas todo fenômeno tem seu lado positivo e negativo. Nesse sentido, a posição brasileira é bastante peculiar. Se por um lado somos um país já suficientemente desenvolvido, por outro lado temos um universo subdesenvolvido muito grande. Então, podemos transitar nestas duas áreas. Isto permite que se possa fazer aqui um trabalho não possível num país mais atrasado – e nem num país superdesenvolvido, onde já seria tarde demais. Estamos num ponto em que ainda é possível assumir determinadas opções e já é possível uma série de outras, pela infraestrutura de base.

Esses fatores todos provocaram a criação do Centro, que nasceu em longas conversas, em Brasília, de um grupo muito pequeno de pessoas com responsabilidades diversas. Diante desses problemas, essas pessoas começaram a refletir sobre as possibilidades de agir sobre eles. Existe um ponto que deflagrou a criação do Centro. Foi uma pergunta que o ministro Severo Gomes me fez a respeito do produto brasileiro. "Por que não se reconhece o produto brasileiro?" "Por que ele não tem uma fisionomia própria?" Minha resposta mais imediata foi que, para se criar uma fisionomia própria de uma cultura, é preciso antes conhecer a realidade desta cultura em seus diversos momentos. Existem enormes inversões de conhecimento sobre uma coisa precisa, sobre uma certa tecnologia, mas a compreensão de universos mais amplos está carecendo de ser feita. Uma de nossas tarefas é fazê-la. Não somos ainda uma instituição, e evitamos sê-lo. Somos um projeto elástico, mas espalhando-se pelo Brasil inteiro, documentando e elucubrando sobre as nossas realidades. O Centro tem convênio com a Secretaria de Planejamento da Presidência da República, Ministério da Educação e Cultura, Ministério da Indústria e Comércio, do Interior, de Relações Exteriores, Caixa Econômica Federal, Universidade de Brasília e Governo do Distrito Federal.

***O Globo*_**Que objetivos principais tem o Centro?
AM_A ideia é bastante nova. Assim, a nossa metodologia deveria ser também nova. Me pareceu prudente não começar a usar modelos já feitos sem antes verificar sua adequação. Isso não quer dizer que a gente não esteja desenvolvendo contatos com os Estados Unidos, Alemanha, França, enfim, países que desenvolveram sistemas de atuação de coletas de dados e seu registro. Nossa preocupação é não fazer, de cima para baixo, a adoção de fórmulas de trabalho que poderiam ser artificiais. É tentar, pelo contrário, vir de baixo para cima e, ao entrar em contato com as nossas diversas realidades culturais, achar a maneira mais lógica de operar.

Por isso, ao criar o Centro, pedimos que nos fosse dado o prazo de um ano e uma pequena verba, para que pudéssemos refletir mais objetivamente sobre a ideia, atuando experimentalmente para poder tentar, ao longo deste ano, elaborar sua colocação na prática. Este período durou de julho de 1975 a julho de 1976. Nosso objetivo é estudar as formas de vida e atividades pré-industriais brasileiras que estão desaparecendo, documentá-las e, numa outra fase, tentar influir sobre elas, ajudando-as a dinamizar-se.

***O Globo*_**Quais os projetos que têm sido desenvolvidos no Centro?
AM_ Procuramos desenvolver projetos de pequena complexidade em diferentes áreas, para termos um certo nível de amostragem dos problemas brasileiros. Trabalhamos com duas preocupações: uma, entrar

em contato com diversos níveis da realidade cultural, e a outra, mais abstrata, sempre olhar estas realidades em função de uma visão de conjunto. Porque seria um problema começar a fazer grandes projetos soltos, não agregados. É necessário ter sempre alguém pensando em termos de globalidade. Um dos projetos foi acompanhar o trabalho do ceramista utilitário Amaro de Tracunhaém, em Pernambuco. Estudamos o processo de criação dele, desde a elaboração até o produto final, documentamos através de fotografias e entrevistas.

Outro projeto importante surgiu na região de Uberlândia, Minas, onde existe uma curiosa forma de permanência de uma atividade artesanal têxtil, que ficou isolada como uma ilha. A preparação do fio, os tipos de matéria-prima empregados, os produtos minerais e vegetais usados como corantes, os fixadores, enfim, todo o ciclo de fabricação de tecidos é feito dentro de um único contexto cultural arcaico. Esse artesanato existe desde o século XVII, e nós estamos contando conhecer melhor seu universo. Para se ter uma ideia de sua riqueza, basta dizer que, só de tipos, padrões de desenhos de tecidos, que eles chamam *repasses*, existem de trezentos a quatrocentos. Diante de um caso desses, nossa intenção é não só observar e documentar, mas fazer com que ele tenha uma continuidade. Não iremos alterar o gosto e o comportamento dos tecelões, o que seria perigoso, mas tentaremos mostrar qual o passo que eles devem dar no sentido de uma dinâmica maior.

Há também projetos mais complexos. Por exemplo, a Secretaria de Planejamento de Alagoas nos chamou para observar um fenômeno importante, que é a alteração inevitável que vai ocorrer na região de Maceió até a cidade de Marechal Deodoro, no fundo da lagoa, com a instalação de um polo de indústria cloroquímica. Esta região – muito homogênea culturalmente e parada no tempo – vai ser alterada pela introdução de uma tecnologia muito avançada. Isto certamente provocará um choque cultural. Vamos estudar de que maneiras as pequenas formas de vida e economia da região vão ser transformadas, o que sofrerão com isto. E vamos tentar mostrar a elas como se adaptar à nova realidade.

***O Globo*_**Que tipo de efeito prático você vê no trabalho do Centro? Como ele influiria na vida do homem comum brasileiro – por exemplo, de uma pessoa que toma o trem da Central todo dia?
AM_ Vejamos os casos específicos ligados a nosso trabalho. Por exemplo, no caso de Amaro de Tracunhaém, você, ao longo de uma análise do procedimento dele, encontra uma série de indicadores dos passos que Amaro deverá dar para seu desenvolvimento como artista e artesão. Se o ceramista conhecer melhor seu processo de trabalho, poderá desdobrar seu produto em outros, produzir mais e com melhor acabamento. Em Maceió, se conseguirmos levantar bem quais as atividades importantes, locais de pesca, cerâmica etc., estaremos ajudando a criar forças que resistam bem à invasão de novas tecnologias.

***O Globo*_**Você não acha que é um pouco de idealismo achar que se pode preservar estas formas, dado o avanço do que você chama de achatamento cultural?
AM_É difícil, mas não impossível, porque inclusive já há uma consciência de que, economicamente, isto é vantajoso. Certas formas de alternativas tecnológicas só podem se tornar viáveis se você investir na direção de uma forma mais simples do fazer. Por exemplo, quem entende bem de couro no Brasil é o cara que mata o boi e tira o couro. Então, o conhecimento do trabalho de quem mata o boi pode até ajudar o cara que faz o calçado. As vantagens econômicas vêm na medida em que você cria e desenvolve mão de obra mais básica na direção de indústrias e pequenas empresas, que economicamente têm seu valor na fixação do mercado interno.

***O Globo*_**Quais as dificuldades para levar adiante o seu projeto?
AM_ As dificuldades são as inevitáveis diante de qualquer ideia nova. Há obstáculos, mas também vantagens, ligadas à motivação mais forte de querer tornar vitoriosa a ideia. O fato de trabalharmos com estruturas novas nos dá também mais facilidades do que se trabalhássemos com estruturas mais pesadas. Não precisamos de uma estrutura muito grande. Podemos atuar no Brasil todo e usar as instituições já existen-

tes. Podemos conseguir verbas para os setores que quisermos dinamizar. E podemos também buscar material humano onde ele estiver. Por exemplo, no projeto de Maceió, temos professores da Unicamp de Campinas e da USP de São Paulo que vão a Alagoas uma vez por mês trabalhar com o pessoal de lá. Então, temos uma riqueza enorme de material humano que não está conosco *full-time*.

***O Globo*_**Sendo um dos responsáveis pela introdução do termo design e da profissão de designer no Brasil, por volta de 1950,[1] como vê o papel do design no atual contexto cultural?
AM_Não é sem razão que, depois de 15 anos de trabalho como designer no Brasil, eu tenha me voltado para o projeto do CNRC, que considero projeto de design. Pois se conseguirmos detectar, ao longo do espaço brasileiro, as atividades artesanais e influir nelas, estaremos criando um design novo, o design brasileiro. Estamos condenados a absorver, bem ou mal, o design dos países mais avançados. Mas um investimento de base no fazer brasileiro poderá alterar muita coisa no universo supersofisticado que importamos.

***O Globo*_**Como vê o perfil visual brasileiro daqui para a frente, para o futuro? O que sairá dessas misturas todas?
AM_ Minha esperança é que esses investimentos de massa possam criar formas visuais e industriais alternativas. Se investirmos em novas formas, elas desempenharão papel importante. Por exemplo, estamos começando um projeto agora no Nordeste: vamos estudar o universo de outro produto nacional: o caju. O caju está presente no nosso processo histórico desde o Descobrimento. Dá em quase todo o país, gera uma série de outros produtos e transcende a área de sua utilização pragmática para entrar na faixa da própria criação. Há caju na cultura, nas músicas, poemas etc. Mas quem conhece a fundo este produto tão universal? São perguntas que tentaremos responder.

***O Globo*_**Fale um pouco do seu trabalho como designer, em que você já criou símbolos para a Petrobras, Light etc.

1_Aloisio Magalhães se decidiu pelo desenho industrial em fins de 1950, estabelecendo seu escritório de programação visual e desenho industrial em 1960, no Leme, no Rio de Janeiro.

AM_O trabalho do design visa a compatibilizar duas áreas de criação. Uma é o conhecimento tecnológico, extremamente racional. A outra é a criação. De um lado você tem a razão, do outro a intuição. No momento em que harmoniza estes dois polos, você caminha no sentido de uma boa solução. Em outras palavras, não há bom design só com a metodologia, como não há bom design só com intuição. É preciso a junção das duas.

OS TEMPOS DA IDENTIDADE CULTURAL BRASILEIRA

Uma cultura é avaliada no tempo e se insere no processo histórico não só pela diversidade dos elementos que a constituem, ou pela qualidade de representações que dela emergem, mas sobretudo pela sua continuidade. Essa continuidade comporta modificações e alterações num processo aberto e flexível, de constante realimentação, o que garante a uma cultura sua sobrevivência. Para seu desenvolvimento harmonioso, pressupõe a consciência de um largo segmento do passado histórico.

Pode-se mesmo dizer que a previsão ou a antevisão da trajetória de uma cultura é diretamente proporcional à amplitude e profundidade de recuo no tempo, do conhecimento e da consciência do passado histórico. Da mesma maneira como, analogicamente, uma pedra vai mais longe na medida em que a borracha do bodoque (estilingue) é suficientemente forte e flexível para suportar uma grande tensão, diametralmente oposta ao objetivo de sua direção. Pode-se mesmo afirmar que, no processo de evolução de uma cultura, nada existe propriamente de "novo". O "novo" é apenas uma forma transformada do passado, enriquecida na continuidade do processo, ou novamente revelada de um repertório latente. Na verdade, os elementos são sempre os mesmos; apenas a visão pode ser enriquecida, por novas incidências de luz, nas diversas faces do mesmo cristal.

Recentemente, no Instituto Joaquim Nabuco de Pesquisas Sociais, em Pernambuco, tivemos a ocasião de vivenciar a verdade dessa colocação; num seminário interdisciplinar sobre o universo de um produto natural – o caju –, onze personalidades de diversos saberes analisaram durante três dias o potencial, a riqueza e a penetração multidimensional do *anacardium ocidentales* no contexto cultural brasileiro.

Comunicação originalmente escrita para visita ao Conselho Federal de Cultura, no Rio de Janeiro, 8 nov 1977.

Curiosamente, três gerações se defrontavam naquele encontro: a geração de um saber cristalizado e completo; a geração na plena afirmação de sua madureza; e a geração de inquieta curiosidade e expectativa de atuação. Das três, sem dúvida, a primeira trouxe-nos a contribuição mais valiosa. É provável que a força dessa contribuição deva-se, em parte, à emulação e ao estímulo oferecido pelas duas outras gerações mais jovens.

Reporto-me, sobretudo, à figura do professor Oswaldo Gonçalves de Lima, cujo depoimento transcendeu a própria especificidade do assunto, desdobrando-se numa admirável multiplicidade de aspectos; o da ética e integridade moral do cientista; o da precariedade de recursos face à imensa responsabilidade social do pesquisador nos países em desenvolvimento; o da integração harmoniosa entre ciência e humanismo. Esses são aspectos que não se obtêm pela simples consulta em livros; escapam à análise de referências bibliográficas; eles só emergem em depoimentos vivos, surgidos do contato entre indivíduos e entre gerações.

Essas reflexões me ocorrem, e me parecem oportunas de serem ditas, quando se observa o alto índice de absorção de valores estranhos à nossa identidade cultural, atingindo de maneira avassaladora os meios de comunicação de massa e até mesmo, o que me parece mais grave, segmentos de nosso pensamento intelectual. Às grandes interpretações da evolução do pensamento brasileiro procura-se opor noções de descontinuidade, abandonando-se o sentido de processo e de continuidade cultural.

Neste sentido, parece-me muito oportuno lembrar o pensamento de Antonio Candido, que tomo por empréstimo ao professor Carlos Guilherme da Mota em seu ensaio "A perspectiva do historiador":[1] "Um estágio fundamental na superação da dependência é a capacidade de produzir obras de primeira ordem, influenciadas não por modelos estrangeiros imediatos, mas por exemplos nacionais anteriores."

Perdoem-me se trago, como exemplo de distorção interpretativa, assunto que me é próximo: recentemente, um eminente "brasilianista" apontou, como exemplo da presença atávica de preconceito racial, a posição do negro no painel de representação das etnias brasileiras, na cédula de quinhentos cruzeiros.

Por que o professor americano não foi capaz de ler o que todos nós lemos? O painel observa um critério de precedência histórica, no

1_Publicado em *Opinião*, em 8 de junho de 1976, editado por Fernando Gasparian.

sentido natural da leitura, ou seja, da esquerda para a direita. A partir do índio brasileiro, as etnias se superpõem no tempo, numa sequência em aberto. Não estaria o eminente professor transpondo para a análise de nosso contexto cultural, modelos e estruturas preconceituais de onde o problema se apresenta de maneira diversa? Que outra nação usou com naturalidade sua formação étnica em objeto de comunicação tão amplo, como o seu próprio papel-moeda?

A atualidade e a importância do problema da dependência e da autonomia cultural foram tratados em data de ontem, 7 de novembro de 1977, em longo editorial por um importante órgão de nossa imprensa.

Ao fazer uma comparação com estruturas culturais já cristalizadas – "de raízes profundas" –, diz o editorial:

> 'Não temos essas raízes – ou as temos rasas.' E ao ter início o grande assalto que prepararia a aldeia global (terá sido lá pelos anos 1920, com a expansão do americanismo), ainda discutíamos o que aceitar ou o que repudiar do muito que vinha de fora. Ou melhor, ainda engolíamos sem critério o alimento exógeno, o que, aliás, continua em grande parte a acontecer em nossos dias, por falta de valores próprios que servissem como pontos de referência no processo de assimilação.

Não creio que as raízes sejam tão rasas, ou que faltem valores próprios que sirvam de referência. Creio, entretanto, que delas temos pouca conscientização.

E mesmo sendo rasas, e porque rasas, as raízes e as referências estão vivas ou latentes, capazes, portanto, de criarem seus próprios anticorpos, rejeitando os elementos estranhos, como todo o organismo vivo.

A conscientização (e o uso adequado) de nossos valores é a única maneira de nos contrapormos, oferecendo alternativas nossas, à inevitável velocidade de transferência cultural entre nações no mundo de hoje. Estas observações, penso, nos levarão ao que está dito no último parágrafo do editorial, parágrafo com o qual concordo integralmente.

Senhores membros do Conselho Federal de Cultura, me animo a trazer aqui estas considerações, porque aqui é possível o traçado, o risco, de uma malha interligada e sutil, do sistema do pensamento brasileiro.

De cada um dos senhores, é possível traçar as referências de onde provêm a seiva recebida, transmitida de geração a geração, filtradas pelo admirável instrumento de documentação e registradas de mão a mão nas mais diversas especialidades: os do filão histórico, os da literatura, das artes, das ciências humanas, e os da ciência da vida.

Relembrar a importância da continuidade do processo cultural a partir de nossas raízes não representa uma aceitação submissa e passiva dos valores do passado, mas a certeza de que estão ali os elementos básicos com que contamos para a preservação de nossa identidade cultural.

“POR QUE O PRODUTO BRASILEIRO NÃO TEM UM ESTILO?”

[Entrevista]

Essa pergunta, feita pelo ministro Severo Fagundes Gomes, da Indústria e do Comércio, ao conceituado designer Aloisio Magalhães, durante reunião social de que participavam em Brasília, deu origem ao Centro Nacional de Referência Cultural (CNRC), órgão destinado “à coordenação sistemática de conhecimentos, manipulação flexível de situações, problemas e informações pertinentes à cultura brasileira”. Criada inicialmente uma Comissão Interministerial, esta optou, em fevereiro de 1975, pela instalação de um Grupo de Trabalho encarregado, entre outras coisas, da estruturação de um organismo dedicado ao estudo da cultura brasileira. Para esse trabalho, contava com recursos modestos fornecidos pela Secretaria de Tecnologia Industrial do Ministério da Indústria e do Comércio (MIC), através de convênio com a Fundação Cultural do Distrito Federal.

Sob a coordenação de Aloisio Magalhães, o grupo de trabalho encerrou suas atividades em maio deste ano, quando, a partir de uma série de projetos desenvolvidos no setor cultural, opinou pela viabilidade de se instituir um organismo para atuar permanentemente com este fim. Celebrou-se então um novo convênio com a participação de quatro outros ministérios (Indústria e do Comércio, Educação e Cultura, Interior e Relações Exteriores), visando à consolidação do CNRC no período de julho deste ano a dezembro de 1979. Dispondo de maiores recursos humanos e financeiros, o grupo de trabalho cuidará do planejamento da estrutura administrativa e jurídica do órgão, prevendo-se assim a sua transformação em entidade autônoma e dotada de personalidade jurídica própria.

Neste primeiro ano de existência, o CNRC desenvolveu projetos interessantes, que variaram desde o estudo da cerâmica utilitária de Amaro, em Tracunhaém, Pernambuco, até a realização da exposição volante “Dom Pedro II e seu tempo”, preparada para a Caixa Econômica Federal em uma tiragem de 3 mil coleções de dez cartazes cada.

Entrevista concedida a Álvaro Rodrigues Pereira, publicada na revista *Veja*, 1978.

No momento, o grupo de trabalho está empenhado em colaborar com as secretarias de Planejamento de Alagoas e Pernambuco, visando ao estudo de problemas ecológicos, sociais e culturais de algumas regiões de importância histórica, onde, hoje, estão sendo instalados amplos complexos industriais.

Na semana passada, em seu gabinete instalado provisoriamente no campus da Universidade de Brasília, o designer Aloisio Magalhães falou das atividades do centro e do que ele poderá fazer, no futuro, pela divulgação da memória nacional.

***Veja*_**Como se explica que a criação do CNRC tenha partido de iniciativa do Ministério da Indústria e do Comércio, e não de algum outro órgão ligado mais diretamente aos assuntos culturais?

Aloisio Magalhães_ Em primeiro lugar eu diria que a ideia de uma reflexão mais profunda sobre as peculiaridades brasileiras – costumes, hábitos, maneira de ser, maneira de trato com a matéria-prima, uso de elementos naturais e sua adaptação à ecologia brasileira – é uma ideia que partiu de muitas pessoas. Ao longo dos últimos dez anos, eu, pelo menos, tenho refletido, dialogado, conversado sobre estes fenômenos. Entretanto, a passagem do nível de ideia ao nível de ação é sempre uma coisa muito curiosa de se observar. Há necessidade de um tempo de meditação para que a coisa se concretize. E é muito curioso, como já disse, que o sinal verde de passagem da ideia à concretização tenha partido de uma área de preocupação tecnológica e econômica. Isso pode até parecer paradoxal – que um projeto de natureza eminentemente cultural tenha tido o seu momento de deflagração dado por uma área não específica. Mas mostra, na realidade, que tal ideia de reflexão sobre a peculiaridade brasileira é vista agora de maneira integrada, e não mais dissociada entre aspectos econômicos e sociais, ou propriamente culturais. E, por cultural, entende-se a soma, o complexo global do homem dentro de seu contexto social. Também me parece importante que o sinal verde tenha partido da área tecnológica na medida em que o fato cultural integra também o fato econômico, pois tem uma natureza de participação coletiva muito mais profunda. Em outras palavras, se nós pudéssemos, através deste projeto, ajudar a realizar um levantamento de peculiaridades brasileiras que resultarão em produtos – portanto, uma coisa ligada à esfera e ao domínio da economicidade de uma coletividade –, a nossa tarefa teria então mais força e importância. Isso também está muito ligado ao fato de que, diante dos fenômenos causados pela aceleração do processo de desenvolvimento, inevitável e necessário para que o país emerja dentro do contexto ocidental como uma nação desenvolvida, podemos verificar a existência de ingredientes e facetas que são negativos. Se por um lado o país se desenvolve, o que é uma coisa positiva e válida, por outro essa aceleração perturba e altera certas formas de evolução harmoniosa que são feitas através de um processo natural.

***Veja*_**Não seria o caso de se questionar o nosso modelo de desenvolvimento, voltado muito mais para o exterior do que para a exploração de nossas potencialidades e recursos naturais?
AM_ Eu não sei se seria o caso de se questionar o modelo. Eu acho que uma coisa fundamental em qualquer tempo, e sobretudo no nosso tempo, é uma certa perplexidade do homem diante das afirmações categóricas. Qual a melhor solução para resolver tal problema etc... Essa certeza não parece existir... O fazer é que leva você a rever o fazer. Em outras palavras, se nós percebemos que o modelo acelerado tem virtudes e erros, e que esses erros podem ser solucionados pela introdução de elementos corretivos, já então não se pode dizer que o sistema como um todo está errado. Pode-se chegar à percepção de determinada hipótese de erro quando se está dentro do processo. Ao longo do processo é que se vai introduzindo os elementos possíveis de correção. Isso me leva a dizer que, primeiro, existe uma virtude do erro, desde que ele seja conscientizado. O grande problema são as obstinações, as adoções de métodos e princípios que a pessoa considera válidos e deles não se arreda. O importante é que, uma vez adotado um princípio ou modelo, ao longo do processo você esteja consciente do que é positivo e negativo e vá fazendo as correções necessárias. Pode-se buscar um exemplo pertinente para isso no organismo biológico. Quando ele está

acometido de algum desajuste, sabe-se que a dose forte de algum medicamento poderá corrigir aquela alteração. O caso dos antibióticos, por exemplo, que podem sanar de imediato determinados tipos de alterações orgânicas, mas criam, por outro lado, outros problemas. Uma dose forte de antibióticos pode, como se sabe, matar a flora intestinal, que é profundamente importante ao processo biológico. Essa imagem pode até ser perfeitamente cabível na nossa ordem de ideias. Você tem um país que, ao longo do processo histórico, desenvolveu uma cultura nova, frágil ainda, a partir principalmente do amálgama das raças étnicas do português, do índio e do negro. Então, se é alterado de repente o ritmo deste processo pela necessidade do desenvolvimento econômico, você deveria também aplicar, ao mesmo tempo, uma série de medicamentos para que os bens naturais não sejam danificados. Exige-se, no caso, reflexão e cuidados.

***Veja*_**No estágio de desenvolvimento em que nos encontramos, tão dependentes dos recursos e da influência vindos do exterior, é possível manter intactos os chamados "bens naturais"? O país não corre o risco permanente de ver descaracterizada a sua cultura?
AM_ Eu concordo que o país tem refletido pouco sobre sua própria identidade, mas não sou assim tão pessimista. Ao longo do processo histórico, o nosso grande pecado decorre realmente de uma posição imobilista, copiando em primeiro lugar os modelos europeus e, mais recentemente, os modelos americanos. Isso não é de hoje e existem documentos extraordinários – de alerta, inclusive – a comprovar esta influência. E veja bem que somos uma nação privilegiada, de dimensões continentais e inegáveis potencialidades. O Brasil não é apenas o litoral, os grandes centros urbanos; é muito mais que isso, trata-se de um imenso espaço territorial, que eu imagino coberto por um tapete sob o qual se encontram inúmeras riquezas e virtualidades. E nós só levantamos até agora a borda do tapete, o resto continua aí para ser visto e descoberto. Bem, essa é a natureza das reflexões que a gente faz em relação à necessidade de uma instituição, de um grupo capaz de pensar de maneira ativa sobre este somatório de ideias.

***Veja*_**Um grupo capaz de avivar a memória nacional...

AM_É preciso refletir um pouco sobre o conceito de memória nacional, que para mim está aí, guardada nos grandes depósitos de saber que são o Museu Nacional, a Biblioteca Nacional, o Arquivo Público, os órgãos regionais. A memória nacional está nos livros, no trabalho do Instituto do Patrimônio Histórico, enfim, em todas as entidades que, ao longo do tempo, se ocupam do problema da trajetória histórica da nação. A memória nacional, portanto, não precisa ser procurada. O que precisa ser feito é a dinamização da memória nacional, é a mobilização dessas informações guardadas para que participem da vida nacional. E aí eu faço, de novo, uso de uma imagem comparativa com o organismo humano. Quando se fala em memória num sentido figurado, quando se empresta a ideia de memória a um fato qualquer, em geral há uma tendência a se tomar isso como "juntar" ou "guardar" alguma coisa, "reter". E isso me parece insatisfatório, eu prefiro o conceito biológico de memória: guardar, reter, para em seguida mobilizar e devolver.

***Veja*_**O senhor não considera que a preocupação com a memória nacional advém sobretudo de uma "consciência de nação" que parece inexistir no Brasil?

AM_Não se pode comparar uma nação extremamente jovem, como é o caso do Brasil, com países como a Inglaterra, por exemplo, que tem uma cultura milenar. Você poderia citar então o México como um país mais preocupado com a sua identidade, mas aí eu diria que, neste caso específico, a premência em manter a identidade nacional é muito grande em razão da sua proximidade física com um país poderoso como os Estados Unidos. O México tem que estar em estado de alerta permanente para não perder a sua soberania cultural. Já o Brasil nunca teve isso, nunca sofreu pressões tão intensas que o obrigassem a estar alerta em defesa da sua cultura. O Brasil é um país que não tem vizinhos. No Brasil você se sente completamente isolado, porque as barreiras ao contato com as comunidades vizinhas são imensas. Neste sentido, a língua também surgiu como um fator isolacionista. Agora, este fenômeno pode ser visto até mesmo como uma vantagem, e não como uma desvantagem. Este lado mais leve que o brasileiro tem em relação ao seu próprio passado não é necessariamente um lado negativo. No entanto, eu acho que no momento nós devemos estar mais alertas para as alterações que nos são impostas de fora, devido a um período desenvolvimentista totalmente novo. Outra vez um exemplo biológico: quando o organismo é atacado por determinado tipo de alteração, existem os chamados anticorpos que rapidamente se aglutinam em defesa daquele ponto atacado. Eu me lembro de que, certa vez, durante uma reunião, falava-se na crise do petróleo, e o ministro Severo Gomes disse: "Bendita crise!". É uma coisa muito certa, pois foi justamente a crise que provocou a conscientização em torno do problema da dependência até agora.

***Veja*_**O CNRC é uma tentativa de se dar à memória nacional um caráter biológico, ou seja, de permitir que ela participe da vida nacional?
AM_ Exato. Tanto que nós estamos propondo, e já obtivemos o endosso do governo, que o CNRC não se institucionalize agora, de imediato, e continue num regime livre e flexível de atuação por mais dois anos e meio. E, durante este período, continuaremos em contato com a realidade cultural brasileira, através de projetos que estamos elaborando, retirando dessa experiência uma metodologia e uma maneira de registro próprias. Como não existem precedentes na área, seria pretensão dizer agora como irá atuar o CNRC, já que ele também está inserido no processo cultural brasileiro. Em outras palavras, o nosso objetivo é que, dentro de algum tempo, o próprio processo de trabalho que estamos realizando explicite uma instituição. O que não podemos é atuar de cima para baixo, criando ou efetivando de imediato uma instituição para tratar formalmente de referência cultural.

***Veja*_**De que recursos dispõe o CNRC para realizar estes projetos?
AM_ Também neste setor o CNRC está realizando uma experiência interessante. Nos grandes projetos nós atuamos apenas como elemento catalisador, impulsionador, e os recursos são conseguidos de áreas pertinentes. Em Alagoas, por exemplo, estamos realizando um trabalho em

convênio com o governo do estado e a Sudene. Nós não mobilizamos recursos; mobilizamos gente, pessoas adequadas para executar aquelas funções. E isso já é fruto da própria experiência, um sistema que passamos a adotar e que está dando certo.

BENS CULTURAIS: INSTRUMENTO PARA UM DESENVOLVIMENTO HARMONIOSO

DA PERDA DE IDENTIDADE CULTURAL DOS PAÍSES NO MUNDO MODERNO

Um dos graves problemas com que se defrontam os países no mundo moderno é a perda de identidade cultural, isto é, a progressiva redução dos valores que lhes são próprios, de peculiaridades que lhes diferenciam as culturas.

Essa perda é, na verdade, a face negativa do acelerado processo de integração universal determinado pelo avanço tecnológico, que se propaga através de duas vertentes principais: a tecnologia do produto industrial e a tecnologia da comunicação audiovisual. A primeira, por sua escala de produção massificada, atua por intermédio dos grandes complexos industriais, hoje eminentemente multinacionais, induzindo ao consumo de produtos padronizados, nem sempre assimiláveis pelas diversas culturas que os recebem. A segunda, que em seu modo de operar está intimamente associada à primeira, permite acompanhar, vendo-se e ouvindo-se às vezes até instantaneamente, o que ocorre em qualquer ponto do mosaico internacional.

Documento escrito para ser debatido no âmbito do CNRC, em 1978, observando a cena cultural e considerando a abertura política como fenômeno inexorável. Encaminhado ao então Chefe da Casa Civil da Presidência da República, ainda no governo do Gal. Ernesto Geisel, Gal. Golbery do Couto e Silva, e posteriormente ao ministro da Educação e Cultura do governo João Figueiredo, Eduardo Portella.

Na maioria das vezes o binômio comunicação massificada/produto massificado gera apenas uma falsa integração, observável geralmente nas mudanças de comportamento refletidas no aparecimento de necessidades injustificadas e expectativas inatingíveis.

O fenômeno da perda de identidade pode variar na intensidade com que se manifesta, mas sua disseminação é universal. Faz-se sentir nos países importadores de tecnologia e também em países geradores dessa tecnologia. Assinala-se para os primeiros o risco suplementar dessa absorção se converter em dependência econômica.

Em ambos os casos o fenômeno comporta variações. Alguns países alcançaram rapidamente alto índice de desenvolvimento tecnológico, em detrimento de uma antiga tradição de natureza artesanal. É o caso, por exemplo, do Japão. Por outro lado, um país como a Índia, marcado por civilização antiga e complexa, mesmo dependente de tecnologia estrangeira para acionar seu desenvolvimento, procura evitar transformações que possam deformar sua identidade cultural. Existem também situações como as de alguns países africanos. Eles se tornaram independentes após longo período de dominação colonial e agora se empenham dramaticamente na luta por compatibilizarem sua identidade cultural e nacional a partir de infraestruturas tribais, com o necessário e inevitável desenvolvimento tecnológico.

Finalmente registram-se países que, como o Brasil, são detentores de cultura nova. Aqui, a assimilação das culturas de nossa formação original – a indígena, a portuguesa e a africana –, se bem que tenha atingido razoável grau de elaboração, é continuamente enriquecida por novos ingredientes.

A CONSTATAÇÃO DA IMPORTÂNCIA DOS VALORES CULTURAIS PARA AS POLÍTICAS DE DESENVOLVIMENTO

Se a perda de identidade cultural, e o empobrecimento que isto representa, se impõe à reflexão dos estudiosos das áreas humanísticas, mais importante ainda é que os formuladores das políticas nacionais estejam persuadidos de que não haverá desenvolvimento harmonioso se, na elaboração das políticas econômicas, não forem levadas em consideração as peculiaridades de cada cultura. Instituições como as Nações Unidas, o Fundo Internacional para Promoção da Cultura, órgão da Unesco, o Banco Mundial, o Clube de Roma, o Massachusetts Institute of Technology (MIT), a Fundação Bariloche, citando apenas as mais conhecidas, têm reiteradamente recomendado o uso dos indicadores culturais na formulação de políticas de desenvolvimento.

Assim, os programas de desenvolvimento econômico, que baseiam a criação de riquezas principalmente na importação de tecnologia, revelaram-se insatisfatórios, sobretudo por dois motivos: em primeiro lugar, a demora no processo da redistribuição dos benefícios inicialmente acumulados nos grandes complexos empresariais; e, em segundo lugar, a gradativa perda de uma autonomia nacional pelos países receptores de tecnologia, assim destinados à inevitável dependência. Sem falar em perda mais sutil, não menos insidiosa, a do caráter nacional desses países.

ANÁLISE DO PRINCÍPIO DE JUSTAPOSIÇÃO DE CONTRÁRIOS NO PROCESSO HISTÓRICO BRASILEIRO

No processo histórico brasileiro, identificam-se algumas características a considerar em qualquer projeção, para o futuro. Entre as mais significativas, destaca-se o princípio da justaposição de contrários que buscam dialeticamente síntese harmoniosa. A presença simultânea e/ou alternada desses contrários é perfeitamente exemplificada por dois vultos centrais da Independência Nacional. Naquele momento decisivo de nossa história, um brasileiro já velho, de formação europeia, possuidor de cultura científica extraordinária para a época e para o nosso meio, volta ao Brasil, encontra aqui um príncipe jovem, temperamental, ardente, voluntarioso, português de nascimento mas de formação brasileira. Os dois juntos ajustam uma extraordinária colaboração de que resultaram a nossa independência e a preservação da integridade do nosso território.[1]

Os exemplos são inúmeros: o confronto entre a Escola do Recife, assentada no pensamento cientificista de Tobias Barreto, e a mentalidade romântica; ambas em certo sentido encontraram o ponto de equilíbrio no humanismo de Joaquim Nabuco; a figura de D. Pedro II que, mediando entre forças contrapostas, presidiu por mais de quarenta anos – fato notável para a história de qualquer povo – o processo de consolidação da unidade nacional; a grande ênfase no pensamento positivista tornou-se indispensável para o equilíbrio de forças contrárias na criação da República.

Permito-me, ainda, destacar uma ocorrência expressiva de nossa história recente: o Marechal Rondon, homem de formação militar ligada à tradição positivista, foi o interlocutor mais sensível e compreensivo do espírito mágico e mítico de nossas comunidades indígenas. Constata-se, assim, que situações paradoxais, permeadas de ambiguidades, são indispensáveis e imanentes a todo processo social criativo.

1_Aloisio Magalhães refere-se aqui a José Bonifácio de Andrade, a austera e cerebral figura de nossa Independência, e a D. Pedro I.

O MOMENTO ATUAL BRASILEIRO ENCARADO EM PERSPECTIVA HISTÓRICA: O DESENVOLVIMENTO COMO BUSCA DE SÍNTESE ENTRE COMPONENTES DIVERSIFICADOS

O raciocínio até aqui desenvolvido fornece o pano de fundo onde se insere e se explica o momento atual, encarado em perspectiva histórica.

Nos últimos quinze anos, o Brasil viveu um período de intensa centralização de poder, visando ao equacionamento dos grandes projetos ligados à organização da sua infraestrutura, inadiável em face dos problemas internacionais e do nosso posicionamento como nação emergente. É sabido que transitamos na órbita do mundo desenvolvido, mas somos em grande parte ainda um país subdesenvolvido. Como tal, só através de uma infraestrutura de apoio consolidada poderemos assegurar nossa soberania, estabelecendo o que queremos ser e o que podemos vir a ser como nação autônoma. Isso implica, obviamente, no equacionamento de nossas disponibilidades energéticas, na expansão da infraestrutura viária, de transportes e de serviços como correios e telecomunicações; na multiplicação dos recursos humanos através da ampliação das possibilidades de acesso ao saber, na transformação de instituições científicas e culturais distanciadas da realidade em organismos adequados às nossas necessidades; na dinamização de grandes agências como as superintendências nacionais e regionais.

Uma análise crítica dos erros e acertos desse período de centralização e das mudanças culturais que acarreta irá levar-nos a uma posição singular entre as nações subdesenvolvidas, conferindo-nos oportunidade e responsabilidade de conduzir a nação de maneira independente e original. Além de dar condições de sermos úteis a países do Terceiro Mundo em posição menos favorável.

Se é válida para a compreensão do processo brasileiro a tese das alternâncias entre as situações opostas, ao atual período deve suceder a tendência à descentralização do poder decisório e a procura de novos valores em nossas bases culturais, onde se exprimem os anseios e necessidades da comunidade. Reação, aliás, já percebida na resposta de segmentos representativos de nossa estrutura social ao gesto de distensão e abertura. Curiosamente, o apelo dirigido originalmente à imaginação das classes políticas obteve respostas eloquentes diretamente dos segmentos sociais – os operários, os profissionais liberais, os empresários – e não da classe política que deveria representá-los.

Este afastamento denota uma relativa ausência de representatividade do quadro político, face à nova realidade brasileira. Isto se explica porque, em muitos casos, a ação centralizadora necessária à criação das infraestruturas prescinde de intermediação e atua diretamente sobre os segmentos sociais. Somente deles pode vir inicialmente a resposta adequada.

Considerando o desenvolvimento como a busca de uma síntese harmoniosa produzida pelos componentes diversificados e mesmo paradoxais de nossa cultura, é de supor que a ação político-econômica se processe em dois planos: ao nível macro, das infraestruturas de apoio, chamaríamos de metadesenvolvimento; ao nível micro, de identificação de necessidade ligada ao comportamento e hábitos, usos e costumes da comunidade, chamaríamos de paradesenvolvimento. Neste nível de identificação, é difícil, complexa e requer o emprego de instrumentos sensíveis e qualitativos, ao passo que, no nível de metadesenvolvimento, podem ser usados instrumentos quantitativos de medida. Os dois níveis, embora opostos, não estão distanciados nem desassociados. Devem interagir em processo de histórica correção e equilíbrio.

Enquanto o metadesenvolvimento atua quase sempre de cima para baixo e do centro para a periferia, o paradesenvolvimento emerge de baixo para cima e converge da periferia para o centro os indicadores regionais e locais necessários à atuação nacional. O metadesenvolvimento oferece condições para expansão e desempenho dos grandes complexos empresariais. O paradesenvolvimento cuida de incorporar, no desenvolvimento do país, pequenos índices de atividade criadora, identificar valores dispersos e desconhecidos na imensidão do espaço territorial. Etapa indispensável para que o metadesenvolvimento não se desvincule da realidade nacional, acarretando perda da identidade cultural e, eventualmente, afetando mesmo a soberania nacional.

Se, dos resultados do metadesenvolvimento, é cabível reclamar da demora na redistribuição das riquezas acumuladas, na etapa do paradesenvolvimento não somente essa distorção se corrige, como a riqueza criada, embora relativamente pequena, tem a vantagem de nascer já distribuída.

É justamente para este estágio do nosso desenvolvimento que essa reflexão se dirige.

OS CONCEITOS DE BEM CULTURAL: OS DE VALOR HISTÓRICO; OS DE EXPRESSÃO INDIVIDUAL; OS DO FAZER POPULAR

Aqui, acreditamos que as políticas econômica e tecnológica do país necessitam reinserir os bens culturais nacionais para concretizarmos um desenvolvimento autônomo. Ocorre, entretanto, que o conceito de bem cultural no Brasil continua restrito aos bens móveis e imóveis, contendo ou não valor criativo próprio, impregnados de valor histórico (essencialmente voltados para o passado), ou aos bens da criação individual espontânea, obras que constituem o nosso acervo artístico (música, literatura, cinema, artes plásticas, arquitetura, teatro), quase sempre de apreciação elitista. Aos primeiros deve-se garantir a proteção que merecem e a possibilidade de difusão que os torne amplamente conhecidos. Deles podem provir as referências para a compreensão de nossa trajetória como cultura e os indicadores para uma projeção no futuro. Quanto aos segundos, basta assegurar-lhes a liberdade de expressão e os recursos necessários à sua melhor concretização.

Permeando essas duas categorias, existe vasta gama de bens – procedentes sobretudo do fazer popular – que por estarem inseridos na dinâmica viva do cotidiano não são considerados como bens culturais nem utilizados na formulação das políticas econômica e tecnológica. No entanto, é a partir deles que se afere o potencial, se reconhece a vocação e se descobrem os valores mais autênticos de uma nacionalidade. Além disso, é deles e de sua reiterada presença que surgem expressões de síntese de valor criativo que constitui o objeto de arte.

Aqui cabe reflexão de natureza mais abrangente. Nas sociedades que refletiram maior equilíbrio dentro dos parâmetros válidos do seu tempo, os valores mais expressivos de síntese criadora estavam inseridos e integrados na realidade cotidiana a que serviam e que representava sua própria razão de ser. Os afrescos de Giotto na Basílica de São Francisco, em Assis, não foram pintados apenas como obras de arte, mas como representação necessária a uma função político-social essencial numa comunidade onde a igreja era centro natural de convergência.

ALTERNATIVAS PARA UMA ATUAÇÃO EFETIVA DO NOVO POSICIONAMENTO

Várias alternativas se apresentam para que o universo de bens culturais possa participar como instrumento de nosso processo de desenvolvimento.

Entre as opções possíveis de equacionar, duas vão aqui esboçadas: uma de natureza mais tipicamente institucional e outra de natureza mais interdisciplinar e, portanto, multi-institucional.

A fim de situar a primeira alternativa em contexto próprio, julgo oportuno traçar breve quadro da atuação do órgão que será a seguir objeto de consideração.

Por inspiração de Mário de Andrade, contando com a capacidade intelectual e de organização de Rodrigo Melo Franco de Andrade, o ministro Gustavo Capanema criou em 1936 o Instituto do Patrimônio Histórico e Artístico Nacional (Iphan). Foi esse certamente o gesto mais significativo do Brasil no sentido do equacionamento e conscientização das questões relacionadas com os nossos bens culturais.

Nesses 42 anos de existência, a instituição prestou grandes serviços à preservação e à restauração de monumentos nacionais de valor histórico e arquitetônico.

Reuniu também inestimável acervo de conhecimentos e metodologias especializadas. Tornou-se credora do reconhecimento nacional.

A instituição permanece, entretanto, voltada sobretudo para os bens culturais imóveis, de natureza histórica, religiosos ou leitos, a que se juntou posteriormente o conceito de sítios e conjuntos arquitetônicos relevantes.

A possibilidade de ampliar e revitalizar esse órgão é viável e lógica. Assim, não haveria criação de nova instituição e sim dinamização de uma já existente, que passaria a cobrir maior espectro de bens culturais: do universo cultural de um produto brasileiro, como o caju, aos monumentos holandeses do Cabo de Santo Agostinho; das indústrias domésticas dos emigrantes de Orleans, em Santa Catarina, às cerâmicas de Tracunhaém em Pernambuco; da tecelagem manual do Triângulo Mineiro (que escapou do desmantelamento decretado por D. Maria I e se mantém inalterada até hoje) ao estudo do artesanato indígena do Centro-Oeste.

A segunda alternativa envolve uma apreciação sobre política administrativa e governamental como um todo.

Sabe-se que, em sua maioria, os grandes problemas com que se defrontam os administradores de uma nação com as dimensões territoriais, a diversidade de níveis e os contrastes regionais do Brasil, transcendem o campo da especialização ou da compartimentação específica de um só ministério ou agência e se inserem no domínio da interdisciplinaridade. São, portanto, naturalmente multi-institucionais.

Nesta ordem de ideias, inscreve-se uma questão vital tratada neste documento: uma conceituação nova e abrangente de bens culturais.

Se é válido o que aqui foi dito, as dinâmicas culturais que merecem ser estimuladas em função da sua potencialização socioeconômica dependem, na maioria dos casos, da ação conjunta e/ou isolada de diferentes setores da administração pública. Vale mencionar, por exemplo, o problema do artesanato. O equacionamento desse problema deverá trazer importante contribuição para a criação de novas riquezas e para a fixação do homem no seu contexto regional. Entretanto, a política adotada ignora as peculiaridades e a dinâmica própria de cada um dos inúmeros fazeres artesanais e paternalisticamente tenta enquadrá-los em uma mesma diretriz. O Ministério do Trabalho ocupa-se da organização dos artesãos como praticamente de uma atividade rentável e cuida de sindicalizá-los; o Ministério da Previdência trata de protegê-los socialmente e assegurar-lhes os benefícios a que têm direito; o Ministério da Indústria e do Comércio procura avaliar-lhes o potencial como fonte de interesse e de rentabilidade turística.

Mas nenhum deles – e isso não seria possível – pode avaliar a dinâmica própria de cada uma dessas atividades nem agrupá-las por conjuntos homogêneos no que se refere a níveis de insumo tecnológico, estágios de desenvolvimento e perspectivas naturais de evolução. O resultado é quase sempre desastroso porque decorre de uma visão uniformizadora desses fazeres populares. Visão que os situa a todos num mesmo nível, impulsionando-os na direção da massificação degradadora, desperdiçando sua contribuição na consolidação da identidade cultural do país. Vale lembrar que artesanato é um momento da evolução de uma trajetória tecnológica. Sua dinâmica obedece a leis próprias que, se não forem respeitadas, interrompem o seu desenvolvimento natural.

A segunda alternativa, portanto, aponta a criação de uma ação, ao nível de serviços ou secretarias especiais, junto ao mais alto centro de decisões. Ação atuando como instrumento ágil e flexível, sem estrutura burocrática, utilizando-se dos recursos humanos disponíveis nas áreas pertinentes e funcionando como catalizadora e impulsionadora de programas especiais.

Observe-se que não se trata de superpor uma ação paralela aos existentes serviços ministeriais; trata-se do equacionamento de problemas multi-institucionais.

As duas alternativas descritas são apenas esboços. Carecem de maior reflexão e detalhamento, sobretudo quando se observa a alta complexidade da organização de um governo. Nada do que foi dito faria sentido se não estivesse inserido na visão global de prioridades adotadas em face dos problemas econômicos, políticos e institucionais da nação.

O TRABALHO DO CENTRO NACIONAL DE REFERÊNCIA CULTURAL

Essas considerações são em larga medida suscitadas pelo trabalho do Centro Nacional de Referência Cultural (CNRC) e objetivam uma indicação mais precisa de sua projeção no futuro.

De certo modo o projeto do CNRC nasceu de uma intuição. Na ordem natural das coisas, sobretudo em áreas tão sensíveis e sutis, a intuição deve proceder o conhecimento e a certeza.

Procurando nos inserir na realidade brasileira, podemos identificar situações que se caracterizam por serem peculiares à nossa cultura. Na verdade, essas situações não foram procuradas em razão de formulações apriorísticas, mas emergiram naturalmente no curso de um processo quase fenomenológico de interação entre a realidade e os que buscavam conhecê-la. Daí os três estágios principais em que se estabeleceu essa relação: a *identificação* do fenômeno como relevante, subentendendo a interdisciplinaridade para conhecimento de sua dinâmica própria; o registro através dos instrumentos adequados ou mais convenientes para classificação e *indexação* que resulta numa memória; e a *devolução* à comunidade pela ação mais adequada a cada caso. Os três momentos se intercomunicam e interagem continuamente num processo de reflexão.

Por terem surgido naturalmente, os projetos variam quanto à complexidade, natureza e dimensão; assim, os projetos em estudo (Anexo) fornecem um quadro de amostragem altamente representativo da realidade cultural brasileira e de sua dinâmica.

Dos estágios pelos quais a atuação do CNRC se manifesta no que se refere à *identificação* e *indexação*, já foi possível colher expressivos resultados. Quanto ao estágio de *devolução*, o mais importante e o que configura a finalidade principal do projeto, é o que representa a razão de ser deste documento. De fato, é chegado o momento de constatar que uma ação efetiva dos resultados obtidos só pode ser realizada tendo o CNRC uma posição claramente definida dentro do quadro geral do sistema administrativo e dele fazendo parte como instrumento auxiliar válido.

Uma coisa parece evidente: a certeza de que a realidade brasileira contém riquezas que ainda permanecem desconhecidas e como que protegidas por um imenso tapete que as encobre e abafa. Para descobri-las e conhecê-las, dispomos de um admirável potencial humano, rico de invenção e tolerância. Resta-nos trabalhar, mantendo-nos conscientes de nossa responsabilidade social.

ANEXO

CNRC – Centro Nacional de Referência Cultural

Estudo e compreensão das circunstâncias da produção cultural brasileira, a partir de sua própria realidade.

Programas / Proveitos gerais

1. Artesanato

Conhecimento dos processos de produção, comercialização e consumo das matérias-primas e técnicas artesanais. Experiências de indexação, de cinema e de fotografia como recursos documentais.

Projetos / Proveitos específicos

O artesanato como referência cultural.

Traçado de uma sistemática ampla para o mapeamento da atividade artesanal no Brasil, consideradas suas múltiplas vinculações com as circunstâncias históricas, socioculturais e econômicas do país.

Tecelagem popular no Triângulo Mineiro

Levantamento e documentação das técnicas de fiação, tingimento e tecelagem; da fabricação de instrumentos e obtenção das matérias-primas. Classificação dos padrões de produtos; estudo de sua evolução.

Artesanato indígena no Centro-Oeste

Levantamento, documentação e análise das técnicas de produção do artesanato indígena, com seu entendimento pelo contexto socioeconômico que as gera.

Cerâmica de Amaro de Tracunhaém

Documentação fotográfica de trabalho de cerâmica utilitária e figurativa; gravações de depoimentos dos artesãos; análise e indexação do universo da atividade.

Brinquedos populares do Nordeste

Documentário cinematográfico sobre a fabricação e comercialização de brinquedos populares nas feiras de cidades do Nordeste.

Artesanato do Médio São Francisco

Registro de aspectos de vida, tradições e costumes na região; coleta de peças artesanais e exposições representativas realizadas em Brasília, São Paulo e Rio de Janeiro.

Fabricação e comercialização de lixeiras – um artesanato de transformação

Registro do processo de aproveitamento de pneumáticos usados como depósitos de lixo e sua análise econômica.

2. Levantamentos socioculturais
Conhecimento dos processos de transformação sociocultural, especialmente com vistas ao estudo de modelos alternativos de desenvolvimento.

Projetos / Proveitos específicos
Programa Ecológico e Cultural do Complexo Industrial-Portuário de Suape – PECCIPS
Preservação e aproveitamento das características ambientais e culturais da região, do seu patrimônio paisagístico e arquitetônico, num adequado planejamento da instalação do complexo.

Projeto de Levantamento Ecológico e Cultural das Lagoas Mundaú e Manguaba – PLEC
Avaliação dos efeitos da instalação do polo cloroquímico de Maceió sobre a ecologia, a cultura e a qualidade de vida das populações locais.

Etnomusicologia na área nordestina
Coleta de música folclórica e religiosa, documentação fotográfica e cinematográfica dos ritos correspondentes, com subsídios para rever-se a classificação da música tradicional brasileira.

Cultura paulistana e renovação urbana
Conhecimento das dinâmicas culturais das diversas correntes migratórias na antiga e na nova industrialização paulista, tomando-se um dos bairros – o Brás – como foco de estudo.

Tesauro
Elaboração de um vocabulário controlado para a análise e o processamento de informação sobre a cultura brasileira.

Estudo da polêmica relativa à cultura brasileira instaurada pelo Modernismo
Reavaliação das pesquisas que se desenvolveram de 1922 a 1945 como consequência do movimento modernista, interessando às artes, à história, à pedagogia, à linguística e ao folclore.

3. História da tecnologia e da ciência no Brasil
Conhecimento das técnicas e do saber tradicional artesanais; compreensão das economias pré-mercado e estímulo à descoberta de tecnologias alternativas nas atividades de transformação do país.

Projetos / Proveitos específicos
Estudo multidisciplinar do Caju
Conhecimento do papel desempenhado pelo caju e de sua potencialidade como recurso em diversos contextos, desde o da química e da nutrição até o das ciências humanas e das artes.

A marca estampada em folha-de-flandres, em Juiz de Fora
Levantamento das marcas litográficas impressas principalmente em latas destinadas a produtos alimentícios; compreensão da interinfluência entre o desenho da marca e fatores econômicos, técnicos e estéticos.

Indústrias familiares dos imigrantes em Orleans, Santa Catarina
Implantação de um museu ao ar livre, com preservação de maquinaria do século XIX; organização e preservação de arquivo (150 mil documentos) voltado para a história do imigrante europeu no estado.

4. Levantamentos de documentação sobre o Brasil
Levantamento, referenciação, preservação e difusão de documentação sobre o Brasil. Experiências de adequação ao usuário de sistemas de arquivamento e informação.

Projetos / Proveitos específicos
Levantamento bibliográfico de documentação estrangeira sobre o Brasil. Sistematização da bibliografia estrangeira relativa ao Brasil, que se encontra no exterior, com vistas a torná-la acessível aos estudiosos no país.

Documentação do patrimônio cultural brasileiro
Levantamento e classificação dos acervos dos museus brasileiros e dos organismos que cuidam do registro de bens; subsídios para a definição do bem cultural no Brasil.

Recuperação e preservação de filmes do acervo da Cinemateca Brasileira
Tratamento e indexação de filmes do período do Estado Novo (DIP), desenvolvendo-se técnicas de fichamento de documentários cinematográficos.

Indexação e microfilmagem da documentação em depósito do Museu do Índio
Organização e preservação do arquivo básico do museu, essencial para o conhecimento da dinâmica do contato interétnico, assim como para o planejamento no âmbito da FUNAI.

Condições de vida do Rio antigo
Conhecimento do Rio de Janeiro da Primeira República (1889-1930), com o levantamento, indexação e leitura de iconografia da época.

Análise e publicação do mapa etno-histórico de Curt Nimuendajú
Reexame e divulgação de uma obra essencial para o conhecimento das populações indígenas brasileiras.

Brasil holandês
Conhecimento da presença holandesa no Brasil colonial, enfatizando-se suas vinculações com a influência holandesa na América Latina e Caribe.

Documentação sobre as viagens de G.I. Langsdorff no Brasil
Tradução para o português e resumo do catálogo descritivo do material coletado pela expedição, ora em depósito na URSS, e organização da bibliografia crítica sobre o assunto.

D. Pedro II e seu tempo
Levantamento e apresentação, numa exposição volante de 3 mil exemplares, de farta iconografia sobre o reinado de D. Pedro II, acompanhada de textos informativos.

Documentação cinematográfica sobre a construção de Brasília
Montagem de um documentário sobre a construção de Brasília, com recuperação de material audiovisual filmado e gravado na cidade, em 1959.

Levantamento e microfilmagem da documentação brasileira no exterior
Sistematização das informações contidas nos documentos relativos ao Brasil que se encontram no exterior, com vistas a torná-las acessíveis aos estudiosos no país.

EM NOVA YORK, UM DEBATE: ARQUITETURA E DESIGN NO TERCEIRO MUNDO

[Entrevista]

Você tem sempre à mão uma obra de arte, basta abrir a carteira e tirar uma cédula de cruzeiro novo. Ela foi imaginada e desenhada por Aloisio Magalhães, que agora expõe em Nova York, pela primeira vez, 16 trabalhos da maior originalidade: são compostos pela repetição (entre 36 e 40 vezes) de cartões-postais, com um efeito final de grande beleza plástica. Aloisio teve a ideia quando viu as cédulas que criara para a Casa da Moeda colocadas todas juntas, ainda não cortadas. Dessa ideia e de suas inúmeras viagens e coleções de cartões postais, surgiu cartemas, o nome que deu à sua criação, já conhecida no Brasil desde 1970. Enquanto produz trabalhos de arte como estes, Aloisio tem tempo de ser diretor do Centro Nacional de Referência Cultural, em Brasília, cujo trabalho é registrar costumes, criações, gestos, hábitos, tudo que for tipicamente brasileiro, sem conotações estrangeiras, uma cultura essencialmente nossa, ainda não (ou jamais) influenciada.

Além de sua exposição, Aloisio Magalhães está em Nova York para fazer uma conferência sobre o design e a arquitetura nos países em desenvolvimento, como o Brasil, e é ele quem explica os motivos da diferença:

– Existem "coisas nossas", muito brasileiras desde suas origens, há no brasileiro um jeito único de se adaptar às condições do momento, do lugar onde vive, tais como transformar latas de supermercado em utensílios de cozinha etc. Saber identificar essa cultura é importante para o design, porque só se chega ao conceito de desenvolvimento de um país a partir do estudo da cultura básica, natural, deste país. O desenvolvimento não se faz de forma independente, está implícito na realidade de um povo. E é esta realidade do povo brasileiro que gosto de observar, analisar, registrar, porque é ela que vai levar a uma tecnologia mais adequada às nossas necessidades, à nossa realidade.

Entrevista concedida a Sonia Nolasco-Ferreira, em Nova York, publicada em *O Globo*, Segundo Caderno, em 2 de fevereiro de 1978, p. 37.

■

O assunto era "Design e Arquitetura nos países em desenvolvimento", o conferencista uma autoridade, Aloisio Magalhães, e a sala do Center for Inter-American Relations ficou lotada, maioria de americanos que fizeram perguntas interessadas sobre a construção de Brasília, seus motivos, suas consequências e situação atual. Aloisio, que está expondo dezesseis de seus conhecidos trabalhos gráficos – colagem de cartões-postais justapostos em diferentes posições, dando ilusão de ótica de um caleidoscópio – na Galeria Fischbach, uma das mais prestigiadas de Nova York, não só deu uma aula de História e Geografia do Brasil (que deliciou os brasileiros presentes), como explicou de forma clara e brilhante a relação entre a arquitetura de uma cidade e o cenário em que ela se localiza, os elementos históricos que a cercam, as circunstâncias que levam uma cidade a ser da forma que é, independente do que o homem pretenda fazer dela, e como a paisagem reage a imposições e modifica planos, ou obriga a certas concessões arquitetônicas em função da terra e do homem que vive nela.

Com linguagem e paciência de professor, diante de uma classe atenta, tomando notas, Aloisio desenhou, sobre um imenso mapa do Brasil, a nossa situação histórica inicial, os países vizinhos em estado de colonização pelos espanhóis, enquanto apenas o Brasil recebia os portugueses, as invasões holandesas e francesas no Norte e Nordeste, e o que ficou das influências arquitetônicas, especialmente em igrejas e conventos de Salvador e Recife, casas de São Luís do Maranhão etc. Enquanto desenhava a linha do Tratado de Tordesilhas, que implicou uma divisão não igualitária de terras brasileiras a serem colonizadas, porque a população se concentrou na costa, enquanto o centro permanecia uma floresta impenetrável, Aloisio ia explicando os seus motivos:

– O que sempre me preocupa é o que está por trás do cenário, os elementos de formação do que estamos vendo ali, já pronto, as circunstâncias em que as coisas estão acontecendo agora. Se conhecermos bem o porquê de uma obra terminada, se soubermos os empreendimentos tecnológicos, podemos melhor compreender o que está diante de nós. Brasília não é uma cidade do futuro, é de hoje, agora. Não falhou como realização, ela atende ao que se propôs, hoje, agora. Há pessoas que olham a arquitetura da cidade, e de outras, e não conseguem compreender o porquê dela, aí está o problema. A arquitetura, como o desenho industrial, nasce de uma necessidade, a qual tem uma ligação entre o ambiente e os usuários, os habitantes desse ambiente. Um design ou uma obra arquitetônica inclui também os problemas humanos, sociológicos e antropológicos do usuário, isso é uma regra essencial para quem quiser compreender o que se constrói e o que se faz em desenho industrial nos países em desenvolvimento. Há necessidades que não são as mesmas, há novas urgências, e é a elas que se precisa atender. Copiar, transplantar ideias, por melhores que sejam, não serve para um país como o Brasil.

Para ilustrar, Aloisio escreveu no quadro duas de suas frases preferidas, quando se trata de filosofar sobre design, arquitetura, o que esteja ligado à arte de criar: "Instrumentos perfeitos, mas finalidades imprecisas – este é um sinal dos tempos." Einstein. "Intuição sem razão é vago, razão sem intuição é vagueza." Kant. Mas, partindo de frases tão intelectuais, Aloisio usou exemplos simples, tais como: "Não se pode levar em conta apenas a cadeira; ao analisá-la, é preciso considerar quem vai usar esta cadeira." E num pulo de gato provou que o problema do Brasil sempre foi o espaço, o excesso de espaço que determinou a forma que temos hoje, as brigas e as divisões de capitanias que moldaram estas formas, o mosaico dos estados, as pontas que se avançam ou se encolhem entre os demais países da América Latina. Mostrou que, desde o início, o problema brasileiro era falta de comunicação com o resto da América Latina, não só devido ao adiantamento das culturas seculares, como a dos Incas e Maias, mas também às florestas impenetráveis, o colosso da Amazônia, o que fez com que a costa se abrisse à comunicação e avançasse em civilização. O resultado é claro: o Brasil não tem vizinhos, não teve o que se poderia chamar de nações vizinhas, durante o período de crescimento. Cresceu voltado para o mar, para fora, ou cresceu sozinho.

Aloisio disse à plateia atônita que os planos de mudança da capital para o centro do país, a fim de melhor distribuir o poder e afastá-lo da faixa de maior concentração populacional (a costa), data de 1821, o que provocou várias perguntas, sobre a densidade demográfica do Brasil, as diferenças surpreendentes entre a costa Leste e o Planalto Central, obrigando o orador a contas intermináveis entre milhas e quilômetros para provar que o deslocamento da população, mão de obra e arquitetura só viria a favorecer o país. Com a criação de uma cidade, fenômeno difícil de acontecer, pois de modo geral as cidades nascem e crescem pela necessidade natural de fixação do homem num determinado terreno, surgiram desafios arquitetônicos jamais imaginados, problemas urbanísticos que, em circunstâncias naturais, são resolvidos pelo próprio chão onde a cidade surgiu e se desenvolveu. Brasília exigiu soluções de todos os tipos, aumentando a criatividade arquitetônica, incentivando um novo tipo de design, uma harmonia entre o ambiente, as circunstâncias e o usuário. Aloisio finalizou sua palestra com um conselho que é uma de suas marcas registradas de sabedoria e paciência:

– O homem deve estar sempre exposto a alternativas. Não pode ser confinado a escolas, a projetos prontos, a planos políticos já determinados. O homem deve ter o direito de escolher e inovar. Só assim ele pode se aprimorar, só assim se desenvolve uma civilização.

UM CALEIDOSCÓPIO DE CRIANÇA

Alternativas, aberturas, livre expressão, essas são as características dos trabalhos de Aloisio Magalhães expostos na Galeria Fischbach até o final deste mês, com enorme sucesso. Diante das dezesseis telas de efeito tão original, mas tão fácil de ser copiado, pergunto a Aloisio se ele não teme a massificação de seu trabalho. Afinal, uma pintura é obra que não se reproduz com a mesma validade do original, mas uma colagem de cartões-postais já existentes no mercado pode ser perfeitamente repetida sem que um especialista possa dizer qual é a criação de Aloisio, qual é a do imitador. Sua atitude é serena, a do mestre que tem certeza de ser melhor que os discípulos mais aplicados. Ele sabe que sua arte pode ser copiada à perfeição, mas tem o orgulho interior de ter sido ele o criador, como Calder, que inventou o móbile, depois às dúzias e às centenas pelo mundo, sem falar nos móbiles japoneses, que já existiam antes que Calder nascesse. O móbile criado por Calder virou uma febre mundial, até crianças de primário sabem fazer, mas quem possui um original do artista, ainda que ninguém possa distinguir o autêntico da imitação mais perfeita, sabe o valor do que possui. É como ter um quadro original.

– O fato de ser copiado não me afeta – diz Aloisio, com seu delicioso sotaque nordestino. – O que faço é uma proposta aberta, é arte do nosso tempo, que possibilita participação geral. O que realmente importa nos meus trabalhos originais é que há uma experiência por trás disso, um processo de olho, de observação acurada. Eu deflagrei um processo de criação, a ideia é minha, o que eu fizer é uma criação original, desde que fui eu quem inventou a forma de fazer um quadro desses. Na Holanda, o único lugar fora do Brasil onde fiz exposição antes desta, o dono de uma galeria pediu um quadro e eu escolhi entre vários cartões-postais o que melhor se prestaria a um grande efeito final, e mandei a esta pessoa os cartões numa caixinha doze (ele queria um quadro pequeno) e a planta de como armá-los. Quando voltei a Amsterdã, ele me mostrou o quadro, estava certinho, como se eu o tivesse montado. A ATT americana, que já tinha me comprado dois trabalhos, escreveu para o Brasil pedindo um quadro baseado num carvalho. Pedi a eles, também por carta, que me mandassem alguns cartões-postais com esta árvore, escolhi um e mandei pedir uma caixa com quarenta postais iguais, com eles montei o quadro e mandei, tudo feito pelo correio. Parece simples, mas não é, exige um trabalho de seleção, uma ideia quase imediata do que pode ser realizado e, em seguida, várias tentativas de justaposição, até descobrir em que posição as repetições de um mesmo tema, o mesmo cartão-postal, ou a mesma foto, podem conseguir maior efeito artístico.

Das telas expostas na Fischbach (em uma semana dez já foram vendidas) todas possuem este efeito. A coleção chama-se *Cartemas*, e esta repetição de imagens em posições diversas Aloisio descobriu ao criar o Cruzeiro Novo (a nova moeda brasileira). A história de seus cartemas todo mundo sabe, ele diz, modesto, porque já expôs no Brasil, mas não se fez de rogado para repetir:

– Foi quando vi aquela série de cédulas numa página só, repetidas, todas iguais, dando um efeito extraordinário, é que tive a ideia de usar o artifício graficamente, para fins artísticos. Vou fazer uma nova série de notas, serão inspiradas nos cartemas. O dinheiro brasileiro vai ser o mais bonito do mundo. A essência do que faço é a simetria das imagens, uma certa ambiguidade entre o real e o ilusório. Veja neste trabalho que repete um conjunto de prédios nova-iorquinos. É uma massa de cimento armado e janelas. No entanto, colocando um postal ao lado do outro, de cabeça para baixo, de lado, 36 vezes repetidas, criou-se uma ilusão de espaço, de liberdade. É uma imagem incoerente, se você racionalizar, mas olhando-a como arte, como objeto de beleza, é alegre. O meu tema favorito, se você notar, é a alegria dos movimentos. Com esta concepção, você vê que nas incoerências e ilusões existe um sentido de liberdade. É como um caleidoscópio de criança, que ela vai rodando e vendo novas imagens, repetidas, mas novas, na alegria do movimento. A realidade não é o que a gente pensa que ela é, a realidade que vemos tem muito da nossa fantasia.

Era de se ver a juventude deste pernambucano bem-humorado explicando seus quadros às centenas de pessoas que visitam diariamente a galeria Fischbach, da qual ele teve um convite para expor. É prestígio dos mais altos, que leva a mais prestígio, porque os frequentadores da galeria são certos, chegam de vários estados vizinhos, são diretores de museus, grandes colecionadores, *marchands de tableaux*, nomes ilustres na vida cultural americana. Antes do final da exposição, Aloisio certamente terá vendido todos os quadros e terá várias encomendas (já está com uma: a empresa Lippincott & Margulies o contratou para consultor de um design importante para a Companhia Hills Brothers Copersucar, da Califórnia). Um de seus mais belos trabalhos, *Wall Street* foi montado com a repetição de um postal antigo em preto e branco, mostrando a fachada do prédio da sede do banco Morgan: figuras de preto passam entre as nesgas de sol que, com muito esforço, atravessam a floresta compacta de prédios de Wall Street. A foto é de 1915, mas a paisagem é ainda a mesma. E cada vez que se olha o quadro, o efeito é o mesmo: melancolia, opressão, rotina.

Foi assim que Aloisio viu Nova York pela primeira vez, a imagem ficou, como ficaram outras que se repetem em seus trabalhos: o Muro das Lamentações, em Jerusalém; o teto do horrendo novo Museu de Arte Moderna Georges Pompidou, em Paris (com cujos postais Aloisio conseguiu fazer um trabalho curioso de efeito fantástico, os franceses ficariam surpresos); a pirâmide de Gizé, no Egito, cercada de postais de múmias; e uma visão mais recente e mais alegre de Nova York: à beira-mar, a faixa de prédios da ponta extrema da ilha de Manhattan, com os dois gigantes World Trade Center apontando para o céu azul, repetidos 40 vezes, dão a ideia ou, como diz Aloisio, dão a ilusão de um espaço que não existe. Pelo menos é assim que ele vê a cidade. E conta por que escolheu cartões-postais para seus trabalhos:

– Quando viajo, procuro sempre achar um cartão que revele o perfil da cidade onde estou. A ideia é extrair do postal, que é, por si mesmo, um elemento altamente representativo, que é a foto de um determinado local importante, o máximo de informações sobre a cidade, dar a ele mais conotação pela repetição constante. O postal é uma fonte autêntica de representatividade popular, é tão importante que vende até se esgotar. Veja neste Muro das Lamentações, é uma imagem que se liga a Jerusalém através de séculos, é uma espécie de marca registrada. Viajo muito, adoro viajar, e estou sempre de olho nas coisas, observo os pontos interessantes de uma cidade e o porquê da seleção de determinados locais para se tornarem postais. Vejo a cidade, o que pode me interessar e compro os cartões para melhor sentir a ideia, mais tarde, longe do ambiente. Tenho sempre o endereço dos fabricantes de cartão e compro, pelo correio, uma caixa de 100, com os quais trabalho. Existe uma loja em Paris que vende cartões-postais do mundo inteiro, compro muito lá. Os cartões medem 6x6, geralmente, e eu uso entre 36 e 40 para fazer um painel. É preciso ter uma ideia de medida. Um painel pequeno, poucas repetições, não constrói um motivo artístico, nada há a expressar. E num painel grande demais, o efeito se perde, a unidade se perde em nome do desenho novo. Gosto de trabalhar com postais de cidades porque cada uma tem elementos de realidade e fantasia para quem olha. Da realidade do postal, eu retiro a fantasia do papel e construo a ilusão. Tudo é relativo, você olha o que quer ver, há várias alternativas.

SER DO TAMANHO CERTO

Bom, não se trata propriamente de uma conferência. A minha ideia é tentar transmitir a vocês alguns indicadores, alguns elementos básicos de uma reflexão sobre o problema em questão. Essa reflexão, de resto, faz parte muito íntima e mesmo básica de toda a reflexão que levou à criação do Centro Nacional de Referência Cultural. Em outras palavras, a ideia da criação de uma instituição capaz de se deter na identificação e na reflexão sobre elementos fundamentais da cultura brasileira, esta ideia nada mais é do que um problema de análise de qualidade de vida.

Parece, também, que seria interessante, nessa hipótese, nessa proposta de reflexão que eu vou transmitir a vocês, nós recuarmos um pouco e tentarmos examinar alguns dos conceitos que emergiram nos últimos quarenta anos na trajetória de civilização ocidental. Conceitos esses que levaram, pouco a pouco, à visão mais compreensiva e conjunta de um conceito como esse de qualidade de vida.

Eu tenho a impressão de que se poderia dizer que o primeiro conceito que emergiu na época mais moderna, a partir do fim da Segunda Guerra Mundial, conceito de percepção da problemática do homem ocidental na sua trajetória de civilização, foi o conceito de explosão populacional. Há um momento em que esta noção, esta conscientização do problema de explosão populacional passa a ter uma grande ênfase. E é curioso observar que, a partir de um raciocínio, de uma análise de ordem científica, surge em núcleos e em grupos muito fechados, muito especializados, determinados conceitos que começam a crescer, a se expandir e a tomar corpo no auditório e ter repercussão muito mais profunda. Isso aconteceu com esse conceito de explosão populacional.

Se nós continuarmos examinando a frequência e o ritmo com que esses conceitos emergem, e se examinarmos sobretudo o que acontece com eles a partir do momento em que se instala o processo de vulgarização, eu tenho a impressão de que poderíamos chegar a uma curiosa

Conferência proferida no I Seminário Nordestino de Qualidade de Vida, realizado em Maceió, em 13 de abril de 1978. A versão aqui apresentada teve algumas partes editadas.

síntese, que ajudará a entender o fenômeno que nós estamos preocupados no momento, ou seja, a qualidade de vida.

Então, se nós o tomarmos como tendo sido provavelmente o primeiro conceito que passou a ter uma grande expressão e uma grande capacidade de auditório, de audição, verifica-se que o segundo provavelmente foi o conceito de automação. Segue-se o conceito de poluição. A esses três conceitos, se opõe, logo de imediato, a contrapartida. Ao conceito de explosão populacional, emerge e se impõe o conceito de controle de natalidade. Ao de automação, todas as ideias relativas às possibilidades de lazer, como seu oposto. E o de poluição indica, obriga, estabelece a possibilidade de emergência de seu oposto, que seria a consciência ecológica.

De forma que vocês sentem, numa forma de trajetória no tempo, trajetória curta, contemporânea, dos últimos quarenta anos, como esses elementos emergem primeiro na consciência dos especialistas, dos homens de ciência e de reflexão, e se difundem, se espalham sempre nas alternativas, sempre com os seus elementos opostos.

E, curiosamente, nós verificamos, se for válida essa hipótese, que, quando emerge finalmente o conceito, a ideia, a percepção do que se chama qualidade de vida, na verdade é o primeiro grande conceito que engloba todos os outros. Em outras palavras: a noção, a percepção de um conceito abrangente como qualidade de vida, contém e comporta toda a problemática de explosão ou controle de natalidade, de interligação entre automação, entre toda a sistemática de procedimento ecológico e de lazer, de poluição e de percepção ecológica. Em outras palavras: os conceitos anteriores, que eram de certo modo unidades isoladas, conceitos perfeitamente determinados na sua maneira de enfocar um problema humano na trajetória de civilização, de repente eles se reúnem numa estrutura combinada, abrangente, a que se resolveu denominar qualidade de vida.

É a primeira emergência de uma percepção abrangente e ampla, interdisciplinar, comportando as análises e as combinatórias de todos esses conceitos anteriores. É bom frisar que é provavelmente possível se identificar outros componentes que não os que eu mencionei. É possível perfeitamente que, nessa análise, nessa hipótese de pensamento, se possa incluir alguns outros conceitos que também obedeceram a esse mesmo tipo de comportamento, em maior ou menor grau.

Assim, a ideia de qualidade de vida reúne essa característica muito importante de ser uma forma de aproximação de problemas tipicamente interdisciplinares, não permitindo mais aqueles traços profundamente especializados que caracterizaram os fenômenos, os grandes conceitos de fenômenos que ocorreram na civilização ocidental anteriormente à ideia de qualidade de vida.

Talvez fosse bom não deixar escapar algumas observações ainda em torno dessa situação. Uma delas é a de que, sendo a qualidade de vida uma proposta, um conceito de análise qualitativa, envolvendo essa interdisciplinaridade e ainda por cima tentando observar fenômenos de natureza qualitativa, possivelmente ele emergiu – esse conceito, ao contrário do que poderia ter sido – de áreas de reflexão científica e tecnológica e não das áreas mais vocacionalmente próximas, que seriam de pensamento humanista, das preocupações com o problema humano, no seu sentido espiritual, histórico, enfim, esta separação existente entre áreas de reflexão vindas do humanismo e áreas de reflexão vindas das ciências exatas e de tecnologia. Ele vem, ao contrário do que poderia parecer mais lógico, da área da reflexão científica e da preocupação da ciência exata e tecnologia. É possível se dizer que as primeiras referências a este conceito foram provavelmente, se não me engano, feitas através de análise do Clube de Roma, envolvendo exatamente o pensamento científico e um pensamento de ordem inteiramente ligado às ciências exatas. Ele vem através de organizações, de estruturas como o Banco Mundial, através de personalidades, de origem econômica, como Felipe Herrera, presidente do Banco Internacional de Desenvolvimento (BID). Enfim, há uma curiosa aglutinação desse pensamento de natureza qualitativa oriundo de uma faixa de reflexão de onde normalmente não se esperaria que ela viesse. E, de onde se esperaria que ela viesse, existe um grande silêncio, silêncio ainda ligado a um posicionamento que hoje já nos parece claro como sendo paternalista, tributário de uma visão paternalista e conservadora, no fundo uma incapacidade de reavaliar problemas numa certa profundidade.

Por isso é que não deve ser errado, provavelmente, e talvez seja justamente este o caminho, que, ao se analisar fatos e fenômenos ligados à apreciação qualitativa, como é basicamente a ideia de qualidade de vida, se procure refletir através de instrumentos e análises de ordem científica. Em outras palavras: talvez seja oportuno, talvez seja realmente um momento muito importante no pensamento ocidental, a possibilidade de harmonia, de equilíbrio e de interligação entre metodologias, entre codificação, entre valores de ordem e de percepção de ordem científica, analisando problemas de ordem humanística. A fusão, ou a interligação harmoniosa entre essas duas faixas de pensamento que, de certo modo, pareciam irreconciliáveis e opostas. É o que eu quis dizer com essa precedência da percepção qualitativa de vida, feita pela área da ciência exata e de tecnologia...

Se for válida essa hipótese de que é possível tentar analisar fenômenos abrangentes, ligados à qualidade do fenômeno homem em sociedade, através de instrumental mais exato, seria interessante pensar em algumas hipóteses, em algumas tentativas de formulação desse tipo de análise. Uma delas seria o que eu vou tentar fazer no quadro. Antes de fazer, entretanto, eu gostaria de situar o problema da medida, do tamanho das coisas, da capacidade de quantificar certas coisas, situar melhor isso através de uma referência.

Há um texto que me chegou às mãos recentemente e que me parece muito bom. Trata-se de um pensador inglês, que se chama Haldane[1] – é um geneticista, biólogo, fisiólogo, botânico, estatístico, filósofo de grande expressão no pensamento ocidental inglês –, que escreve um pequeno ensaio, precioso, sob o título "De como ser do tamanho certo". E nessa análise de como ser do tamanho certo, ele faz um percurso muito interessante, mostrando como a natureza atua e se preocupa e age na definição das coisas em função da relação do seu tamanho com o espaço em que elas convivem. Enfim, uma relação muito precisa e muito frequente e que envolve a ideia de tamanho, portanto, de medida, portanto, de codificação. E o texto de Haldane – não tem sentido lê-lo propriamente – é antecedido por uma citação de Galileu, que, essa sim, me parece interessante ser lida, porque inclusive é curta:

1_J.B.S. Haldane foi um geneticista e estatístico inglês atuante na Índia, durante a primeira metade do século XX. O ensaio aqui referido é "On Being the Right Size", escrito em 1926. Disponível em: https://archive.org/details/OnBeingTheRightSize-J.B.S.Haldane. Acesso em 5 de outubro de 2017.

> Do que foi demonstrado, pode-se plenamente deduzir a impossibilidade de se aumentar o tamanho das estruturas até dimensões vastas, tanto na arte como na natureza. Assim como a impossibilidade de se construir navios, palácios, templos tão grandes que os remos, os pátios, as travas, os parafusos, e enfim todas essas partes juntas possam se manter estruturadas. Nem pode a natureza produzir a árvore de porte tão formidável porque os galhos se quebrariam sob o seu próprio peso; como também seria impossível se construir estruturas ósseas do homem, cavalos ou outros animais de forma a mantê-las unidas e desempenhando suas funções normais, se esses animais crescessem nove meses na altura. Porque esse aumento de altura só pode ser conseguido com o emprego de um material mais forte e mais duro. Ou alargando-se, aumentando-se o tamanho dos ossos, mudando sua configuração, até o ponto em que a forma e a aparência dos animais dariam a ideia de uma monstruosidade. Isto é o que, provavelmente, tinha em mente o nosso sábio poeta, ao dizer, descrevendo um gigante: impossível é calcular sua altura, de tal modo além da medida, e o seu tamanho.[2]

Essa referência me parece muito importante como pano de fundo no tipo de raciocínio que eu gostaria que a gente pudesse desenvolver. Então, voltando à ideia de eventualmente se poder estabelecer critérios de medida e de análise de fenômenos tão abrangentes e tão diversificados como qualidade de vida, se poderia talvez fazer uma pequena incursão nesse domínio.

Suponhamos uma coordenada e essa coordenada contivesse alguns dos atributos prováveis, entre outros, desta coisa, deste conjunto de coisas, que se chamaria de qualidade de vida. A mim parece importante – e eu identifiquei alguns –, mas isso é absolutamente aberto, podem outros serem acrescentados, ou, na análise, várias alterações serem feitas. Para mim foi possível identificar o seguinte: um deles seria relativo ao espaço físico, onde a qualidade de vida quer ser apreciada. Esse espaço físico, com seus elementos ligados à ecologia – enfim, de-

2_A citação de Galileu Galilei consta do artigo lido por Aloisio em um número da revista *Scientific American*, em 1975/1976.

pois vamos analisar um por um. O segundo elemento seria a situação populacional, dentro desse espaço. Situação populacional! O terceiro seria o potencial de bens materiais, em outras palavras, riqueza potencial. Um outro seria a comunicação – e por aí se entenda a ideia do grupo social, a sua capacidade de interação, de comunicação no sentido mais amplo.

Finalmente, eu chamei de tradição – não gostando muito da palavra, mas na impossibilidade de outra (...) Englobaríamos todos os elementos ligados a processo histórico, a consciência ou forma latente de percepção, de trajetória no seu sentido mais abrangente, bens, costumes, formas de ser, enfim, toda essa bagagem ampla de elementos que constituem o passado, no seu sentido vivo, dinâmico, de um grupo social, a que eu chamei aqui de tradição, englobando vários, aliás. Todos esses de que poderíamos até verificar os atributos de cada um.

É possível ainda, evidentemente, que tenham outros, sobretudo se se levar em conta a ideia de que a análise de qualidade de vida é sempre feita perante alguma coisa de irreal; em outras palavras, é provável que esses componentes, esses predicados integrantes do conceito amplo variem em quantidade, enfim, variem de acordo com a situação que se vai analisar. Em outras palavras, não é uma solução fechada, não é uma equação fechada, mas uma proposta aberta, em que os elementos que constituem um todo podem variar, podem ser acrescidos ou podem ser transformados.

Bom, evidentemente, além de poderem ser acrescidos, é possível que haja condições de se atribuir a esses elementos pesos, valores, intensidades diferentes, de acordo com situações diferentes, que isso é uma coisa que a gente também pode tentar ver, se aplicando isso a exemplos mais concretos.

Se é válida – e hoje de manhã eu me lembrei inclusive de mais um, mas fiquei em dúvida se acrescentaria ou não, que seria a ideia de invenção, eu não tinha falado de propósito de criatividade porque ela conota hoje muitas ideias de invenção, capacidade, liberdade de agir, de atuar, de interagir, de alterar, sobretudo de alterar situações por outra. Mas, enfim, fica registrado aqui mais um e que poderia ir evidentemente a N outros conceitos.

Bom, é possível, então, que esses atributos tenham pesos diferentes e pesos específicos diferentes. E é certo, ou muito provável, que, nas situações em análise, eles tenham pesos específicos dentro do próprio contexto quando estão sendo analisados. Em outras palavras, que a carência ou a abundância desses elementos sejam muito importantes na apreciação do diagnóstico daquela situação, certo? E que se possa, inclusive, nesta análise, dizer que para a volta a um equilíbrio melhor de vida, de qualidade de vida, naquele contexto era necessário incentivar-se determinados desses atributos, que estavam extremamente carentes. E essa carência é que determinaria uma das hipóteses da perda e degradação da qualidade de vida. Entenderam? Assim, o jogo desses elementos, desses atributos, o equilíbrio desses elementos tem que ser estudado e verificado à base de cada situação que se estuda. É uma hipótese de modelo.

Continuando, ainda. Será que se poderia atribuir a esse modelo uma outra dimensão e uma outra coordenada, que seria ligada, digamos assim, à trajetória, ao processo, à dinâmica do processo cultural? Porque não existe nenhuma situação de qualidade de vida estática, parada no tempo. Qualquer situação é, evidentemente, parte de um fenômeno de trajetória e que, naquele momento que se escolheu, em que se parou para analisar, é apenas um momento daquele fenômeno. Então, se se atribuir essa dimensão de tempo ao conceito de análise de qualidade de vida, a gente teria que verificar como é que ele, de certo modo, se organiza, se apresenta. Então, me parece que a tendência dessa dinâmica do tempo seria de partir de uma situação mais rarefeita para um momento mais denso. Em outras palavras: qualquer situação cultural, qualquer momento histórico da trajetória cultural evidentemente parte de situações mais simples, mais rarefeitas, em problemas menos críticos, para problemas mais densos, mais complexos. Portanto, há essa componente, que é o aumento de complexidade. Subindo, inevitavelmente. E se esse elemento é provavelmente tão certo que, se não houver a presença desta dinâmica no tempo, a situação que se quer estudar e ela for parada, a situação de qualidade de vida que se quer estudar está morta. Não tem vez. Porque todo o processo predispõe-nos um próprio princípio de vida, que age sob essa dinâmica. Se não houver, é porque a situação é inviável. Ela está morta. Bom, então existe provavelmente este elemento de complexidade, aumento de complexidade. Mais ainda: provavelmente, existe uma coisa que se chama aceleração. Aceleração! Assim, quando se parte da situação simples e rarefeita, na medida em que a gente, junto, começa a criar situações novas culturalmente, econômicas e da convivência social, e vai subindo, aumentando a complexidade, ela vai também acelerando o processo. O que torna o problema mais difícil ainda na sua análise.

(...)

Eu fiquei em dúvida se a aceleração deveria ser representada por uma aproximação até uma abertura ou se deveria ser o contrário. E continuo sem ter resolvido esse problema. Se, quando se pensa em aceleração, se deveria representar essa aceleração em termos de você estar bem devagarzinho e ir acelerando, ou se a representação deveria ser o contrário: você está lento, distante das coisas, e de repente você vai aproximando. Depois cheguei à hipótese de que talvez isso tudo seja a mesma coisa. Você pode tomar a aceleração como sendo uma aproximação rápida nesse sentido, ou como sendo você encurtar uma distância que antes foi maior. Enfim, eu não creio que isso, pelo menos no momento, seja um impedimento.

Então, se fosse possível a gente tomar isso como um pequeno modelo a ser usado tentativamente, se poderia procurar ver agora como funcionaria uma situação como essa. O que parece é que haverá uma relação provavelmente boa entre esses elementos, em função dessa situação de aceleração. Em que os graus em que você tenha dentro de cada um desses atributos, em função do tempo de sua aceleração, haja uma curva, uma linha ou um momento em que se possa dizer que uma determinada situação é provavelmente equilibrada em termos harmoniosos, em termos de qualidade de vida. Porque o que se evidencia é o seguinte: se a alteração existe nessa flecha do tempo – aumento da complexidade e aceleração –, é provável que a linha tenha que ser uma subida homogênea de todos os indicadores.

UM SISTEMA DE REFERÊNCIAS PARA A CULTURA BRASILEIRA

"Trata-se de observação corrente, mas verdadeira, dizer que os exemplos funcionam mais eficazmente para a inteligência do que as normas: e, se isso for verdade no que é odioso e censurável, será mais verdade ainda no que é benévolo e digno de louvor. Aqui, a emulação nos influencia com mais eficácia e inspira nossa imitação de maneira irresistível."

Henry Fielding, *Joseph Andrews,* Livro I, Cap. I.

PRÓLOGO

"Portanto, Senhor, do que hei de falar começo e digo... e tomou dois daqueles homens da terra, mancebos e de bons corpos, que estavam numa almadia... A feição deles é serem pardos, maneira de avermelhados, de bons rostos e bons narizes, bem feitos. Andam nus, sem cobertura alguma... E naquilo me parece ainda mais que são como aves ou alimárias monteses, às quais faz o ar melhor pena e melhor cabelo que as mansas, porque os corpos seus são tão limpos, tão gordos e formosos, que não pode mais ser...

Trouxe-os... ao capitão, em cuja nau foram recebidos com muito prazer e festa. O capitão, quando eles vieram, estava sentado em uma cadeira, bem vestido, com um colar de ouro mui grande ao pescoço, e aos pés uma alcatifa por estrado. Sancho de Tovar, Simão de Miranda, Nicolau Coelho, Aires Correia e nós outros que aqui na nau com ele vamos, sentados ao chão, pela alcatifa. Acenderam-se tochas.

Eles não lavram, nem criam. Não há aqui boi, nem vaca, nem cabra, nem ovelha, nem galinha, nem qualquer outra alimária, que costumada seja ao viver dos homens. Nem comem senão desse inhame, que aqui há muito, e dessa semente e frutos que a terra e as árvores de si lançam. E com isto andam tais e tão rijos e tão nédios que o não somos nós tanto, com quanto trigo e legumes comemos... E bem creio que, se

Conferência pronunciada no I Seminário Interamericano sobre Políticas Culturais e Desenvolvimento, realizado no The Aspen Institute, sobre o tema *Making connections,* Colorado / EUA, em setembro de 1978. The Aspen Institute é a entidade sucessora do Aspen Institute of Humanistic Studies, fundada em Aspen, Colorado, pelo industrial Walter Paepcke em 1950, à qual Aloisio Magalhães já havia comparecido anteriormente para expor suas ideias sobre design.

Vossa Alteza aqui mandar quem entre eles mais devagar ande, que todos serão tornados ao desejo de Vossa Alteza."

(Extratos da carta de Pero Vaz de Caminha ao Rei de Portugal, Dom Manoel, datada de 1º de maio de 1500, em Porto Seguro, na recém-descoberta Terra de Vera Cruz)

PRIMEIRA CENA

São Paulo

Capital do estado de São Paulo, no sul do país, maior cidade do Brasil e uma das maiores do mundo (cerca de 7.200 mil habitantes em 1975). Centro de uma região de grande importância no que diz respeito à agricultura, comércio e indústria, a municipalidade de São Paulo tem uma renda maior do que a da maior parte dos estados brasileiros. A taxa de crescimento da cidade é bastante elevada, dezenas de milhares de unidades residenciais são construídas a cada ano e a população de toda a área em volta deverá equiparar-se à de Nova York até o final do século.

Triunfo

Pequena cidade do estado de Pernambuco, no Nordeste do país, com cerca de 3,3 mil habitantes em 1975. Em toda a municipalidade há aproximadamente mil casas e prédios servidos com energia elétrica. Em 1974 havia nos arredores perto de 6 mil cabeças de gado bovino, 2,5 mil muares, 5 mil suínos, 6 mil caprinos e 72 mil galinhas. A atividade mais importante da região é a agricultura.

Primeiro ato – Capacidade de sobrevivência

Transformação de objetos – confecção e venda de depósitos de lixo.

"Compramos pneus por lote. O que não serve para a estrada nós usamos para corte. Cortamos, retiramos a lona, a parte de borracha. Tiramos a lona para fazer o depósito de lixo. Faz quatro anos que comecei a vender. Eu já tinha sido borracheiro. Desde 1946, trabalho com pneus. Naquela época não usávamos o pneu para muita coisa. E, quando larguei a companhia telefônica, não tinha mais trabalho, porque estava velho e ninguém queria me dar emprego. Depois, comecei neste negócio, para não ficar sem fazer nada, para não pedir esmola. Inventei isso e agora vivo da venda dessas latas de lixo."

(Contado por um artesão de Triunfo, que faz latas de lixo com pneus usados.)

SEGUNDA CENA

Olinda

Cidade a sete quilômetros de Recife, que é a capital do estado de Pernambuco. Tem uma área de 29 km² e uma população de cerca de 280 mil habitantes. É uma das mais antigas cidades do norte do Brasil, com grande quantidade de importantes monumentos históricos. Tem mais de 170 escolas primárias, duas escolas superiores, cinco bibliotecas, jornais e uma estação radiofônica. Olinda é um centro de turismo e tem um Carnaval bastante famoso e ampla variedade de artesanato bem desenvolvido.

Segundo ato – Tentativa de ajustamento

Cuidados ecológicos e culturais com as lagoas de Mundaú e Manguaba.

"As pessoas têm medo da Salgema, que logo será inaugurada. Todos se mostram temerosos. Contaram-me que uma dessas noites pareceu "que o mundo estava-se acabando com um barulho daqueles". E muitas pessoas tiveram medo, ficaram doentes. Era a Salgema, em experiência. Alguns falavam de um cheiro desagradável. Hoje, dia 5 de novembro de 1976, por volta de uma hora da tarde, estive perto da área em que se localiza a Salgema e ouvi o barulho. Estavam fazendo novos testes. Não parecia tão sério. "Hoje está mais fraco, moça. Pior foi outro dia, à meia-noite. Parecia que o mundo estava-se acabando, uma porção de aviões voando para um lado e para outro. Sabe como é o barulho dum avião? Imagine então duzentos deles voando ao mesmo tempo..."

(De entrevista realizada com pessoas de Maceió, nas proximidades da fábrica cloroquímica de Salgema.)

TERCEIRA CENA

Brasília

Brasília, cuja construção teve início em 1956, foi inaugurada como a nova capital do Brasil no dia 21 de abril de 1960. Obedecendo a um plano de urbanismo bastante original traçado por Lucio Costa e com seus principais edifícios projetados por Oscar Niemeyer, Brasília permanece como notável monumento da arquitetura moderna. A necessidade de transferência da sede do governo para um local mais próximo do centro do país já tinha sido reconhecida havia mais de um século e proclamada na primeira Constituição da República (1891); a decisão final foi tomada no dia 30 de abril de 1956 pelo presidente Juscelino Kubitschek. A população da cidade atualmente é de 941 mil habitantes.

Xingu

O Parque Nacional do Xingu, criado em 1960, é resultado do trabalho pessoal e pioneiro dos irmãos Villas Bôas, que, em 1940, estabeleceram na área os primeiros postos de assistência permanente aos índios. Dentro de 22 mil km^2 de terra ao longo dos rios Ronuro, Batovi, Kuluene e Xingu, o parque compreende duas áreas culturais distintas. Ao sul se localizam os chamados "xinguanos" – índios camaiurá, aweti, kuikuro, kalapalo, nahukuá, matipu, txicão, waurá, mehináku. Ao norte, estão os índios caiapó, txucarramãe, kreen-akarore, suyá, juruna e hajati. A população atual da região é de 1,2 milhão de habitantes.

Terceiro ato – Compreensão

Estudo multidisciplinar do caju: o universo de um produto natural das frutas tropicais.

"Parece agora conveniente que se considerem as frutas selvagens da Bahia, que nascem às margens dos rios que fluem para o mar, ou à beira-mar. E começaremos com o cajueiro, por tratar-se de uma árvore tão altamente valorizada e porque existem tantas à beira-mar ou nas proximidades. A natureza do caju é fria e é um bom medicamento para quem sofre de febre e para aqueles que têm pouco ou nenhum apetite. Muitas pessoas tomam suco de caju pela manhã, antes da primeira refeição, e isso é muito bom para a boa saúde do estômago, propiciando um hálito perfumado. Além do mais, não importa que quantidade se coma a qualquer hora do dia, o caju nunca deixa ninguém doente e seu sabor é tão agradável, que pode ser digerido num abrir e fechar de

olhos. Desses cajus se faz uma conserva doce, que não se compara quando tomada com açúcar e limão. De seu suco os selvagens fazem um vinho, com o qual se embriagam, e esse vinho é suave e tem bom gosto."
(Do *Tratado descritivo do Brasil em 1587*, cap. XLIX, de Gabriel Soares de Sousa, 1587.)

Epílogo

O principal objetivo do CNRC é estabelecer um sistema básico de referências para a descrição e análise da dinâmica da cultura brasileira.

Considerando o escopo e a diversidade da fenomenologia da cultura do país, o esboço de um sistema de referências – de uma metodologia descritiva e analítica – parece ser uma tarefa mais viável, mais fértil e mais fundamental do que a simples coleta de análise e descrições específicas.

No entanto, ao perseguir esse objetivo, pelo menos dois tipos de problemas intimamente relacionados vêm à tona: problemas relacionados com a seleção de fatos e problemas relacionados com a construção de modelos para o entendimento desses fatos. O diagrama abaixo poderá servir para esclarecer o enfoque do Grupo de Trabalho quanto à questão:

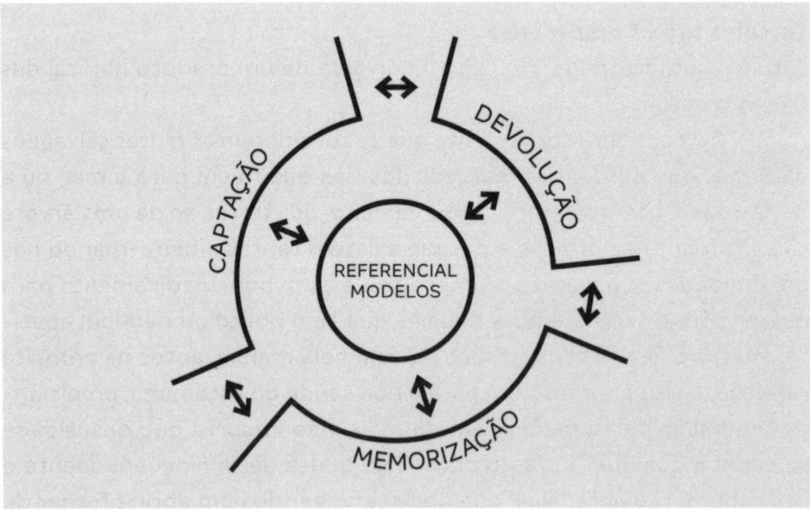

O Grupo de Trabalho decidiu evitar modelos puramente teóricos e pré-determinados e concentrar-se no uso de projetos que expressariam a coleta de certas tendências culturais, atuais ou relevantes no cenário sociocultural de hoje em dia no Brasil.

Uma vez que o fato tenha sido captado e coletado – uma vez que suas características tenham sido observadas, em conformidade com o sistema de análise escolhido – essa coleta deverá ser registrada. Assim, atinge-se o estágio de registro, por meio do qual se acumula um estoque de dados, a serem usados tanto como fonte de referência quanto de aprendizado.

Os sistemas de observação e de análise são resultado da contínua criação de modelos – o que, por sua vez, leva à adoção de específicos referenciais (sistemas de escalas) para a avaliação dos fenômenos que estão sendo examinados.

Tarefas como essas, empreendidas pelo CNRC – o desenvolvimento de modelos e as referências para a esfera cultural com a ajuda de registros – estariam, por outro lado, isoladas de seu contexto, não fossem elas suplementadas por um processo de devolução. Através disso o CNRC devolve ao público – em um contexto sociocultural ao qual pertencem e de onde se originam – os resultados de suas pesquisas e de seus registros.

As quatro fases das atividades do CNRC acima citadas – a elaboração de modelos e a coordenação de sistemas de escalas para amplos propósitos de referências, coleta, registro e devolução – não são inflexíveis. Ao contrário, o trabalho efetuado em cada tem forte influência sobre o desenvolvimento de cada uma das outras.

Dessa forma, uma coleta de eventos pode ser usada para registro – assimilados segundo um determinado modelo de referência – e este por sua vez, pode finalmente produzir uma devolução (o que poderá, depois, produzir novos estímulos a serem coletados...)

Assim, um determinado projeto pode ser classificado de uma (ou mais) forma diferente – em qualquer (combinação) das quatro fases acima descritas – dependendo do curso de seu desenvolvimento no âmbito do CNRC.

Além dessa dinâmica permeabilidade entre as diferentes "fases" – ou "momentos" – através das quais um estudo ou projeto pode ser levado, o Grupo de Trabalho do CNRC enfatiza a importância do diálogo e da comunicação interdisciplinar. O Grupo de Trabalho acredita que a fusão do interesse em diferentes áreas de pesquisa proporcionará um quadro mais rico e mais fértil da realidade estudada quando houver harmonia e compreensão.

Outros princípios metodológicos e epistemológicos que guiam as atividades do grupo são aqueles relacionados com o estímulo ao levantamento de tópicos (e sua elaboração) por meio de grupos locais; a criação de modelos críticos e alternativos para a fenomenologia cultural (que exige uma ampla variedade de referências alternativas a serem examinadas) etc.

Em termos estritos, um projeto do CNRC não terá uma conclusão no sentido verdadeiro da palavra. A fase de coleta estando terminada – por exemplo – mesmo assim terá um papel importante na dinâmica do registro ou da devolução, embora se tenham concluído esforços específicos para sua concretização.

As atividades específicas do CNRC podem ser distribuídas em seis amplas categorias, segundo sua distribuição na área de artesanato, nas pesquisas socioculturais, na elaboração de uma História da Tecnologia e Ciência no Brasil, na pesquisa, elaboração de referências e preservação da documentação brasileira no Brasil e no exterior, e na publicação.

O CAJU, O XINGU E OUTRAS ALTERNATIVAS TROPICAIS DE DESENVOLVIMENTO: IMPORTAR TECNOLOGIA SEM VIRAR CIDADÃO DE SEGUNDA CLASSE

[Entrevista]

Devemos distribuir a riqueza ou deixar crescer o bolo? Essa dúvida é alienada. Falemos da possibilidade de encontrar riquezas latentes no processo cultural, e que, estimuladas, poderão gerar não só novas riquezas, como também riquezas que já estão distribuídas. Você quer um exemplo? Um artesão de couro no Ceará é um especialista de valor. Há anos conhece a profissão. Já é competitivo, tem mercado. Só precisa de estímulo, transporte para sua produção, publicidade. Com isso, desenvolverá uma indústria natural local, de qualidade ímpar, que beneficiará a região e os seus insuperáveis especialistas.

A afirmação faz parte da tese *Cultura é desenvolvimento*, defendida pelo designer Aloisio Magalhães, presidente do Centro Nacional de Referência Cultural, durante o I Seminário Interamericano sobre Políticas Culturais e Desenvolvimento, realizado no Colorado, e do qual participaram representantes dos bancos Mundial e Interamericano, da Fundação Rockfeller, políticos de Washington e acadêmicos de vários países.

O conceito de cultura usado no seminário foi o antropológico. Cultura como soma de ações, técnicas e eventos que compõem uma sociedade, e não o conceito elitista de cultura como manifestação filtrada por minorias eruditas. Seis conferencistas principais – cinco latino-americanos e um norte-americano (Aloisio Magalhães falou pelo Brasil e o brasilianista Denis Goullet, pelos EUA) – debateram aspectos culturais sobre os quais deve apoiar-se um desenvolvimento harmônico. O seminário foi organizado pelo Aspen Institute of Humanistic Studies[1] e pela Organização dos Estados Americanos (OEA).

Matéria de Beatriz Schiller, publicada no *Jornal do Brasil*, Caderno B, em 7 de setembro de 1978, capa.

1_Hoje chamado The Aspen Institute.

– Foi a primeira vez – diz Aloisio – que um grupo heterogêneo, incluindo políticos, banqueiros, intelectuais e homens de negócios, reconheceu, durante reunião para julgar políticas de desenvolvimento, que é um erro menosprezar fatores culturais, um absurdo pensar que desenvolvimento é implantação de tecnologias superavançadas e importadas. Chega a ser surpreendente que isso tenha ocorrido. Falou-se com entusiasmo da necessidade de definição cultural e do uso dessa base-cultura como infraestrutura a partir da qual será injetado o dinheiro e desenvolvida a tecnologia. A mesa-redonda funcionou com uma premissa: "Sem respeito à cultura não se cria desenvolvimento."

Por que os americanos estão interessados num tema tão Terceiro Mundo? Segundo Aloisio, estão perplexos diante do desenvolvimento e sentem necessidade de buscar *insights* novos, alternativas viáveis ao já exausto plano econômico baseado em empréstimos bancários para estimular a importação de tecnologias estrangeiras que exige importação de técnicos e comumente marginalizam populações locais.

– A admissão da cultura como elemento acelerador do desenvolvimento é uma ideia que tem ganho corpo nos últimos seis anos – diz Aloisio Magalhães. – McNamara fez um discurso famoso quando era diretor do Banco Mundial, alertando para o fracasso da política de desenvolvimento que enfatiza somente a economia. O Clube de Roma, há cinco anos, vem buscando incorporar cultura e desenvolvimento. Mas o seminário foi um passo à frente. Não se trata mais de uma ideia nova, mas da busca de políticas concretas.

Sorridente, Aloisio diz que lhe pediram, em estilo bem americano, que enviasse seus *papers* (documentos de trabalho) com dois meses de antecedência.

– Achei, porém, que se escrevesse *papers*, não precisaria mais comparecer. Decidi mandar um roteiro de drama que eu descreveria lá, com prólogo, três cenários, três atos e um epílogo.

Aloisio Magalhães foi o quinto orador. Depois de mil teorias, ele surpreendeu os americanos que pensam que o pragmatismo lhes pertence exclusivamente. A única abstração do orador da terra de Ruy Barbosa foi a citação de Henry Fielding: "Exemplos atingem mais fortemente nossas mentes que preceitos." No prólogo, Aloisio evocou o Brasil pré-tecnológico, tal como foi encontrado pelos portugueses em 1500 e descrito por Pero Vaz de Caminha nas cartas ao rei de Portugal. De um lado, "a nudez forte e saudável do índio". Do outro, a rica artificialidade dos "colares de ouro" do capitão. Nesse país em que não se arava nem se criavam animais, havia frutos e sementes suficientes para alimentar uma raça linda, que o escriba europeu considera "fortes e esbeltos, que nós (os portugueses) não somos páreo para eles, apesar de toda a farinha e legumes que comemos.

Aloisio propõe que, no futuro próximo, ao contrário do momento atual em que só a produção inicial é estimulada, aumente-se o estímulo à reinvenção do objeto, à tecnologia local nascida da necessidade de sobrevivência.

– Os nordestinos desenvolveram uma tecnologia complicada, em que abrem o pneumático, estendem-no com aparelhagem especial, tiram dele três mantas, dando-lhe pequenos talhos com facas afiadas, usando técnica de artesanato de couro. O produto – lata de lixo – é forte, inquebrável, barato. Sem anúncio, distribuição ou estímulo de qualquer ordem, hoje 82% das casas do Nordeste têm essa lixeira de pneumático. Com estímulo, poderiam espalhar-se pelo país afora e, quem sabe, ser exportadas, antes que outro lugar aprenda a técnica e faça a produção em série. Em Nova York, já se vendem vasos de planta feitos com pneus, idênticos aos trabalhos dos nordestinos. Olinda foi o segundo cenário de Aloisio Magalhães.

– Como seria essa dieta do índio brasileiro? Nós, que passamos por modas macrobióticas importadas do Japão, o que sabemos sobre o segredo da beleza e da saúde dos índios, mais fortes que o "desenvolvido" europeu? Nada. Nossas poções de beleza vêm de Elizabeth Arden e afins, nossos exercícios físicos, de Cooper.

Com um mapa do Brasil e uma caneta Pilot, Aloisio mostra seu primeiro cenário duplo: São Paulo e Triunfo. São Paulo, imensa, maior cidade do Brasil, centro econômico, agrícola, comercial, industrial, cheia de incoerências e chagas também. Triunfo, pequena cidade pernambucana de possibilidades limitadas, belíssima, tranquila, rodeada de coqueiros. Esse cenário já situa a diversidade dos "desenvolvimentos" brasileiros.

– O que é o desenvolvimento? – pergunta Aloisio. – É continuarmos encorajando megalópoles como São Paulo, ou é repensarmos, buscarmos outras Triunfos com possibilidades mais amplas?

Nesse cenário duplo, passou-se o primeiro ato, intitulado "Técnica de sobrevivência". São Paulo produz pneumáticos. Triunfo faz latas de lixo de pneumáticos velhos.

– De um lado, a produção estimulada. Do outro, a inteligência de reinventar o objeto.

– A ideia surgiu-me quando estava na praia do Raso, onde os banquinhos eram de troncos de coqueiros, as paredes em escala harmônica com o mar, o colorido e a dieta marinhos. Chocante, estava ali uma TV imensa, inevitável, em total choque cultural com a situação, falando de desodorantes, xampus, coisas antissépticas, nada pertinentes. Ela dominava o ambiente. Era grande demais. Não melhorava nada, mas não dava para fugir dela.

Desse segundo cenário, o orador brasileiro entra no segundo ato, "Tentativa de ajuste", em outra população praieira, a de Salgema, perto de Maceió.[2]

– Em Salgema, vão inaugurar uma indústria de cloro. A população tinha antecipado, feliz, a vinda da indústria. Agora, ela está sendo testada, e todos estão mortos de medo. Ela é grande demais para a população. A tecnologia é tão complexa que exigiu a importação de técnicos, alijando a mão de obra local. A população já percebeu que não se beneficiará. Pelo contrário, seus componentes passarão a cidadãos de segunda classe na terra onde antes eram reis, de coroa de lata que fosse. Surge uma proposta de alternativa.

– Trazer a indústria, sim. Mas com grau menor de complexidade, para que possa trabalhar usando os recursos locais. O que existe em Salgema agora é indesejável. A cidade é pobre, a população tem poucas possibilidades. Mas essa fábrica nova demais, distanciada demais da realidade e das possibilidades humanas locais, torna o indesejável existente pior do que não desejável. Desmantela o pouco que havia. Proponho desenvolvimento com um perfil menos ambicioso, que absorva a população local, e cresça em complexidade junto com ela. De-

2_Sal-gema é um mineral. À época da entrevista, uma grande jazida havia sido descoberta junto à Lagoa de Mundaú, perto de Maceió, onde começava a se instalar uma indústria denominada Salgema, a que Aloisio se refere.

senvolvimento a longo prazo não marginaliza, mas integra o povo ao progresso da sua região. A população, entre zangada e amedrontada, vive hoje os problemas causados pelos ruídos constantes de aviões, que trazem tudo, gente e máquinas, de fora para a fábrica de cloro da sua cidade.

O terceiro cenário é duplo como o primeiro: Brasília/Xingu. De um lado, a cidade nova nascida do zero. Do outro, a cultura velha que caminha para sua aniquilação. A partir desse cenário, Aloisio falou do terceiro ato, "Compreensão". Ou bem se compreendem as riquezas culturais, ou bem se caminha para a destruição.

"Compreensão" falou de uma fruta que um dia foi brasileira, cantada em poemas, pintada em óleos e aquarelas, rezada por curandeiros, bebida por foliões, o caju, que hoje é produzido em maior quantidade em Moçambique. As propriedades químicas do caju – entre elas, o componente LCC, usado em quase todos os adesivos, resinas, inseticidas naturais etc. – lhe valeram 243 patentes no Instituto Nacional do Caju, na Índia, onze americanas, 75 inglesas e as demais divididas entre Índia e Japão. O Brasil só pegou mesmo resfriado, com a diminuição dos cajueiros, e suas fontes riquíssimas de vitamina C.

Tudo isso ocorreu, segundo Aloisio, devido à falta de compreensão da riqueza local, da falta de estímulo para exploração metódica, da falta de estudo.

– Temos de evitar, em outros setores, a repetição do que ocorreu com o caju. Temos que evitar que, por falta de compreensão, desperdicemos o que temos na busca de algo que nem sempre nos desenvolve, nem nos interessa.

– No *Tratado descritivo do Brasil em 1587*, Gabriel Soares de Sousa descreveu "as funções medicinais" dessa fruta que os índios tupinambás ingeriam antes das refeições, que os soldados e marinheiros holandeses tomavam para combater o sangramento das gengivas (o escorbuto), que os índios usavam para fazer saborosos vinhos de mesa, que os diabéticos usavam para equilibrar o açúcar no sangue (o caju previne a hipoglicemia). Tudo era conhecido e aplicado empiricamente.

– Ainda no século XVI – continua Aloisio –, os portugueses constataram que a casca da castanha de caju, "de natureza quente", em contato com a pele, empolava e queimava. Já se sabia de quase tudo. A castanha tem imensa quantidade de proteína. O caju é como o boi. Tudo se aproveita.

– Parece mentira. No século XIX, exportávamos doce de caju para a Inglaterra. Hoje, não se exporta mais. No século XIX, havia vários pequenos fabricantes de vinho de caju. Hoje, só há uma fábrica, na Paraíba. Estudos foram iniciados sobre a fabricação da farinha de castanha de caju, e logo depois abandonados.

– Hoje, Moçambique exporta castanha de caju para a Rússia, que a transforma em farinha, usando-a como complementação alimentar. Hoje, nós, brasileiros, compramos de volta os derivados de caju, já manufaturados pelos americanos, ingleses, japoneses.

Até 1950, os brasileiros limitaram-se a colher o caju que nasceu sozinho. Daí em diante, começou o plantio, o cultivo de uma riqueza que definhara, apesar de, desde 1500, todas as suas qualidades já serem conhecidas. O epílogo do orador brasileiro foi bater mais uma vez na tecla em que insiste há anos: "Só haverá desenvolvimento após a compreensão metódica dos componentes culturais e estímulos para fazê-los crescer." O Centro Nacional de Referência Cultural, dirigido por Aloisio Magalhães, tem um plano.

– Queremos construir uma *xinguana* em Brasília, para conter um pequeno museu do índio. Imagine que Brasília não tem elemento nativo brasileiro, nenhuma forma arquitetônica que evoque nossa bagagem cultural nacional.

A *xinguana* é uma imensa casa de vinte por quinze e sete metros de altura, onde o índio do Xingu vive comunitariamente. É construída de varas até certo ponto, e, em seguida, de cipós trançados. Sobre o esqueleto em forma de barco de cabeça para baixo, pousa a cobertura de palha. Essas casas são construídas em conjunto, após o ritual de demarcação do terreno no chão.

Os americanos, que constroem domos geodésicos, ou põem abaixo velhos edifícios industriais, em busca do espaço grande, único, ficaram loucos com a *xinguana*. Comentaram que a juventude nos Estados Unidos tem procurado alternativas para o apartamento, construindo octógonos ou cabanas de troncos de árvores, tentando um contato com a velha cultura americana.

Em países novos, como os Estados Unidos e o Brasil, a busca de identidade cultural é essencial para formação do arcabouço em cima do qual virá o desenvolvimento. Por isso, até no movimento de rebelião, os hippies rasgaram a ordem social para se vestirem de índios, decoraram botas e motocicletas com bandeiras americanas. O movimento pop na pintura também buscou reconhecer a cultura com suas latas de sopa Campbell, com seus anúncios de beira de estrada, com suas Marilyn Monroe. O filme americano traz em si os arquétipos da *americana* – o herói destemido em busca da vitória, o jeans, o sotaque exagerado, a gíria, Nova York, os símbolos da sociedade industrial, do mundo novo.

– Há uma lenda xinguana – conta Aloisio – em que uma tribo foge da invasão da outra. Só um índio permanece sentado ao lado da forquilha que segura o céu. A história é belíssima, e está num livro de Orlando Villas Bôas. Um amigo do índio lhe perguntou por que não começava a correr também. Ele respondeu: "Estou aguardando. Se eles destruírem com a gente, eu chuto a forquilha e o céu cai."

Os participantes do I Seminário Interamericano sobre Práticas Culturais e Desenvolvimento tentaram alternativas de se construírem casas sem destruição de culturas.

ALOISIO MAGALHÃES FALA DO NOVO DINHEIRO: "BONITINHO OU MENOS BONITINHO, NÃO ME IMPORTA NEM UM POUCO"

[Entrevista]

As cédulas de Cr$ 1 mil, apresentadas anteontem pelo presidente do Banco Central, Paulo Lira, foram criadas pela equipe do designer Aloisio Magalhães, o responsável pelo desenho do novo dinheiro a ser posto em circulação a partir de quarta-feira próxima. Em entrevista a *O Globo*, Aloisio Magalhães fala sobre as características formais do novo dinheiro, considerado como objeto de consumo e transmissor de informações.

***O Globo*_**Como se chegou à ideia do projeto do novo dinheiro?

Aloisio Magalhães_O assunto dinheiro desperta um enorme interesse na comunidade. O Banco Central vive recebendo cartas, pedidos de entrevistas e informações sobre o assunto. A meu ver isto é muito positivo, pois mostra que o dinheiro, dentro de uma comunidade, é um objeto de comunicação extraordinária. No Brasil, muitos têm pouco dinheiro, poucos têm muito e a distribuição de renda é um dos assuntos mais discutidos. O dinheiro é um grande problema social, pois a vida social toda repousa em cima dele. Ele é um suporte material de um projeto fenomenológico muito importante. Daí a necessidade de a população se informar melhor sobre ele. Acredito e acho válida a curiosidade em torno do assunto.

Por outro lado, é muito difícil falar sobre um projeto como este, que tem tantas etapas, restrições e critérios que devem ser ultraexatos. O Banco Central, que disciplina o meio financeiro e o meio circulante, não pode ficar falando muito. Ele se programa e age. Estou concedendo esta entrevista não como porta-voz oficial, mas sim enquanto profissional independente, assessor do Banco Central para o projeto.

Entrevista concedida a Elias Fajardo da Fonseca, *O Globo*, Segundo Caderno, em 1º de dezembro de 1978, p. 31.

A partir da primeira emissão de dinheiro brasileiro novo, em 1969, quando o Brasil, a partir de decisão nacional, resolveu imprimir o seu próprio dinheiro, o problema passou a ter um enfoque novo, nosso. Eu não tenho estatísticas, mas sei que pagávamos uma fábula para importar o dinheiro. Num país pequeno pode ser econômico importar, pois o volume de dinheiro é pequeno, não compensa ter máquinas e todo o processo produtivo complexo e oneroso, mas num país imenso como o nosso, em processo de desenvolvimento, fabricar o dinheiro virou uma necessidade premente. Atualmente fabricamos quase tudo: chapa, impressão etc., menos o papel-moeda, que passará a ser fabricado aqui a partir de fevereiro do ano que vem. Por enquanto, ainda estamos importando papel da Alemanha, França e Holanda.

Quando fizemos a primeira emissão, fizemos um esforço imenso, que funcionou como um aprendizado. Agora, estamos usando as lições que obtivemos no processo. Do lado da produção, o uso das tintas, das chapas, tudo era novo para nós. Do lado do uso, o Banco Central acumulou muitos dados e recursos para saber qual o maior desgaste das notas, em que região se dá, por que razões, como se comportou a falsificação, e todos os problemas desta área. Este aprendizado determinou uma massa crítica fabulosa de informações, capaz de nos dar agora condições de fazer melhor a próxima emissão. Foi o grande teste de independência nacional na produção de dinheiro.

Esta foi a realidade que embasou o processo. Em vez de lançarmos apenas uma nota nova, a de mil, fizemos toda uma família. Em dezembro lançaremos a de mil e depois, no prazo de três anos, iremos lançando valores mais baixos e, dependendo de possibilidades futuras, até mais altos. Trabalhamos sempre com uma filosofia de sistema, integrando desde o sujeito encarregado do problema da máquina, da gravação, da produção, do *offset*, das tintas, até quem bolou o dinheiro, a questão dos formatos, do tamanho etc. Veja bem, é muito fácil para a Holanda ter um meio circulante fantástico, pois ela é do tamanho de Alagoas; para nós, isto se torna um processo complexo. Este grupo de trabalho trabalhou exaustivamente no sentido de codificar as informações colhidas ao longo destes anos e, a partir delas, estabeleceu critérios para a nova família de notas. Eu não tenho notícia de outro país que tenha usado uma metodologia como a nossa.

***O Globo*_**Muitos países usam dinheiro em vários tamanhos, o que permite um melhor aproveitamento e economia de papel e, além disto, facilita o sistema de impressão, manuseio e contagem mecanizada. No Brasil, o dinheiro previsto teria vários tamanhos. Depois, virou tamanho único. Por quê?

AM_ Todo formato tem vantagens e desvantagens. O dinheiro em vários formatos pode até ter vantagens técnicas, mas tem desvantagens de uso. E, na minha opinião, o que pesa mais é a função. O formato único é realmente o mais prático, em termos de contagem, de corte, de caber na carteira etc.

Não existem leis fundamentais sobre a feitura de dinheiro. Cada país tem razões diferentes e soluções diferentes. O Banco Central tem determinados padrões técnicos e de uso que ele quer ver cumpridos. A mim coube a responsabilidade do produto "dinheiro" como objeto de comunicação.

***O Globo*_**Um dos problemas da feitura do dinheiro é a capacidade de falsificação. É mais fácil falsificar a metade de uma nota e reproduzir a outra metade do que falsificar uma nota toda. O fato de o novo dinheiro ter as duas metades iguais, uma de cabeça para cima e outra para baixo, não traria maiores riscos de segurança?

AM_ Gostaria de esclarecer que a nota não vai ter uma cabeça para baixo e outra para cima. Ela simplesmente não vai ter mais o problema de ficar de cabeça para baixo. Hoje em dia, você puxa o dinheiro do bolso com tanta velocidade que já não tem mais condições de saber se ele está de cabeça para baixo. Então, a ideia nossa é legitimar uma coisa que já existe na prática. O dinheiro não é mais uma carta de leitura, é um objeto de uso e não tem uma posição de preferência para leitura. O fato de a nota de dupla leitura poder vir a diminuir a segurança me parece absolutamente irrelevante.

Na velocidade com que se usa o dinheiro, não há mais tempo para você ler uma cédula inteira: você se liga em apenas alguns pontos. O nosso ponto de apoio é o retrato, então você tem dois retratos numa cédula. Além disto, as formas de simetria bilateral ou espelhada têm uma poderosa capacidade de absorver a atenção e a percepção, porque o olho encontra uma organização, ele não se perde. Isso vai ser muito favorável.

A ideia é nova e não é nova. Na realidade, a carta de baralho também é assim. Houve uma época em que o dinheiro se confundia com a carta de baralho, as primeiras fábricas de papel-moeda eram as fábricas que faziam baralho e o baralho era uma coisa garantida pelo Estado.

***O Globo*_**Com que critérios são escolhidas as figuras e os temas históricos que ilustram o dinheiro? Por que, por exemplo, a imagem da Princesa Isabel para ilustrar a escravatura, e não a de José de Patrocínio, Castro Alves ou mesmo de um escravo anônimo?
AM_Há vários caminhos para a escolha. Nós fizemos várias opções para serem examinadas pelo Banco Central. Cada país tem uma tradição neste sentido. Na França, por exemplo, eles usam figuras de intelectuais, escritores, arquitetos, artistas. Outros países preferem os chefes de Estado e a Inglaterra se obriga a ter a efígie da rainha. No caso brasileiro existe um começo de tradição. Historicamente, os personagens que ilustram as notas são mais ou menos os mesmos. Nós mantivemos esta tradição, adotando apenas um critério cronológico: começamos com Cabral e vamos subindo até chegar ao presidente Castelo Branco.

***O Globo*_**Quais os motivos para o desgaste tão rápido do papel-moeda do Brasil?
AM_ Cada país deve descobrir, através de uma análise do uso, qual é a idade média do dinheiro, que é determinada por fatores de comportamento. Por exemplo, o Brasil é um país tropical e muito úmido, e isto concorre para um desgaste muito rápido. Outros fatores são o grau de educação, de higiene geral, a poeira e outros hábitos da população.

***O Globo*_**O projeto prevê moedas de cinco e dez cruzeiros. Isto significa que está se pensando em reabilitar a moeda, que na prática vinha saindo de circulação, com o seu valor corroído pela inflação?
AM_Não sei dizer. O que sei é que, quanto menor for o valor, maior é o volume em circulação e, quanto maior for o volume em circulação, maior

o desgaste. Então, você imagina, substituir notas de um cruzeiro no país hoje dá uma tremenda mão de obra: são milhões e milhões de notas. A moeda custa mais caro que a nota, mas ela tem uma vida imensa, dura muito, não desgasta, não suja, não rasga.

***O Globo*_**Em São Paulo, quando do lançamento da nova família de notas, foram feitas críticas não apenas estéticas, mas também relacionadas à funcionalidade, à segurança e ao processo de produção do dinheiro. Essas críticas levantaram que a sua ideia – da figura invertida – veio de cima para baixo, e não partiu de uma avaliação das condições concretas de fabricação existentes na Casa da Moeda. Ou seja, a Casa da Moeda teve de adaptar-se à sua ideia, em vez de a sua ideia adaptar-se às condições da Casa da Moeda. O que acha disso?
AM_ Em primeiro lugar, não li nada sobre estas críticas e, mesmo se tivesse lido, não me parecem relevantes porque quem comentou isto provavelmente não estava a par de tudo o que a gente falou. Quanto às críticas estéticas, também são irrelevantes, pois o dinheiro não é um objeto estético, não é um quadro. Para mim, esteticamente bom é o objeto que preenche requisitos de funcionalidade. Que ele seja mais bonitinho para os de chamado "bom gosto" ou menos bonitinho, a mim não importa nem um pouco. Quanto às críticas "de cima para baixo", acho o seguinte. Constituiu-se um grupo de trabalho que discutiu muito e levou muitos fatores em consideração. Agora, se a ideia é minha, eu assumo isso, pois afinal estou trabalhando para isso mesmo.

***O Globo*_**Você acha que a população que usa o dinheiro estabelece alguma ligação entre a figura estampada na nota e a história do país? Ou seja, o sujeito vê uma nota com uma cena da Batalha dos Guararapes e se lembra do que foi aquela batalha?
AM_É difícil e pouco relevante avaliar isto. Acho que sempre, no fundo, o extrato daquela informação permanece. Mesmo que o usuário não diga: "Ah, isto é a Batalha dos Guararapes, que aconteceu em tal época etc.", o substrato da informação, ou seja, "foi uma batalha ganha em defesa do território nacional num momento de tentativa de independência"

sempre fica. Tanto permanece que já se observa no povo muitas histórias bem-humoradas ligadas às notas do dinheiro. Eu acho muito válido o pessoal inventar anedotas e histórias sobre o dinheiro. É sinal que o aceitou e assimilou.

CABO DE SANTO AGOSTINHO: FAROL CEGO

É possível que este Cabo, esta pedra, na sua monumental impassibilidade, assista indiferente ao evento de hoje. Isto porque, senhor governador de Pernambuco,[1] minhas senhoras, meus senhores, foram muitos os acontecimentos que se desenrolaram e se sucederam, ao longo do tempo, aos quais esta pedra assistiu e serviu de chão.

Na verdade, dele, do Cabo de Santo Agostinho, só temos notícia recente; o que são quatrocentos anos na vida de uma pedra, diante de séculos do processo de sua evolução geológica? O nosso registro já o encontra acomodado e ajustado à configuração física do litoral. Acabado e pronto, à espera – longa e imensurável espera – de que, do outro lado do mar, viessem os navegantes e com eles, a civilização que esta terra deveria acolher.

Assim, ao mesmo tempo que antecipador como "farol cego", o cabo foi também acolhedor na sua configuração natural de abrigo e porto: convexo, na sua projeção de farol; côncavo, no remanso agasalhador da baía de Suape. Para ele, impassível e também imparcial, parece só contar o alimento que reiterada e continuamente lhe traz o mar que o banha e a brisa que o refresca. Ao mais, parece manter-se indiferente, porque, para ele, na sua escala de representação no tempo, os nossos acontecimentos são como sequências rápidas e fugazes de um filme ainda inacabado.

O mesmo, entretanto, não ocorre para nós, os homens da terra. Na nossa pequena escala e condição humana, o tempo é outro. Participamos como testemunhas apenas de fragmentos dessa sequência, e para avivar a memória necessitamos juntar os eventos todos, mantê-los coesos e solidários, a fim de garantir a continuidade e a coerência de nosso processo histórico.

Assim, também, este marco foi construído de pedra sobre pedra, juntos os fragmentos de várias partes deste sítio. Para iluminá-lo, escolhemos este poema de João Cabral de Melo Neto, como um novo farol; este para nós, homens da terra:

Discurso na inauguração do marco ecológico do Parque Nacional do Cabo de Santo Agostinho/PE, em 29 de janeiro de 1979.

1_À época, o governador de Pernambuco era o político do partido Aliança Renovadora Nacional (Arena), José Francisco de Moura Cavalcanti, indicado pelo regime militar (1975-1979).

Quando os alísios empurravam
da Europa e África as caravelas
não buscavam farol de luz
mas farol opaco: esta pedra.

Na terra de mais luz da terra
foi um farol cego este Cabo:
às avessas, farol sem luz
para navegantes encandeados.

Nesta ordem de ideias, creio que a festa de hoje situa-se entre os eventos mais significativos desse desenrolar; transcende a categoria dos anteriores e constitui-se como que na soma de todos eles: o gesto de restituir à comunidade a posse desta pedra.

Aqui não mais se luta na defesa ou na retomada da terra. Aqui, agora, gratifica-se o homem de Pernambuco pelo que fez no passado, conscientizando-o para o que deverá fazer no futuro.

Louve-se, pois, pela tarefa desta restituição, o governo de Pernambuco e a compreensão e a ajuda do governo federal.

Louve-se a Secretaria de Planejamento, a quem cabe o grande mérito de ter instituído, em convênio com o Centro Nacional de Referência Cultural e o Instituto de Desenvolvimento de Pernambuco, o Programa Ecológico e Cultural de Suape; louve-se sobretudo esta equipe pela dedicação, eficiência e responsabilidade profissional. Pessoalmente, sinto-me duplamente gratificado: como Coordenador Geral do CNRC, por ver concretizada esta etapa do programa; e como pernambucano, por fazer parte dos que aqui vêm em busca de estímulo e de energia para o trabalho imenso de ajudar no processo de conscientização dos nossos bens culturais, e avivar nosso sentimento de responsabilidade social.

Senhor governador, meus amigos de Pernambuco, há eventos que são importantes e há eventos que são magníficos; este, acredito, inscreve-se nesta categoria.

1979
MEMÓRIA E PATRIMÔNIO

BENS CULTURAIS, UM NOVO OLHAR SOBRE O PATRIMÔNIO

[Entrevista]

[Não identificado]_Até agora, o Iphan tem mantido uma preocupação mais arquitetônica – e consequentemente uma maior aproximação com os arquitetos. Tanto o primeiro diretor, Rodrigo Melo Franco de Andrade, mesmo não sendo arquiteto de formação, como o segundo diretor, o arquiteto Renato Soeiro, estavam bastante voltados para essa área. Que razões levaram o governo a escolher, agora, um designer? E o que essa mudança pode representar?

Aloisio Magalhães_Bem, a pergunta é muito densa. Pode-se extrair daí uma série de conceitos muito importantes. Eu acho que a gente podia recuar um pouco na base, no fundamento da criação do Iphan. Quando o Gustavo Capanema teve a ideia, foi sensibilizado pela ideia da formação de uma instituição a nível de serviço, que se ocupasse do patrimônio cultural brasileiro de uma maneira extremamente lúcida – consultou Mário de Andrade. Portanto, o cerne principal desta ideia desaguou, digo, foi ao encontro da personalidade de Mário de Andrade. Que, no momento, sem dúvida nenhuma, pode-se dizer que seria o intelectual brasileiro que reunia as melhores condições de compreensão do fenômeno bens culturais: preservação, proteção, dinamização. Então esse fato é importante de ser anotado, porque, justamente, se nós formos reexaminar a profissão de Mário de Andrade – já que esse organismo desenvolvia um comportamento de atividade preferencial de cada uma das personalidades que você citou – eu acho que seria bom começar por Mário. É que se tratava de um intelectual com uma abrangência de compreensão dos fenômenos que transcendia especificidades. Seja do objeto preservado de natureza arquitetônica e pedra e cal ou do objeto do registro intelectual, através da palavra escrita, ou do universo bibliográfico brasileiro. Ou seja, remontando-se à origem de tudo, quer dizer, ao conceito de preservação da arqueologia. Enfim, o que eu quero

Entrevista sem indicação do autor das perguntas, datada de abril de 1979, o momento em que Aloisio está chegando ao Iphan. Esta versão apresenta partes editadas.

dizer é que, no início, o conceito era extraordinariamente abrangente. Na verdade, o texto de Mário de Andrade sobre a criação de um serviço de patrimônio tinha essa conotação extremamente ampla. Nesse momento, a formação do patrimônio passa a contar com um terceiro pilar: ou seja, Mário, Capanema e o Rodrigo. Então, esse tripé tem uma importância muito grande na defesa dos propósitos de uma instituição destinada a isso.

Mas, se você quiser voltar à ideia da linha preferencial... Esse tripé, mesmo que você queira tomar o lado de uma especificidade preferencial de profissão, já é extremamente, vamos dizer, enriquecido. Você tem essa visão enciclopédica, no bom sentido, de Mário; você tem a visão extraordinária de ordenamento intelectual, de força criativa, que Rodrigo sempre teve; e o fantástico – extraordinário – impulso apreensivo e de ação concreta que Capanema representava.

_A partir daí, é possível fazer uma relação – comparando o processo de desenvolvimento brasileiro –, entre a importância da arquitetura nessas décadas de 1930 a 1960, e agora, talvez, a importância do design?
AM_ Essa relação pode existir. Mas eu acho que é até cedo, no raciocínio, para a gente localizá-la. Eu preferia que você lembrasse dela a um certo momento do raciocínio. Vamos voltar àquele ponto. Você tem um tripé, já a essa altura constituído não só de uma diversidade de propósitos, conciliações, até mais do que isso, de convergências, capaz de concretização desse conceito.

_E qual era o espírito da proposta de Mário de Andrade?
AM_ Era o de que bens culturais num país como o Brasil deve ser tomado como toda a gama dos objetos feitos pelo homem brasileiro. Enfim, formas concretas de ser, que iam do arqueológico, ou seja, do passado, até a distribuição de bens culturais do presente. O interessante de ver também é o registro: é que esse conceito de Mário foi preservado na formulação do Patrimônio. A lei que foi criada, elaborada e aprovada pelo Congresso, criando o Serviço do Patrimônio Histórico e Artístico Nacional (Sphan), ela manteve, em tudo, o conceito de abrangência ori-

ginal da ideia de Mário de Andrade. O que parece ter havido – eu não detenho preciso conhecimento histórico de detalhes – é que Rodrigo, de uma maneira muito inteligente e extremamente sábia, fez com que a lei fosse muito enxuta, preservando essa gama muito larga do conceito de bem cultural. Mas que ela fosse enxuta, não detalhasse. Se ele tivesse feito já uma legislação extremamente precisa em detalhes, é possível se pensar que seria uma forma, de certa maneira, de empobrecimento e amarração. Enquanto uma legislação mais ampla, mais generalista, se sujeita a um detalhamento posterior ao longo do processo, desde que ela contenha a essência de uma grande amplitude, foi uma coisa de grande sabedoria, certo? Então, já aí, nessa altura, você vê que, ao conceito inicial exposto por Mário, passa a ter uma ação extremamente importante da forma da inteligência do Rodrigo, como grande advogado que ele era – de tornar o instrumento legal de ação daquela nova instituição, tornar esse instrumento o mais amplo e mais rico possível no seu desenvolvimento. Portanto, uma previsão até a longo termo, uma precisão de evolução, de trajetória de instituição, certo?

_No discurso de posse do senhor em Brasília, o ministro Eduardo Portella[1] falou em "advertência quanto a critérios e métodos" que pretende adotar em política cultural. De que maneira o Iphan pode exercer, na prática, essa recomendação?

AM_O Iphan tem exercido na verdade, não é? Porque justamente essa lei, esse instrumento legal que é a instituição, prevê a interveniência na realidade, no espaço cultural brasileiro, na dinâmica, prevê a interveniência de instituição nos termos legais. O Iphan pode intervir, pode suspender uma obra, pode embargar. Enfim, ele tem um instrumento legal de ação. O que se pretende é estender esse poder às outras áreas contidas na substância original da lei do patrimônio, a outras áreas que não somente a das obras da arquitetura.

Voltando à primeira pergunta: Rodrigo, Renato e eu, em termos de posicionamento profissional. Então, você veja bem, o que parece ter acontecido é que a lei abrangente, universal em termos do conceito de bem cultural que foi conquistada por Rodrigo, que era um grande advo-

1_Ministro da Educação no momento de abertura do governo João Figueiredo, entre março de 1979 e 26 de novembro de 1980.

gado, um grande negociador, era capaz de levar ao plano, com interlocutores de qualquer área, a ênfase necessária de valor legal do Iphan. O que parece ter acontecido é que essa preferência pelo bem imóvel arquitetônico, civil ou religioso, no conceito do monumento arquitetônico do nosso passado, a ênfase nisso foi uma espécie... uma forma de inevitabilidade. Quer dizer, é provável, é uma hipótese, que o que se oferecia de mais imediato, o que se apresentava como mais prioritário, era uma ação preservadora dos grandes monumentos brasileiros que estavam desaparecendo, que estavam sendo derrubados por uma incompreensão e uma inexistência de conceituação clara do valor de preservação do monumento arquitetônico. E como esses eram os mais flagrantes, os mais visíveis e os irrecuperáveis – na medida em que você não poderia fazer a Sé, em Salvador, não poderia reconstruir um passado de pedra e cal –, essa ação se tornou prioritária, provavelmente, em função dessa nossa necessidade, dessa emergência. E isso porque o próprio Rodrigo, já na altura de 1936, alertava para essa preferência e, de certo modo, para o perigo que isso representava. Veja bem: o próprio Rodrigo, no primeiro número da *Revista do Patrimônio*, no texto de apresentação, no programa da revista, ele diz mais ou menos o seguinte: o presente número ressente-se logo de maiores deficiências, inclusive a da excessiva ênfase nos problemas da arquitetura brasileira, como se o patrimônio cultural brasileiro se constituísse apenas desses valores. E que, na verdade – ele dizia – bem cultural, como está assentado na legislação aprovada, são aqueles bens de natureza arqueológica, etnográfica, enfim, ele faz a trajetória, ele explicita a trajetória. E diz mais: o problema da paisagem – ele também chama atenção –, para a interveniência do homem brasileiro. Ou seja: não é só a coisa estática do passado, nem as formas mais ainda estáveis do contexto ecológico em termos de sua configuração natural. Havia a previsão da interveniência da mão do homem brasileiro. Então, isso para mim é uma coisa fundamental na compreensão e, a meu ver, responde ou indica, diante dessa ideia, dessa trajetória, a razão – que a gente possa encontrar e explicar – da presença de um outro tipo de formação. Que depois, se você quiser, a gente pode discutir: porque a minha formação se encaixaria nisso.

_Ainda com referência a Eduardo Portella: ele falou da necessidade de se optar "radicalmente por uma política cultural". Essa opção seria uma estratégia exclusiva ao Iphan ou se trata de uma abertura de todo o governo na área cultural?
AM_ Bom, é evidente que essa observação é indicativa de uma modificação ou de uma evolução global. Ou seja: há um gesto do ministro me convidando para a posição de guardião do bem cultural – não só guardião, mas identificador, dinamizador desses bens culturais. Deve indicar isso. Esse propósito de que a nação, no momento em que se abre e se volta para uma maior identificação de base, de elementos explicitadores da nossa realidade, o Brasil se volta para olhar para dentro de si mesmo, na procura de uma maior compreensão do pluralismo brasileiro, pluralismo cultural em níveis de complexidade, em níveis de necessidade, de ajuda, de impulso – eu acho que tudo isso resulta de um posicionamento do Brasil como um todo.

_O ministro Portella exige também que, "além de tombar, seria tarefa do patrimônio destombar". Como seria possível fazer com que a maioria desse patrimônio tombado – que muitas vezes está em condições materiais precárias, que impedem o uso – se tornasse uma coisa viva, integrada na comunidade em que existem?
AM_ Bom, isso é um posicionamento muito interessante, porque, na verdade, o que o ministro parece ter usado foi uma figura, uma imagem retórica entre a palavra "tombar" e "destombar". Porque o cerne da pergunta ou da observação é que, talvez, o conceito de tombamento precise ser, realmente, melhor explicitado. Porque, veja bem: tombar é uma necessidade – é a figura que realmente confere a um bem cultural a sua permanência legal. Mas ao mesmo tempo isso pode ser uma coisa restritiva, porque, de certo modo, tende a imobilizá-lo. Porque esse imobilismo, resultante de um simples e puro tombamento, conferindo então a esse bem uma espécie de figura estática...

_Perenidade?
AM_É, mas a perenidade é um atributo que o bem cultural tem. Mas a

perenidade não implica em situação estática, imobilista. E isso, no caso de arquitetura, só poderia ser explicitado na dinamização, no revocacionamento do prédio. Quer dizer, em outras palavras: não adianta você tombar uma casa, até mesmo restaurá-la, se ela não estiver vocacionada para um uso. Eu acho que esse é que é o propósito e o que estava contido naquela observação [do ministro]. Inclusive, o próprio Rodrigo já dizia isso também. Porque hoje você pode ver o índice de indicadores estatísticos. Ou seja: um bem imóvel que for recuperado e não for usado convenientemente, dez anos depois ele volta a estar de novo deteriorado. Dez, quinze. Você pode, inclusive, estabelecer um índice de como o desuso ou o não revocacionamento de um bem do passado torna sem sentido o seu tombamento e a sua recuperação. É esse caráter de dinâmica do uso, do uso comunitário que estava no cerne daquela observação.

_Que tipo de ideias você tem para dar maior impulso a esse uso. Viria talvez uma política conjunta com uma exploração turística desse patrimônio, ou desses locais históricos?
AM_Isso, de certo modo, já está havendo no Programa de Cidades Históricas do Ministério do Planejamento. Ou seja, a Secretaria de Planejamento da Presidência da República (Seplan), na posição de tentativa de compreensão do fenômeno de evolução brasileira mais ampla, já tinha identificado – e já estava agindo – com o programa de recuperação das cidades históricas, na direção da recuperação vocacionada dos conjuntos dos bens culturais do Nordeste, em primeiro lugar. E aí havia uma indicação precisa de que seria um elemento enriquecedor da região em termos de recursos econômicos – a ênfase do turismo e, portanto, o melhor rendimento do turismo – se o bem cultural estivesse recuperado. Então já aí entra um segmento importante na ideia de recuperar e reusar, participando dentro de uma política de ênfase ao turismo.

_No caso dessa política conjunta de patrimônio voltado para o uso e a exploração turística dessas regiões, não surgem pressões decorrentes do processo de desenvolvimento econômico acelerado, e desordenado,

que possam justamente fazer com que esses bens culturais sofram alterações para pior?
AM_Aí é justamente o papel do Iphan. O papel do Iphan é como guardião de um conceito do que seja a permanência e a revitalização do que seja bem cultural – é a posição dele de ser a figura capaz de dinamizar, dar continuidade no sentido de trajetória e de uso, sem que haja nenhum risco de prejuízo e perda dos elementos fundamentais que caracterizem a estabilidade do bem cultural. Porque, veja bem: o problema não é dinamizar para o turismo. Dinamizar para o turismo é um indicador só. Eu acho que a gente deveria falar muito mais em dinamizar, em usar no sentido social: o uso comunitário. E uso é uma coisa muito mais ampla. Se, no caso preciso da restauração de um conjunto em Salvador, ele vai ter um benefício em relação ao melhor ritmo do turismo, ele tem muito mais quando você verifica o revocacionamento de comunidades em torno daquela área. Você tem outros fatores que são muito mais poderosos, muito mais importantes na definição de uma consciência brasileira sobre bens culturais do que o turismo. Eu daria um 0,0 – não sei – à dinamização para o turismo. Não é um demérito em relação ao turismo. É apenas para mostrar que a coisa é muito mais profunda do que simplesmente o fator turismo.

_Como é que o Iphan poderia fazer frente a outro tipo de pressão da parte de grandes grupos interessados em usar o espaço urbano como fator de lucro?
AM_ Bom, essa pergunta eu preferia torná-la bem mais ampla. A gente teria que falar mais profundamente – e é uma das razões da minha ida para o Iphan – do bem cultural dentro de um contexto do processo de desenvolvimento da nação. E, portanto, como se coloca, quais são esses bens culturais, como é que eles existem e como é que eles participam de uma maneira viva do processo de desenvolvimento. E, como tal, enfrentando as dificuldades. Seria o interesse da coisa urbana e tal, quando, no fundo, a meu ver, o problema é muito mais amplo.

_Um problema de perda de identidade cultural?

AM_ Exatamente. Identidade cultural da própria nação. Se esses bens culturais, no processo de evolução, de explicitação de uma cultura como o processo de desenvolvimento brasileiro, na direção de um melhor desempenho global, como é que eles se comportam, que papel eles têm que enfrentar na direção de serem parte desse processo. Parte ativa que é, portanto, ajudando no processo de explicitação. Que, a meu ver, resulta na única maneira que o Brasil tem de se tornar um país desenvolvido, independente e com caráter e uma personalidade própria. Eu acho que o componente de bens culturais é um interveniente extremamente importante e extremamente abrangente.

_Em que medida o CNRC pode ser visto como o órgão que tenta implementar essa visão nova quanto à preservação dos bens culturais?
AM_Bom, aí talvez fosse bom a gente fazer um recuo histórico e ver o posicionamento histórico. Como designer, ou seja, na minha vivência durante pelo menos doze dos dezoito anos em que eu estou envolvido com o problema do desenho industrial no Brasil, a minha observação é a seguinte: pelo posicionamento do desenho industrial do Brasil, de intermediador entre o real comunitário, ou seja, as necessidades – o comportamento e a vivência de uma comunidade pode ter suas necessidades preenchidas pela produção de bens tecnológicos. Portanto, está no cerne disso as relações entre tecnologia e comunidade. Nesse processo de luta muito grande, enfática, permanente e constante, de estabelecer critérios para o posicionamento do desenho industrial num processo de busca, sempre me chamou atenção, e cada vez mais, a identificação dessa perda de valores culturais brasileiros ao longo do processo de desenvolvimento, pela rapidez com que esse processo está sendo imposto, aplicado à velocidade e constante inexistência de tempo para uma reflexão e adequação do que entra e do que nós importamos como forma de fazer tecnológicas e modernas, necessárias ao desenvolvimento do país, sem dúvida, mas não existindo, a meu ver, uma necessária reflexão para saber se aquele procedimento é adequado à realidade do processo histórico, do processo cultural brasileiro. Então, a vivência disso durante muito tempo, e a preocupação com que eu começo a sentir esse fenômeno dessa relação inadequada, é que me

levaram a propor uma determinada ação no sentido de a gente poder conhecer esse fenômeno e tentar criar uma forma de conscientização necessária ao processo de desenvolvimento, sem uma possibilidade de maior adequação entre essa tecnologia e a realidade. Portanto, sem alternativa. Eu acho que essa alternativa significa pluralidade de posicionamento e, portanto, a provável melhor opção frente a essas alternativas. Por que, então, uma área dessa de desenvolvimento passou a se interessar e a sentir que era importante a interveniência do bem cultural, e, portanto, da opção autêntica, no processo de desenvolvimento? Porque se observa já, não só no Brasil, mas nas grandes sociedades ocidentais, uma grande insatisfação pelo resultado a que chegaram pela perda de autenticidade. O chamado universalismo – de formas de ser, fazer e usar – em si é uma coisa muito importante, mas é preciso ter cuidado em não confundir universalismo com outra coisa que seria achatamento, monotonia. Seria igual, entende? Universal não é igual, necessariamente. Universal são determinados componentes do fazer e do conceituar que transcendem uma cultura. Isso não quer dizer que todo mundo tem que fazer igual. Essa insatisfação, sobretudo no Ocidente, que a gente conhece mais, face a essa adoção universal de tecnologias comuns e linguagens, resulta em tudo ficar igual. Então, mais uma vez, é importante para um país que ainda está no processo desse desenvolvimento para atingir uma maior performance e desenvolvimento como sociedade, mais importante ainda é que essa sociedade tenha noção dos erros e possa não entrar no mesmo pacto, faça uma correção.

A posição do Brasil é privilegiada, entre outras, pelo seguinte: porque nós transitamos entre sermos desenvolvidos e sermos subdesenvolvidos. Quer dizer: o pluralismo socioeconômico e cultural do contexto brasileiro privilegia a possibilidade de transitar entre situações desenvolvidas e subdesenvolvidas. Portanto, a gente já tem quadros técnicos, profissionais, especialistas, serviços, já a nível bastante desenvolvido. Então, é por isso que é possível ao Brasil uma opção e uma redefinição própria, porque isso só pode ser feito à base da existência de quadros capazes de pensar, refletir, atuar nessa direção. É aí que pode ser útil a outros países subdesenvolvidos ou em processos de desenvolvimento mais atrasados do que nós, que ainda não têm essa capacidade de transitar e, portanto, quadros capazes de enfrentar o problema de uma revisão conceitual do processo de desenvolvimento, não é?

Se você pensa na África, por exemplo, países emergindo ainda de um penoso e terrível processo de colonização... Eles procuram ainda desesperadamente o quê? Reencontrar as suas raízes, através de estruturas tribais, de estruturas com grande complexidade, diversidade de língua, enfim: há um nível de complexidade para essa retomada de individualidade – individualidade no seu sentido global. Porque individualidade política é um dos sedimentos...

_Em que consiste o trabalho do CNRC?

AM_O que nós fizemos no Centro foi, antes de mais nada, tentar identificar dentro da realidade, de dinâmica cultural brasileira... identificar quais os segmentos ou que segmentos se poderia identificar como sendo de um valor cultural brasileiro – em termos da adequação tecnológica, de uso correto da matéria-prima, de economicidade do resultado em função do nível da comunidade, já num adestramento de... E é engraçado: foi justamente pelo caminho tecnológico e pelo caminho do próprio processo de desenvolvimento. O primeiro diálogo que eu tive foi com o Ministério da Indústria e do Comércio (MIC), ao nível da Secretaria de Tecnologia Industrial. Ou seja: a preocupação com o problema da autenticidade. Problemas de produtos brasileiros que tivessem fisionomia própria. Era uma preocupação já ao nível de um dos pontos de desenvolvimento: o MIC.

_O CNRC é um organismo multi-institucional. Esse organismo teria como tarefa fazer frente a outros interesses que possam ser também multi, mas não necessariamente institucionais?

AM_É claro. Aí pode chegar daqui a pouco ao ponto em que se poderia dizer por que o Iphan, sendo uma instituição só, se não haveria perda desse aspecto interinstitucional. Eu gostaria de voltar ao começo do CNRC. Na realidade, o que ficou claro das primeiras análises era uma ideia e um consenso. O país perde em autenticidade na medida em que importa tecnologia, fazer próprio. Enfim, sob vários parâmetros e a partir de diversos contextos e de diversas densidades, você identifica os segmentos que seriam os filões próprios da realidade brasileira e que devem ser identificados, conhecidos, registrados e impulsionados na sua própria dinâmica, evitando choque cultural. Porque, na verdade, a adoção de tecnologia sem análise de contexto cultural, populacional que vai recebê-lo, significa um esmagamento provável desses segmentos. Eles são pequenos, são frágeis, não são identificados, não são conscientizados, não há alternativa. Então, a adoção dessas formas de entrada de tecnologia pode causar um dano muito grande, porque esmagam, criam um choque insuportável para estas formas mais tênues e frágeis. Então, o que se quer e se pretende no trabalho do CNRC é que, identificando isso, você possa alçar esses elementos a um nível de conscientização e de conhecimento do valor daquele fazer capaz de criar alternativa para o que vem de fora. Eu digo conscientizar porque, em certos casos, você pode dizer: não, é melhor mudar para essa outra forma. Mas, do momento em que você faz a opção, é válida quando feita conscientemente. Eu vou mais além: diante da crise do Ocidente em termos de excesso de desenvolvimento tecnológico e industrial, monotonizador, achatador, vai vingar muito bem no plano internacional, inclusive economicamente, poderá vingar muito bem nos países que apresentarem formas novas no sentido desse contexto internacional, porém antigas por serem autênticas. Elas podem emergir – determinado tipo de fazer ou de uso de matéria-prima – como grande elemento de contribuição na diminuição dessa monotonia e diversificação. Porque eles têm essa qualidade básica de serem autênticos e usarem, inclusive de uma maneira correta, às vezes uma matéria-prima cujo acesso a ela é daquela cultura... Não sei se ficou claro. É que é possível um valor econômico ponderável para uma nação que, nessa altura dos acontecimentos, descubra, identifique, proteja e desenvolva novas formas de uso da sua riqueza material, porque isso seria um elemento novo que almeja a sociedade consumista face ao achatamento monótono que ela vive, de usar sempre, todo mundo, as mesmas coisas.

_Essa política de preservação dos bens culturais que está sendo desenvolvida pelo CNRC passa a ser conjugada com o Iphan?
AM_ Claro, porque, na verdade, o que o CNRC faz é uma parte do que está contido no pensamento original de Mário de Andrade e conscientizado na formação legal de Rodrigo no Iphan. Apenas o Iphan não teve condições – por razões históricas que se pode identificar – de dar ênfase a um maior número e maior abrangência do conceito de bens culturais. Porque ele enfrentava basicamente a emergência de dar prioridade aos bens culturais imóveis – o prédio de natureza civil ou religiosa. E isso, então, cobriu muito, absorveu muito da ação do Iphan. Aliás, nós já falamos sobre isso quando eu disse: o próprio Rodrigo já denunciava que essa ênfase não era ideal.

_E o que se poderia fazer para que essa política de preservação de bens culturais não caia em paternalismo?
AM_ Bom, é fundamental que ela não seja paternalista. É fundamental que ela seja – e esse risco eu não temo de maneira nenhuma – é que, se você identifica o bem cultural, você tenta conhecê-lo de maneira sensível e chega ao cerne de sua dinâmica própria, eu acho que, com o conhecimento dessa dinâmica, é possível você oferecer o subsídio para que ela se desenvolva ao seu nível. É aí que volto ao ponto: o problema da tecnologia. Quer dizer, em muitos casos nós estamos cometendo o erro de não dar o impulso certo, de complexidade certa, que alguns desses segmentos deviam receber para a trajetória ser harmoniosa. Vamos pegar um exemplo: você tem um grupo, uma família, um artesão ou um indivíduo só que trabalha numa determinada forma de fazer tecnológica, ao nível ainda muito primário, ao nível ainda pré-industrial, pré-tecnológico. Você, conhecendo aquele fazer e sua dinâmica, pode identificar qual o passo que ele deve dar para uma evolução normal desse fazer na direção de um melhor desempenho, maior durabilidade. Enfim, uma coisa que eu reputo como inevitável e inerente ao homem, que é o sentido de mobilidade, de trajetória.

_De que maneira essa problemática artesanal que vem sendo identificada pelo CNRC pode ser aproveitada numa etapa posterior, num processo de desenvolvimento industrial?

AM_Bom, a minha resposta seria "não sei". E dizer não sei é uma forma de dizer que sei. Porque, se você identifica o procedimento, você tenta conhecer, você está sentindo a sua dinâmica e aplica aquilo, ajuda aquilo a se desenvolver naturalmente. É aquilo que vai se explicitar na sua trajetória. Pode vir a dar uma coisa de uma grande complexidade. Aliás, o nascimento de tecnologia é um procedimento dessa natureza. Na verdade, os países que desenvolveram tecnologia, eles desenvolveram a partir de segmentos do fazer muito mais primitivos. É uma coisa óbvia. Então, veja bem, o grande problema com que se defrontam os países em processo de desenvolvimento é o problema de absorverem tecnologia de cuja evolução não participaram. Eles recebem como um enxerto, como um transplante, enquanto que, naqueles países onde elas se originaram, obedeceu-se a um processo natural e normal de evolução e de trajetória. Então, o problema, veja bem, não é você querer parar com essa importação e nós virarmos uma coisa fechada e querermos reinventar a roda. Não é isso. É o contrário. É você não esquecer esses segmentos próprios que poderão ou não gerar forma tecnológica nova. Ao mesmo tempo que você tenta absorver a tecnologia mais elaborada, sabendo que ela é adequada. Então, esse posicionamento que eu defendo não é uma coisa que exclua uma certa aceleração do processo de desenvolvimento. Apenas torna ela uma coisa adequada.

_Mas seria possível falar em tecnologia brasileira ou produto brasileiro?
AM_Claro, é possível falar. Depende do nível de generalização que você queira tomar. Se você inclui fazeres pré-industriais que vieram para o Brasil a partir de 1800 e tanto... Enfim, se você abrir o leque para uma visão mais histórica e mais abrangente do espaço brasileiro em relação à tecnologia, vai verificar inúmeros segmentos, alguns inclusive que não foram estimulados e desapareceram.

_Você poderia citar alguns?
AM_Posso. O projeto do caju que nós estamos fazendo no CNRC. O universo do produto natural caju já indica perdas consideráveis na trajetória cultural. E cultural aí no sentido mais completo, que inclui o econômi-

co do uso do caju. Na segunda metade do século passado, Pernambuco exportava doce de caju para a Inglaterra ao nível já de procedimento industrial. Eu tenho rótulos litografados dos vidros dos bujões de doce de caju que eram mandados para a Europa. E isso desapareceu. Mas você sabe disso: desapareceu porque o mercado não quis mais ou porque nós não soubemos dar uma trajetória correta a esse mercado potencial.

_Mas talvez aí a possibilidade de decidir sobre o desaparecimento disso não tenha escapado à força do Brasil com relação a esse problema.
AM_Não creio. Eu acho que não houve, por parte do governo brasileiro naquela época, uma preocupação e uma ênfase em identificar esses potenciais nossos, de ter dado a ele condições de defesa e análise de mercado, enfim, de funcionamento.

_E o CNRC estaria fazendo, por acaso, esse trabalho de participar do processo de criação dessa tecnologia brasileira?
AM_Não. E aí entra o Iphan. Você toca no ponto fundamental. É que a minha grande preocupação nos últimos dois anos foi essa: até que ponto tem rendido – e não é profundamente frustrador – que a gente trabalhe intensamente no contexto brasileiro, hoje com mais de vinte projetos ao longo de vários estados, de várias regiões, de várias complexidades; você identifica todos, conhece, registra, referencia e não tem a possibilidade de devolver. De atuar sobre a realidade. E esse foi o problema com que nós nos deparamos. Não adianta ser uma instituição acadêmica, maravilhosa, gratificante – em que as pessoas trocam documentos, papéis escritos maravilhosamente sobre fenômenos – quando não havia possibilidade de que esses fenômenos e esses conhecimentos resultassem numa ajuda correta no processo.

_Na medida em que os resultados das pesquisas do CNRC não podem ser levados a um grande público ou não têm uma maior consequência prática para a região estudada, não estaria presente o academicismo de tantos outros órgãos de pesquisa?
AM_Não, porque justamente a luta que eu mantive para evitar isso re-

sultou na minha ida para uma instituição cujo instrumento legal existe, o que pode propiciar essa devolução. Veja bem: quer dizer, toda a inquietação que eu vivi nesses últimos tempos, era justamente como devolver. Que instrumento legal permitiria a devolução? Nessa tentativa, identificaram-se vários caminhos. E um desses caminhos é que já existia a instituição, de grande valor ético, moral, histórico, no processo brasileiro. E que essa instituição poderia abrigar todos esses conceitos novos numa ação nova. Aliás, sobre isso eu queria fazer uma observação, isto é, que seria mais fácil, provavelmente, criar uma instituição nova, livre, ágil e sem se preocupar com nenhuma anterioridade, com nenhum passado. Mas o que me parece e para mim era, inclusive do ponto de vista moral, inevitável de dizer e afirmar é que, existindo uma instituição que vocacionalmente cobria tudo isso, dentro de um processo de desenvolvimento de uma cultura, da trajetória de uma cultura, não se deve abandonar um segmento de ação do passado, inaugurando sempre coisas novas. Que, ao contrário, deveria retomar um processo de revitalização natural, as instituições existentes, dando-lhe continuidade. Para mim, a continuidade é uma das coisas mais importantes na direção de uma civilização. E, de certo modo, no Brasil a gente comete muito esse erro. Parece que o desenvolvimento se fez com cortes de tesoura um pouco dentilhados. Ou seja, não existe o fluir contínuo. E nesse fluir contínuo não significa que essas instituições sejam imóveis, não é? Paradas, estáticas. Mas, ao contrário, que ela vá se enriquecendo, evoluindo, na medida em que o processo de evolução exija. Esse é, para mim, um segmento fundamental no posicionamento do Iphan.

_Em muitos setores do governo e da intelectualidade, o Iphan é considerado um pouco assim como um elefante branco, uma instituição pouco ágil, talvez até um pouco o reflexo desse patrimônio imóvel ao qual ela esteve voltada durante tanto tempo. Como mudar esse quadro?

AM_Veja bem, o grande esforço feito por Rodrigo na institucionalização do Serviço, do conceito de patrimônio cultural, o grande esforço inicial dele foi necessariamente centralizador, inevitavelmente centralizador, porque era preciso conceituar e impregnar governo e autoridades da importância disso. Os pareceres de Rodrigo ao Supremo Tribunal Federal (STF), a instituições, as cartas, os documentos às autoridades da Igreja na afirmação do conceito de bem cultural foi um trabalho imenso e de valor inestimável. Porque ele criou parâmetros de rigor com que se deve olhar e respeitar os componentes de bens culturais. De modo que isso é uma etapa inicial – inevitável e necessária. Vamos supor que, durante 20, 25 anos, o trabalho do Iphan tenha sido esse: o de estabelecer esse rigor ético, o posicionamento do bem cultural. Isso representa, inclusive, um acervo fantástico, bastante útil para a instituição. Agora, ela talvez não tenha evoluído mais dinamicamente. Teriam que ser examinados os fatores que inibiram essa atuação, em termos de recurso, de funcionamento. Eu tenho a impressão, inclusive, que Rodrigo tinha uma percepção muito nítida disso quando ele se afastou do Iphan e quando ele sentia que, na trajetória da instituição, era preciso renovar. Porque a carga de energia do homem, ela tem um seguimento, uma trajetória. Energia aí, vamos dizer, todos os fatores de comando que são exigidos ao indivíduo. E é por isso, por exemplo, que existem os segmentos que se chamam gerações. Por exemplo, são compartimentações inevitáveis dentro de uma escala determinada pelo próprio processo biológico. Então, essa necessidade de revitalização é inerente e fundamental a qualquer organismo.

(...)

Poderíamos voltar nessa altura à pergunta original: porque o advogado, o escritor e o intelectual; porque o arquiteto e porque o desenhista industrial. Então, você poderia ver que o advogado foi o grande arquiteto do conceito legal da instituição. O nível que ele levantou e que ele institucionalizou. O arquiteto foi o elemento necessário àquela ação que se apresentava prioritária e que já estava, vamos dizer, dentro da trajetória de ação do Iphan. E havia então uma especificidade. E o terceiro posicionamento é de que, na verdade, a polivalência ou a diversidade de situações que são utilizadas no diálogo entre comunidade e tecnologia, ou seja, entre desejo e aspiração coletiva... Os processos e procedimentos de inevitabilidade de adoção de tecnologia. Ele [o designer], como esse intermediário, vivencia, toca, se alerta e enfrenta uma gama muito grande de situações diversificadas. E aí talvez seja justamente a razão desse momento, ser necessário esse tipo de ação. Eu acho que é muito coerente, sabe. Cada vez eu fico convencido de que há uma lógica em todo esse desenrolar de trajetória. Inclusive, a prévia do CNRC. Ou seja – de ter um preparo de adequação à nova realidade de decisões em Brasília, o preparo, o conhecimento de fontes alternativas de recursos. Quer dizer, toda essa prévia, ela tem uma lógica muito grande. Então, no momento em que eu assumo a direção do Iphan, não o faço como uma paralela que se aproxima de repente, ela se funde então ao canal mais profundo que é a instituição...

_Que tipo de resistência existia ou existe dentro do próprio Iphan – de seus setores mais conservadores – quanto à necessidade de uma maior dinamização? E a nível de governo, que barreiras e como precisavam ser vencidas?
AM_Em primeiro lugar, eu diria que você está colocando tudo no passado. Ou seja: como se já se tivesse resolvido, quando na verdade nós estamos no processo de. E é evidente, fácil e normal e natural que a compreensão desse tipo de trajetória não seja uma coisa fácil de ser percebida por alguns segmentos. Mas eu digo o seguinte: eu não tenho o menor receio...

Não, dificuldade propriamente não. Se poderia falar em dificuldade em termos de uma coisa natural que são dificuldades do entrosamento, da resolução de problemas da fusão, da adequação que é inerente a qualquer processo evolutivo. Por partes das outras áreas não, ao contrário. Porque o apoio que eu recebi das áreas de governo é extraordinário na medida em que foi possível mostrar a eles a importância de que esses segmentos de autenticidade brasileira sejam conhecidos e dinamizados e preservados no próprio processo de desenvolvimento brasileiro. Então, o apoio do Ministério da Fazenda, o apoio da área ministerial de tecnologia, da Seplan...

Enfim, todas essas áreas estão realmente persuadidas de que esse segmento tem sentido de ser ativado.

_No próprio Palácio do Planalto haveria uma certa boa vontade, um sinal verde?

AM_Não, mas é evidente que há. Porque, você veja bem: vamos partir do fato de que, quando fui convidado, fui convidado por causa dessas ideias. Então, já está aí o primeiro crédito. Em segundo lugar – e dentro da mesma ordem de ideias – parece certo a indicação ter sido resultado de uma convergência de várias fontes. Para lhe dar uma ideia de como essa decisão é forte, já nessa altura nós já conquistamos, por causa desse interesse na ideia, uma série de segmentos importantíssimos. Por exemplo, o Programa de Cidades Históricas da Seplan passa para o Iphan junto com os recursos, com a metodologia, com o *know-how* e a convivência descentralizadora que o programa adotou e que, a meu ver, vai ser um dos segmentos mais importantes dessa revitalização.

Passa o CNRC com toda essa gama que a gente já viu, de metodologia, de novos elementos, recursos humanos e de posicionamento. Enfim, há convergência de várias formas somatórias para essa ação. E mais ainda: quer dizer, o interesse no plano de intensificação desse pensamento já está ao nível em que um organismo como a Caixa Econômica Federal (CEF) já está ao nosso lado na formulação de possibilidade de ajuda concreta. Por exemplo, a CEF já está pensando nas cidades brasileiras em que vai instalar uma agência, que a prioridade seja no sentido de identificar um imóvel de valor de patrimônio cultural em que ela possa refazer e restaurar, com a metodologia do Iphan, e aí instalar a sua agência. Então, a comunidade passa a ser seguida na sua atuação cotidiana, da CEF – que é um elemento profundamente popular. Com esse componente fundamental, localiza-se um bem cultural.

Como se vê, como eu lhe respondi, a ênfase não é só turística, é também social. Então você vê que esta é uma forma de que o proprietário do bem imóvel tombado – preservado pelo seu valor histórico, arquitetônico, e que é um imóvel individual ou um conjunto como Ouro Preto, Sabará, Mariana, Olinda, São Luís – possa ter possibilidade de empréstimo ou ajuda para a reforma do seu próprio bem, através da CEF, em condições favoráveis e não em condições normais. Aí, inclusive, vai a meu ver um problema muito importante, que é o Iphan, a instituição que se ocupa dos bens culturais e que tem o valor legal de determinar essa importância, de certo modo funcionar hoje como elemento restritivo, ou seja, impedidor. O proprietário da casa sente que há uma diminuição do valor do imóvel na medida em que ele não pode ser modificado. E eu acho que nós deveríamos inverter essa posição para que o proprietário do imóvel considerado de valor, preservado, ele fosse o maior interessado, exatamente, como um valor a mais e, inclusive, o beneficiário que essa preservação confere. Assim, a ideia do Iphan é, em vez de um órgão que se colocasse muito numa posição de interveniência no sentido de impedir e restringir, ele se transformasse num órgão que trabalha ao lado da comunidade e que valoriza com a comunidade o bem cultural. O atendimento dele tem que ser um atendimento favorável, positivo, e não restritivo e impedidor. Isso é, a meu ver, uma coisa fundamental, porque só isso levará o Iphan a conscientizar a comunidade, ela mesma, do valor dos seus bens. E sobretudo, também, uma política de descentralização, ou seja, que o Iphan não seja o órgão que, a partir do momento em que um imóvel é considerado, tudo tenha que vir do Estado, numa tutela e dependência diretas. Eu acho que é o contrário. A consciência da coletividade do valor de seus bens culturais pode receber do Iphan a ajuda metodológica, a forma de resolver harmonicamente a própria trajetória do bem para que ele não permaneça estático. E é preciso também que o Iphan não chegue sempre a reboque, ou seja, que chegue sempre para denunciar um erro. Veja bem; ele deve chegar antes e não haver o erro, tanto quanto possível. O Iphan não deve chegar para dizer: "Estão construindo uma coisa errada naquele lugar." Que haja possibilidade de que não se construa a coisa errada porque o Iphan foi capaz de desenvolver metodologia, regulamentação e conscientização. Então as pessoas não precisam manter essa atitude primitiva, policial e repressiva. Isso é uma coisa fundamental.

_Na solenidade de transmissão do cargo, no Rio, o conselheiro Afonso Arinos falou sobre o Estado como garantia de perenidade cultural, como coisa viva e não como agente repressor. Como a ação do Estado não teria essa ação autoritária?

 AM_ Bom, primeiro você vê que a colocação de Afonso Arinos foi extraordinária, porque ele, como jurista e como pensador, sintetizou tudo muito bem. Esse conceito de bem cultural, Estado e comunidade. Como fazer isso? Na verdade, eu não poderia dizer "vai ser assim ou não". Eu acho que primeiro você tem que assumir essa ideia e esse conceito. E atuando na realidade, através desse posicionamento, aí você consegue, com ações específicas, ir refazendo, reinstalando o conceito correto. Por exemplo, nós vamos, e isso era uma ação isolada do CNRC, devolver à comunidade de Congonhas uma coleção expressiva de ex-votos que, submetida a colecionador particular, foi posta à venda. Então, o ex--voto, já como objeto histórico-artístico, independente de sua função comunitária de ser um símbolo de comunicação entre a comunidade e a Igreja. Pois bem: essa coleção posta à venda foi oferecida ao Banco do Brasil (BB). E o CNRC atuou junto ao BB para que ele comprasse para devolver sim, que comprasse para devolver à comunidade de Congonhas, de onde vem a maior parte daquelas peças e onde existe a Sala dos Milagres, e onde existe continuamente, vivamente na dinâmica cultural da região, essa interligação entre comunidade e Igreja através do símbolo de linguagem que é o ex-voto. Então esse tipo de ação... [ali] tem uma comunidade das mais conscientes sobre o valor do seu tesouro patrimonial, através do seu conjunto que é o Santuário do Bom Jesus de Matosinhos. Porque historicamente você tem o exemplo preciso disso. Há alguns anos passados, foi roubado um pequeno santuário, uma peça de grande valor simbólico da comunidade que era um pequeno santuário de esmolas. Bom, essa peça foi roubada. A comunidade se apercebeu disso e houve um grande choque pela perda daquele objeto. Então, através da imprensa, Vera Pacheco Jordão escreveu um artigo em que contava a história e fazia um apelo a quem roubou para que devolvesse. E o objeto foi devolvido. O objeto foi levado de volta a Congonhas e foi recebido com grande entusiasmo e simbolicamente reintegrado na realidade da comunidade. Já agora, recentemente, a comunidade de Congonhas recusou-se a deixar sair umas peças que iriam para uma exposição no MAM do Rio de Janeiro. Essa recusa, que muita gente não entendeu e achou que era uma coisa primária, ao contrário, revela uma grande significação que é a comunidade estar atenta a seus bens. E a comunidade venceu: os objetos não saíram de Congonhas. Então, agora a gente vai devolver os ex-votos. Mais um gesto. É esse tipo de interação, em que a comunidade é sempre alimentada do conceito de seus bens, que pode modificar a posição do Iphan em relação a sair do modo restritivo para ficar do lado da interação e da colaboração com a comunidade. E sem perda do valor legal. Veja bem: o valor legal, o valor primitivo e o valor de interveniência é fundamental, porque a lei é um instrumento admirável de harmonia social. Ela não pode ser um elemento de restrição.

_Qual a previsão de orçamento do Iphan no futuro?
AM_ Eu não acho – isso não sei se é uma coisa pretensiosa de dizer, mas eu digo de qualquer maneira –, eu não acho que dinheiro seja problema no Brasil. Por mais que sejam reduzidos os recursos, que se tenha uma política necessária de contenção de recursos para resolver o problema da inflação, enfim, que seja necessária uma revisão muito profunda de comportamentos e do uso do dinheiro público, eu não acho que dinheiro seja problema. Porque dinheiro se obtém quando a ideia é clara, quando o objetivo é necessário e quando se consegue ir buscá-lo. Então, para mim, esse é um problema que, na verdade, não me preocupa. Porque eu tenho certeza que a ideia clara, o projeto formulado e a escala do valor da coisa sendo estabelecida, se encontram os recursos. Além do mais, a minha vivência federal em Brasília, de decisão, mostra primeiro que, por mais alto que seja o índice de necessidades financeiro-econômicas para um programa do Iphan, desse Iphan mais abrangente, por mais alto que seja, se hoje você joga e compara isso com o valor da proposta e os custos operacionais em outras áreas, ele será sempre 0,0000, não é? É uma questão de ver em que terraço nós estamos conversando. Comparativo: em que escala. Então eu não posso entender que um país que hoje é capaz de construir Itaipu, um país que é capaz de construir o metrô de São Paulo e Rio, e Brasília, que é capaz de construir a ponte Rio-Niterói, e tantos projetos, que tecnologicamente já é capaz, por programa já é capaz, por desejo já é capaz, por atender à necessidade já é capaz, não encontre os recursos necessários para mostrar que o bem cultural é fundamental nisso tudo. Então é uma questão do posicionamento em

que você coloca o problema. E que os recursos podem ser encontrados. A outra coisa que minha vivência também conduz a achar como possível é a diversificação de fontes. Quer dizer, o Iphan, que atua basicamente com orçamento da União, ou seja, com detenção de verba da União, não precisa necessariamente ficar só com esses recursos. Você pode ir captar em outras áreas governamentais, paragovernamentais ou privadas. E esse mecanismo não está sendo acionado, a meu ver, de maneira enfática. Você veja, já esse indício que eu te dou de que o Programa de Cidades Históricas passará para o Iphan, que a CEF vai colaborar, o BB vai colaborar e que empresas privadas já estão se colocando na posição de um programa em que a gente possa obter recursos por região, por vocação etc., em que se visualize até mesmo que a legislação de Imposto de Renda seja ainda melhor adequada e que a parte privada das empresas tenha uma participação mais ativa nessa política de bens culturais. Inclusive eu acho engraçado porque sei que muita gente de certo modo diz que a vantagem da minha ida para o Iphan seria mais ligada a essa capacidade de captação de recursos. Isso é verdade, mas é verdade porque essa capacidade de obtenção de recursos está ligada a uma configuração ideal, está configurada, baseada, montada em cima de um aparelho mental de convencimento por uma ideia e não por uma simples forma de captação de recursos. Eu sei, inclusive, que, para muita gente, essa preponderância dessa capacidade de captação de recursos soa como o único benefício. Mas eu gostaria de lembrar que essa capacidade que eu reconheço de poder obter recursos, ela existe por causa de um ideário montado em cima de uma visão que procura ser clara do fenômeno. Eu acho que, nessa ordem de ideias, a gente deve trabalhar da seguinte maneira: examina os fenômenos, examina a conclusão daquilo, você estima a metodologia de trabalho, orça e chega a uma realidade do quanto precisa para agir. E aí vai buscar o dinheiro. E não o contrário: primeiro saber qual é o recurso que tem e depois adequar a realidade àquele limite. Como nessa área que a gente está falando que é a que me compete, não tem nada de absurdo. Não se está pretendendo coisas absurdas em termos de valor. Eu acho que é absolutamente adequado esse tipo de política. E ela tem provado ser verdadeira na medida em que o CNRC, por exemplo, que começou de uma ideia e de nada, hoje tem uma realidade operacional de praticamente três anos que é realmente significativa.

_Você considera que a dependência econômica seja a principal responsável pela perda da identidade dos países em desenvolvimento?
AM_Não é a principal; é preponderante, mas não é a principal. Eu não acredito que uma nação, uma coletividade, possa ser passivamente vítima de uma dependência externa, de condicionamento econômico, se ela tiver consciência do seu próprio valor. Eu acho que ela é dependente na medida em que é passiva e, inconscientemente, lidando de uma maneira inconsciente com seus próprios valores. Não creio que, se ela tiver coletivamente avivado, aguçado, idealizado seus próprios valores, não encontre alternativas e saídas. Que podem não resolver, mas que podem diminuir muito essa dependência.

_Qual o impacto prejudicial que pode vir de uma dependência externa? Do exterior para o Brasil e também a nível nacional como do Rio ou São Paulo para o Nordeste?
AM_ Certo, as duas coisas estão interligadas. Eu acho que, sobretudo, não há desenvolvimento sem essa vivência, essa identificação e essa consciência dos valores próprios. É um problema, uma coisa de um poder de contaminação muito poderosa porque ela... esse impacto a que você se refere é terrivelmente poderoso na medida em que favorece, estimula um sentimento humano básico que é o sentimento de trajetória e evolução. Quer dizer, para mim é uma coisa clara a ideia de que pertence à natureza humana esse desejo de progredir. Progredir talvez não seja a colocação certa. Mas de evoluir, de mudar na direção de melhor situação. De resto, esse sentimento é fundamental da própria vida. Então, se isso é verdade – na medida em que solicitações e estímulos vêm de fora – e não haja consciência de seus próprios valores, você muda inevitavelmente para aquilo que lhe é oferecido. Então, o poder de penetração, de convencimento, persuasão sobretudo da parafernália da tecnologia de comunicação hoje é terrível se a comunidade não

tiver a conscientização dos seus valores, para poder receber aquilo e ter condições de alternativas.

_Mas pergunto: não é claro que a força dessa tecnologia que vem de fora, por exemplo, uma televisão instalada numa praça de uma cidade do interior é uma coisa que entra sem pedir licença, a princípio não existiria uma impossibilidade dessa força local fazer frente a essa tecnologia que está vindo de fora?

AM_Não, o problema é grave. Em primeiro lugar eu gostaria de dizer o seguinte: que a tecnologia em si mesma não é danosa. A tecnologia em si mesma é maravilhosa. Você poder ver, assistir simultaneamente à chegada do homem à Lua ou à missa de coroação do papa, ter a capacidade de estender seu olho para um mundo e universo maior, é em si mesmo uma grande coisa. O mal é quando essa tecnologia, que em si mesma é neutra, está a serviço de uma persuasão, de uma insinuação negativa. Então, o problema está muito mais em quem controla a emissão, que conteúdo é transmitido por esse maravilhoso instrumento. Isso é uma preliminar. Claro que aí você pode dizer que esse instrumento, usado de uma maneira negativa, como em grande parte é usado no contexto brasileiro, é negativo, deformador, modificador, vamos chamar assim, de atitudes, porque o que é emitido e o que é recebido talvez não seja o adequado. Bom, então a luta é uma luta difícil. Você está manejando contra uma situação complexa, de certo modo de uma inevitabilidade... Ou seja, o canal, o aparelho de transmissão sendo válido, sendo enriquecedor, já leva uma vantagem. Se o conteúdo é ruim, como você pode lutar contra isso? Eu acho que um dos pontos importantes é o da conscientização da coletividade. Na medida em que a coletividade sentir que o seu valor próprio, sentir que ela tem significado e que este deve ser estimulado e evoluir naturalmente, na medida em que você melhorar esse grau de conscientização, a reação, se a gente pode dizer, a absorção da informação é melhor. E também a função de melhorar a qualidade do que é emitido. Então, se você tiver um pouco mais de reforço nessas formas convergentes, quem recebe ter mais crítica e quem emite ter mais consciência do que deve emitir, eu acho que o problema não é fácil, mas poderia ser minimizado.

_Quanto ao Iphan, eu perguntaria se existe um consenso sobre a abrangência da ação e da amplitude das preocupações do órgão. Por exemplo, do caju ao monumento histórico de pedra e cal, passando pela indústria de imigração europeia ou artesanato industrial do interior do Nordeste?
AM_A resposta seria sem dúvida que essa consciência existe porque ela está implícita no documento original de Mário de Andrade. Ou seja, curiosamente, tudo isso que a gente traz agora não é novidade. É apenas, vamos dizer, a retomada, no momento histórico certo, de segmentos que já estavam previstos na antecipação de Mário de Andrade. Claro que não podia formular como hoje eu já estou podendo formular. Por exemplo, quando ele se referia a coisas feitas pelo homem brasileiro, objetos etc., naquele momento histórico, 1936, não era possível precisar, como hoje se pode, que isso tem um valor econômico preponderável na criação de novas riquezas. Eu acredito que ele não pudesse, não havia condições naquele momento de isso ser visto tão explicitamente. Mas o importante é que o segmento conceitual já estava. É um grande documento de antecipação.

_Eu acrescento alguma coisa: o que é que tem de comum o artesanato de lixo industrial, como o aproveitamento de pneumático ou lata velha, e um monumento colonial português?
AM_ Tem muito a ver. Tem a ver o fato de ser feito pelo homem brasileiro. De ser um fazer brasileiro em níveis diferentes, como eu estava lhe dizendo. Por isso é que a gama é complexa e ela é multidimensional. Todas as duas ações, por mais distanciadas que estejam, resultam de um gesto de ação e trajetória no processo cultural brasileiro, no processo histórico que se desenvolve. Que o homem, a um determinado momento, foi capaz de elaborar. Então as ênfases mudam porque o tempo muda. A ênfase do monumento religioso da comunidade teve um certo momento, uma expressão. A Igreja, centro da comunidade: talvez essa ênfase modifique com o tempo e outros elementos surjam como mais preponderantes, né. Mas na realidade o que há em comum é uma substância básica. E que são criações, fazem parte de uma invenção, muitas vezes, de um engenho, de uma forma de resolver o problema do homem da coletividade.

_O CNRC tem barreiras, como você já apontou, para a devolução do que está sendo estudado. De que maneira o Iphan poderá fazer essa devolução, ou seja, passar de volta ao público e, sobretudo, à região estudada?
AM_Não é que o CNRC tivesse o impedimento ou a dificuldade disso. É que o CNRC, durante esses primeiros três anos de vida, chegou a um adensamento de dados, a um posicionamento na sua evolução, de que sabia que ele precisava agora começar a devolver à comunidade. E, para isso, precisava de um instrumento. De um instrumento legal. E esse instrumento legal já existe – que é o Iphan. Na verdade, a gente foi um apoio de legitimização de uma série de experiências que se faziam de uma maneira espontânea. Agora nós detemos o instrumento legal. Agora eu já não me dirijo mais a uma entidade ou a uma associação ou a uma coletividade como a uma pessoa que dirige um projeto interessante, enriquecedor etc. Eu me dirijo como diretor de uma instituição cuja legalidade é reconhecida pela nação, foi aprovada pelo Congresso Nacional e que, durante 43 anos, já tem a sua trajetória de critério, de valor ético etc. É como se a gente tivesse adquirido uma legenda que modifica, então, um posicionamento.

_O que você acha da recomendação do designer holandês Andries van Onck, de que basta que os industriais brasileiros percam seu complexo de inferioridade e imitem as escolas de samba?
AM_ Bom, a observação dele é, evidentemente, uma coisa radical, propositalmente feita. Na verdade, o que ele chama atenção é que, na maior parte dos casos no Brasil, a gente tem ficado muito mimeticamente voltado para fora, como se voltar-se para fora significasse uma inevitabilidade e fosse a fonte mais correta de nós progredirmos nessa trajetória a que me referi. Na inevitabilidade de você evoluir. Então, isso foi sempre muito voltado para fora, quando, na verdade, se a gente olhasse para dentro – e aí entra o valor do bem cultural – nós iremos encontrar segmentos de autenticidade, de formas de ser que, estimulados, resultariam em muito maior proveito efetivo no plano internacional do que a posição mimética. Isso para mim também é muito claro. Outra coisa também que se poderia dizer é que talvez fosse inevitável,

a gente teve primeiro que olhar para fora para adquirir uma certa visão mais ampla, uma certa aparelhagem instrumental, e que, de repente, a gente se apercebe de que isso foi bom, mas que agora é preciso dar a isso um certo desenho próprio, um certo destino próprio. E que não pudesse ser feito antes, porque a gente não tinha condição de ter esse tipo de entendimento. Só fazendo um parêntesis: por exemplo, você ou eu, num momento histórico, cresce, chega um ponto em que você deseja sair, ver o mundo, ver a Europa, os EUA, ver. E com essa visão você volta e tem muito melhores condições de avaliação do seu próprio ser integrado socialmente do que tinha antes. Eu não quero com isso justificar o mimetismo brasileiro, não só na área do desenho industrial mas em muitas outras formas de adoção de formas de fora. Mas é preciso ter cuidado em ver que, às vezes, isso faz parte de um fenômeno natural de processo de crescimento e que é válido desde que você chegue, não adote, não fique preso a ele. Você chegue ao ponto em que possa fazer a crítica e a revalorização interna.

_Num processo industrial existe esse risco de padronização. Essa própria tecnologia industrial não traz em si mesma um germe de impasse em relação aos países desenvolvidos?
AM_Em certo sentido, talvez. Porque o que acontece com a tecnologia é o seguinte: na medida em que um fazer ou uma técnica de fazer é mais primária, ela é mais universal. Mais versátil, ela permite variações, tem menos distância entre o homem e a técnica. Portanto, ela é muito mais rica de formas de opção e alteração, de modificação. Na medida em que a técnica evolui na direção de maior precisão e de maior eficiência, ela se limita. Até chegar a um ponto em que um instrumento é tão preciso num só saber, num só fazer, numa só linha, que ele prescinde do homem. Nessa progressão, há um aumento de eficiência, performance, limitando a gama e especializando a um ponto em que você pode até prescindir do homem. É o oposto da base. Quer dizer, o homem muito mais presente na tecnologia primária e muito mais ausente na tecnologia sofisticada. Então, a intermediação entre o homem e a técnica aumenta à medida que a técnica se aprimora. E aí não é julgamento de valor: se é

melhor ou pior. Eu acho que a gente [deve] constatar isso e examinar se isso convém ou até quando convém.

_Parece que os países industrializados estão um pouco céticos quanto ao fato de que esse processo de desenvolvimento excessivamente tecnológico...

AM_ Estão preocupados porque eles veem que essa ausência, esse afastamento, essa distância do homem do fazer está sendo prejudicial ao conjunto homem, sociedade, integração, espaço e cultura. Então, você veja bem, eu chego ao ponto de dizer uma afirmativa que seria também exagerada de propósito. É o problema do lazer de que hoje se fala tanto. Eu acho que o lazer não existe, a necessidade do lazer não existe na medida em que uma sociedade é harmoniosa. Porque o lazer, tido como uma coisa isolada e solta, é o fato do homem não estar integrado, entende? Quer dizer, o artesão que trabalha o seu fazer, a sua matéria-prima, a sua vivência, ele vivencia aquilo tão profundamente que ele também se diverte. Também tem gratificação. E não precisa buscar fora essa gratificação. Ou, digamos, precisaria menos. O repouso dele, entende, é um repouso que não precisa ser ocupado pela exterioridade. Porque o repouso dele é a gratificação de um fazer anônimo.

_Mas em parte isso não seria a visão de alguém, de uma pessoa que esteja de fora. Ou seja, de que o anseio do artesão seja justamente largar esse tipo de artesanato. De passar a ter um emprego fixo, uma coisa mais convencional, diria?

AM_ Bom, isso seria interessante examinar mais profundamente. Então, vamos ver, por exemplo, uma coisa que a gente viu no começo e a gente não retomou, que é o problema dos grandes centros urbanos: o rural e o urbano, não é? Num país como o Brasil, de fantástica extensão territorial e diversidades de contextos... Porque esse fenômeno de urbanização exagerada...

_Incluo aí então a indagação de como é que se configuraria também uma ação do Iphan integrada com uma política de urbanização?

AM_ Claro. Absolutamente possível. Se você examinar isso, você vê essa corrida para os centros urbanos, você verifica aquilo que a gente falou antes. Ou seja, o homem trabalhando no seu nível tecnológico, com a matéria-prima que lhe é possível, ele tem o seu lazer preenchido pelo fazer etc. Por que razão isso não está ocorrendo e está todo mundo correndo para os grandes centros urbanos? Porque as condições de estímulo que ele teria para se fixar mais no seu contexto, esses estímulos não estão sendo exercidos convenientemente. Então o que acontece? Ele se vê diminuído, tolhido, desanimado no seu contexto e no seu fazer e então... Porque ele tem, hoje, interesses muito mais amplos, acesso à informação, ele começa a grande fantasia de que, indo ao centro urbano, ele vai encontrar uma espécie de fantasia mesmo de que vai evoluir. É como se fosse uma loteria, está me dando muito essa impressão. E isso às vezes acontece. Mas não é um número significante diante da gravidade do problema das migrações. O sujeito vem do sertão, chega a São Paulo e vence, vira o grande empresário. Mas é um em quantos mil? Então, o que existe, na verdade, é essa grande fantasia de que o grande centro urbano vai resolver os problemas, vai dar a ele felicidade, não é? Bom, então voltando à coisa objetiva: o Iphan assim visto, como um organismo que se ocupa, se identifica, procura entender, pode ser um instrumento útil à política global do Brasil no sentido de corrigir essa distorção, de melhorar as condições de vida do homem na sua realidade, oferecendo componentes de estímulo a uma permanência dele no seu contexto, conscientização do seu valor etc.

_Mas como conseguir isso, como se efetivaria a fixação do homem na sua comunidade?

AM_ Você atuando em direção. Em todos os projetos do CNRC há hoje tecnologia. Nós sabemos que podemos chamar de tecnologia elaborada, né, a alteração do lixo industrial num produto novo, como o caso dos pneumáticos. Isso denota o quê? Denota que o homem do interior de uma região do Nordeste encontrou uma forma de fazer riquíssima – essa invenção, que é a recuperação em cima do lixo. Bom, mas essa tecnologia que nós estamos identificando agora, levantando, ninguém nunca ofereceu um mínimo de compreensão para isso – de interligação entre eles, do impulso para que aquele fazer, que é até agora espontâneo e sobrevive por um mecanismo de necessidade, passe a ter um comportamento não marginal. E sim, ter estímulos, ajudas, incentivos, enfim, ter condições dele mesmo poder se desenvolver. Se isso for feito, o que acontece é que o sujeito, que faz isso hoje por um mecanismo de sobrevivência, vai se sentir consciente que aquilo tem mais valor do que parece e vai ter estímulo nele mesmo e orgulho e gratificação em desenvolver aquilo.

_Quer dizer que o Iphan, de certa forma, estaria predisposto a proteger inclusive o patrimônio resultante do lixo industrial. Seria um patrimônio artístico?
AM_ Sem dúvida, sem dúvida. Por que o que contém de criativo nesse processo? Você já imaginou o que é, do lixo, de uma coisa que não tem mais uso, que foi considerada desusada, você retirar uma nova matéria-prima? E essa matéria-prima ser transformada em outro produto e esse produto ter encaixe e ter conveniência para o uso coletivo. Você vê o grau de elaboração que já chegou? No sentido da forma, de adequação da forma, de adequação da matéria-prima. O bujão de lixo que não machuca, que corresponde ao tamanho de uma casa média da família do Nordeste. Que é um utensílio que corresponde a uma necessidade básica da comunidade. Que ele já elabora ao nível da maneira de se carregar melhor, de se tampar, até ao nível de se decorar esse objeto. Então, esse processo criativo tem uma grande importância.

_Que razões podem ser apontadas para a falta de sensibilidade com relação à preservação do que a gente poderia chamar de memória nacional?
AM_ Bom, em primeiro lugar eu acho o seguinte: essa palavra memória eu nunca uso. Porque, para mim, pelo menos, ela conota uma coisa que é muito estática, como se fosse o repositório parado, onde se junta, se guarda, se guarda por guardar. Eu acho que se você for tomar memória, tem que tomar num sentido mais fisiológico: ou seja, guardar para poder trabalhar como elemento na direção de uma expressão. Eu acho que

o problema é que a dinâmica de uma cultura está sempre num tal movimento, numa evolução – senão ela seria uma cultura morta –, que você tem que tratar esses elementos dinamicamente. A falta de sensibilidade para que esses componentes estejam sempre vivos e participantes faz parte daquilo que a gente já falou: ou seja, a excessiva posição voltada para fora e mimética, olhando o que se faz na Europa, olhando o que se faz nos EUA. E esse fenômeno é um fenômeno, no Brasil, muito antigo. Está no cerne da nossa própria formação como nação. Ou seja, desde o começo o Brasil esteve muito voltado para a Europa. Historicamente, os passos foram se abrindo na trajetória da cultura, foram muito voltados para fora. O que a gente não precisa esquecer é o seguinte: é que a grande abertura do Brasil, em termos políticos de independência, foi feita pelo transplante do governo de Portugal para o Brasil. Houve a decisão, inclusive, de que D. João, vindo para o Brasil com as condições de crise, e Napoleão etc., na Europa, ele transplantava a sede do Império português. Então, isso já determinou, de saída, um posicionamento extremamente peculiar, que não houve nos outros países da América. Nada. Você pega a formação de todos os outros e vê que não teve essa ênfase tão clara e determinada. Depois, o problema de língua também. Se você estiver muito preso à influência de uma só linha, à influência da França, por exemplo. A influência da França e da Europa dentro da formação brasileira é extraordinária. Mas também ser sensível à ênfase de olhar para o mar determinou muita coisa desse comportamento. E talvez tenha sido até inevitável. Porque você sabe que olhar para o mar era a única maneira de sobreviver. Porque as condições de um espaço físico eram tais que a intensa comunicação do mundo tropical brasileiro era pelo mar. Então, você viajava e se comunicava através de um círculo comum que era oferecido pelo transporte marítimo. Você estava no litoral voltado para fora. Evidentemente é um problema que a criação da universidade seja muito recente. Que a gente não tenha, como no mundo hispânico, uma universidade do século XVII, mas só a partir do século XX.

_Por falar em universidade, você pretende retomar a ideia de Darcy Ribeiro de fazer um Museu da Cultura Brasileira, em Brasília?

AM_Bom, essa ideia sempre esteve presente na nossa reflexão no CNRC. Aí a gente inaugura uma parte da entrevista que também pode ir longe, né? Porque se reporta ao problema de Brasília, que eu acho de uma importância fundamental dentro do que a gente está falando. Em primeiro lugar, pelo seguinte: Brasília é o exemplo preferido e perfeito do que é processo histórico, a escala como deve ser visto o processo histórico e que o tempo não pode ser medido numa escala pequena. Por exemplo, você veja o seguinte: que em 1821 Brasília foi concebida em termos de ideia. José Bonifácio, numa grande e extraordinária percepção do processo histórico, já explicitava àquela altura a necessidade de interiorização. Ou seja, a necessidade de se olhar para dentro. Inclusive o texto dele sobre Brasília é absolutamente claro e atualizado. No entanto, foram precisos 150 anos para que essa ideia fosse convertida em ação. Então, isso pode parecer muito, 150 anos, mas depende da escala em que você vê. Ou pode parecer pouco dentro do processo histórico. E deve ter havido razões para esse transcurso. É curioso, porque você veja o seguinte: quando se concebeu, em 1821, essa ideia clara nunca morreu; ela está anotada e precisamente registrada no processo histórico. Você tem todas as constituições brasileiras que previam a mudança para o interior. Houve missões específicas em diversos momentos da história brasileira. Epitácio, com o centenário de 1922. Enfim, você tem historicamente episódios de reiteração da ideia, que permanece latente e precisa e que vai se transformar em ação 150 anos depois. É quando o espaço foi aberto para a convergência, o encaixe dos componentes que tornaram possível a ação concreta. Tanto isso é verdadeiro que você sente que, primeiro, a ideia emerge e é apontada a Juscelino por um indivíduo da comunidade. Ele cita isso num livro, não me lembro exatamente qual. Foi perto de Goiânia, num diálogo com a multidão, um sujeito pergunta a ele se ele não iria concretizar a transferência da Capital para o interior do Brasil. Então, você veja aí a grande importância que é, a meu ver, essa presença, numa espécie de sentimento coletivo desse fenômeno. Que vem e emerge do próprio coletivo. Aí é que entra o problema da convergência. Ele foi capaz de agarrar no ar a ideia. Porque ele não tinha essa ideia quando o sujeito falou. E a partir daí ele então agiu na direção de concretizar. E aí vêm as outras convergências. Você vê o problema de Lucio Costa quando desenhou Brasília. Ele diz que a ideia nasceu como que já feita. Então você sente que, no processo, na trajetória histórica os passos se prepararam para determinada ação e estavam lá presentes. E isso era uma coisa fundamental. Era preciso o deflagrador, era preciso o ator e eram precisos todos os componentes que, conjuntamente, configuram a ação a um nível incrível. Ora, se é válido isso que a gente falou, Brasília é, sem dúvida, a meu ver, o gesto mais significativo que foi feito no Brasil para assumir uma compreensão do conjunto, do mosaico, da diversidade do contexto brasileiro. Quer dizer, a partir de Brasília, o Brasil existe não mais a partir de um dos segmentos da sua pluralidade. O Brasil é visto por um ângulo do espaço neutro e vazio. É outra coisa importante, o Planalto Central vazio, passar a ter ali o ponto de convergência da pluralidade. O importante de Brasília é que, a partir do zero do planalto, do vazio do planalto, ela passa a ser enriquecida de um conteúdo do todo, e isso é uma coisa que eu acho da maior importância. Você veja o seguinte: um deputado por Sergipe vai a Brasília, atua no fórum nacional do Congresso com a mesma força, o mesmo posicionamento que um deputado do Rio Grande do Sul ou de São Paulo.

_Mas isso não acontecia no Rio?
AM_Não, o que acontecia no Rio de Janeiro era o seguinte: eu tenho absolutamente certeza da coisa concreta. Um deputado se elegia por Pernambuco. Ele tomava um navio com a família todinha, vinha para o Rio de Janeiro, comprava um apartamento em Copacabana e nunca mais voltava para se reeleger. Ou melhor, só voltava para se reeleger. Mas todo o segmento da família dele – família, filho, formação, novos quadros – se transpunha para um dos pontos do mosaico. E isso é a prova do empobrecimento regional na medida em que havia uma contínua sangria, perda de potencial de valores. Valores, inclusive, com privilégios de elite. E se deslocava para um dos polos, que era o polo parcial. E isso já não acontece em Brasília. O sujeito vai para Brasília quando ele tem um sentimento da sua posição em relação a seu contexto.

_De todo o patrimônio que você chama de pedra e cal – e eu diria que, no caso de Brasília, é cimento e ferro –, Brasília é o único que representa, ao mesmo tempo, um passado e um futuro. E é uma coisa que está sendo usada no presente. O Iphan não teria uma espécie de compromisso, até mesmo uma dívida, em atuar intensamente sobre o que parece ser o único monumento vivo do patrimônio arquitetônico brasileiro?
AM_ Sem dúvida. Porque, voltando a Brasília e à convergência do processo histórico, você vê o seguinte: que houve tudo aquilo que a gente falou, o detonador, o ator etc. E os componentes fundamentais. Em primeiro lugar, o acerto do desenvolvimento fundamental de Brasília, que muitas vezes não é compreendido, porque se pergunta: por que Brasília é racional e cartesiana, quando o Brasil é tropical, espontâneo e barroco? Ela é o oposto disso. Isso é um dos grandes acertos da concepção de Lucio Costa. Ele partiu de um parâmetro racional para que então se pudesse explicar algo em torno ou com essa linha; com essa ação racional, a espontaneidade de exuberância nossa. E ele já foi, inclusive, capaz de conter isso. Quando você vê que o racional de Brasília está absolutamente equilibrado ao emocional, quando ele demonstra o sentido das suas linhas que se cruzam, o espaço que se ocupa. Em seguida, e ao mesmo nível, você encontra a posição de Oscar Niemeyer. Ou seja, havia os componentes capazes de síntese, da grande síntese de compreensão brasileira, através da arquitetura. Não há a menor dúvida com o Palácio do Planalto, por exemplo, a Praça dos Três Poderes como um todo e a Catedral; enfim, os grandes símbolos, as grandes unidades formam o conjunto simbólico de uma capital de um país como o Brasil, que tem que ser extraordinariamente concebida como síntese dos valores do passado e dos valores do novo. E eu acho que, quando a gente olha o Palácio do Planalto, a gente vê aí uma coisa nova que, ao mesmo tempo, é parecida e é familiar com a ideia de uma grande casa. É difícil dizer por que detalhar isso. Mas sem dúvida nenhuma é uma contribuição da maior importância nesse sentido de síntese e compreensão de todo o passado, de formas ou de compreensão formal da arquitetura brasileira. E, ao mesmo tempo, com um grande sentido de invenção. Quer dizer, talvez o que é mais extraordinário é isso: é novo, o absolutamente novo

carrega explicitadas formas de anterioridade histórica. Você acrescentando isso ao que falamos antes, o sentido do vazio que está sendo cheio pelo todo, pela síntese do todo, você verifica que nada mais lógico que, se você tem de um lado o poder de decisão, o poder legislativo de consecução, o poder judiciário de análise jurídica do fundamento da nação, você tem também os outros componentes mais explicitamente culturais. E nada mais lógico do que você ter, por exemplo, a universidade – o fórum de encontro do nível de formação brasileira –, você ter a parte do museu. Não museu estático, parado, mas o lugar onde se pode ler e entender o processo cultural, a linha de percurso do processo cultural. Um museu para Brasília é um museu absolutamente peculiar, porque ele tem essa função onde se pode ler, na sua totalidade, os componentes dessa trajetória. Então só pode ser um museu da civilização brasileira. E não um museu de arte, um museu fragmentado. Outra coisa que eu acho interessante é o museu não ter sido feito ainda. É uma coisa importante e talvez tenha sido necessária. Ou seja, a gente está ainda num processo de adequação da ideia para que ela emerja também com sua forma, como convergência. E acredito que a gente esteja muito próximo disto. Próximo de definir com clareza e correção como é que deve ser o desenho desse espaço chamado convencionalmente de museu.

_Quais foram os principais resultados do Programa de Cidades Históricas e no que ele pode ser mudado e reorientado para se tornar mais eficiente?

AM_O programa é uma grande iniciativa. Na verdade, o Programa de Cidades Históricas foi o detonador, o deflagrador da necessidade de refusão, da revitalização do Iphan. Porque ele trouxe vários componentes novos necessários. Ele trouxe a presença de técnicos de formação muito mais ampla em nível de economista, projetadores e planejadores. Quer dizer, o Programa foi alçado ao nível de concepção de planejamento com a eficiência e o rigor que hoje já no Brasil existe. E também, por sorte, esses componentes não deturparam em nada o lado conceitual. Eram pessoas muito sensíveis e que eram capazes de aplicar seu conhecimento, seu planejamento de metodologia, de técnicas de como armar projetos e de como executar. Na verdade, a vinda do Programa para o Iphan representa a incorporação de um instrumento extremamente rico em termos de ação, que vai, justamente, resultar no reposicionamento do Iphan. Se aquele programa não viesse, o trabalho nosso seria muito maior com pessoas treinadas, com experiência suficientemente grande de resultados positivos, para que ela tenha possibilidade.

_Numa conceituação sua sobre diferenças entre o Brasil e o resto da América Latina, você conclui pela falta de anterioridade. Quer dizer, o Brasil não teria componentes tão fortes como os que existiam na cultura hispano-americana. No caso brasileiro, haveria, então, uma ausência de conflito. Essa teoria da ausência de choque cultural não é a mesma dos que negam a existência de conflitos sociais no Brasil?
AM_Não sei, pode ser. Vamos ver: em primeiro lugar, eu não coloquei muito no sentido de haver uma diferença qualitativa entre a formação hispânica e a formação portuguesa. Na cultura hispânica existiam já níveis de complexidade maiores do que na portuguesa. Níveis comportamentais diversos dos da portuguesa e isso repercutiu profundamente na aproximação do Mundo Novo. Por exemplo, o instrumento que eu citaria: a língua. Enquanto a língua portuguesa era um instrumento perfeito de valor de desenvolvimento dela, a língua hispânica teve um poder de disseminação maior pela quantidade de pessoas que poderiam... Depois o comportamental, ainda ligado à língua, é que a atitude hispânica em relação ao mundo colonial era de um transplante. Se fazer um mundo hispânico igual nas Américas. Então, o processo de crescimento foi muito mais rápido no mundo hispânico do que no mundo português: universidades, impressão de livros etc. Na medida em que você tem maior público para uma língua, a língua é mais de definir, de comercializar. Aí entra, inclusive, uma luta: aí entram os valores do nível de interesse econômico e tudo mais. Então, essa difusão cultural da língua hispânica foi muito maior do que a da língua portuguesa. Além do comportamental, o português procurava muito esconder do Brasil o mundo. Evitaram a entrada de livros, a impressão. E o deflagramento do processo brasileiro só foi com o transplante de D. João VI para o Brasil. A

abertura dos portos é um símbolo enorme de que o Brasil passava a ter uma visão: ele abria-se para o mundo.

_Você nega a existência de conflito com a civilização colonial europeia. Ela teria esmagado mais a cultura hispânica do que a brasileira, pela ausência... Mesmo que a cultura brasileira índia fosse primária, ela não sofreu um esmagamento?
AM_Não, ela sofreu um esmagamento. Como hipótese: por tipo de comportamento, de temperamento, o espanhol é diferente do português. Por coincidência de processo histórico, é justamente o espanhol, mais agressivo, aceso, tempestuoso, que vai de encontro a um mundo americano com cultura autóctone altamente desenvolvida. Então, o choque cultural foi inevitável: uma tinha que vencer a outra. Na América portuguesa, o problema foi diferente.

_A cultura índia não era monumental. Mas, se olharmos hoje os dados, a velocidade relativa, a diminuição e abusos contra o índio, está claro que houve choque e esmagamento da cultura anterior. Que era primitiva, mas...
AM_Eu acho que o confronto da cultura hispânica e da cultura portuguesa não foi de pares, mas de quase pares ao nível de desenvolvimento. No mundo português, havia um choque, houve uma vitória, uma predominância. Mas ela foi diferente qualitativamente. O fato das culturas do espaço brasileiro serem mais primitivas denotava que elas estavam muito mais próximas dos fenômenos da natureza. Em outras palavras, estavam muito mais integrados na relação natureza/cultura; muito mais próximos do que nas outras. Aí você acrescenta que o português se depara com um mundo tropical. É obrigado a abrir mão e aprender com a natureza, e com o homem da natureza tropical, a conviver e a sobreviver no espaço tropical. Então, o português, o europeu, tem um processo de aculturação, sob pena de não poder viver, sobreviver, portanto. Aí nesse processo de descida e de baixa ao nível do espaço nosso, ele foi ao encontro de absorver valores da cultura que existia. Há um choque, esmagamento, mas a um nível qualitativo diferente da outra e, portanto,

mais ameno. A esse momento você acrescenta um terceiro componente, que é o africano, que vem com seus valores culturais próprios, com sua capacidade aculturada com os trópicos; ele convive naturalmente e acrescenta componentes. Eu acho que essa situação crítica de choque, falando a um nível de generalização que inclui violência, problemas de escravo, inclui todos os componentes dramáticos de um tempo histórico, naquela época era admissível. Mas eu estou convencido de que é possível distinguir na formação brasileira uma menor vivência desse choque e uma maior situação de equivalências. Vamos pegar então a terceira situação americana: outras situações em que o mundo hispânico não encontrou civilizações; mas ele também encontrou vazios. Mas um vazio que não era tropical. Portanto, um vazio muito parecido com seu contexto de espaço físico europeu. Aí ficou possível transportar a Europa para cá. Buenos Aires é uma cidade europeia. Eles puderam ter a ilusão, aquela ilusão, aquele fascínio de uma nova Europa, na América. Porque, entre outros, o fator clima era favorável, era parecido. Não teve que se adaptar como aqui no Brasil. Tem muita coisa aí… que a gente está falando: a gente está só fazendo um desenho. Mas se isso for estudado convenientemente por especialistas em história antiga… mas tudo isso, a meu ver, contribui para que haja uma peculiaridade no comportamento brasileiro que indica essa menor presença de choque.

_Essa ausência de choque é, a seu ver, um resultado da explorada "índole pacífica" do índio brasileiro ou da decantada boa vontade do português, ou apenas um ajuste de interesses que fosse conveniente para os dois lados?

AM_Tudo junto. São convergências que se somam. A passividade do índio não era passividade: é que ele se identificava muito mais ainda num estágio da natureza do que numa civilização mais complexa. Ele estava mais próximo dos fundamentos. Depois, o português tolerante, sem dúvida. Basta ver o fenômeno de miscigenação: o português nunca estabeleceu essa barreira. Só isso já é um componente da maior importância: ele ter sido naturalmente um elemento de aglutinação e integração que não existiu, por exemplo, em situações da América no nível do hemisfério Norte. O conflito vem explodir aí depois. Quando há uma barreira no componente de raças que estavam juntas.

_Voltando ao artesanato, de onde viria a grande capacidade de invenção do brasileiro? Poderia citar alguns exemplos?
AM_Bom, a capacidade de invenção, para mim, cada vez se torna mais clara ser o grande atributo do homem brasileiro. Capacidade de invenção está muito ligada à capacidade de tolerância também. Ou seja, de uma menor tensão dramática diante das coisas, maior disponibilidade, você se aproxima mais de uma visão enriquecedora. A inexistência de grandes apegos a passados específicos, a amarras específicas, também favorece a disponibilidade para a invenção. Não sei, são muitos esses atributos que configuram, a meu ver, uma tônica preponderante do homem brasileiro para essa capacidade de invenção.

_Existe algum exemplo para mostrar, provar isso?
AM_Bom, deve haver muitos. Alguns, pequenos, a gente tem identificado, tem inclusive falado sobre eles. Há um que particularmente me encanta pelo seu sentido poético e, até mesmo, de amor, que são aquelas lâmpadas de querosene que são usadas pelo homem brasileiro na região em que ainda hoje não chegou a eletricidade, e eles usam o bulbo da lâmpada elétrica como depósito de querosene. A meu ver, o conteúdo de invenção e graça desse objeto é extraordinário. E de humor, quer dizer, já que eu não tenho luz elétrica, fisicamente, transformo, altero ele para uma lâmpada, também lâmpada, com outro tipo de tecnologia. Ela recua no tempo, ela mesma, e serve outra vez como lâmpada. Talvez o exemplo possa ser criticado por ser muito pequeno. Mas, às vezes, nesses pequenos exemplos, surge muito esse tipo de observação. Santos Dumont, por outro lado, com enorme disponibilidade do sentido de ser brasileiro diante de certas coisas, por não ter muito apego a amarras antigas, se volta para a frente.

_Pode se falar em democratização da produção artesanal? O que você acha da produção artesanal em série? Há muita visão do artesanato como objeto único, com características específicas do artesão.

AM_Eu diria o seguinte: esse problema de artesanato deve ser visto também como trajetória. Eu acho que artesanato é a tecnologia de ponta de um contexto em determinado processo histórico. Quer dizer, a melhor maneira de eu ter um vasilhame é a minha técnica de cerâmica com o meu forno etc. Então, naquele contexto, ele é tecnologia de ponta. Se isso é válido, ele não para, ele vai naturalmente evoluindo na direção de maior complexidade, de maior eficiência e de maior produtividade. Enfim, uma trajetória em busca de maior performance, melhor uso e maior quantidade e maior possibilidade de disseminação. Então, o artesanato é um monumento da trajetória, e não uma coisa estática. A política paternalista de dizer que o artesanato deve permanecer como tal é uma política errada; culturalmente é impositiva porque somos nós, de um nível cultural, que apreciamos aquele objeto pelas suas características, [que] gostaríamos que ele ficasse ali. Então, é uma coisa insuportável, errada e de certo modo totalitária, você impor a uma coletividade, a um grupo, que permaneça naquele ponto. O remédio, a coisa que se oferece, é a ideia de que ele repita mais. Que passe a ter mais benefício através da repetição reiterada e monótona daquele momento da trajetória. E isso é inadequado porque você corta o fio da trajetória, o fio da invenção, da evolução, da invenção, para que ele permaneça parado no tempo. O caminho, a meu ver, não é esse; o caminho é identificar isso, ver o nível de complexidade em que está, qual é o desenho do próximo passo e dar o estímulo para que ele dê esse passo.

_Como é possível afastar setores que perturbem esse processo mais ou menos espontâneo de criatividade, mantendo a autenticidade?
AM_Tentando atuar conjuntamente com outros organismos que se ocupam do problema, na direção em que se compreenda o fenômeno, em que se compreenda o fenômeno da trajetória e que se dê condições para que você prossiga.

_O que está sendo feito – ou poderia ser feito – para a produção de produtos que a gente pudesse chamar de brasileiros?

AM_Aí há várias hipóteses. Eu acho que a atuação nossa nessa identificação dos segmentos pode levar a reposicionar esses segmentos que seriam suscetíveis de um aproveitamento e resultar na criação de riqueza; e essa criação de riqueza evoluir para um processo industrial. Eu chego até a pensar às vezes que se poderia chegar mais adiante – a uma formulação conjunta do governo, uma coisa que eu chamaria de Companhia Brasileira de Produtos Originais. Ou seja: uma entidade empresarial com todos os componentes de ação empresarial, com todos os níveis de atendimento, de análise do mercado, de análise da produtividade, que pagasse esses pequenos segmentos e fosse, cada um a seu nível, dando a necessária ajuda. E aí, num período de tempo, alguma coisa, de vários caminhos, surgirá como válida. Porque esses segmentos podem fazer sozinhos muitos dos passos na direção de maior complexidade, de maior eficiência, porque eles não têm condições.

_Esses produtos seriam encarados como originais, tanto no Brasil como para a exportação?

AM_Não, o interesse até seria a classificação, a taxionomia de quais são os atributos que conferem a um determinado fazer a categorização de produto brasileiro, você pode fazer uma gama de indicadores que aquele produto, preenchendo alguns, com pesos e níveis diferentes, somem um *quantum* significativo. Às vezes é a adequação a uma tecnologia de fora, às vezes é uma invenção para partir de tecnologia de fora, às vezes é uma invenção a partir de uma matéria-prima original. Quer dizer que é difícil dizer assim... O que eu acho é que essa política poderia convergir na direção de uma estrutura comum – e, portanto, mais barata – que seria uma companhia só com quadros e departamentos no sentido da análise, que podia ajudar a vários segmentos. E a partir de um determinado nível aquilo readquire um impulso que é, inclusive, imprevisível. Então você pode ter, a partir de um certo momento, um desses segmentos que, estimulando assim, poderia resultar em um negócio fantástico e outro que não resultasse ou só parcialmente. Mas que seria uma forma de criação de riqueza de expressão e de identidade, não tem a menor dúvida.

_Depois de toda essa conversa me lembrei da figura de Policarpo Quaresma, personagem de Lima Barreto que defendia intransigentemente os valores brasileiros. Outros setores, tomando conhecimento de todas essas colocações que você faz, poderiam te interpretar como um Policarpo Quaresma versão 1979?
AM_Bom, eu acho o utópico, o componente utópico, indispensável em qualquer processo de crescimento, não é? Porque, justamente, o pensamento utópico é o parâmetro que você tem, talvez inatingível. Mas, quanto mais você tiver esse componente utópico, mais próximo dele você chega. Então, o utópico é ruim quando ele é uma meta cega. Mas quando ele é um objetivo em que você, através daquela visão do objetivo, vai ocupando o espaço, ele é um parâmetro válido, você estica a borracha ao máximo.

_Rodrigo Melo Franco de Andrade foi diretor do Iphan por 32 anos. Renato Soeiro, onze. O que explica essa longa permanência?
AM_Eu acho coerente com a própria trajetória do organismo. A ação do Iphan não deve estar picotada com mudanças frequentes, contrariando a própria ideia de que o organismo deve ter uma certa necessidade de continuidade política.

"SALVAR OURO PRETO, OLINDA, PANELAS DE BARRO E TODAS AS COISAS VIVAS"

[Entrevista]

Designer, professor, artista plástico, Aloisio Magalhães tomou posse como diretor do Instituto do Patrimônio Histórico e Artístico Nacional. Causando certo escândalo. Pois acha que preservar cultura não é só manter de pé as igrejas barrocas que ainda sobram. Vê a cultura como coisa mais vasta. Saiu nos jornais que sua posse provocou, no Iphan, um clima de expectativa e tensão. "É verdade", confessa. "Mas estou conseguindo dissolver isso através de um processo muito simples: o da absoluta sinceridade." E lembra como foi feito o Patrimônio. Gustavo Capanema, então ministro da Educação e Cultura,[1] pediu a Mário de Andrade que lhe sugerisse como preservar nossos bens. Quinze dias depois, chegou de São Paulo um anteprojeto de regulamento do que viria a ser o Iphan. E uma recomendação: a melhor pessoa para dirigi-lo seria Rodrigo Melo Franco de Andrade.

Hoje, os que desconfiam de Aloisio se esquecem de que ele está fazendo nada mais do que Mário e Rodrigo imaginaram.

***Jornal do Brasil*_**Quais são, de início, seus planos para o Iphan?

Aloisio Magalhães_O ponto de partida é a relação entre o conceito clássico do Iphan e o trabalho que começamos no Centro Nacional de Referência Cultural. O que acontece é o seguinte: a aproximação que o CNRC deu ao conceito de bem cultural atinge uma área de que o Patrimônio não estava cuidando. Ou seja: o bem cultural móvel, as atividades do povo, as atividades artesanais, os hábitos culturais da comunidade. O Patrimônio atuava de cima para baixo e, de certo modo, com uma concepção principalmente elitista. A igreja e o prédio monumental são bens culturais, mas de um nível muito alto. São o resultado mais apurado da cultura. O CNRC procura trabalhar de baixo para cima. Pela própria razão de ser, uma atividade popular não tem consciência de seu

Entrevista concedida a Roberto Marinho de Azevedo, publicada no *Jornal do Brasil*, Caderno B, 11 maio 1979, p. 8.

1_No tempo de Gustavo Capanema o nome correto era Ministério da Educação e Saúde (MES).

valor. Quem faz uma igreja sabe o valor do que faz. Mas quem trabalha couro, por exemplo, nem sempre. Desse contraponto pode surgir uma hipótese – de que o CNRC começava a tocar nas coisas vivas, enquanto o Iphan se preocupava, principalmente, com as coisas mortas. Pelo contrário, é através das coisas vivas que se deve verificar que as do passado não devem ser tomadas como mortas. O Iphan estava convencido dessa necessidade de revitalizar o passado, para ele não morrer. Acho que é possível essa síntese. Por isso acho que eu fui para lá.

JB_O CNRC continua existindo?
AM_Não. Vai fazer parte do Iphan. Sei que muitas pessoas estranharam minha ida, porque achavam que para lá deveria ir um arquiteto. Essas pessoas não compreenderam que o verdadeiro Patrimônio, como foi concebido por Rodrigo Melo Franco de Andrade e por Mário de Andrade, já incluía a dimensão abrangente de bem cultural. Acho que pensam isso porque Rodrigo, nos primeiros tempos do Patrimônio, viu, de maneira extremamente inteligente, que tinha que atacar em uma só linha, a mais dramaticamente atingida. Eram os prédios. Derrubavam-se prédios históricos. O grande trabalho foi conscientizar as elites: governo, clero, Poder Judiciário. Esta função, que era prioritária, acabou se confundindo com o Iphan. O próprio Rodrigo tinha perfeita consciência disso. No primeiro número da *Revista* [*do Patrimônio Histórico e Artístico Nacional*], publicada em 1937, ele escreveu:

> O presente número, desde logo se ressente de grandes falhas, versando quase todo sobre monumentos arquitetônicos, como se o patrimônio histórico e artístico nacional consistisse principalmente nestes. A verdade, entretanto, é que, tal como foi definido aqui, patrimônio se constitui do conjunto de bens móveis e imóveis existentes no país e cuja conservação seja de interesse público, (...) por seu excepcional valor arqueológico ou etnológico, bibliográfico ou artístico. (...) Como sítios e paisagens que importa conservar e proteger, pela feição natural com que tenham sido dotados pela natureza ou agenciados pela indústria humana.

A citação saiu longa, mas ela mostra que o que estamos fazendo não é novidade nenhuma.

JB_ Mas, na prática, como isto poderá ser feito?
AM_ Quando fui convidado, nos primeiros dias fiquei muito perplexo e muito atemorizado. Se já era difícil cuidar de prédios, como eu iria entrar lá trazendo toda essa carga de problemas novos? Até que um dia, eu estava em Olinda, conversando com Mário Pedrosa em uma barraca de praia na ilha de Itamaracá, defronte ao Forte Orange, quando ele, deslumbrado por aquele espaço, disse que, na crise brasileira, os problemas tinham que ser compreendidos como um todo e não através de segmentos isolados. Isto soou imediatamente como uma resposta à minha inquietação. Ou a gente conscientiza bem cultural como um todo ou não iremos resolver nunca o problema do patrimônio arquitetônico. O aumento da complexidade diminui a tensão.

JB_ Por exemplo?
AM_ Ouro Preto. A conscientização da comunidade é o primeiro ponto a ser encarado. O que acontece é que o melhor guardião de um bem cultural é sempre seu dono. Agora, não é possível conscientizar uma comunidade, que é pobre, às vezes até miserável, para o valor de uma belíssima igreja e pedir que essa comunidade cuide desse bem distante. Mas se você entende a comunidade em seu processo histórico, identifica quais eram os fazeres daquela comunidade que a levaram a construir aquele monumento e procura revitalizar, reanimar esses fazeres, que são geradores de riqueza, capazes até de resolver o problema de sobrevivência, torna possível entender o valor do monumento arquitetônico.

JB_ No caso de Ouro Preto?
AM_O que mais me impressionou e o que procurei conhecer, antes de mais nada, foi a vida da cidade. No primeiro dia que voltei para lá, acordei às seis da manhã. Saí andando pela cidade. Então, assisti a como ela amanhece e inicia sua vida. Este processo de aprendizado é até mesmo físico. Muito cedinho, as linhas das casas são imprecisas, por causa

da neblina e só aos poucos se delineiam. Então você vê as casas que se abrem, o leite que entregam, o carteiro que começa a trabalhar. O que quero dizer com isso é que é preciso conhecer a vida para entender o passado e seu processo de continuação. Você tem que animar o corpo da sociedade. Em relação ao que estamos chamando de consolidação de Ouro Preto, o que mais me surpreendeu no seminário, deflagrado por um pedido da Sociedade de Ex-Alunos da Escola de Minas, foi a quantidade de estudos, projetos, enfim, conhecimentos sobre a ação a ser desenvolvida. Tive a oportunidade de dizer, no final da cerimônia, que duas palavras se impunham: competência e determinação. Havendo isso, acho que o problema se resolve. Porque, havendo isto, o dinheiro vai-se buscar onde estiver. Não se pode atuar à base dos recursos que se tem. Você tem que programar o que precisa para uma ação e ir em busca dos recursos necessários. Se a ideia for boa, se a proposta for válida, não creio que seja difícil encontrar verbas. Aliás, mesmo diante do problema de contenção que o país vive – e que é necessário manter –, não creio que essa tese seja conflitante. Porque, por maiores que sejam as necessidades do Patrimônio, elas serão sempre muito pequenas se comparadas a outras despesas. Um país capaz de construir Itaipu – não só em termos de despesas, mas também de infraestrutura – não pode deixar de resolver o problema de Ouro Preto.

JB_ Depois de Ouro Preto, qual é sua meta prioritária no Iphan?
AM_ Felizmente, houve o acidente de Ouro Preto. Você sabe que, muitas vezes, uma crise é um momento profundamente rico e criativo, que obriga a uma tomada de posição. Se a gente conseguir, como estamos conseguindo, resolver o problema de Ouro Preto, cria-se um referencial que ajudará a resolver outros problemas. Em Olinda, por exemplo, há cerca de 30 anos que se sabe do trágico problema do deslizamento das colinas e, até hoje, ele não foi resolvido. E, na verdade, é um perigo muito mais profundo que o de Ouro Preto.

JB_ Mudando de assunto. Em uma entrevista, você falou do problema da perda de identidade cultural.

AM_ Ela está no bojo de tudo que conversamos. A consciência que a comunidade tenha de seus valores práticos é a única maneira de se contrapor à invasão de informações e hábitos novos que são absorvidos diariamente através dos grandes veículos de comunicação. Esse processo de absorção de tecnologia externa é, de certa maneira, inevitável. Não devemos pretender reinventar a roda. Mas, justamente pela força desses valores que chegam de fora, é preciso contrapor uma consciência dos valores nacionais que representam uma alternativa. Se alguém quer mudar de hábito, é claro que tem a liberdade de fazer isso, mas tendo consciência do que faz. É óbvio que uma panela de alumínio é mais resistente, mais prática e mais econômica que a cerâmica de Amaro de Tracunhaém. Entretanto, a opção pela panela de alumínio é feita sem a consciência de que a panela de barro não só tem um valor afetivo como, também, muda o gosto da comida. É um exemplo simplista. Mas ilustra a ideia.

JB_A ideia seria ver a cultura como uma coisa total?
AM_ As sociedades industriais mais desenvolvidas já se deparam com o problema da saturação, da monotonia causada pelo processo de produção que torna tudo igual. À medida que a tecnologia avança, permite menor diversidade.

JB_ Voltar às origens?
AM_A volta às origens determina a retomada da diversidade, da pluralidade. É um erro pensar-se que o universal é o igual. O universal emerge do regional, de um regional com atributos de autenticidade provados pelo uso comum. É o que o torna capaz de se tornar universal. Instituições como a Unesco já estão convencidas de que o desenvolvimento do chamado Terceiro Mundo só será conseguido na medida em que forem respeitados os componentes de cada cultura. Se isso não for observado, continuaremos a repetir e a mimetizar o que foi feito em outros contextos, criando a mesma insatisfação que já era observada nos países desenvolvidos.

JB_ Dentro da atual estrutura do Patrimônio, será possível realizar esta política?

AM_A resposta é não. Mas, dentro do meu conceito, só através do Patrimônio se poderá conseguir isto. O que penso é o seguinte: uma instituição se insere no tempo e no processo histórico através de sua continuidade. A continuidade, entretanto, não significa imobilismo, mas renovação, realimentação. O próprio processo exige. A continuidade comporta a mudança. Quando tomei posse, recitei um soneto de Camões, que diz:

Mudam-se os tempos, mudam-se as vontades,
muda-se o ser, muda-se a confiança;
todo o mundo é composto de mudança,
tomando sempre novas qualidades.

É isto.

O QUE MÁRIO DE ANDRADE QUERIA

Estes são alguns trechos do documento preparado por Mário de Andrade em 1936, a pedido do então ministro Gustavo Capanema e que serviu de base para a elaboração dos estatutos do Iphan.

"Entende-se por obra de arte patrimonial, pertencente ao Patrimônio Artístico Nacional (...): 1) Arte arqueológica; 2) Arte ameríndia; 3) Arte popular; 4) Arte histórica; 5) Arte erudita nacional; 6) Arte erudita estrangeira; 7) Artes aplicadas nacionais; 8) Artes aplicadas estrangeiras (...)

Determinados lugares da natureza, cuja expansão florística, hidrográfica ou qualquer outra, foi determinada definitivamente pela indústria humana dos Brasis, como cidades lacustres, canais, aldeamentos, caminhos, grutas trabalhadas etc.

Folclore Ameríndio – vocabulários, cantos, lendas, magias, medicina, culinária ameríndia etc.

Arte popular – (...) Paisagens – determinados lugares agenciados de forma definitiva pela indústria popular, como vilarejos lacustres vivos da Amazônia, tal morro do Rio de Janeiro, tal agrupamento de mocambos no Recife etc.

Folclore: música popular, contos, estórias, lendas, superstições, medicina, receitas culinárias, provérbios, ditos, danças dramáticas etc.

(...) Iconografia nacional – todo e qualquer objeto que tenha valor histórico, tanto um espadim de Caxias, como um lenço celebrando o 13 de maio. Pode ser considerado 'histórico', para fins de tombamento, o objeto que conservou seu valor evocativo depois de 30 anos."

Mário de Andrade também imaginava, entre outras coisas, museus onde haveria, por exemplo, "tudo o que a gente criou sobre o café, de científico, de técnico, de industrial, reunido numa só sala. E o mesmo sobre algodão, açúcar, laranja, extração do ouro, do ferro, da carnaúba, da borracha; o boi e suas indústrias, a lã, o avião, a locomotiva, a imprensa etc. etc. (...)

Cada par móvel do Conselho Consultivo será escolhido de forma a conter um representante com mais de 40 anos de idade e outro com menos de 40, de preferência, para representar as ideias acadêmicas e outro as ideias renovadoras".

ALOISIO MAGALHÃES: A MEMÓRIA NACIONAL EM SUAS MÃOS

[Entrevista]

Excertos de entrevista publicada na revista *Manchete*, 16 jun 1979.

A FUSÃO DO IPHAN, CNRC E PCH[1]

***Manchete*_**Causou-lhe surpresa a sua nomeação para diretor do Patrimônio Histórico e Artístico Nacional?

Aloisio Magalhães_Há duas respostas. A primeira: não me causou surpresa. Em meados de 1975 fundei e continuo dirigindo o Centro Nacional de Referência Cultural, em Brasília, cuja finalidade é registrar e impulsionar atividades culturais caracterizadas por seus bens culturais vivos. Como bens culturais vivos entendo o trato da matéria-prima, as formas de tecnologia pré-industrial, as formas do fazer popular, a invenção de objetos utilitários. Enfim, toda uma gama de atividades do povo que, a meu ver, deve ser tomada como bens culturais. No ano passado comecei a me preocupar com a institucionalização do CNRC. O Centro de tal maneira se desenvolvera em número de colaboradores e de atividades que necessitava ser institucionalizado. Então cheguei à conclusão de que já existia um órgão oficial onde o CNRC caberia perfeitamente: o Iphan. Assim, por este lado, minha nomeação para diretor do Iphan não me causou surpresa, apesar de jamais ter pleiteado esse cargo. A integração das duas instituições – que espero acontecer em breve – servirá para revitalizar as atividades do Instituto do Patrimônio.

Me surpreendi com a nomeação porque há grande diferença entre ter um conceito de determinado problema e se deparar, depois, com a realidade, a fim de resolvê-lo. Convidado para diretor do Patrimônio, passei imediatamente do plano cultural para o real. Comecei a estudar a fundo o Iphan e seus problemas. Quando o Instituto do Patrimônio foi criado, em 1936, seu plano já incluía um conceito amplo de bem cultural. Não privilegiava apenas nosso acervo histórico e artístico feito em pedra e cal. O grande golpe inteligente de seu primeiro diretor, Rodrigo Melo Franco de Andrade, foi o de instituir a lei com toda a abrangência. Mas,

1_Programa de Cidades Históricas.

por razões lógicas e inevitáveis, ele foi obrigado a se dedicar quase exclusivamente aos bens em perigo de extinção: casas, igrejas, conventos, conjuntos urbanísticos, monumentos. Através desse conceito, tratado por ele com todo o rigor e coragem, Rodrigo conseguiu estabelecer no país um gabarito ético para os nossos bens culturais. No entanto, o próprio Rodrigo, em artigo no primeiro número da *Revista do Patrimônio*, chamou atenção para a excessiva ênfase que o Patrimônio estava dando à arquitetura.

PRESERVAÇÃO, USO E COMUNIDADE

***Manchete*_**A seu ver, o Patrimônio não tomba prédios demais, criando depois problemas à sua conservação, em detrimento de outros monumentos já tombados e em ruínas por falta de recursos?

AM_O conceito de tombamento precisa ser reexaminado. Não basta tombar um prédio e depois abandoná-lo por falta de verbas. Antes de se tombar um imóvel deve-se criar uma série de facilidades – fiscais e de financiamento – ao seu proprietário, a fim de que ele possa restaurá-lo, sob fiscalização dos técnicos do Iphan. A aceitação desse tombamento, assim como a preservação de nossos bens culturais, é, repito, um problema de conscientização do povo. Se conseguirmos isso, assim como restaurar a confiança das pessoas na ação do Iphan, não haverá depredações, como no caso dos profetas do Aleijadinho, em Congonhas, terrivelmente mutilados pelos turistas incultos. Apesar de tão recente em meu atual cargo de diretor, já consegui bons resultados, além dos obtidos em Ouro Preto. O Banco do Brasil, por exemplo, comprou há pouco tempo num leilão 49 ex-votos em pintura, datados do século XVIII, e vai devolvê-los a Congonhas, de onde há muito saíram para as mãos de colecionadores. Há ainda outro campo de atividade cultural em que estamos começando a agir: a doação do Iphan, pelo Ministério da Fazenda, de todos os bens da União tombados pelo Patrimônio. Isso nos permitiria obter nova renda, através de aluguéis. E, junto ao mesmo ministério, tentaremos derrubar uma lei injusta: a que cobra taxas pela entrada no Brasil de obras de arte vindas do exterior.

Enfim, como lema e início de meu discurso de posse, cito estes versos de Camões que aprendi com Lucio Costa:

Mudam-se os tempos, mudam-se as vontades,
muda-se o ser, muda-se a confiança;
todo o mundo é composto de mudança,
tomando sempre novas qualidades.

Mudando o necessário e conservando o imprescindível, talvez possamos preservar a memória nacional – até aquela feita em barro pelas mãos dos mais humildes e anônimos artesãos.

"O NOVO É UMA FORMA TRANSFORMADA DO PASSADO"

Pela terceira vez compareço a este plenário e me dirijo aos senhores membros do Conselho Federal de Cultura.

Encontro, no que disse nas duas ocasiões anteriores, embora em grau diferente de complexidade e abrangência, uma unidade conceitual, um princípio de coerência que espero manter nesta terceira comunicação.

Em 1975, quando aqui compareci por convite do ministro Afonso Arinos de Melo Franco, trouxe-lhes apenas uma ideia. Como toda ideia em processo de cristalização, provavelmente brilhou mais pela intensidade com que se procurava exprimi-la, no esforço de comunicação persuasiva, carecendo, entretanto, de consistência.

Nessa ocasião, percebo em retrospecto, achava-me mesmo imbuído de certa dose de utopia, o que considero, entretanto, válido; situava-me, então, no domínio das ideias, e é sempre saudável pensá-las a nível de maximização, para que, da inevitável correção imposta pela realidade, resulte um saldo de largo espectro para o exercício da ação.

Naquele momento, o utópico estava para o real assim como a intuição estava para a razão. Esta equação analógica serviu como paradigma para uma atuação inicial que se provou consequente: a criação do Centro Nacional de Referência Cultural, em Brasília.

Já na segunda comunicação, em 1977, tratei do real e do concreto que se instalavam sobre a base conceitual da ideia, ao dar conta, a esse Conselho, de algumas reflexões já emergentes das pesquisas do CNRC, que buscam apreender e referenciar a dinâmica cultural brasileira.

De fato, daquele momento até hoje, o desenvolvimento dos projetos de estudo do Centro Nacional de Referência Cultural não fez senão intensificar nosso conhecimento prático sobre importantes vertentes da cultura brasileira.

Apresentação ao Conselho Federal de Cultura do projeto de criação da Fundação Nacional Pró-Memória, Brasília, 6 ago 1979.

Conhecimento prático porque específico, decorrente de estudos realizados em contato direto com diferentes realidades culturais e orientados pelas próprias realidades estudadas.

Verificamos, por exemplo, que os brasileiros andam desaprendendo aquilo que, ao longo de nossa história, a cultura do caju nos ensinou sobre a potencialidade desta fruta, natural do Brasil, e a necessidade de reencontrar essa cultura, apoiá-la, desenvolvê-la.

Constatamos e documentamos minuciosamente o processo vital da tecelagem popular no Triângulo Mineiro, escapada ao alvará de D. Maria I, do século XVIII, que ordenou o desmantelamento da atividade têxtil no Brasil.

Apreendemos as origens da média e pequena empresa metalomecânica do sul do Brasil, ao perceber que usam moldes de madeira, para a confecção de suas peças metálicas, idênticos aos empregados nas indústrias domésticas dos imigrantes, que estudamos na cidade de Orleans, em Santa Catarina.

Estudamos e documentamos, no CNRC, a atividade do artesão ceramista Amaro de Tracunhaém e, conduzidos por ele, tomamos conhecimento de seu sistema de trabalho familiar, de sua organização como produtor autônomo, o que, acrescentando-se a outros dados decorrentes de estudos paralelos e convergentes, permite-nos, neste momento, reivindicar junto ao Ministério do Trabalho e de Previdência Social um tratamento específico para o artesão e o produto artesanal brasileiro.

Agora, nomeado diretor geral do Instituto do Patrimônio Histórico e Artístico Nacional e munido de importante instrumento legal, volto pela terceira vez ao plenário do Conselho Federal de Cultura, perfeitamente consciente da grande responsabilidade que assumi, ao aceitar a nomeação.

De fato, o Decreto-Lei de 25 de dezembro de 1937, que organiza a proteção do patrimônio histórico e artístico nacional, dotou o país de um admirável instrumento de notável abrangência e atualidade. À convergência do pensamento de Mário de Andrade com a lucidez e capacidade intelectual de Rodrigo Melo Franco de Andrade, junta-se a clarividência e determinação de Gustavo Capanema na criação do Sphan, que representa, certamente, o momento mais importante da tomada de consciência nacional em relação a nosso patrimônio cultural.

Curiosamente, quanto mais recuo no tempo do Instituto do Patrimônio Histórico e Artístico Nacional, mais constato que ele se identifica com o nosso tempo, perfeitamente atualizado com a realidade de agora, tal a capacidade de projeção que estabeleceu suas bases. Reporto-me ao pensamento expresso por Afonso Arinos, nutrido pelos debates sobre a cultura brasileira que se realizam nesse douto Conselho: "Há na cultura a fusão dos tempos. Passado, presente e futuro se reúnem de forma que, no planejamento cultural, a herança social funde-se com a ação presente e a visão do futuro", ou à observação que fiz, na minha segunda comunicação a este plenário:

Pode-se afirmar que, no processo de evolução de uma cultura, nada existe propriamente de "novo". O "novo" é apenas uma forma transformada do passado, enriquecida na continuidade do processo, ou novamente revelada de um repertório latente. Na verdade, os elementos são sempre os mesmos; apenas a visão pode ser enriquecida, por novas incidências de luz, nas diversas faces do mesmo cristal.

O documento que trago hoje à consideração dos senhores e para o qual peço o apoio do Conselho Federal de Cultura já foi aprovado pelo ex^{mo} sr. presidente da República [João Figueiredo] e resultou de um esforço empreendido com o objetivo de dotar o Instituto do Patrimônio Histórico e Artístico Nacional de um instrumento agilizador, capacitando-o para sua verdadeira função de responsável pelo nosso patrimônio cultural.

MEMÓRIA CULTURAL BRASILEIRA: PROPOSTA DE AÇÃO INSTITUCIONAL

É hoje matéria de consenso nacional, reiteradamente expressa por diferentes níveis da comunidade brasileira, a importância da preservação de nossa memória cultural. De fato, a própria expressão "memória nacional", largamente divulgada e aceita, busca sintetizar a necessidade de uma ação viva e permanente que assegure não somente a preservação dos valores mais significativos do nosso passado histórico, mas também a justificação dos indicadores que desse passado possam ser identificados no processo de desenvolvimento acelerado que adotamos face aos complexos problemas que enfrentamos como nação emergente.

Esse sentimento intuitivo e forte que aflora cada vez mais nitidamente na consciência nacional não deve ser ignorado, sob pena de incorrermos no erro histórico de aceitar modelos e adotar soluções incompatíveis com nossa vocação, inadequadas à nossa realidade e à nossa responsabilidade de maior nação latina do Novo Mundo.

Assim, nosso desenvolvimento só será verdadeiramente harmonioso na medida em que o conhecimento dos valores reiterados pelo processo histórico passe a informar o conjunto de decisões tomadas com vistas à solução de nossos problemas de hoje. A continuidade da trajetória de uma cultura em processo ininterrupto de transformação como a nossa não pode prescindir do constante aferimento dos valores da anterioridade a fim de identificar os caminhos do tempo projetivo.

Minuta da exposição de motivos argumentando pela criação da Fundação Nacional Pró-Memória, encaminhada a Eduardo Portella, então ministro da Educação e Cultura, em setembro de 1979.

A Constituição brasileira define de maneira clara a preservação desses valores em seu artigo 180: "O amparo à cultura é dever do Estado." E no parágrafo único desse artigo estatui: "Ficam sob a proteção especial do poder público os documentos, as obras e os locais de valor histórico ou artístico, os monumentos e as paisagens naturais notáveis, bem como as jazidas arqueológicas." Esta determinação constitucional encontra-se devidamente regulamentada no Decreto-Lei nº 25, de 30 de novembro de 1937. Esse instrumento legal define a política de preservação do patrimônio cultural e atribui ao Iphan a responsabilidade e o dever de proteger "o conjunto dos bens móveis e imóveis existentes no país e cuja conservação seja de interesse público, quer por sua vinculação a fatos memoráveis da história do Brasil, quer por seu excepcional valor arqueológico ou etnográfico, bibliográfico ou artístico". Equipara ainda ao mesmo princípio de proteção e guarda "os monumentos naturais, bem como os sítios e paisagens que importe conservar e proteger pela feição notável com que tenham sido dotados pela natureza ou agenciados pela indústria humana".

Durante seus 43 anos de existência, o Iphan cumpriu plenamente essa determinação. Apesar de nem sempre dispor de recursos materiais e humanos suficientes para executar as tarefas que lhe cabiam, pôde ele – através do empenho e da persistência de seus funcionários que, num Brasil em marcha para a industrialização, optaram por dedicar seu talento à missão de identificar, documentar, classificar, preservar, restaurar e revitalizar bens do patrimônio cultural brasileiro – corresponder à amplitude das ideias contidas naquele diploma legal. E mais: no curso desses anos buscou o Iphan consolidar seu aprendizado e desenvolver metodologia própria, que hoje corporificam um saber adquirido e testado nos trabalhos executados nas áreas de preservação e restauro de bens móveis e imóveis. Contudo, a partir dos anos 1960, fenômenos decorrentes da aceleração do crescimento econômico – entre os quais ressaltam a urbanização desenfreada, a especulação imobiliária nas cidades de grande e médio porte, a abertura de novas vias de comunicação e o consequente incremento do turismo – representaram tremendo desafio à capacidade de ação do Iphan e ao mesmo tempo revelaram a inadequação do órgão para enfrentar essa realidade nova. Acresce que esses fenômenos não se fizeram acompanhar de um posicionamento favorável à preservação do patrimônio cultural. Na verdade, a própria estagnação econômica de certas regiões facilitara até então a tarefa de preservação, já que concorrera para manter intactos conjuntos históricos e paisagísticos de valor inestimável.

Assim, o contexto socioeconômico que se veio formando dos anos 1960 para cá, e caracterizado por um índice de complexificação crescente, apontava para a necessidade de apoiar de modo mais decisivo o esforço solitário do Iphan. A compreensão dessa necessidade conduziu à criação, em 1973, pelo então Ministério do Planejamento e Coordenação Geral e pelo Ministério da Educação e Cultura, do Programa de Cidades Históricas, voltado inicialmente para nove estados do Norte/Nordeste e, desde 1977, atuando também nos estados da região Sudeste. Ao Iphan veio agregar-se ultimamente o Centro Nacional de Referência Cultural, programa interministerial cujo trabalho, iniciado em 1975, tem por objetivo traçar um sistema referencial básico para a descrição e análise da dinâmica cultural brasileira, tal como é caracterizada na prática das diversas artes, ciências e tecnologias. O Programa de Cidades Históricas e o Centro Nacional de Referência Cultural são, pois, os dois aliados com que conta o Iphan para atender à nova complexidade da situação em que se insere a problemática relacionada com a preservação dos bens culturais.

Entretanto, por força de sua estrutura administrativa, vê-se o Iphan no centro mesmo de uma contradição alarmante: num momento como o atual, em que se verifica uma situação de alta complexidade, revela-se baixo o grau de independência do órgão, o que lhe tolhe a mobilidade no âmbito do serviço público, não só entre os níveis de governo, mas também dentro de cada nível e fora dele. Embora o artigo 14 do Decreto nº 66.967, de 27 de julho de 1970, tenha dotado o Iphan de autonomia administrativa e financeira, até o presente o mesmo instrumento legal não lhe proporcionou as condições implícitas na ideia de autonomia, ressentindo-se o órgão da insuficiência de recursos e da falta de flexibilidade para empregar os parcos recursos disponíveis. Isso tem representado um fator extremamente restritivo, tanto mais que a ação abrangente e diversificada do Iphan se reveste de uma excepcionalidade reconhecida por especialistas em administração pública e autoridades judiciárias. Ao caráter peculiar e inconfundível da atuação do Iphan, traço que o distingue de outras organizações públicas brasileiras, referiu-se o ministro Luiz Gallotti[1] em voto proferido no Tribunal de Contas da União, acentuando que o trato, a conservação e o restauro do bem cultural estão sujeitos a regras que se situam para além das

1_Luiz Gallotti foi ministro do Superior Tribunal de Justiça (STF), eleito em 1949. Integrou a Suprema Corte por 25 anos e participou do Tribunal Superior Eleitoral de 1953 a 1957.

exigências comuns da administração, ampliando em larga medida a discrição reconhecida à autoridade administrativa.

É oportuno lembrar que a reforma administrativa adotada pelo governo federal estabeleceu quatro áreas de competência do Ministério da Educação e Cultura: Educação, abrangendo ensino e magistério; Cultura, compreendendo letras e artes; Patrimônio Histórico, Arqueológico, Científico, Cultural e Artístico; e finalmente Desportos (cf. artigo 39 do Decreto-Lei 200/1967).[2] Vê-se que o patrimônio cultural está expressamente qualificado entre as quatro grandes áreas prioritárias do Ministério da Educação e Cultura. Vale notar, também, que todas essas áreas, à exceção do patrimônio cultural, são hoje secretarias, isto é, órgãos centrais de direção superior e de coordenação nacional. As razões aqui expostas encarecem a necessidade imperiosa de fazer do órgão responsável pelo patrimônio cultural uma instituição forte e justificam a proposta ora formulada de transformação do Instituto do Patrimônio Histórico e Artístico Nacional dentro do Ministério da Educação e Cultura.

Por outro lado, para que a Secretaria do Patrimônio Histórico e Artístico Nacional cumpra seu papel agilizador, é imprescindível articulá-la com a criação do Pró-Memória, entidade concebida com o fim de empreender um conjunto de ações integradas e organicamente estruturadas no âmbito dos bens do acervo cultural brasileiro, propiciando à comunidade nacional melhor conhecimento, maior participação e adequado uso desses bens. O Pró-Memória deverá atuar de forma descentralizadora e ágil como elemento catalisador de energias, recursos humanos, metodológicos e financeiros, interagindo com organismos regionais, públicos e privados, interligando problemas comuns e distinguindo os peculiares dentro da heterogeneidade e dos níveis de especificidade do mosaico cultural brasileiro.

Estudos realizados pela Secretaria de Modernização e Reforma Administrativa (Semor) da Secretaria de Planejamento da Presidência da República (Seplan), bem como pareceres de especialistas consultados, reconhecem a relevância da criação dessa entidade para a implantação de linhas de ação mais dinâmicas e atualizadas no que tange ao trato dos bens culturais. Tais estudos e pareceres indicam ainda o

2_A lei mencionada, de 1967, foi sancionada sob a presidência do Mal. Artur da Costa e Silva (1967-1969).

estatuto de Fundação como o mais compatível com os objetivos aqui delineados, os quais, para a sua plena consecução, implicam a formação de um patrimônio rentável, a adoção de um sistema de captação de recursos públicos e privados, uma estrutura administrativa e uma personalidade jurídica próprias.

Com base na idoneidade dessas opiniões, propomos também a criação da Fundação Nacional Pró-Memória (Pró-Memória) como órgão vinculado à futura Secretaria do Patrimônio Histórico e Artístico Nacional e, atendendo à unidade de orientação que deve prevalecer nos dois organismos, presidida pelo secretário do Patrimônio Histórico e Artístico Nacional.

É nossa firme convicção que a implementação das duas propostas ora encaminhadas dará ao Iphan condições de atuar com a necessária independência numa situação de alta complexidade, própria de uma sociedade que, como a nossa, vive acelerado processo de mudança.

O BEM CULTURAL E A SUA COMUNIDADE: A CIDADE DE GOIÁS

Inicialmente eu queria, como Diretor Geral do Iphan, agradecer a presença dos nossos amigos do estado de Goiás, da cidade de Goiás, e de outras agências do governo federal, que aqui vieram nos ajudar, no exercício amplo, democrático, de analisar os problemas de uma comunidade brasileira. Gostaria também de pedir desculpas pelo caráter informal, pelo aspecto ainda de acampamento, do nosso edifício em Brasília, mas ao mesmo tempo que eu peço desculpas, gostaria de frisar que a reunião, sendo realizada aqui, nesse espaço, tem também o significado de demonstrar que o Iphan se coloca, se posiciona, com relação aos problemas brasileiros, com uma visão nova, mais abrangente, muito parecida com o início do próprio Iphan, de tentativa de compreensão dos problemas brasileiros, o fato de estarmos em Brasília é, a meu ver, muito significante.

É que é necessário, a uma instituição federal, cujo instrumento legal determina um cuidado, uma atenção especialíssima em relação ao problema de seu patrimônio, para verdadeiramente compreender esses problemas no Brasil de hoje, localizar-se no espaço onde seja possível a melhor visão, a mais compreensiva, a mais homogênea e abrangente desse espaço territorial brasileiro. É óbvio que só daqui de Brasília, pela própria razão de ser de Brasília, é que se pode ter essa tentativa de visão compreensiva dos problemas brasileiros como um todo.

Um ponto que eu gostaria de enfatizar diz respeito ao que nós concluímos, de que certos problemas, a abrangência e complexidade de certos problemas que dizem respeito à preservação do bem cultural, não podem ser tratados isoladamente. Em outras palavras, não faz sentido que toda uma estrutura, e todo um trabalho, seja montado e dirigido, procurando resolver um aspecto somente da problemática que diz respeito à preservação do bem cultural. Na verdade, o que nos parece claro é que é preciso ver o conjunto de problemas, o conjunto de ne-

Pronunciamento em reunião sobre a cidade de Goiás, realizada em Brasília em 18 e 19 de setembro de 1979.

cessidades, o conjunto de aspirações desses núcleos de densidade histórica que devem ser preservados, o conjunto desses problemas deve ser visto e atacado de uma vez só. Só assim se poderá verdadeiramente criar uma estrutura permanente, criar uma comunidade consciente e interligada com o valor desse bem cultural.

Algumas premissas, dentro dessa linha, nos parecem claras. Uma delas é a de que o melhor guardião do bem cultural é o seu dono, é aquele que está mais próximo a esse bem, aquele que convive com esse bem, que a ele está ligado pela própria razão de ser desse bem. Isso nos leva a que, além da necessidade de atacar os problemas como um todo, é preciso que a comunidade seja bem conscientizada do valor desses bens e que ela mesma se ocupe do seu trato e conservação. Isso faz com que a função do Iphan se desloque para um plano de catalizador, de estimulador da conscientização da (a) comunidade, levando a essa comunidade aquilo de que ela carece para concretizar essa conservação, em termos de metodologia, de ajuda de recursos humanos, de ajuda financeira. E talvez até mais, sendo também um elemento catalizador, (b) no sentido de interligar as instituições pertinentes àqueles problemas, de procurar interessar, entusiasmar outras agências responsáveis, no plano federal, para que vão ao encontro das necessidades de que a comunidade começa a ter consciência e cuidar.

Essa nos parece a todos, com essa visão nova do Iphan, a função mais importante e mais necessária da nossa instituição, o que significa uma postura de descentralização. O grande período histórico do Iphan se caracterizou por uma centralização, centralização essa necessária na medida em que, no começo da instituição, não se conhecia bem o conceito de bem cultural, não se conheciam metodologias para resolver o problema de conservação do bem cultural, enfim, inaugurava-se toda uma posição de estabelecer critérios para a preservação e consolidação desse bem. E essa centralização era inevitável, na medida em que era um aprendizado constante de métodos, da maneira de poder realmente consolidar a presença e a permanência do bem cultural.

No momento nos parece importante uma certa postura nova. Sendo tantos os problemas, tão diversificados ao longo do espaço brasileiro, e tendo já as comunidades um outro nível de complexidade e de percepção dos problemas, a posição do Iphan, de certo, modo, se inverte, passando ele a ser um órgão capaz justamente de ajudar a comunidade a resolver seus próprios problemas.

Com isso então se garante a melhor preservação no sentido de que a comunidade é que detém não só o uso, o benefício, como a capacidade de gerenciamento de preservação, com a ajuda dos órgãos cuja competência se destina a esse trabalho.

Essa posição do Iphan se torna possível, em primeiro lugar, na medida em que o governo federal se apercebe de que o valor da preservação do bem cultural transcende sua simples permanência como valor histórico, mas considera como válida a postura que nós defendemos, de que, no processo de desenvolvimento, no aspecto projetivo da nação, nós temos a necessidade de aferir constantemente os valores do passado, os elementos que constituíram a trajetória da nação até este ponto, e é aferindo estes valores do passado que nós poderemos provavelmente encontrar indicadores de uma posição projetiva. Em outras palavras, o acelerado processo de desenvolvimento a que fomos submetidos, talvez inevitavelmente, pelo mundo contemporâneo, pela dinâmica de hoje, precisaria de certo modo ser corrigido, com maior atenção para os componentes indicadores da trajetória do processo histórico, que são, em última análise, os elementos capazes de garantir a este desenvolvimento uma postura e uma fisionomia autêntica e própria de uma cultura.

Esse aspecto, digamos assim, vivo e permanente do bem cultural, é também um dos aspectos que mais profundamente nos toca. Para isso é que o Iphan, na sua constituição, dessa ação mais viva recebe a ajuda extremamente poderosa, em termos de recursos humanos e metodologias, de duas instituições novas: o Programa das Cidades Históricas da Seplan – Presidência da República, e do Centro Nacional de Referência Cultural. Essas duas instituições, que atuavam paralelamente à ação do Iphan, convergem neste momento em direção a uma só força, trazendo para o Iphan recursos humanos novos, recursos metodológicos novos, experiências novas, umas de grande validade no sentido da própria ideia de descentralização, como são os resultados obtidos pelo PCH, e outros, como os advindos do CNRC, que dizem respeito a uma preocupação ligada ao bem cultural dentro da dinâmica viva da cultura, o que nos ajudará a garantir essa visão e essa ideia de que os problemas de uma comunidade devem ser atacados como um todo.

Eu já tenho repetido em vários lugares que não adianta a restauração de um bem de pedra e cal, por mais importante que ele seja, se este bem não estiver inserido, usado, compreendido pela comunidade a que pertence. Ou, mais ainda, nos parece estranho verificar que há algumas obras que resolvem a restauração do bem de pedra e cal, com valor econômico determinado, milhões e milhões de cruzeiros, restauração de um bem imóvel de uma comunidade, quando essa comunidade em muitos casos luta pela sobrevivência. Alguma coisa não está certa. É claro que é preciso salvar o bem de pedra e cal, é preciso restaurá-lo e mantê-lo permanentemente vivo e presente, mas é preciso que a comunidade tenha condições de interação harmoniosa com esse bem. Justamente essa comunidade foi a responsável pela existência desse bem de pedra e cal; uma estrutura econômica, uma estrutura de vida, uma estrutura social permitiram alcançar o nível de excelência que criou aquele monumento em pedra e cal. O nosso trabalho, nesse sentido, seria o de tentar ajudar a comunidade a restabelecer essa verdade, essa forma de ação da comunidade que, no passado, consentiu que ela construísse aquele bem de pedra e cal.

Enfim, não quero me alongar muito, queria apenas transmitir aos senhores a intensidade com que nós todos nos dispomos a enfrentar esse problema, intensidade que transcende em muito nossa capacidade financeira, e que, a meu ver, nesse tipo de problema com que nos deparamos todos, o da consolidação do bem cultural, a determinação de resolvê-lo antecede a necessidade de recursos financeiros. A determinação de resolver os problemas é, para nós, o primeiro pré-requisito da ação de preservação do bem cultural. O segundo pré-requisito seria a competência, ou seja, quem deve cuidar, como deve cuidar, com ajuda de quem. E só em terceiro eu colocaria o problema de recursos financeiros, porque, no Brasil de hoje, me parece que não há a menor dúvida de que um projeto bem resolvido, bem pensado, bem equacionado, e com pessoas determinadas a resolvê-lo, vai encontrar recursos. E seria até uma forma de trabalho normativa, ou seja, nunca haverá recursos sobrando ou recursos fáceis para resolver problemas de bens culturais dentro da ordem de prioridades da nação. Então, nesse caso, nós é que temos que equacionar os problemas, dimensionar os problemas e ir em busca dos recursos.

Essa é a determinação, o pensamento com que nós procuramos atuar e, por isso, é com muita satisfação que o CNRC, o PCH dentro do Iphan, os três juntos, começam essa reunião, para nós procurarmos compreender em conjunto os problemas da cidade de Goiás.

É POSSÍVEL REDESENHAR AS CIDADES? DO CONCEITO DE EVOLUÇÃO NATURAL À ANÁLISE DE INTERFERÊNCIAS INADEQUADAS

> "Se quisermos definir o cidadão dos tempos antigos pelo seu atributo mais essencial, devemos dizer que cidadão é o homem que possui a religião da cidade.
> ... As cidade antigas puniam a maior parte das faltas que se cometiam contra elas, retirando ao culposo a sua qualidade de cidadão."
> **Fustel de Coulanges, *A cidade antiga***

As cidades antigas acumulam em sua densa tessitura elementos de identidade que, embora diversificados e contrastados, convivem harmoniosamente, tornando explícito o caráter e definindo o perfil das cidades.

As alterações desse perfil são determinadas, ao longo do tempo, pela mobilidade dos componentes vivos em sua trajetória natural.

Parece existir uma relação direta entre a idade das cidades e a maior ou menor mobilidade desses elementos; quanto mais antiga a cidade, mais estável o seu perfil. Pode-se mesmo falar de um processo de defesa natural da cidade, como organismo vivo, contra tudo o que for inadequado à sua evolução.

Nessa mesma ordem de ideias, quanto mais nova a cidade, mais frágeis são os componentes de seu perfil e mais dinâmicos os elementos que atuam no processo de transformações.

Assim, qualquer interferência externa no processo, sem que seja determinada por uma avaliação responsável – no plano histórico, urbanístico, social – e sem o consenso ponderável da comunidade, distorce a evolução harmoniosa do conjunto.

Palestra proferida em torno do ano de 1979, no Recife, quando os interesses do autor já se ampliavam à conformação das cidades.

Isso não quer dizer que interferências, até mesmo profundas, não sejam em muitos casos indicadas, sobretudo quando, como agora, os grandes centros urbanos atingiram um nível de complexidade inaceitável.

O grave problema parece ser o das cidades antigas, porém inseridas em contextos culturais pouco estratificados e em processo acelerado de transformações. Exatamente o caso do Recife: cortes profundos, demolições extensas, novas construções inadequadas, têm sido feitos na cidade ao longo dos últimos trinta anos, sem que fossem determinados por uma reflexão mais profunda e sem que tenham sido levados em conta apelos, advertências e críticas fundamentadas por órgãos representativos.

Nas cidades, como em todo organismo vivo, a "cirurgia" muitas vezes é necessária, mas nunca sem avaliação prévia das alternativas de tratamento adequado.

Para a maioria dos casos que têm acontecido no Recife, o símile mais exato pode ser buscado no campo tão em voga da cirurgia plástica: pretende-se corrigir, alcear, alisar, uma face nobre de rugas e sulcos marcados dignamente pelo tempo, memória de lutas e guerras, de alegrias e exaltações.

Talvez o silêncio, ou quase silêncio de agora, resulte do cansaço dos que, ao longo de tantos anos, tentaram intervir sem resultado. Por outro lado, parece que as gerações mais novas ainda não incluíram em suas reivindicações uma participação mais efetiva no que diz respeito à sua cidade.

O problema torna-se grave na medida em que, hoje, o aparelho de intervenção do Estado dispõe de uma estrutura cada vez mais poderosa e, proporcionalmente, cada vez mais distante e menos preocupada com as expectativas e desejos da comunidade.

O projeto, ora em execução no centro urbano do Recife, introduz alterações aparentemente superficiais feitas sob o pretexto de um benefício a que chamam de humanização e lazer. Evidentemente, ninguém discute a necessidade de se eliminar o tráfego de veículos, devolvendo-se aos pedestres o uso das ruas centrais do comércio. Entretanto, não creio que teria sido necessária a transformação das ruas em calçadas contínuas. Isso altera relações importantes de proporção e escala; não será o meio-fio parte dessa relação, assim como o rodapé separa a parede do chão? Parece-me fundamental que o leito das ruas permaneça aberto, permitindo o fluxo normal dos pedestres e o circunstancial das paradas, cortejos ou procissões. (Isso sem falar no acesso urgente de ambulâncias e carros de bombeiros).

Aqui, cabe lembrar que o declínio do Carnaval do Recife em relação ao de Olinda, por exemplo, não se deve tanto a um ativamento especial dos foliões olindenses, mas à permanência ali dos parâmetros originais de escala humana, fundamentais para a confraternização. O desaparecimento dessa relação implica a perda de identificação do indivíduo como participante, levando-o à categoria de espectador.

A perda é fatal; de agente e ator do grande espetáculo – este sim verdadeiramente lúdico –, o homem do Recife reduz-se à categoria de passivo espectador de uma festa programada e artificial.

Inventou-se a Dantas Barreto – avenida que leva a nenhuma parte – parece que só com o pretexto de para lá transferir-se o Carnaval, numa versão mimética das passarelas cariocas, onde o Carnaval não mais existe.

Já este ano, as ruas centrais ajardinadas foram interditadas durante o Carnaval, sob o pretexto de se proteger do chamado mobiliário urbano. Tenta-se impor um tipo de lazer onde não cabe, em detrimento do outro, este sim verdadeiramente espontâneo e natural. Ademais, não faz sentido sentar-se para descansar ou olhar o tempo na rua nova: vai-se lá para o comércio.

A arborização do Recife também nunca foi central, interceptando o fluxo das ruas: ela sempre foi lateral e copiosa, fechando em arcos, formando um túnel que protege contra o sol e o calor.

Uma análise, mesmo superficial, da história urbana da cidade revelaria certamente os indicadores para resolver de forma adequada o redesenho da iluminação, dos bancos e dos abrigos para as ruas do Recife, sem ser necessário adotar-se o conceito grandioso e artificial de "mobiliário urbano".

Vale a pena passar pela avenida Nossa Senhora do Carmo, verdadeiro divisor de águas. De um lado (Duque de Caxias), a decoração e o enfeite. Do outro, ainda se reconhece o Recife: na mixórdia exuberante dos mascates, ambulantes e camelôs, no cheiro forte dos tabuleiros de armarinhos, barracas de frutas e especiarias, no barulho musical da cidade viva.

Será que tudo isso vai acabar? Tenho a impressão que não. A vitalidade natural da cidade acabará vencendo. Mesmo porque existe, no fundo, uma intuição coletiva de como tudo isso é frágil e pouco resistente ao tempo: os balões de plástico se enchem d'água às primeiras chuvas e os ambulantes da rua Direita olham com humor e certamente com simpatia a fragilidade dos novos abrigos quando comparados com a sólida resistência das barracas que lhes servem há tantos anos.

Não quero com isso dizer que o que se passa ao lado da rua Direita seja adequado ao crescimento da cidade. Creio, porém, que o que deve ser feito para melhorá-la não pode ignorar a realidade viva e a dinâmica peculiar à cidade. O caráter "mascate" do Recife, por exemplo, é antigo e muito profundo: já resistiu até a uma guerra! Não creio que tudo isso possa ser eliminado por uma decisão tecnocrática.

As soluções encontradas para alguns centros urbanos não são necessariamente válidas para todas as cidades; a solução para o centro de Viena ou para a área do Plateau Beaubourg, em Paris, não são aplicáveis a toda parte. O que foi feito em Curitiba é válido e bastante original; não deve, entretanto, servir de modelo para todas as cidades brasileiras.

É preciso ter o cuidado em não confundir o que é universal com o apenas igual: universal é o que emerge do regional por qualidades que transcendem o uso específico e particular de uma cultura. Assim, o universal é diverso por sua própria natureza. A sociedade ocidental, aliás, está pagando um alto preço por esse tipo de confusão: na monotonia da chamada arquitetura contemporânea, na cópia de produtos industriais, nos modelos iguais em nome da economia de produção em massa.

Às vezes, é preciso coragem de dizer que construir não implica necessariamente fazer; que progresso não pressupõe sempre mudar, mas, muitas vezes, apenas conscientizar e conservar. O Recife é uma cidade pobre, com problemas urbanos de alta complexidade no que diz respeito a transporte coletivo, habitação popular, educação básica e aumento de oportunidades de trabalho. Sem falar na preservação do verdadeiro perfil da cidade, como, por exemplo, o arrasamento do bairro do Recife para ampliação da área do porto, ou o adensamento dos depósitos de inflamáveis no pontal do Brum.

Finalmente, creio que deveríamos atentar melhor para o significado de humanização e procurarmos atuar dentro de sua verdadeira e profunda acepção.

ARQUIVOS, MEMÓRIA, HISTÓRIA

Não distingo bem, aqui, os estudantes, os jovens profissionais, os pesquisadores, os mestres e os responsáveis pelos organismos tutelares dos arquivos brasileiros. Vejo-os como um todo, na medida em que a dimensão da tarefa pela qual somos responsáveis é imensa. Imensa não apenas em seu aspecto físico, mas, e principalmente, no sentido temporal.

Onde começa o documento? Onde se encontra? E para onde irá? No sentido de sua trajetória cultural, como dimensionar o valor de um documento escrito?

A minha visão não é especializada; é oriunda de uma outra área de percepção e está mais familiarizada com problemas de natureza visual, em que a apreciação dos fenômenos é feita de forma global, através da percepção do todo e não da percepção linear, que é própria da linguagem verbal. Talvez seja uma vantagem a incursão de alguém com esse tipo de formação na área específica do documento, na área específica do bem cultural registrado em livro, papel ou outra espécie de suporte, para que possa sentir o todo, numa visão abrangente, e situar o problema no contexto da trajetória de uma cultura.

Penso que não podemos dissociar o problema do papel, suporte da informação histórica, dos outros componentes do que se poderia chamar de bens culturais de uma nação e, portanto, o seu acervo, a sua memória, num sentido mais amplo e abrangente.

Vejo que, dentro dessa ótica, minha contribuição neste Congresso se dividiria em duas partes: a primeira delas, de natureza política, e a segunda, talvez, de natureza mais específica.

De natureza política porque não adianta, não faz sentido, e não iremos longe enquanto a nação não se conscientizar do valor do seu patrimônio cultural. Acho que o Brasil atingiu um tal nível de complexidade, de problemas, de adiantamento de conhecimento e de *know-how* técnicos, que não faz sentido, e é de estarrecer, que a problemática relativa ao bem cultural ainda seja considerada como não prioritária.

Palestra proferida no II Seminário de Fontes Primárias de História do Brasil, realizado no IV Congresso de Arquivologia, no Rio de Janeiro, em de 16 de outubro de 1979.

Não se constrói uma nação, não se leva um povo a uma forma civilizatória, sem que esses bens de natureza cultural, que percorrem toda a trajetória desse povo, não sejam levados em conta na sua justa e medida proporção.

Isso é ainda mais verdadeiro quando se trata de uma nação jovem, em processo de formulação de sua identidade nacional; quando se trata de uma cultura que ainda não atingiu um processo civilizatório acabado, cristalizado, mas que, ao contrário, está continuamente sujeita à inserção de novos componentes e ingredientes, num trajeto maravilhoso que poderá ou não transformar essa civilização.

A não formulação desse processo civilizatório depende, em grande parte, da consciência nacional de que, nos documentos, nos bens culturais, reside o grande segmento que propiciará a continuidade e a lógica de uma cultura.

Creio mesmo poder dizer que o bem cultural não tem temporalidade. A trajetória desses elementos constitutivos de uma cultura não tem, propriamente, um presente, um passado e um futuro. O tempo cultural é um só; não há uma cronologia necessária a esse tempo. Os três momentos básicos se constituem, na verdade, em uma só consciência do conjunto desses valores.

Qualquer dado, qualquer elemento projetivo de uma cultura tem que estar baseado na anterioridade. Esta base do conhecimento, do aferimento contínuo e permanente desses ingredientes da anterioridade, que dará aos homens do momento, do presente, a linha de conduta do seu tempo projetivo.

Nós, aqui, somos os homens do presente que deverão delinear, nessa área específica do bem cultural, o tempo projetivo. Ou nós conseguimos, juntos, que a nação – em termos de responsabilidade governamental – assuma e atente para a importância desses valores ou nossa tarefa será difícil, precária e, até certo ponto, inútil. Chegaríamos, eventualmente, a ser uma nação rica, desenvolvida, mas sem caráter, no sentido de identidade e de personalidade próprias.

Isso é tanto mais válido no momento em que vivemos, num mundo em que a velocidade e a aceleração dos processos de transformação aumentam continuamente.

Cada vez mais o processo de vida de uma cultura está sendo bombardeado, diária e continuamente assediado por valores, por segmentos do saber – a nível tecnológico e a toda espécie de nível que o mundo contemporâneo atingiu –, sem que seja aferida a qualidade desses elementos incorporados, em função da nossa vocação, da qual só os elementos do passado histórico poderão determinar a validade.

Estarão sendo adequadas as mudanças que o Brasil sofre? Correspondem elas, verdadeiramente, à nossa vocação, às lições do passado que a trajetória cultural já pode demonstrar?

Existem inúmeros indicadores que podem ser continuamente retirados dessa trajetória cultural, indicadores esses capazes de mostrar, pela reiteração, pela frequência e pelos resultados obtidos, quais os reais componentes de um tempo projetivo. Somente o processo histórico nos fornecerá essa diretriz. Nada existe de novo numa cultura.

O novo numa cultura são os elementos do passado, que reiteradamente se repetem, se renovam, são vistos sob um outro ângulo, são acrescentados na sua dimensão para um tempo projetivo. É como um cristal lapidado em que a luz incide em ângulos diferentes sobre as várias faces; a substância é sempre a mesma.

Através dessa ótica é que percebo que a nossa posição possui um componente político que precisa ser explicitado, precisa ser abordado, precisa ser trabalhado, para que a nação – falo da direção da nação, dos órgãos de responsabilidade – entenda que o que pedimos, o que pleiteamos, faz parte de uma necessidade vital da própria vocação de nossa cultura. Não podemos deixar que se pense que a nossa preocupação como bem cultural é um luxo ou uma forma puramente lúdica de tratar com os elementos componentes de uma cultura, mas que são essenciais ao próprio destino dessa cultura.

Há várias maneiras desse pensamento político ser desenvolvido. E é por isso que me dirijo a vocês com esta preocupação extratécnica de conotar mais a importância da posição de reivindicação.

Recentemente, em Brasília, tive a honra de ser convidado para uma comunicação feita durante as comemorações das Semanas Internacionais de Arquivo, promovidas pelo Núcleo Regional da Associação de Arquivistas Brasileiros (AAB) na capital. Naquela oportunidade tive o ensejo de me referir a um exemplo que me permito repetir aqui e peço que me perdoem os que já o ouviram lá:

Será que poderíamos convencer as autoridades brasileiras da importância do bem cultural e de seu trato através de elementos comparativos com outras formas do chamado processo de desenvolvimento brasileiro? Ocorreu-me um exemplo: quanto custa a construção do metrô?

Cálculos arredondados demonstram que a construção de um metro linear de metrô custa dois milhões e meio de cruzeiros. Dois milhões e meio de cruzeiros é igual, em termos de metrô, a um segmento inicial insignificante. No entanto, dois milhões e meio de cruzeiros na nossa área – do bem cultural – custearia, provavelmente, a edição com três mil exemplares de um livro significativo sobre a iconografia brasileira – ou seja, as aquarelas e os desenhos que se encontraram em Leningrado – de toda a missão Langsdorff.

Dez metros lineares de metrô custam 25 milhões de cruzeiros. Para o metrô significa o tamanho de um vagão, o que não leva a nada; 25 milhões equivalem ao custo de recuperação de todo o acervo de documentários brasileiros custodiados pela Cinemateca de São Paulo e seria a salvação de preciosa documentação sobre o dia a dia brasileiro. Cem metros de metrô, ou seja, 250 milhões de cruzeiros, significam para o metrô o tamanho de duas plataformas e ainda não leva a lugar algum; entretanto, representaria uma soma capaz de gerir, durante um ano inteiro, uma instituição que fosse dedicada à preservação do bem cultural.

Finalmente, mil metros ou um quilômetro de metrô custariam 2 milhões e 500 mil cruzeiros. Esta é a primeira dimensão rentável de um metrô: levar alguém um quilômetro adiante do lugar onde se encontra inicialmente. E o que representaria essa cifra em termos de bem cultural?

Seria quase que uma fantástica soma de recursos que, se aplicada nas inúmeras necessidades dos bens culturais brasileiros, nos levaria a uma maior conscientização e respeito pela importância desses mesmos bens.

Esse tipo de argumento – e existem tantos outros – deveria, a meu ver, ser colocado à disposição dos homens que detêm, no país, a decisão sobre a alocação de recursos. Sem esse tipo de posicionamento, sem que as autoridades brasileiras, nos diversos campos de sua pertinência, atentem para o valor do bem cultural, comparando-o, pelo menos ao da construção do metrô, creio que muito pouco poderá ser feito.

Procurarei finalizar minha participação apresentando uma proposição objetiva. Assumindo o Iphan e analisando a trajetória notável dessa instituição, creio que não desmereço o pensamento original de Mário de Andrade e de Rodrigo Melo Franco de Andrade fazendo a proposta que fiz ao governo e aqui transmito aos senhores: o Iphan, pela sua natureza, pela qualidade de sua legislação, poderia se transformar, no Brasil, numa instituição que nada detenha em seu poder em matéria de acervos, no sentido de aglomeração ou aglutinação física. Ele seria, isso sim, o organismo aglutinador das necessidades do bem cultural do país, esteja ele localizado em que comunidade estiver. Seria um catalizador de energias na preparação de quadros técnicos e metodológicos e na interligação entre entidades.

Enfim, que a atividade do Iphan seja uma atividade enxuta, de capacitação a um melhor nível, interagindo com os diversos organismos nacionais, em todas as gamas do bem cultural, como introdutor de Insumos para atendimento às necessidades de cada um desses organismos.

Penso que essa seria a única solução coerente, para sermos fiéis ao pensamento de Rodrigo Melo Franco de Andrade e Mário de Andrade. A complexidade desse país é tão grande que não tem sentido – para uma instituição como o Iphan – querer sozinha resolver os problemas de vários museus, bibliotecas e arquivos, custodiar e deter seus acervos e geri-los.

Na medida em que for apenas um organismo agilizador do sistema, participando de todos os problemas (tomemos como exemplo notável este primeiro catálogo de aproximação com as fontes de informação da cidade do Rio de Janeiro, lançado neste Seminário) e interagindo com as entidades regionais e municipais, poderá ser o elemento de costura desse sistema. Poderá levar o que for possível em termos de método, de técnica e de recursos financeiros a quantas instituições a ele recorrerem.

Será, assim, uma instituição que, por não ser pesada em si mesma, terá agilidade para interligar, sistematicamente, os diversos componentes, os diversos detentores, verdadeiros guardiães do nosso bem cultural.

E, por ser leve e ágil, tenha condições de melhor promover essa aglutinação, pois todo seu tempo, atenção e preocupação estariam dirigidos nesse sentido, deixando a cada competência, a cada valor próprio das instituições, o papel de realizar suas finalidades.

TEMPOS DE MUDANÇA. SAUDAÇÃO AO PRESIDENTE JOÃO FIGUEIREDO

Discurso proferido na sede do Iphan, em Brasília, em 12 de novembro de 1979. Nesse dia, o presidente da República, João Baptista Figueiredo (1979-1985), assinou três documentos que reformularam a estrutura do órgão federal de proteção dos bens culturais brasileiros: (1) mensagem encaminhando ao Congresso Nacional o projeto de lei que autorizava o Poder Executivo a instituir a Fundação Nacional Pró-Memória; (2) ato transferindo a responsabilidade de execução do Programa de Cidades Históricas da Secretaria de Planejamento da Presidência da República para o Iphan, conforme exposição de motivos procedente da Seplan/PR e do MEC; (3) decreto transformando o Iphan em Secretaria do Patrimônio Histórico e Artístico Nacional, no âmbito do Ministério da Educação e Cultura.

Será provavelmente inusual e, até mesmo, talvez, pouco protocolar saudá-lo, presidente João Figueiredo, sem o formalismo habitual em ocasiões como esta. O que me anima a assim fazê-lo é um impulso de coerência, um sentimento forte de que a palavra deve ser dita como expressão sincera e direta. Essa coerência, presidente, vai ao ponto de, no dia e na ocasião em que nos reunimos aqui para comemorar a data nacional da cultura, me fazer pensar o quanto, face à cultura, na dimensão do tempo brasileiro, na dimensão do espaço brasileiro, nessa continuidade magnífica de sucessivos eventos que marcam passo a passo a trajetória da nação, nós todos somos transitórios. Somos apenas aqueles que num momento dessa trajetória detêm uma parcela de responsabilidade.

E os senhores aqui presentes, ministros de Estado, governadores, presidente do Senado Federal, governador do Distrito Federal, todos, eu gostaria de saudá-los independentemente da função, que vejo transitória dentro dessa trajetória da cultura brasileira, saudá-los como brasileiros que no momento detêm, cada um, uma parcela de responsabilidade, que a sua competência indica que deve assumir, na direção dos destinos da nação.

Essa coerência, presidente, vai um pouco além. É que a nação inteira, de início surpresa e já agora atenta, começou a aprender a ouvi-lo, e a maneira direta, o uso da palavra interna, límpida, enxuta que o senhor introduz ao comunicar-se com a nação tem, a meu ver, um significado que ainda não foi bem avaliado. É que, dentro da diversidade do espaço brasileiro, ao longo da trajetória de todo o nosso desenvolvimento e evolução histórica, dentro deste território imenso, da heterogeneidade dos componentes, da imensa heterogeneidade do próprio espaço desse mosaico cultural que é o Brasil, temos como unidade, como vínculo de unidade, a nossa língua. E essa língua, presidente, ao longo do processo histórico, na sua riqueza, tem servido e tem se adaptado aos diversos temperamentos dos homens que dirigem e conduzem a nação.

O que me parece importante frisar é que, no momento em que a nação brasileira, depois de um período de relativa sombra, procura reencontrar os seus verdadeiros caminhos; quando nos voltamos para as nossas raízes; quando, liderados pela sua palavra seca, direta e precisa, procuramos reencontrar os fundamentos da nacionalidade para construirmos uma forma e um modelo que nos caiba; não vejo, presidente, outra palavra, outro modo de falar senão o seu. Não há lugar para ambiguidades, não há lugar para artifícios, não há lugar para nenhuma forma a não ser a expressão direta e o valor da palavra. Essa dimensão acredito que deva ser melhor analisada e compreendida. É que, transcendendo a sua própria pessoa, o seu temperamento espontâneo, essa palavra e a sua figura inserem-se no momento histórico preciso em que essa palavra e esse temperamento deveriam estar exercendo o poder da nação. E aí, presidente, ao juntarmos a essa palavra enxuta e seca o gesto da mão estendida, complementando a palavra, aparece um binômio raro, que é importante que seja entendido e compreendido pela nação inteira. Acredito, presidente, que só há uma resposta a esse binômio – palavra precisa e gesto de mão estendida – que é a de todos nós nos posicionarmos na medida das nossas competências: cada um apresentar-se de corpo inteiro e mostrar a posição que gostaria de assumir, e que deveria assumir, na ajuda a essa trajetória que se abre para a nação.

E se é verdade isso, presidente, acho que não é demais lembrar o quanto todos nós, aqui reunidos, somos privilegiados. Somos privilegiados por termos nascido e não termos morrido na primeira infância, enquanto tantos ainda morrem. Somos privilegiados porque atingimos o primeiro ciclo escolar e não nos evadimos da escola como tantos que ainda ou não chegam lá ou lá não conseguem permanecer. Somos privilegiados porque atingimos o segundo ciclo e porque, impulsionados pelos nossos pais, na nossa casa, tivemos o ânimo e o estímulo de prosseguir até atingirmos a universidade, o maravilhoso campo de conhecimento que a universidade oferece, enquanto tantos ainda nem sequer podem sonhar com a universidade. Ainda mais, meus senhores, somos privilegiados porque saímos do país, fomos espiar o mundo, fomos aferir os nossos valores frente a outras culturas, podendo voltar, assim, com uma visão de conjunto e uma compreensão de fenômenos muito privilegiada. Diante de tanto privilégio junto, presidente, só cabe uma atitude: a de devolução, a de cada um de nós, na medida da sua capacitação, do seu valor próprio, se posicionar e devolver à nação os privilégios que recebemos.

Se é válida essa hipótese, essa proposta, a mim coube, presidente, a confiança do seu governo para cuidar de uma das áreas mais sensíveis, mais difíceis, mais complexas, mais sutis, mas, ao mesmo tempo, das mais gratificantes e das mais formidáveis: a área da preservação do nosso patrimônio cultural. E aí, presidente, uma nação emergente como a nossa, num mundo em que os modelos, os feitios falharam ou provam-se insatisfatórios, numa nação como a nossa que tudo tem em espaço, em temperamento, em diversidade, em heterogeneidade rica, para construir um modelo próprio; devemos ver que, provavelmente, é nos indicadores do nosso comportamento cultural, no fazer do homem brasileiro, na pequena dimensão muitas vezes frágil de uma atividade pré-industrial, que estão os segmentos de grande importância no desenvolvimento autêntico da nação e da identidade dessa nação.

A aceleração do nosso processo de desenvolvimento é inevitável, é inevitável a cópia e a absorção de modelos, e inevitável porque o mundo não pode parar e uma nação não pode isolar-se das outras. Mas é, a meu ver, imprescindível que, ao lado desse desenvolvimento, exista sempre, constantemente, o aferimento dessas modificações, dessas alterações rápidas, o aferimento disso à luz dos valores próprios da nação, dos segmentos que são inteiramente criados ao longo do processo histórico e que devem servir de parâmetro, inoculando, no processo vindo de fora – nós inevitavelmente temos que absorver é inoculando – uma vacina própria, a vacina da adequação dessas alterações à verdade e à autenticidade do perfil cultural da nação.

Assim, presidente, os atos que o senhor vai assinar hoje representam instrumentos necessários para que a nossa herança seja mais clara, mais explícita e mais precisa, e a nossa presença mais atuante. O senhor pode ficar certo de que o Instituto do Patrimônio Histórico e Artístico Nacional, essa entidade de grande valor moral que, com 43 anos de existência, e como a nação reconhece, detém um instrumento legal admirável que realmente lhe confere o poder de cuidar, de assegurar que esses componentes de valor cultural não pereçam, mas, ao contrário, se vivifiquem e sigam sua trajetória. Porque uma cultura é feita dos elementos compostos do passado que são vistos pelos homens transitórios do presente e que desenham o caminhar projetivo. Não há nada de novo numa cultura. O novo são elementos do passado que são retomados pela sua reiteração histórica, são revistos, são atualizados para o elemento projetivo da construção da nação. É como um cristal cuja luz incide em várias faces, segundo a necessidade da trajetória e do momento.

Os instrumentos que o senhor assina neste momento, presidente, pode ficar certo disso, serão bem utilizados. Desta casa emanará sempre um sinal de absoluta fidelidade à causa do bem cultural, da obstinada presença em busca de melhor competência e de efetivamente sermos os guardiães dos bens culturais da nação.

Gostaria de agradecer, especialmente, a alguns elementos do governo, pela ajuda que têm prestado a essa causa magnífica da preservação do bem cultural. Ao ministro da Fazenda, Karlos Rischbieter, com quem, em inúmeros diálogos longos, diálogos ao longo desses últimos quatro anos, em muitos casos aprendemos juntos a entender a complexidade do país e quais os caminhos poderíamos tomar para ajudar a resolver esses problemas. O ministro da Fazenda, ao permitir que a Fundação Nacional Pró-Memória vá buscar, no Patrimônio da União, bens desse patrimônio, para criar seu lastro de rentabilidade, faz um dos gestos mais significativos e que propiciarão realmente a criação de riqueza sem o problema temperamental dos orçamentos. Ao ministro Eduardo Portella, meu amigo fraternal e companheiro de mocidade, não sabíamos, quando aprendíamos juntos, que nos reencontraríamos agora, maduros, com essa responsabilidade de ajudar a construir uma nação democrática e com seu próprio modelo; não preciso agradecer a Eduardo Portella, na medida em que a nossa luta é comum e fraterna. Ao ministro Delfim Netto, também, o agradecimento por ter tido a enorme presença de confiar no Instituto do Patrimônio Histórico e Artístico Nacional e passar para nós o Programa de Cidades Históricas, gerido executivamente pela Secretaria de Planejamento da Presidência da República, e que, de hoje em diante, passa a ser gerido por esta instituição, cuja competência é própria para isso. O ministro Delfim Netto, tenho certeza, não hesitou em solidarizar-se conosco na medida que esta é a segunda vez que ele me atribui funções de relevância muito alta. Na década de 1960, quando o Brasil precisava se libertar da compra de dinheiro no estrangeiro, fui eu, presidente Figueiredo, que depois de um concurso, tive a confiança do ministro da Fazenda e me mandei para a Europa a fim de preparar todos os originais, placas, desenhos, que tornavam o país independente da produção do seu próprio dinheiro, de forma que o ministro Delfim deve ter percebido que, na primeira tarefa que me incumbiu, o resultado foi positivo.

Finalmente, presidente, não querendo mais me alongar, gostaria de lhe entregar um objeto. É que, presidente, nas minhas andanças pelo Brasil, tenho encontrado muita coisa de grande significado, de grande simbolismo, muita coisa que representa a invenção e a capacidade de criação do homem brasileiro. Da Amazônia vem este bastão de comando ritual dos nossos índios. A feitura, a feição física do instrumento, mostra bem que é um bastão de comando. Entretanto, presidente, no interior deste instrumento se esconde e está guardado o oposto quase da ideia de comando, no sentido de presença física, que é o sentimento musical, sentimento próprio do brasileiro. Este bastão, a qualquer movimento que se faça com ele, produz o barulho da chuva, sinal de fertilidade, de criação. E ele, ao mesmo tempo que é, na sua expressão de bastão de comando e de ordem, um objeto da razão, esconde no seu interior o sentimento do homem brasileiro. Essa síntese me parece muito própria do temperamento e do tipo de qualidade do homem brasileiro. Muito obrigado, presidente.

ELOGIO DO PARADOXO: EM DEFESA DO PATRIMÔNIO CULTURAL DE OLINDA

Discurso de encerramento do Encontro em Defesa do Patrimônio Cultural de Olinda, proferido na Igreja da Sé, Olinda, em 2 de dezembro de 1979. O Encontro em defesa do patrimônio de Olinda foi um dos muitos seminários promovidos pelo Iphan em conjunto com organizações locais ou com o poder público local, a partir de 1979, junto a comunidades as mais diversas: Ouro Preto, Paraty, Olinda, Cachoeira, Goiás.

Meus amigos de Olinda, ao contrário do que me é habitual, trago-lhes um discurso escrito. Sempre tenho usado e exercitado a palavra espontânea e solta, ditada pelo calor e estímulo do momento. Entretanto, há ocasiões em que sinto o desejo, e também a necessidade, de incorrer no domínio da palavra escrita, forma que me é pouco familiar na medida em que toda a minha vivência tem sido principalmente voltada para a percepção do visual, expressão mais fácil de ser traduzida na espontaneidade das palavras ditas do que na palavra escrita, registrada e permanente.

Mas é justamente esta condição de permanência que me faz seduzido pela troca e tentado ao aprendizado da forma de expressão nova e para mim até agora incomum. Há coisas que devem ser ditas e precisam ser ditas ao nível do que transcende o momento em que foram ditas e devem ser fixadas para que sejam melhor entendidas. Ainda mais, para que a elas possamos voltar, relê-las, reexaminá-las, à luz de novos fatores e de novas circunstâncias; o tempo se encarregará de prová-las verdadeiras e permanentes, ou de contestá-las, apagando-as pelo esquecimento.

Penso, neste discurso de Olinda, dedicá-lo ao elogio do paradoxo. Ou seja, o conceito de situações e momentos que parecem ser contrários ao senso comum.

O primeiro paradoxo é este próprio discurso. Para o exercício da palavra escrita e pensada, o primeiro pré-requisito, além da necessidade, é o tempo para elaborá-la e escrevê-la. Pré-requisito de que careço na medida em que minha atividade se caracteriza por uma ação constante e determinada que se traduz numa dinâmica na qual o tempo se rarefaz e se atomiza, na soma de pequenos gestos que resultam num total aferível e eventualmente apreciável.

Mas eis que subitamente um espaço é aberto, um buraco no tempo, um limbo de quatro horas se faz, graças ao atraso do avião que aqui me trouxe. Aliás, a palavra limbo não me ocorre gratuitamente: o aeroporto é fora do tempo, expectativa do *após* e fim do *antes*. Espaço aberto e disponível. O paradoxo está em que, em lugar do desconforto da espera, assumi, confortavelmente, o novo *tempo* para fixá-lo nas palavras que lhes trago.

A segunda situação paradoxal é que me dirijo à comunidade de Olinda numa dupla condição: a de participante desta mesma coletividade, pelo convívio reiterado ao longo do tempo, e pelo vínculo afetivo permanente, e ao mesmo tempo aqui compareço como responsável pela preservação do patrimônio cultural da nação. Sinto-me como que objeto e sujeito de um mesmo problema e de uma mesma inquietação. Esta dupla qualidade me anima, me alimenta, ao mesmo tempo me desespera e me angustia pela dificuldade óbvia de como poder resolvê-la. No entanto, trago de volta a vocês a certeza de que o que aqui se passa é o mesmo que se passa em qualquer ponto deste vasto espaço brasileiro. Nestes oito meses de responsável pela guarda do patrimônio cultural, tudo procurei ver e compreender: de São Nicolau, São Lourenço ou São Miguel dos Sete Povos das Missões a Belém do Pará; de Paraty, Goiás Velho ou Pilar de Goiás; de Ouro Preto a Tracunhaém; de São Luís e Alcântara, no Maranhão; da Chapada do Guimarães, em Mato Grosso, a Laguna, em Santa Catarina. As necessidades são as mesmas, as expectativas são iguais à tolerância e ao desejo de preservar e conscientizar os valores de identidade da cultura brasileira. A coerência é proporcional à expectativa.

O terceiro paradoxo é, ao contrário do que se diz, poder afirmar, com absoluta convicção, que o Iphan, na sua trajetória de 43 anos, cumpriu e vem cumprindo a finalidade que a lei lhe atribuiu e a competência lhe criou: não estaríamos aqui, estas paredes provavelmente não estariam de pé, abrigando as nossas palavras nem as inquietações da comunidade de Olinda, não fosse a presença do Iphan. A continuidade do processo histórico teria sido interrompida, aqui neste lugar, em que ao longo do tempo muitas palavras foram ditas, algumas fundamentais e decisivas para as transformações e mutações da nação brasileira. Palavras que se espalharam em eco significativo no vasto espaço brasileiro.

Olinda não existiria mais. Paraty já estaria completamente depredada pelo poder econômico de São Paulo e do Rio de Janeiro. Ouro Preto teria sucumbido à fragilidade natural de suas construções; e o maravilhoso santuário de Congonhas – talvez a mais importante obra do gênio brasileiro – já não existiria, certamente roubado pela cobiça dos milionários dos grandes centros urbanos; as ruínas de São Miguel já teriam caído, sem a maravilhosa consolidação feita por Joaquim Cardoso ainda na década de 1930.

Tudo isso foi salvo, e permanece intacto para nosso uso, e uso das gerações seguintes, graças à admirável ação de um pequeno grupo de brasileiros, singulares e tenazes: Mário de Andrade, Rodrigo Melo Franco de Andrade, Lucio Costa, Joaquim Cardoso, Luís Saia, Godofredo Filho, Alcides Rocha Miranda, Silvio Vasconcellos, Miran Latif, Tedim Barreto, José de Souza Reis, Afonso Arinos, Gilberto Ferrez, Paulo Santos, Augusto Silva Telles.

Destaco, isolo e trato à parte a admirável e paradoxal figura de Ayrton Carvalho. Misto de Quixote e Sancho, cervântico por natureza, herói e vítima, bravo e manso, simples e complexo, discreto e audaz, intolerante e bom, que praticamente sozinho, ao longo de tantos anos, lutou e luta pela preservação do nosso patrimônio cultural. Isso significa o êxito da grande vertente, no Nordeste, do espírito de Rodrigo. Esta é a única Diretoria Regional que mantém intacto o espírito inicial da Instituição.

Se mais não fez, é porque não lhe deram condições. Quanto mais foi sendo cerceada e mais limitada a flexibilidade do serviço, mais acirrada e mais tenaz tem sido sua ação.

Acrescente-se o imaterial e o sutil; nenhum de nós que tenha tido o privilégio de ter passado pela casa número 87 da Rua da União deixou de carregar consigo, indelével, a marca especial deste homem admirável.

A sua constante referência a um *Brasil pobre* me leva a outro paradoxo que quero explicitar: é a pobreza que mantém o mais intacto e o mais puro do nosso patrimônio cultural. Quanto mais interiorizado e mais pobre o lugar, *mais permanentes são os valores de autenticidade brasi-*

leira. Esta estranha relação pobreza-permanência do bem cultural deve ser matéria para nossa profunda reflexão. Sobretudo oportuna, quando nos reunimos para aferir e ouvir as expectativas, desejos e necessidades de Olinda. Mesmo aparentemente contraditórios e, portanto, paradoxais, Olinda detém instrumentos de proteção e uma legislação competentes, enquanto Ouro Preto, por exemplo, até hoje não conseguiu aprovar uma legislação de proteção do solo e crescimento adequada às suas necessidades. Aqui clama-se contra o excesso de leis, lá não existe nenhuma legislação. Muitos acham que o recente tombamento de Olinda é excessivo na sua dimensão e rigoroso em suas posturas. Na verdade, sem ele, em pouco tempo o Recife engoliria Olinda, anulando seu perfil e destruindo sua singular identidade. O rigor desta lei é proporcional à ganância e ao furor da sanha especulativa do crescimento imobiliário. A figura do tombamento transcende sempre o episódico e o momento presente. Insere-se no tempo e na trajetória de uma cultura como fator permanente e estável.

Estranha e singularmente paradoxal, a situação da cidade de Olinda. De mãe e maior passou hoje a ser a vítima da própria cidade-filha. Mas Olinda resistirá – já ressurgiu até de suas próprias cinzas. Por muito tempo ainda, a mesma brisa acariciará os coqueiros, a mesma qualidade do sol iluminará os pontos claros no verde destas colinas, para que os que vierem depois de nós gratifiquem-se como nós nos gratificamos, sobretudo se conseguirmos ser fiéis guardadores dos bens que já recebemos dos que foram fiéis antes de nós.

1980 | 1981

O BEM CULTURAL COMO PRINCÍPIO

"BEM CULTURAL É FATOR DE DESENVOLVIMENTO"

[Entrevista]

Recentemente, em Paris, o professor Aloisio Magalhães, secretário do Patrimônio Histórico e Artístico Nacional e presidente da Fundação Nacional Pró-Memória, ao tratar junto à Unesco do tombamento de Ouro Preto como patrimônio mundial, lançou a ideia de "itinerário cultural".

***Boletim Iphan*_**Quais as inovações introduzidas pela Fundação Nacional Pró-Memória na conceituação de bem cultural?
Aloisio Magalhães_ Trata-se basicamente, da superação do velho critério de "pedra e cal" que de certo modo predominou durante tanto tempo no tratamento do patrimônio histórico e artístico. Não se trata de desconhecer a contribuição que este critério trouxe durante este tempo, mas, isto sim, retomar a força do extraordinário documento legal que criou o Iphan. De fato, o Decreto-Lei 25, de 30 de novembro de 1937, conferiu a esta instituição o dever de proteger "o conjunto de bens móveis e imóveis existentes no país e cuja conservação seja de interesse público, quer por sua vinculação a fatos memoráveis da História do Brasil, quer por seu excepcional valor arqueológico ou etnográfico, bibliográfico ou artístico", e além disto, equiparou a este mesmo princípio de proteção "os monumentos naturais, bem como sítios e paisagens que importa conservar e proteger pela feição notável com que tenham sido dotados pela natureza ou agenciados pela indústria humana". Isto é, o curso de um rio pode ser tombado da mesma forma que uma igreja ou um velho sobrado.

***Boletim*_**Como essas ideias podem agora ser retomadas e viabilizadas pela nova instituição?
AM_O antigo Instituto do Patrimônio Histórico e Artístico Nacional foi revitalizado por novos recursos humanos e metodológicos advindos da incorporação do Programa de Cidades Históricas e do Centro Nacional

Entrevista publicada no *Boletim Iphan* 4, jan/fev 1980, p. 11-12. Esta entrevista, ao final, repete trechos existentes no documento "Bens culturais: instrumento para um desenvolvimento harmonioso" (ver p. 151). No entanto, a passagem foi aqui mantida por se dar imediatamente após a criação da Fundação Nacional Pró-Memória, iluminando, desse modo, os objetivos do novo órgão.

de Referência Cultural, podendo assim assumir a responsabilidade de cumprir a dimensão abrangente de bem cultural contida naquele instrumento legal concebido em 1936 pela admirável visão projetiva de Mário de Andrade e institucionalizado pela ação notável de Gustavo Capanema e Rodrigo Melo Franco de Andrade. Assim, uma ideia como a de "itinerário cultural" torna-se perfeitamente factível. Um exemplo bem concreto é o caso de Ouro Preto: ao invés de ser considerada simplesmente como uma cidade histórica e monumento mundial, ela pode passar a centralizar todo um ciclo histórico, o do ouro, e artístico, o da obra de Aleijadinho, isto é, o "itinerário cultural" do século XVIII, abrangendo, além de Ouro Preto, as cidades de Mariana, Congonhas, Tiradentes, São João del-Rey, Sabará, e passarmos assim a ter uma integração de interesses históricos, artísticos, culturais e turísticos.

Boletim_Isto conduziria a um trabalho conjunto com outras instituições...
AM_ Sim, claro, é exatamente isto. O trabalho de articulação de esforços ou contribuições de diversas instituições é fundamental para nós. Veja apenas dois exemplos. O primeiro, em Ouro Preto mesmo. Eu assumi o Iphan naquele momento em que Ouro Preto sofria as terríveis consequências das chuvas excessivas do ano passado e tomei este desastre como elemento de catarse, a fim de mobilizar as agências que tinham algo a ver com o assunto. Hoje temos um convênio com a Universidade de Ouro Preto, do qual estão saindo a carta geológica da cidade, um projeto de recriação do herbário com experiências sobre plantas úteis na fixação do solo, um atendimento à comunidade na Casa da Baronesa etc. Vale mencionar que um órgão como a Embratur, compreendendo este espírito de trabalho, está colaborando conosco em diversos projetos e só para Ouro Preto destinou uma verba de 25 milhões de cruzeiros. O outro exemplo é o da cidade de Goiás, onde, por iniciativa nossa, sentaram à mesa de trabalho representantes da Celg da Telegoiás, da Saneago, CNDU, EBTU, Suplan etc., para um esforço conjunto visando os problemas básicos da cidade. Por que isto? Porque a mim me preocupa muito gastar 5 milhões de cruzeiros na recuperação de uma igreja quando eu vi que a sua comunidade está lutando pela sobrevivência.

***Boletim*_**Como, então, a Sphan e a Fundação Pró-Memória encaram a relação de seu trabalho com as comunidades onde se dão as intervenções?
AM_O Iphan orientou-se pela ideia de cobrir todo o país, nem sempre ouvindo a comunidade sobre a conservação de seu patrimônio. Não sou a favor desta ideia. Esta postura elitista de tantos anos talvez seja consequência do próprio sistema político brasileiro, no seu sentido histórico e tradicional. A ação que vamos procurar empreender é tentar fazer com que a comunidade, nos seus afazeres e na sua vida, se conscientize de sua ambiência cultural. Isto é, temos que procurar dar à comunidade um status de vida que lhe permita entender por que determinado prédio está sendo preservado. Em outras palavras, a própria comunidade é a melhor guardiã de seu patrimônio.

***Boletim*_**Mas o nome do novo órgão, Fundação Pró-Memória, não guardaria ainda conotações aristocráticas e passadistas?
AM_Não, desde que se entenda por Pró-Memória um conjunto de ações integradas e organicamente estruturadas com o objetivo de identificar, documentar, proteger, classificar, restaurar e revitalizar bens do patrimônio cultural brasileiro, propiciando à comunidade nacional melhor conhecimento, maior participação e o uso adequado desses bens. Isto é, o conceito de memória é tomado aqui no sentido dinâmico, como elemento vivo, aberto às modificações e alterações que ocorrem ao longo do processo histórico. Somente pela compreensão deste processo como um todo, isto é, os elementos do passado interagindo com os do presente e proporcionando uma visão do futuro, se poderá estabelecer de forma harmoniosa a continuidade de nossa trajetória cultural. Desta forma, a Pró-Memória atuará de forma descentralizadora e ágil como elemento catalisador de energias, recursos humanos, metodológicos e financeiros, interagindo com organismos regionais, públicos e privados, interligando problemas comuns e distinguindo os peculiares dentro da heterogeneidade e dos níveis de especificidade do mosaico cultural brasileiro.

***Boletim*_**A propósito, esta questão da heterogeneidade e da homogeneização parece ser um dos mais graves problemas com que se defrontam hoje todos os países. Como a Pró-Memória vê o assunto?

AM_Realmente esta perda da identidade, esta progressiva redução dos valores e peculiaridades próprios a cada cultura, esta homogeneização é a face negativa do acelerado processo de integração universal determinado pelo avanço tecnológico, que se propaga através de duas vertentes principais: a tecnologia do produto industrial e a tecnologia da comunicação audiovisual. Esse binômio comunicação massificada/produto massificado gera uma falsa integração, o aparecimento de necessidades injustificadas e expectativas inatingíveis... E este é um fenômeno que ocorre, com variações, tanto em países produtores quanto em países importadores de tecnologia. Aqui no Brasil, a assimilação das culturas de nossa formação original, se bem que tenha atingido razoável grau de sedimentação, sofre um contínuo enriquecimento por novos ingredientes. Resultam ainda frágeis os indicadores de nossa identidade cultural, mas, apesar disto, não deixam de ser importantes como instrumentos para a formulação de nossa política de desenvolvimento.

Boletim_Em sua opinião, como se daria esta relação entre as necessidades desenvolvimentistas e a preservação de uma identidade cultural?
AM_Se a perda de identidade cultural e o empobrecimento que isto representa se impõem à reflexão dos estudiosos das áreas humanísticas, mais importante ainda é que os formuladores das políticas nacionais estejam persuadidos de que não haverá desenvolvimento harmonioso se na elaboração das políticas econômicas não forem levadas em consideração as peculiaridades de cada cultura. Os programas de desenvolvimento econômico que baseiam a criação de riquezas principalmente na importação de tecnologias revelam-se insatisfatórios, quer pela demora na redistribuição dos benefícios, quer pela gradativa perda da autonomia nacional, a dependência econômica e cultural, a perda do caráter nacional.

Boletim_Como se pode enfrentar hoje este tipo de problema no caso do Brasil?
AM_Nos últimos quinze anos o Brasil viveu um período de intensa centralização de poder, visando o equacionamento dos grandes projetos ligados à organização de sua infraestrutura, inadiável em face dos pro-

blemas internacionais e do nosso posicionamento como nação emergente. Nesta transição do mundo subdesenvolvido para o desenvolvido, só através de uma infraestrutura consolidada poderemos assegurar nossa soberania, estabelecendo o que queremos ser e o que podemos vir a ser como nação autônoma. Se é válida a tese das alternâncias entre situações opostas, que parece caracterizar o processo brasileiro, àquele período começa a suceder agora a tendência à descentralização do poder decisório e executório e à procura de novos valores em nossas bases culturais, em que se exprimem os anseios e necessidades da comunidade. Considerando o desenvolvimento como a busca de uma síntese harmoniosa, produzida pelos componentes diversificados e mesmo paradoxais de nossa cultura, é de se supor que a ação político-econômica se processe em dois planos: ao nível macro, das infraestruturas de apoio; e ao nível micro, da identificação de necessidades ligadas ao comportamento e hábitos, usos e costumes da comunidade. Os dois níveis, embora opostos, não estão distanciados ou desassociados, mas devem interagir em processo de histórica correção e equilíbrio. Aqui, reafirmamos que as políticas econômica e tecnológica do país necessitam reinserir os bens culturais nacionais para concretizarmos um desenvolvimento autônomo.

***Boletim*_**Assim retornamos ao conceito de bem cultural, que, como se sabe, nem sempre tem sido bem compreendido no Brasil.

AM_ Exato. Ocorre que o conceito de bem cultural no Brasil continua restrito aos bens móveis e imóveis com ou sem valor criativo próprio, impregnados de valor histórico, ou aos bens da criação artística individual espontânea, quase sempre de apreciação elitista. Aos primeiros deve-se garantir a proteção que merecem e a difusão que os torne amplamente conhecidos. Aos segundos, basta assegurar-lhes a liberdade de expressão e os recursos necessários à sua concretização. Mas, permeando essas duas categorias, existe vasta gama de bens, procedentes sobretudo do fazer popular, que por estarem inseridos na dinâmica viva do cotidiano não são considerados como bens culturais nem utilizados na formulação das políticas econômica e tecnológica. No entanto, é a partir deles que se afere o potencial, se reconhece a vocação e se descobrem os valores mais autênticos de uma nacionalidade.

Boletim_Como fazer para que esses bens possam participar como instrumento de nosso processo de desenvolvimento?
AM_Entre as várias iniciativas possíveis, podemos mencionar duas. A primeira, de caráter mais institucional, é aquela já citada de revitalizar um órgão como o Iphan na perspectiva inspirada por Mário de Andrade. Assim, não há criação de nova instituição, mas a dinamização de uma já existente, que passa a cobrir maior espectro de bem culturais: desde o universo cultural de um produto brasileiro como o caju até os monumentos holandeses do Cabo de Santo Agostinho, desde as indústrias de emigrantes em Santa Catarina até as cerâmicas de Tracunhaém, da tecelagem do Triângulo Mineiro ao artesanato indígena do Centro-Oeste. A segunda é mais complexa, pois envolve a política administrativa e governamental como um todo. Trata-se de pensar que os problemas com que se defrontam os administradores de uma nação como o Brasil transcendem o campo da especialização ou da compartimentalização específica de um só ministério ou agência e se inserem no domínio da interdisciplinaridade, são naturalmente multi-institucionais. De tudo que dissemos até agora uma coisa parece evidente; a certeza de que a realidade brasileira contém riquezas que ainda permanecem desconhecidas e como que protegidas por um imenso tapete que as encobre e abafa. Para descobri-las e conhecê-las dispomos de um admirável potencial humano, rico de invenção e tolerância. Resta-nos trabalhar, mantendo-nos conscientes de nossa responsabilidade social.

ARTE E EDUCAÇÃO EM DEBATE

Apresentação de Ana Mae Barbosa[1] – Estou muito contente em apresentar o Aloisio a vocês, porque o Aloisio é uma figura muito intrigante, porque consegue estabelecer um diálogo entre a modernidade e a historicidade que é muito raro. Aloisio é um desenhista gráfico de vanguarda, e um homem que conseguiu há poucos dias, como secretário-diretor do Patrimônio Histórico e Artístico Nacional, que Ouro Preto fosse considerada monumento histórico internacional. Como desenhista gráfico, nós todos usamos cotidianamente um objeto desenhado por ele – nós, professores, aliás, lamentamos a escassez do uso desse objeto –, que é a cédula da moeda brasileira... e além disso, convivemos diariamente com vários elementos com uma informação visual criada por ele, como a informação visual da Comgás, da Light. Uma outra parte da vida do Aloisio, que para nós é importantíssima: ele foi um dos organizadores da Escola Superior de Desenho Industrial do Rio de Janeiro (ESDI). Bom, eu prefiro que agora ele fale.

Aloisio Magalhães_ Eu gostaria de propor a vocês, de fazer uma colocação, desenvolver um raciocínio e, a partir desse raciocínio, desta ideia, nós então começarmos um trabalho de debate, discussão, de perguntas e respostas, em outras palavras, um filão, uma linha, um segmento de linha e, a partir dessa ideia, analisar se ela é válida, se cabe ver os fenômenos através desta proposta, e então eventualmente enriquecer a ideia de que ela é válida, ou eventualmente mostrar que ela não é válida.

Recentemente eu fui procurado por um cidadão, um velhinho que veio me propor a compra, se havia interesse de nós comprarmos, no Patrimônio, uns documentos antigos. E era uma pasta com uma série de cartas, e com o que ele chamava de exercícios escolares do imperador D. Pedro II, quando menino. E eu folheei aquela pasta vendo os documentos, as cartas não eram muito interessantes, eram cartas de governanta, enfim uma série de documentos que não me chamaram a atenção,

Debate realizado na Semana de Arte e Ensino, em simpósio organizado pela professora Ana Mae Barbosa, São Paulo, em 17 de setembro de 1980. Esta versão apresenta partes editadas.

1_Ana Mae Barbosa é professora titular da Escola de Comunicação e Artes da Universidade de São Paulo (ECA-USP) e uma pioneira da Arte-Educação no Brasil.

não me flagravam como uma coisa importante, mas de repente a pasta me revela os exercícios escolares do príncipe, e esses exercícios escolares foram para mim uma revelação, um ponto de referência curioso sobre o encaminhamento, sobre o problema grave e complexo da formação da cabeça de uma pessoa. Desde a sua infância, a trajetória com que essa cabeça se envolve nos fenômenos, ela absorve conhecimento, ela se prepara para uma ação. E curiosamente, no aprendizado do príncipe, o que você observa através dessas pequenas folhas de papel da caligrafia dos exercícios do príncipe, o príncipe menino, você vê todo o espectro de como o conhecimento ocidental, a nossa cultura ocidental, se insinua e se instala na cabeça da criança, levando essa criança a um desenho que nem sempre, e provavelmente quase nunca, seria a liberdade de que a formação desta cabeça fosse feita com seus próprios meios. Também pensei, olhando os desenhos e a caligrafia do príncipe, que, a pretexto de aprender a escrever, a pretexto de que ele devia melhorar a sua letra, ele era inoculado de informações. Os textos que lhe eram fornecidos eram textos que eram repetidos pelo exercício da caligrafia, para que entrassem melhor na sua cabeça, e que dessem a essa cabeça uma conformação segundo o desenho e o desejo de outras pessoas.

Isso me impressionou profundamente na direção em que realmente o homem do Ocidente, sobretudo o homem do Ocidente como nós, que somos pessoas privilegiadas, privilegiadas por termos enfrentado, tido ocasião de enfrentar a vida, sem morrer, quando hoje tanta gente, tanta criança ainda morre apenas ao nascer, privilegiados porque enfrentamos, tivemos a escola, fomos ao 1º ciclo, fomos ao 2º ciclo, fomos à universidade, eventualmente, viajamos ao estrangeiro, conhecemos o mundo, enfim. Quando você observa que o Ocidente se preocupa em inocular, em preparar a cabeça das pessoas, de uma maneira geral, dentro de um esquema; de um modelo...

E a pergunta seria: estará esse modelo, ou será esse modelo enriquecedor, ou será esse modelo compartimentado, limitador? A ideia entre expansão e redução, até que ponto todo processo de ensino, e isto nos interessa quando falamos de ensino de arte, ou da vigência de arte, parece ser voltado para a redução e não para a expansão? Este processo de redução, você ligar a ideia do príncipe, ou seja, de que no Ocidente o ensino, a preparação das cabeças, vem de cima pra baixo, começa geralmente com a ideia de preparar os príncipes, preparar as cabeças das pessoas que conduzirão o processo, e que fogem muito da outra forma de aprendizado do mundo, que, em contraposição à ideia do aprendizado do príncipe, eu chamaria o aprendizado para a liberdade. E que a cabeça, as cabeças fossem preparadas na direção da expansão e não da redução, na direção da liberdade e não na direção do príncipe. São posturas que, a meu ver, se colocam quando a gente se senta para conversar sobre o processo criativo, sobre a expressão e a representação da linguagem criativa, e as suas relações com o aprendizado.

Se for válida essa ideia, essa postura da relação entre liberdade e expansão e do príncipe e o privilégio e a redução, nós verificamos que ele vem de cima para baixo, aquele que é o da redução, e o outro, ou seja, o da liberdade, vem de baixo para cima, então nós verificamos que tudo que vem de cima para baixo, ou seja, do príncipe, do impositivo e do redutivo, ele vem sem se dirigir propriamente a uma realidade, sem se preocupar com a amplitude da realidade dos fenômenos, mas, ao contrário, nesse processo de redução, vem-se arrumando as cabeças para que elas se comportem e atuem dentro de um modelo pré-concebido. Enquanto que a educação, ou o processo que eu chamaria de o aprendizado para a liberdade, ele vem do real, do concreto, da vivência cultural, do ambiente, aonde se situa o homem, aonde se situa a criança, qual o seu universo, qual é o repertório das coisas que lhe são próprias, o que há autêntico em torno delas. Esse aprendizado vem, portanto, de baixo para cima, do real para um plano mais social e mais abrangente. Então você sente que, de um lado, você teria, do lado de cima para baixo e do príncipe para a redução, você teria a forma escola, da estrutura escolar, mais acadêmica e mais formalista, enquanto o outro sentido, da educação para a liberdade, eu pensaria mais no sentido corporativo, do aprendizado dos ofícios, do contato do homem com processos reais, concretos, de sua vivência cotidiana, em que ele, desde criança, se aproxima num aprendizado natural em que prática e teoria se confundem, em que o exercício do fato concreto de representação das coisas, de criar objetos, de manipular formas concretas e reais, se associa intimamente com o aspecto do aprendizado teórico, da conceituação e da visão mais ampla daqueles fenômenos. Acho que o homem ocidental, nós todos, carecemos muito de rever esses modelos e procurarmos nos aproximar mais do modelo ofício, do modelo ação direta para controle de fenômenos, verificação prática e pragmática de como os problemas são resolvidos, como se usa bem a madeira, como se deve manipular uma matéria-prima, como se obterá um objeto que seja útil, real, concreto, verdadeiro, dentro de seu sistema de vida, o sistema de vida de cada um, em vez de usarmos o sistema elaborado e redutor de cima para baixo, que procura modelar, que procura reduzir o universo de percepção e de criatividade do homem...

São dois paradigmas que se colocam a meu ver de maneira clara, precisa, que a gente faça reflexões sobre ele. Essa seria, vamos dizer, a visão mais teórica, se vocês quiserem, da minha reflexão. E ela seria a meu ver ainda mais própria, ainda mais provavelmente pertinente, se nós entendermos essa ideia e procurarmos aplicar essa ideia à realidade nossa, ou seja, à realidade dos países como o Brasil, à realidade de processos culturais ainda muito jovens, muito recentes, aonde o "cadinho" de misturas ainda se processa, em contextos de países como o nosso ainda não desenvolvidos, que não encontraram ainda seu perfil próprio, que não encontraram ainda a sua forma de modelo, sua expressão ideal. É a meu ver nesses contextos que essa visão, ou esse enfoque conceitual, teria muito mais razão de ser.

Penso nos nossos vizinhos, nos nossos amigos da África, todas aquelas culturas ainda em busca da liberdade, em busca da sua representatividade autêntica, penso que justamente nós, num contexto como o nosso, que estamos um pouco mais avançados, onde já há uma possibilidade crítica e analítica desses fenômenos, penso como seria útil que nós refletíssemos mais sobre esses tipos de modelos e procurássemos adotar e nos enriquecer com essas reflexões, porque isso vai se derramar sobre outras culturas, sobre culturas mais carentes do que a nossa. Na verdade, penso que essa postura, ou seja, é através do aprendizado criativo, é através da vivência criativa, é através do aprendizado para a liberdade que se poderá verdadeiramente vir, num país como o Brasil, a encontrar subsídios para uma coisa mais profunda e mais genérica, que é o modelo de comportamento da nação. O Ocidente – pelo menos o ocidente que a gente conhece melhor – encontra-se numa crise completa, o mundo ocidental, tecnológico, consumista, e essa máquina fantástica, infernal, que vem provando, mais e mais, a sua ineficácia... ninguém está contente, nenhum país do Ocidente, face aos impactos dessas tecnologias, face ao impacto dessas acelerações... consumista, ávido, ninguém está satisfeito. Todos se apresentam críticos, quando não mais dramaticamente, insatisfeitos e infelizes diante do quadro geral.

Então, justamente, se a insatisfação existe nos países que adotaram modelos tecnológicos avançados, modelos consumistas, modelos aceleradores, modelos fora da conceituação, pouco atentos à conceituação do homem, do indivíduo, do ofício, do objetivo, da autenticidade, e essa insatisfação é grande nos países que já cristalizaram-se nesta postura, por que razão, nós, de países do mundo novo, que não chegamos ainda a uma cristalização nessa adoção de modelos, por que razão nós não nos analisamos, não refletimos e não procuramos adotar alternativas que fujam ao impasse que já chegaram esses países?

Creio que a perplexidade é geral, perplexidade diante da pressa, do desgaste, da pobreza, da monotonia, da homogeneidade com que os objetos da vida cotidiana envolvem essas civilizações ditas avançadas, mais e mais tudo perde em intensidade, em calor, em força, em aproximação real do homem, tudo vai mais e mais conforme um método, uma repetição, uma suposta economia na produção massificada e na ilusão de que essa massificação atingirá maior número de pessoas e, como tal, socialmente ela é o melhor caminho. Então, justamente nos países como o nosso, ou seja, onde o modelo ainda não se explicitou, e que eu não vejo porque a gente tenha que seguir o mesmo rumo, a gente tenha que embarcar no mesmo barco e, de maneira pacífica e apenas apática, aceite-se, receba-se, altere-se, modifique-se em função de um modelo que não representa a melhor solução.

Aí é que justamente chega o ponto mais crítico e crucial desse raciocínio. É que justamente através do aprendizado para a liberdade do processo criativo, é justamente através das representações mais profundamente humanas que são as representações das linguagens do processo criativo, é que nós poderemos, eventualmente, nós todos – nós aqui, no centro do Brasil, nós no Nordeste, nós no Sul –, ter realmente indicadores, posturas, referências que ajudem a que esse quadro evolua na direção de uma mais concreta aproximação do real. O processo criativo passa a ser, assim, um compromisso muito menos do que lúdico, do que uma expressão gratuita e gratificante, e se transforma numa expressão e numa representação útil, necessária, fundamental ao desenho de toda uma nação.

Não vejo outro caminho, não creio que se possa obter essa forma mais harmoniosa de um contexto cultural através de outros segmentos e de outros indicadores, que não sejam os indicadores da criatividade. Os indicadores que fogem às reduções, que fogem aos limites do príncipe, que fogem a esse processo de diminuição, são justamente os indicadores que vêm do outro paradigma, ou seja, o da liberdade, o da expansão, e das representações de autenticidade, de baixo para cima, e não de cima para baixo. De uma maneira geral, esse era o raciocínio que eu queria propor a vocês, o mote para que, dentro de um certo limite de possibilidades, a gente possa discuti-lo, analisá-lo, enriquecê-lo, criticá-lo e transformá-lo numa hipótese de reflexão mais profunda. Passo agora para vocês o mote e vamos ver se a gente pode chegar a alguma glosa que enriqueça ou que anule eventualmente o raciocínio.

Fernando Esposel[2]_O que eu gostaria que o Aloisio falasse para nós, uma vez que entre nós estão muitos professores universitários, é sobre essa visão do desenho industrial como uma forma de arte do século XX, como forma de arte característica do nosso século e que, pelo contexto que ele colocou, nesse nosso país novo, como ele aponta, o desenho industrial, que já é algo relativamente antigo em outros países, tenta se implantar aqui como prática, como espaço profissional, enfrentando uma série de dificuldades. Então, eu gostaria mais da história do desenho industrial no Brasil e a formação desses profissionais.

AM_A colocação é interessante, porque justamente dentro daquele raciocínio que eu expus, o lugar que cabe a essa colocação do Desenho In-

2_Fernando Esposel, arquiteto.

dustrial é muito pertinente. Em primeiro lugar eu diria a vocês o seguinte – que o que mais impressiona e interessa numa atividade como o Desenho Industrial e a Comunicação Visual, desenho de produto, é reinserir o artista num contexto social. É fugir ao príncipe, na medida em que o artista, o criador, o indivíduo tem a necessidade da representação, de uma expressão, e de uma linguagem cuja representação é concretamente visual, através de objetos, sinais ou formas de escritura. O artista que necessita dessa linguagem encontra, no social, a sua maneira de exercê-la. Ele reinsere-se no contexto social, como um elemento necessário, válido, útil à sociedade. Se você comparar essa ideia com o que acontecia antigamente é que, a partir de um certo momento do processo civilizatório, o que se observou é que o artista, ou seja, o homem cuja necessidade de representação do processo criativo se dirigia e se colocava na direção de objetos visuais, esse criador viu-se deslocado do centro de gravidade da comunidade, do contexto social, sentiu-se deslocado como desnecessário e passou a um processo de criatividade mais livre, liberto, puramente autônomo, mais rico para alguns e mais pobre para outros, na medida em que a comunicação desse processo criativo se distancia muito do contexto coletivo aonde ele devia estar inserido.

A gente não deve esquecer que, em outros momentos do processo de civilização ocidental, o criador, ou representador de objetos do processo criativo, ele os fazia em função da sociedade. Na verdade, não haveria o culto simbólico de formas de processos, de religião, importante na comunidade da Renascença, por exemplo, a Igreja, como centro do mundo, centro do grupo social, da coletividade, não haveria essa representação perfeita se não houvesse o artista que pintasse, que representasse, que oferecesse este componente necessário à função social que a religião tinha no contexto comunitário. Giotto não foi menor artista porque trabalhava por encomenda na igreja de San Francesco, nas capelas Scrovegni, Peruzzi e Bardi, enfim, nenhum dos grandes representadores e criadores do processo da pintura ocidental foi menor pelo fato de estar engajado no processo social. Ao contrário, foi talvez o processo social e a exigência da comunidade que se representasse ali o Santo Antônio de Pádua, na cidade de Pádua, que forçou Giotto, que deu a Giotto a condição das representações fortes, que ele foi capaz, como artista-criador, de fazer. Mas a um certo momento do processo civilizatório do Ocidente esta função social passa a diminuir e o artista não tem que verdadeiramente se situar como útil, componente do contexto social, nem sequer o retrato continua a ser sua área de atuação. Os famosos retratos de Velázquez, de reis da Espanha, que se espalharam por toda a Península Ibérica, eram retratos pintados à mão e que, a partir de um certo momento da trajetória do Ocidente, até mesmo esse reduto que era o retrato do rei passa a não ser mais feito pelo artista e sim por um processo mecânico, com maior precisão, com maior ênfase, que é a fotografia. Então essa perda de interligação social causa um embaraço, um distúrbio, uma profunda modificação no processo criativo. De certo modo o reencontro da representação criativa ao nível plástico, ao nível do visual, esse reencontro se estabelece na sociedade mais contemporânea quando se verifica que a tecnologia, tão elaborada, está exigindo um mediador entre essa técnica e a comunidade. Alguém que, à luz desses conhecimentos técnicos, domínio do controle desses equipamentos técnicos, seja capaz de entender a comunidade e de certo modo servir como o intermediador, função que a sociedade exige e da tecnologia que lhe oferece para cumprir essa função.

Aí é que surge o desenho industrial, isto é, o artista, sendo chamado a interpretar a necessidade da coletividade, à luz de equipamentos tecnológicos mais ou menos elaborados segundo o contexto. Esse reencontro é muito importante, e é fundamentalmente o tema muito forte de atração que hoje se exerce sobre a juventude, sobre vocês, e sobre o mundo inteiro, dessas funções daquele processo criativo, a volta a uma utilidade, a volta a inserir-se no contexto como criadores representativos do seu contexto coletivo. O que acontece, entretanto, voltando ao meu raciocínio do mundo novo, dos países de situações ainda muito, não diria elementares, mas muito ainda em elaboração, em que o desenho industrial, visto como uma forma de atividade, depende da existência de uma tecnologia elaborada e de uma coletividade capaz de absorver o produto dessa tecnologia; o que não é bem o caso dos países do terceiro mundo, ou como, no caso brasileiro, é um caso apenas de parte do contexto da efetividade da nação.

Aí eu diria a vocês que é uma experiência pessoal, minha, do meu interesse pelo bem cultural, pelas formas do passado, pelo patrimônio no seu sentido de trajetória anterior, de vivência da cultura brasileira. Esse meu interesse pelo aspecto passado do patrimônio – em certo sentido uma forma de desenho industrial, de design –, ou seja, de tentar entender, no contexto brasileiro, que é muito heterogêneo, que oferece um contexto como o de São Paulo, onde você tem aqui o nível mais alto de probabilidade, de encontro entre tecnologia e usuário, maior sofisticação, mais amplitude no uso do desenho industrial no seu sentido mais clássico de relação entre tecnologia e usuário, você parte de situações como a de São Paulo e vai no contexto brasileiro até situações de um enorme primitivismo ainda, que nos reportamos praticamente à ideia da pedra, ou seja, o que caracteriza o Brasil é ser um mosaico extraordinariamente heterogêneo aonde você tem situações históricas de qualquer momento da trajetória do Ocidente, desde a pedra lascada nos admiráveis redutos do interioranos como o Xingu, até as mais elaboradas e sofisticadas formas de tecnologia moderna como os computadores e formas de análise de instrumentais elaboradíssimos. Então, se o contexto do mosaico é tão heterogêneo, se a situação é tão diversificada, cabe a uma determinada parcela das pessoas que se ocupam com o problema usuário/técnica, de olhar o fenômeno recuando no tempo para tentar entender a adequação neste espaço, ou seja, o que nós chamamos hoje, no Patrimônio Histórico, na Fundação Pró-Memória, de tecnologia patrimonial, que são bens culturais, que são formas de fazer muito anteriores, muito primitivas, com o mínimo de equipamentos tecnológicos, como o uso adequado de matéria-prima local. Enfim, é uma tentativa de entender que esses procedimentos são reais, são concretos; são válidos e não devem necessariamente ser substituídos por formas mais elaboradas de tecnologia, a não ser quando aquelas comunidades sentirem que elas podem evoluir.

Então, o desenho industrial, visto sob esse ângulo, passa a deter uma gama muito ampla de formas de atividade, desde o uso sofisticado de adequação de tecnologia elaborada à necessidade da comunidade, até formas muito simples e muito primitivas de tecnologia, que atende a necessidades de outra coletividade. Por exemplo, para tornar mais concreto, nós temos um trabalho recente que foi tese de um estudante da ESDI, que era a transformação de um equipamento tecnológico da casa de farinha do Nordeste, ou seja, um equipamento tecnológico oriundo de vivência, espontâneo, reiterada da comunidade, com equipamentos feitos de madeira. Enfim, em meio a toda uma harmônica situação, elaboração tecnológica da produção de farinha de mandioca, ele propõe a transformação desse equipamento da casa de farinha numa pequena fábrica de secador de bananas, porque, na região que ele estudou, há uma grande produção de bananas, e há nessa produção uma perda muito grande de bananas, na medida em que a banana é um produto que perece muito rapidamente e de escoamento difícil. Então, no pico da sacra não dava para exportar, para vender a quantidade de bananas que eles detinham. Era preciso, portanto, resolver esse problema de uma maneira tecnológica, que era a seguinte: desidratar a banana, secar a banana, fazer a banana-passa, porque aí ela deixa de ser perecível e você pode guardá-la durante vários meses. Nesse sentido, a solução tecnológica para esse contexto era melhorar a situação de vida, fazer crescer e progredir naturalmente aquela comunidade, era fazer com que ela dispusesse de um equipamento que transformasse a banana em banana-passa. E esse estudo, feito por um grupo de pessoas formadas em Desenho Industrial, pode oferecer a alternativa de uma casa de farinha – que continuará como uma casa de farinha durante grande parte do ano – ser alternativamente transformada em secador de bananas.

Este exemplo tão pequeno, tão trivial, tão terra a terra, mostra bem a vocês o conceito de desenho industrial, o conceito de adequação entre tecnologia e comunidade, entre as atividades, processo criativo. Sabendo utilizar concretamente o nível de tecnologia para uma necessidade da comunidade, se restabelece a qualquer nível em que essa coletividade tenha necessidade. O que não poderia era tentar oferecer a essa coletividade um sistema de secagem de bananas, um sistema de desidratação de bananas, que não pudesse ser utilizado na região, por falta de energia elétrica, por fatores que não correspondiam ao nível cultural e ao nível tecnológico daquele grupo. Esse encontro, esse encontro correto, adequado, é o desenho industrial, a meu ver, no sentido mais amplo de uma nação em processo de desenvolvimento. De forma que estruturas como a ESDI, ou seja, escolas de Desenho Industrial, que começaram, aliás, com esse conceito mais clássico, tecnologia mais sofisticada, produção adequada e de bens para comunidade, ela evolui e mostra que, num país como o nosso, a gama, o modelo, os modelos têm que variar entre formas muito mais elaboradas de equipamentos técnicos às formas mais simples de equipamentos técnicos.

Há cerca de duas semanas nós inauguramos em Orleans, uma pequena cidade do sul de Santa Catarina, uma curiosa experiência: o Museu de Tecnologia Patrimonial. Nessa região os imigrantes europeus, a partir de 1860, trouxeram uma série de equipamentos de produção de farinha de mandioca, de beneficiamento de milho, serraria, carpintaria, tudo resolvido à base de energia de roda-d'água. E esse equipamento é construído de madeira. Todas as peças, todas as engrenagens são de madeira. E elas existem ainda perfeitamente úteis e suficientes nesta área de Santa Catarina. Então o que nós fizemos foi, aonde esse equipamento estava sendo desativado, substituído por formas mais contemporâneas de tecnologia, nós fomos comprando, desmontando esse equipamento e de novo montando num terreno de cinco hectares, onde essas peças estão todas reunidas e elas funcionam. E então é a própria comunidade que toma conta, que leva o seu milho para beneficiar, que faz farinha, que faz aguardente, que usa a serraria. Ou seja, é uma tentativa de mostrar que aquele procedimento tecnológico existe, que preenche a sua função, que atende perfeitamente, adequadamente às necessidades da comunidade, que não tem necessidade de ser substituído, que ele é mais barato que outras formas de energia. De modo que há, lá em Orleans, este exemplo curioso, maravilhoso, de uma espécie de Disneylândia da verdade aonde as coisas funcionam para o uso da comunidade, um grande maravilhoso brinquedo, onde o resultado do brinquedo é a própria substância de vida da comunidade.

É nesse sentido que a adequação do desenho industrial à realidade cultural de um país como o nosso tem que ser vista com essa amplitude, com essa gama muito ampla.

Marcello Nitsche[3]_O Vilanova Artigas, que é o autor do projeto da Faculdade de Arquitetura e Urbanismo (FAU) da Universidade de São Paulo, quando ele fez esse auditório, ele pensou num sistema de ventilação que funcionasse quase como o princípio de lareira, que são esses furos de ventilação na lateral, e eu estou notando que já existe agora um sistema de ar-condicionado, mais sofisticado, que foi adaptado a esse sistema do Vilanova Artigas. De certa forma, isso reforça, ou coloca, eu tenho impressão, uma dificuldade também do nosso desenho. O Aloisio estava falando exatamente do problema do desenho industrial nacional e quando a gente percebe que há um esforço por parte do desenho industrial, especificamente no caso do Vilanova Artigas, de criar uma nova solução talvez mais ligada a uma situação específica, nossa, ele esbarra com um sistema de produção que, de certa forma, imita alguns avanços, alguma busca característica ou pesquisa de um design nacional. Todas essas buscas, na realidade eu não sei até que ponto elas entram em choque ou se elas competem com uma indústria implantada aqui, sem levar ou sem considerar, vamos dizer, o processo ou um desenho nacional. Eu perguntaria para o Aloisio, se já existe hoje um certo interesse, vamos dizer, das grandes indústrias em relação ao desenho nacional? Que tipo de acesso o desenhista industrial, hoje, tem na indústria para transformação do projeto?

AM_Bom, a sua colocação é também muito coerente, o conflito existe, e é um conflito muito difícil de ser resolvido. De um lado você tem, num contexto heterogêneo como é o brasileiro, uma poderosa máquina, incrivelmente poderosa, no sentido econômico e no sentido sobretudo de persuasão que atua na direção de troca de modelos. A força com que essas tecnologias importadas se instalam no espaço; a quantidade, a velocidade de convencimento, o que uma cadeia de televisão pode impor, como mudança de preferência de uso, é uma coisa de um poder inimaginável. Então essa violenta entrada, de troca, de mudança, evidentemente tem um poder de transformação muito maior do que o poder de resistência das formas mais autênticas de fazer do homem. Esse é o grande conflito. Ah, e diria mais, que, nesse sentido, a comu-

3_Marcello Nitsche (1947-2017) foi gravador, pintor, desenhista, escultor e professor de artes.

nicação é muito mais danosa, porque é artificial, porque compõe maneiras, critérios de persuasão tão sofisticados que realmente é difícil resistir a essa adoção. Do outro lado, as formas autênticas, no seu fazer popular, de fazer do homem, no seu contexto, como uso de matéria-prima própria, local, com tecnologia própria, têm uma outra coisa que é uma desvantagem: é que elas são empíricas, são resultado do uso de uma família, de uma tradição oral, de um fazer para o qual não se chama a atenção. Elas existem, são parte daquela comunidade. E esse uso intuitivo, esse uso arraigado e pouco consciente, na medida em que ele é tão seu, que você não tem sobre ele um controle, ele é parte de você. As formas autênticas são muito mais frágeis e muito mais suscetíveis de serem modificadas pela presença forte de uma persuasão. Eu não diria que sejam frágeis no sentido de desaparecer. Eu digo que elas podem ser vencidas, porque, na verdade, esse é outro instrumento com o qual nós procuramos lidar; é que, sendo autênticas e verdadeiras, se forem conscientizadas, elas não morrem.

Em outras palavras, perdem para a outra que é mais sofisticada, não conseguem deter a outra, mas não desaparecem, permanecem latentes, e então, na medida em que se der consciência à coletividade de que aquele produto, aquele uso, ele tem o seu valor, essa conscientização leva certamente a que se retome o procedimento. Há casos perfeitamente claros sobre isso e que mostram que o cansaço provocado pela excessiva amostragem, pela excessiva propaganda de certos objetos, a rapidez com que esses objetos se gastam, a rapidez com que eles são consumidos, no sentido verdadeiro da palavra, faz com que se volte, a médio prazo, se houver incentivo, a acreditar nas formas autênticas do fazer. O outro ponto que você citou e que me interessa muito, é o problema da reciclagem, de se ter, a partir de um produto industrial que é usado e que é descartado, esse elemento numa nova forma de produto. Em outras palavras, a fantasia, a imaginação, a criatividade, nesse caso, tem um índice muito alto, que é a descoberta de uma nova função, de novo uso para uma matéria-prima em desuso.

Nesse sentido, nós temos um trabalho muito grande que está sendo desenvolvido no Nordeste de reciclagem do pneumático. Na verdade, o pneu velho de caminhão e de automóvel é jogado em pilhas, empilhado sobretudo nos grandes cruzamentos de estradas dos sertões, e a imaginação e a criatividade do homem do Nordeste descobriu que aquela matéria-prima, ou seja, a borracha do pneu, era um rico material para ser aproveitado. E essa invenção é tão desenvolvida, hoje, que já existe uma tecnologia do aproveitamento do pneu, elaborada ao nível de duas etapas, ou seja, aqueles que compram o pneumático velho e elaboram uma maneira de reaproveitar a matéria-prima abrindo o pneu, transformando em lâminas, em mantas de borracha, e aqueles que compram essa nova matéria-prima e com eles confeccionam produtos. A técnica elaborada para recuperação do pneu e transformá-lo em nova matéria-prima, ela parece muito com a tecnologia do cortume; ou seja, de como se retira do couro as diversas camadas, para transformá-lo e beneficiar o couro dessa mesma maneira que se trabalha no pneu e a base das camadas com lonas, as mantas de sucessivas camadas se recuperam mantas de borracha para utilização de novos produtos. Essa tecnologia extremamente simples, mas extremamente elaborada no sentido do que ela produz, é hoje disseminada em todo o Nordeste brasileiro, e resultando em produtos comerciais, em produtos de utilidade da coletividade, de grande significação. De forma que aí há um outro momento em que o processo criativo concilia, ele recupera, "reconfere", em última análise, um produto cuja tecnologia elaborada passa a ter uma tecnologia muito mais simples e uma segunda vida é dada àquela matéria-prima.

Um exemplo dramático, e também o mais bonito que eu conheço é o trabalho feito com a lâmpada GE: uma lâmpada elétrica. Quando ela queima, quando morre na sua função de lâmpada elétrica, ela é transformada, ou seja, o bulbo da lâmpada é transformado no receptáculo onde se põe o querosene. Pelo pequeno orifício fechado com Flandres, na parte de cima, se coloca o pavio, e então a lâmpada elétrica GE recua no tempo e transforma-se numa lâmpada de querosene. Eu acho que aí não há só a imaginação e a criatividade, mas até mesmo um senso de humor, já que ela é lâmpada, continuará lâmpada, com um tipo de equipamento e de tecnologia adequada a uma região onde não há energia elétrica. Então, nesse sentido, só para terminar nessa intervenção, é que a criatividade, o poder criador parece estar muito associado a um problema da necessidade – quanto maior for o índice de necessidade de um grupo, de uma coletividade, necessidade de sobrevivência, necessidade de encontrar uma solução, mais aguçado se torna a capacidade de criação.

É como se houvesse um estímulo. É como se a necessidade própria fosse o elemento provocador, incentivador do processo olfativo, e que, ao contrário, as sociedades oficiosas, as sociedades tecnologicamente muito desenvolvidas, muito estratificadas, esse poder de criatividade baixa, na medida em que ele não é instigado, não é alimentado e não é provocado pela necessidade.

MN_ Como surgiu a ideia do tema para organizar as cédulas brasileiras?

Ana Mae_ Essa pergunta tem muito a ver com o problema de arte/educação. O que a gente está pedindo é que Aloisio desnude o seu processo criador.

AM_Aí, no processo do dinheiro, vou relatar a vocês o que aconteceu. Uma ocasião, em 1965, fins de 1965, eu li no *Jornal do Brasil* que o Brasil passaria a fabricar o seu próprio dinheiro, que tinha sido decidido pelo Ministério da Fazenda a compra de equipamentos, para instalar-se uma produção própria, nacional, do dinheiro, em vez de comprá-lo feito, fora do Brasil, nos grandes produtores internacionais, americanos e ingleses. Então, lendo esta notícia eu me perguntei: e que dinheiro vai ser este? Qual imagem, que fisionomia vai ter, este produto tão importante dentro do sistema ocidental em que vivemos que é o sistema de trocas através de uma estrutura sistemática que o dinheiro oferece. O componente de troca. Então a minha pergunta foi essa: que dinheiro será este, que fisionomia terá este dinheiro? Não será oportuno que esse dinheiro tenha uma fisionomia própria, que esse dinheiro não seja parecido com o dinheiro de outras culturas, que ele não procure uma certa fisionomia que possa refletir um pouco da estrutura cultural da nação brasileira?

Essa era a minha pergunta, e então eu escrevi um pequeno documento sobre isso, uma página e pouco sobre a importância do desenho do dinheiro como um forte elemento de comunicação social e através disto foi se adensando e acabou-se chegando em níveis de decisão, e foi feito um concurso. A ideia vingou de se fazer um concurso e não comprar os desenhos que já estavam encomendados na Itália. E foi feito um concurso que era limitado pela própria natureza, de complexidade imensa, de se desenhar uma cédula, pelo problema técnico, por problemas de segurança não podia se fazer uma coisa muito ampla. Porque não havia condições de se espalhar estes dados, de maneira muito aberta. Foi feito, então, um concurso privado convidando dez profissionais brasileiros para elaborar um projeto, a quem foram dadas as informações necessárias. Bom, nessa ordem de ideias, o projeto que eu fiz, que desenvolvi, foi aprovado e acredito que foi aprovado por vários motivos, entre os quais o meu engajamento de motivação no problema. Em outras palavras, eu vi os projetos todos que foram apresentados, tem alguns excelentes, muito bem resolvidos, mas justamente talvez naquele elaborado por mim, no momento ele refletisse uma intensidade de motivação que estava na própria origem de como a coisa surgiu e esta intensidade se refletia talvez no próprio projeto. E daí para frente foi desenvolver tecnicamente o aprendizado da técnica e o detalhamento. Do ponto de vista pessoal, o que eu diria a vocês é que o desenho do dinheiro representa um compromisso social, ou seja, uma preocupação muito grande com a responsabilidade social. E aí você tem, vamos dizer, acesso ao desenho do cotidiano que circula dentro daquela cultura, daquela coletividade, e a possibilidade de ajudar também do ponto de vista técnico, em busca de uma independência. Hoje nós somos completamente independentes. Tudo é feito no Brasil, o papel, tintas, gravações, a elaboração dos *offset*. Com toda a técnica, ao longo de dez anos foi possível tornar o país autônomo. Ao nível da produção, também tem esse aspecto que é importante na motivação que é a independência, a autonomia, na produção de um projeto que é necessário. Evidentemente que a gente consolidou com o problema do desenho, o problema da configuração do objeto.

O BEM CULTURAL COMO RESISTÊNCIA POLÍTICA

Sr. secretário geral, professor Aragão e demais membros da mesa, representantes das diversas entidades que participam da organização deste curso, integrantes de um pensamento e uma reflexão comuns sobre o bem cultural.

Meus caros participantes do V Curso Interamericano sobre Política e Administração Cultural.

Há vários caminhos, vários filões pelos quais eu poderia começar esta saudação a vocês, que iniciam hoje, no Brasil, esta tomada de posição, este mergulho de reflexão sobre o conceito de preservação e dinâmica do bem cultural. Escolhi este caminho por razões de proximidade a eventos que se desenrolaram e me impressionaram profundamente, como participante na reunião do Comitê do Patrimônio Mundial da Unesco. Participei, como delegado brasileiro, como observador junto ao Comitê, com o intuito de estar à disposição para elucidar os diversos aspectos que poderiam ser levantados quanto à proposta de Ouro Preto, e permanecer durante uma semana ligado aos trabalhos do Comitê.

A proposta de Ouro Preto foi resolvida rapidamente, com precisão. Deu-me até uma sensação de anticlímax a facilidade com que foi conquistada a unanimidade na aprovação do projeto brasileiro. Mas o que me impressionou na reunião, e que eu fiz questão de registrar junto ao Comitê, foi a percepção muito aguda de que há uma divisão, divisão esta muito nítida, de conceituação de bem cultural, e de sua preservação, entre os países desenvolvidos e os países do Novo Mundo, ou do Terceiro Mundo, esses últimos com uma tradição de preservação relativamente recente. Essa distinção me pareceu clara, precisa e extremamente importante de ser bem equacionada. Na verdade, o Comitê teria que entender a peculiaridade que representa o conceito de bem cultural nos nossos países e a sua preservação.

Discurso de abertura do V Curso Interamericano sobre Política e Administração Cultural, Brasília, em 15 de setembro de 1980.

Acho que justamente nestes países a relação entre preservação e desenvolvimento é uma relação extremamente sutil, e que precisa ser equacionada de maneira adequada. Na verdade, nos países desenvolvidos, ricos, os países de grande cultura, o reconhecimento mundial dos seus monumentos significa apenas, digamos assim, um reconhecimento do óbvio, uma forma de chamar ainda mais a atenção sobre um patrimônio que já é, obviamente, da humanidade. Em nossos países, entretanto, este reconhecimento representa um sinal importantíssimo de apoio, um sinal necessário para que haja uma compreensão global, por parte dos dirigentes dos países, dos processos de desenvolvimento e de toda a dinâmica da conceituação de como devem ser preservados os bens do seu patrimônio, não só de relevância para o país como para a humanidade.

Esta distinção não está esclarecida. A essa distinção precisa ainda ser dada ênfase especial, ela precisa ser claramente estabelecida para que justamente a compreensão do Comitê faça com que esses bens dos países do Terceiro Mundo sejam colocados até mesmo numa linha prioritária, na medida em que a preservação deles depende da forma como enfrentam os processos de desenvolvimento. Essa preferência é uma ajuda fundamental aos países que detêm e que têm consciência do valor de seus bens culturais. É uma postura quase que oposta: enquanto, para os países desenvolvidos, esse reconhecimento é apenas um elemento a mais, um símbolo de reconhecimento a mais, em nosso caso, porém, o reconhecimento é fundamental para que se conquiste um lugar de preservação daqueles bens que devem ser preservados. O outro ponto que flagrou-me profundamente, e que nos interessa especialmente, no nosso curso, é que a noção de bem cultural ainda continua muito tradicional e muito enraizada nos princípios clássicos, o que eu chamaria de "o belo e o velho".

Na verdade, nós, do Terceiro Mundo, reivindicamos uma conceituação de bem cultural muito mais abrangente, muito mais ampla. Nós podemos inserir, no conceito de bem cultural, toda uma gama importantíssima de comportamentos, de fazeres, de formas de percepção de uma realidade que na verdade não está cristalizada, da qual sequer há ainda uma representação clara, mas que justamente pela sua fragilidade, pela sua vitalidade, pela sua importância como indicadores de uma formulação de identidade cultural, são bens que precisam ser preservados. Por exemplo, havia uma proposta de que se preenchesse uma ficha modelo para inventário dos bens que seriam submetidos à consideração do Patrimônio Mundial. Ora, essa ficha era precisamente feita para enquadrar casos e ações que nem sempre têm um significado para os nossos países. E deveria ser justamente o contrário. A minha observação ao Comitê é de que se deveria abrir o leque. Deixar que os países exprimissem os seus desejos. Que os países dissessem o que eles acham o que é o bem cultural. Fizessem as suas propostas na mais abrangente e ampla postura, para que justamente dessa abertura, dessa intensa ocorrência de pontos de referência como bem cultural, pudesse aos poucos surgir uma linha que definisse a sua abrangência, e daí se desse uma redefinição ampla do conceito de bem cultural. Essa é outra linha que, a meu ver, representa a importância da nossa presença, da presença dos países do Terceiro Mundo face aos grandes organismos internacionais encarregados dos sistemas internacionais de preservação.

Dentro dessa minha colocação e dessa postura, nada mais coerente do que estarmos aqui, um grupo de pessoas afeitas à função, ao trato do bem cultural, ao longo do espaço territorial da América Latina e envolvidas com programas semelhantes, com batalhas imensas a serem vencidas, a serem enfrentadas em comum, com variáveis ricas de conceituação do bem cultural. Essa interligação será absolutamente fundamental para dar força justamente a cada uma das nossas identidades, na direção de uma postura, de uma posição de reivindicação, de presença, em que esses componentes de identidade latino-americana encontrem o seu foco e para que daí se defina uma posição de preservação e de incentivo à criação original de cada país.

Entre as partes que me parecem importantes nesta linha de ideias, é que este curso representa uma retomada do curso anterior, do III Curso, feito sob a responsabilidade do então Centro de Referência Cultural, com a Organização dos Estados Americanos (OEA) e com os outros organismos participantes. É a retomada de um conceito, de uma hipótese, digamos assim, hipótese essa que justamente terá no V Curso um desenvolvimento mais coerente, levando as ideias que surgiram ao longo da reflexão do III Curso, e que se tornarão agora muito mais explícitas e muito mais coordenadamente atuantes. Eu não sei de outro curso que tenha pretendido a abordagem que esse curso assumiu. De descentralizar, de levar o grupo a ter contato com realidades concretas e objetivas na diversidade do mapa, com o leque de contrastes e de diferenças de níveis culturais, de níveis econômicos, de níveis de estratificação de população, de identidades, como vai ser feito neste curso.

Inicia-se em Brasília, quando então o grupo tomará contato com uma série de aspectos de como a abordagem desses contextos poderá ser feita, de como o conjunto dos fenômenos vai ser observado. Posteriormente eles se deslocam, ao longo de três meses, para cinco cidades brasileiras, cada uma delas com suas peculiaridades, seus problemas, seu tipo de interação e de vivência. E, ao longo desse percurso, desse itinerário, dessa viagem, dessa expedição que será feita por vocês, os problemas serão vistos, analisados e serão eventualmente equacionados. Não é necessário, no entanto, que resultados práticos, digamos, no sentido de imediatos para cada uma dessas comunidades, sejam atingidos nessa viagem. O importante é a tomada de consciência, no sentido do convívio com os fenômenos. Na interrogação sobre esses fenômenos, de uma cidade para outra, esse enriquecimento vai se operar na cabeça de vocês. É a grande missão deste curso. De volta às respectivas realidades, de volta aos contextos onde vocês lidam cotidianamente com os fenômenos do bem cultural, essa viagem, esse itinerário deve servir de alimento, de bálsamo enriquecedor para a atividade de preservação de cada um.

Presta-se assim uma espécie de compromisso entre as nações participantes, uma espécie de interligação em que, a cada vez que o fenômeno apareça, a memória traga um exemplo ou uma indicação precisa de como noutros contextos o problema teria ocorrido, teria se resolvido, e que esta indicação lhe forneça a chave para a abordagem da sua própria realidade. É nesse sentido que a metodologia a ser empregada neste curso, fruto da experiência do curso anterior, a meu ver corre um risco muito grande, porque não se encerrará aí; ou seja, a trajetória desse aprendizado, o caminho por ele aberto deverá necessariamente dar resultados ao longo do tempo. Cria-se, portanto, uma continuidade com os outros organismos participantes que, numa sequência de cursos, terão a tarefa de ir descobrindo, podando, cortando arestas, encontrando formas em que esse fenômeno da compreensão conjunta sirva de indicador, de exemplo para todos nós. Esta é a meu ver a única maneira pela qual, a médio prazo, os nossos países da América Latina, como um todo, chegarão a identificar o desenho e a resposta para muitas das suas indagações. Não quero deixar de reconhecer também, e insisto que é possível ter essas respostas como subsídio para o processo de desenvolvimento político, econômico e cultural das nações da América Latina. O mundo de hoje, o Ocidente, perplexo diante de uma série de fenômenos com os quais não contava e para os quais ainda não encontrou encaminhamento, e perplexo também com a necessidade de revisão profunda dos seus comportamentos, verá com muito interesse, com aguda percepção, os países não reconhecidos como modelos, como são os nossos, introduzirem o conceito de bem cultural como um dos fatores fundamentais, como indicador fundamental no encontro de seu modelo de desenvolvimento, sua fixação como identidade própria de uma nação da América Latina.

PREFÁCIO PARA *ARTE PLUMÁRIA DO BRASIL*

No quadro da história da civilização, as culturas se afirmam pela natureza das representações que propiciam. Dessas, as mais criativas são as que melhor servem como indicadores para o cotejo de diferentes contextos culturais.

Num tal cotejo, o tamanho e a frequência dos exemplos de qualquer representação não constituem os componentes de maior importância a serem analisados. Um artefato, pequeno, pode refletir uma soma de valores da cultura a que pertença superior àquela encontrada num outro, grande, e que devido às suas dimensões se imponha mais obviamente à percepção do observador. De forma análoga, a raridade de determinado gênero de objetos de arte não implica na irrelevância dos mesmos, nem na ausência de força e poder da manifestação a que se prendem.

Estas considerações me parecem pertinentes em relação à plumária dos índios brasileiros. Sem dúvida um dos mais requintados modos de fazer do nosso povo, as frágeis e aladas formas que produz sintetizam, em seu denso esplendor, todo um dinâmico universo de invenção e florescência.

Originalmente publicado como prefácio do catálogo de exposição *Arte Plumária do Brasil*, Brasília: MRE, MEC, Sphan/Pró-Memória, 1980, p. 3.

Visto assim não apenas em sua maravilhosa sofisticação estética, mas também como resultado de um amplo, ativo e contínuo impulso criador, o acervo da presente exposição oferece um tocante, essencial e exemplar testemunho da cultura do país.

A HISTÓRIA NOS TRILHOS DA FERROVIA MADEIRA-MAMORÉ

Senhor governador de Rondônia, senhores secretários de Estado, senhor prefeito, representantes das diversas entidades de classe da comunidade de Rondônia e de Porto Velho.

É difícil para mim, uma pessoa de fora, rapidamente me integrar na realidade deste espaço do território brasileiro. Mas não hesito em dizer a vocês que uma nação não se constrói apenas com a preservação das suas representações mais monumentais, no sentido de obras de arte, no sentido de acabamento intelectual e no sentido de formas expressivas e elitistas do fazer do homem neste contexto. Uma nação se constrói à base da soma dos gestos, dos comportamentos, das atitudes, dos feitos, das realizações que envolvem todos os seres na integração com o espaço que lhe é destinado, espaço físico, o espaço do qual ele é dono, tutor e ao mesmo tempo responsável.

Por isso é que, para nós, que levamos à frente essa ideia de que o bem cultural se compõe dos gestos mais simples, mais normativos, mais cotidianos de uma comunidade, para nós a tentativa de ajudar a conscientização brasileira, da nação brasileira, do que representa este extraordinário gesto de conquista, de domínio, de coragem, que foi o estabelecimento da estrada de ferro Madeira-Mamoré, é um dos exemplos mais representativos do que seja o bem cultural na nação brasileira.

Foi aqui, senhor governador, que se passaram e desenrolaram todos os incidentes, as lutas, as batalhas que são conhecidas em livros, que são conhecidas em documentos, em fotografias extraordinárias, como nós podemos ver agora, que se construiu esse fenômeno de invenção, de coragem, de postura física, que foi a construção desta estrada de integração da região de Rondônia. E, sendo assim, para nós torna-se ainda mais simbólico e significativo que este exemplo de bem cultural seja tocado, seja vivificado, seja conscientizado agora.

Desativada em 1966, um trecho da estrada de ferro Madeira-Mamoré, em Rondônia, voltou a operar em 1981. Antes disso, realizou-se um seminário, com a presença do então governador Jorge Teixeira de Oliveira, nomeado pela Presidência da República, em função do extenso trabalho de recuperação da memória da construção e do funcionamento da estrada, realizado pelo CNRC. Pronunciamento ocorrido em Rondônia, em novembro de 1980.

Agora, senhor governador, meus amigos de Rondônia, no momento em que a nação brasileira abre-se em torno de si própria, em que a nação brasileira procura conhecer melhor a sua própria natureza, o seu próprio perfil, a sua própria verdade, o seu potencial e as suas dificuldades... Num momento como esse, em que, perplexos, nós todos no país nos defrontamos com problemas e crises, problemas que não seremos capazes de resolver sozinhos, ou problemas que não nos cabe sequer resolver. Um momento como esse é o ideal para que a nação observe, que a nação escute, que a nação faça uma reflexão sobre os seus bens culturais, sobre as suas verdades, sobre as suas benesses, sobre as suas riquezas. E a partir do conhecimento desses componentes da trajetória própria da nação, nós possamos procurar encontrar o caminho que resolverá os problemas que nos afligem. Não creio que possamos resolver esses problemas à base de uma expectativa apenas do que nos vem de fora. Seria uma ilusão, nesta altura dos acontecimentos, imaginar que o mundo ocidental ofereça soluções para os problemas dos países emergentes. Como país emergente, o Brasil tem uma imensa responsabilidade, que é justamente a de se colocar numa postura em que transita naturalmente entre o desenvolvimento e um subdesenvolvimento. Detemos no espaço brasileiro a experiência pretérita no passado, capaz de nos mostrar caminhos projetivos. Detemos já uma infraestrutura de recursos humanos capaz de enfrentar problemas de grande complexidade. Detemos, senhor governador, e o senhor é testemunha disso, a determinação de resolver esses problemas.

De forma que esses componentes juntos é que constituirão verdadeiramente o provável desenho que a nação brasileira encontrará para a resolução de seus problemas. Pode parecer estranho que alguém que se ocupa do problema de preservação do patrimônio cultural afirme palavras como essas. Mas nós, na Fundação Pró-Memória do Patrimônio Histórico, estamos persuadidos de que um dos componentes básicos para encontrar esse caminho e esse desenho brasileiro justamente está, e nós temos consciência, nos nossos passados, nos componentes da nossa realidade e da nossa cultura.

E para terminar, senhor governador, eu diria que ainda é maior a minha alegria e a minha emoção ao verificar que, quando nos aproximarmos do estudo histórico da estrada de ferro Madeira-Mamoré, do conhecimento do que foi esse momento extraordinário e procurarmos entender os fenômenos que ocorreram em torno dessa construção e da vida dessa estrada, justamente no momento em que tudo isso emerge como sendo uma reflexão sobre o passado, verifica-se que existe o desejo, a necessidade, a probabilidade de que a estrada de ferro Madeira-Mamoré não esteja morta e de que ela possa renascer e de que possa retomar o seu desenho, o seu destino, e voltar a servir como um verdadeiro sistema vascular que irriga, que alimenta o espaço territorial de Rondônia.

Seria, senhor governador, certamente uma bela missão, uma bela missão do que representa a reflexão sobre os nossos bens, uma bela missão para os que muito apressadamente acham que só as novas soluções, as mais modernas soluções, resolvem os problemas de uma nação. O processo civilizatório, meus amigos, não é um processo excludente, que vai jogando fora as suas conquistas do passado. O processo civilizatório é acumulativo. Vai juntando as coisas que são boas. Vai alimentando as coisas que são positivas. Não desativa um serviço por um outro serviço mais moderno, se aquele serviço ainda estiver prestando a sua necessária contribuição.

Creio, senhor governador, que desse espaço verde distante, dentro do espaço global da nação brasileira, que é Rondônia, ainda território, e certamente muito próximo, mais um Estado da Federação, é provável que algumas lições magníficas possam advir justamente desse espaço, desse pedaço do Brasil. É sob esse espírito que nós nos empenhamos com muito esforço, com muita alegria e com enorme sentimento de gratificação, na tarefa de ajudar Rondônia, de ajudar a comunidade de Rondônia a tomar consciência mais ativa, mais viva, aglutinar os valores que são próprios e que possam servir de ajuda no desenho projetivo deste novo e magnífico Estado da Federação brasileira. Muito obrigado.

A EXPERIÊNCIA ALEMÃ NO CAMPO DA PRESERVAÇÃO DE NÚCLEOS HISTÓRICOS

Estava justamente pensando em não tornar formal essa abertura com discursos laudatórios, e, ao contrário, tentar inserir uma reflexão que faz parte das preocupações que nos mantêm unidos e que nos faz criar condições de trabalho tais como a desse seminário.

Recentemente, tive a oportunidade de ir à Europa participar de uma reunião da Unesco em que se discutia, a nível mundial, problemas de tombamento, preservação e proteção. Na reunião, compareci como delegado brasileiro para defender, se necessário, a inclusão de Ouro Preto no Patrimônio Mundial, e a par da minha tarefa, de resto muito gratificante, muito simples, apenas tive que esclarecer um detalhe sobre o problema da Açominas, aproximação de modificações muito profundas na região de Ouro Preto. A par dessa defesa, na verdade eu não tive nenhum trabalho em fazer com que o Brasil conquistasse esse primeiro passo para marcar a presença mundial dos nossos valores e bens culturais. Mas resolvi participar verdadeiramente da reunião durante a semana inteira, para sentir justamente como se processam as reflexões a nível internacional do Comitê de países em relação à preservação e conservação. E, confesso a vocês, me surpreendi com uma reflexão que já se estruturava em mim, mas que se cristalizou ouvindo os comentários e discussões sobre os critérios e a metodologia da aprovação, sobre as formas de reconhecimento. Enfim, discutiu-se muito como se deve operar com o Patrimônio Mundial, já que ele é muito recente. Não sei se vocês sabem que ele tem apenas sete anos e ainda não se formalizaram, em absoluto, os critérios desta estrutura. Cristalizou-se em mim uma curiosa sensação de que existem, pelo menos, dois universos de países que de certo modo são opostos e que precisariam se entender melhor.

Saudação aos participantes de seminário promovido pelo Iphan sobre a experiência alemã no campo da preservação de núcleos históricos, realizado em Brasília, em 1º de dezembro de 1980.

De um lado, reconheço a presença dos países velhos e ricos e, do outro, a dos países jovens e pobres. Essa divisão é absolutamente verdadeira, no que diz respeito a serem estas duas posturas totalmente diferentes. Senão, vejamos: é possível estabelecer-se uma série de predicados que podem colocar de um lado os países velhos e ricos, ou seja, os países desenvolvidos, poderosos, tecnologicamente muito fortes, e do outro lado, os países frágeis, jovens, pobres. Se é válida esta hipótese, verifica-se que há situações que são verdadeiramente opostas umas às outras. Nos países velhos e ricos, o nível das mudanças urbanas, de alterações, de necessidades, é muito pequeno. Não acontecerá mais nada ao lado da Catedral de Chartres. Isto não é possível porque tudo já está feito no sentido de ser o desenvolvimento de uma civilização, de uma cultura que já chegou ao nível de complexidade, de estabilidade e que nada de novo acontecerá, a não ser os grandes acidentes de percurso, a guerra, por exemplo, que é um outro fator que precisaria ser absolutamente identificado; a destruição por um fenômeno ou interferência externa; ou uma catástrofe também ao nível do próprio homem. Mas, na mobilidade social de desenvolvimento de uma cultura, da trajetória de um povo, nada mais vai acontecer junto a Chartres. Esse é um dado muito importante, pois as pessoas muitas vezes não percebem isto.

O segundo componente que diferencia muito e é consequência deste primeiro, é o fato de justamente nos países jovens e pobres a mudança ser uma necessidade – a Açominas é uma necessidade. Em outras palavras, nós, que defendemos a preservação e os critérios, não podemos ignorar que a nação se lança numa trajetória que não está resolvida, onde existe pobreza, onde existe miséria.

A partir deste fato, estabelece-se um sinal significativo de que a relação entre preservação e desenvolvimento nos países pobres e jovens é uma relação crítica e sensível. Não se pode trabalhar um independente do outro, porque são absolutamente interligados. Todos devem ceder ao desenvolvimento, inclusive os representantes do Patrimônio Histórico. No mais, é tecer uma imensa fantasia, para provar que é possível montar a Açominas perto de Ouro Preto sem destruir Ouro Preto. Em outras palavras, como você vai inventar um sistema de cortinas para deixar um parque separado, ou, então, que solução você encontraria para evitar o desastre que ocorreria sem que houvesse esta solução? Mas eu acho que nós não temos o direito de evitar a Açominas, no sentido de que a nação tem prioridades e a relação entre estas prioridades passa a ser extremamente sensível, o que não acontece nos países desenvolvidos.

Mais um elemento de confronto é o nível de conscientização. É óbvio que, nos países ricos e desenvolvidos, a tradição, o apego a estes valores fundamentais é algo secular, que se desenvolve ao longo do tempo e faz com que o nível de percepção e consciência destes valores seja muito nítido, enquanto que nos países jovens e pobres essa consciência é muito frágil, em muitos casos até mesmo inexistente. A miséria, a pobreza, a ignorância, a doença são situações muito mais prioritárias, muito mais fortes, que definem a sobrevivência, que impedem que o ser humano vá socialmente além dessas questões, e a preservação passa a ser um luxo.

Essas diferenças precisam ser definidas e nós, dos países novos e pobres, não devemos nos preocupar em seguir os padrões e os conceitos dos que não são iguais a nós. Isso eu disse na Unesco quando recusaram a aprovar o Parque Nacional do Senegal, porque exigiam daquele país um comportamento igual ao que a Inglaterra ou a Alemanha teriam com relação a um local desses. Mencionei que isto não seria possível, porque o Senegal não tem nem dinheiro, nem quadro de recursos humanos, nem nada para oferecer, à altura das garantias que a Unesco pedia para que o parque fosse mundial. A meu ver, era o caso de inverter as posições. A Unesco é que teria de dar o apoio ao Senegal para que o parque fosse considerado importante para o mundo, para a civilização ocidental. E essa garantia da Unesco é que iria criar condições de tecnologia e de recursos financeiros para a estabilização do parque. A coisa me pareceu muito clara e perigosa porque – o Senegal que me desculpe, mas nós estamos num ambiente íntimo – ele não tinha nem quem defendesse o projeto na reunião da Unesco, nem quem fosse capaz de exprimir essa problemática convenientemente. O representante do Senegal disse que iriam tentar conseguir um pouco mais de recursos para o ano seguinte a fim de dar prosseguimento aos projetos pedidos. Isto é um absurdo, pois era o oposto que se deveria esperar.

De forma que essa cristalização da divisão ficou, para mim, muito nítida e inclusive me mobilizou muito, porque esse é o problema do Terceiro Mundo e nós temos que saber enfrentá-lo. Portanto, como compatibilizar preservação com desenvolvimento? Nós não queremos ver as nossas cidades mortas, paradas no tempo; os nossos, são países cuja trajetória apenas se inicia. Como vamos proteger os componentes do passado, do nosso passado também recente, do progresso da cidade? Eu acho que nós, do sistema patrimonial, não devemos assumir a atitude terrível que, a meu ver, deveria ser evitada a qualquer custo: a de ser uma estrutura policialesca.

"Não pode fazer! Não tem o direito de fazer! Não mexa na sua janela! Não faça mais um quarto! Diminua a sua família!"

Isto, em nome de um Patrimônio. Parece-me uma coisa absolutamente fora de propósito.

Há uma sutil incompatibilização: como preservar, quando, onde, de que maneira? Não se pode deixar de incluir a vida. Não há cidade morta, porque, se a cidade for morta, ela vira um centro de turismo, e não me parece ser este o nosso objetivo. Ora, se é no Velho Mundo, nos grandes países ricos e poderosos, que se admite agir com moderado rigor; se é isso para eles, imaginem para nós!

Olinda, com seus quatrocentos anos, não é uma cidade morta. Ao contrário, é uma cidade viva, é uma cidade na qual você sente uma enorme vitalidade quando se aproxima dela. É uma cidade que tem crianças na rua. Como resolver este problema? Como guardar, preservar e não cercear a dinâmica de vida própria de uma comunidade nova? Esse é um desafio imenso, é uma coisa que deve fazer parte das nossas discussões: encontrar os mecanismos que permitam essa adequação entre a postura de preservar e a postura de mudar, de crescer.

Eu não queria deixar de aproveitar essa ocasião para transmitir a vocês o impacto que sofri diante de uma reunião formal em que este problema se tornou claro e em que não havia o entendimento entre essas duas posturas. Foi surpreendente, e as pessoas curiosamente não ficaram contra, permaneceu apenas a inércia de que preservar é uma coisa de guardar, de não mudar etc. A inércia do pensamento erudito ocidental não oferecia muitas condições para se questionar essa postura. Era preciso justamente a introdução de componentes do nosso lado, do Mundo Novo, que dissessem: vamos parar para ver, porque o procedimento não está certo, não está equilibrado e não está justo, e não é isso o que se deseja.

De forma que eu gostaria que essa minha informação fosse tomada como um *flash*, fosse motivo de reflexão para vocês como um ponto de referência que merece ficar guardado, ser pensado e elaborado, e que nós, um dia, teremos que resolver. Acho que a reunião tem que ser curta. Temos uma série de compromissos. Encerramos aqui esta abertura e de tarde retomamos a programação normal de trabalho que já está estabelecida.

ALOISIO MAGALHÃES, O ADMINISTRADOR DA CULTURA NACIONAL: "TUDO SERÁ MUDADO E DESCENTRALIZADO. MAS DEVAGAR."

[Entrevista]

A Secretaria de Assuntos Culturais do Ministério da Educação e Cultura vai passar por importantes transformações. Nomes e filosofias serão mudados, no fundo e na superfície, segundo afirma seu novo responsável, Aloisio Magalhães, pernambucano, 53 anos, bigodes, cabelos grisalhos já rareando. Ele assume o posto para acumulá-lo com dois outros, a Secretaria do Patrimônio Histórico e Artístico Nacional e a direção da Fundação Pró-Memória.

De passagem por Paris, em entrevista ao correspondente do *Jornal do Brasil,* Aloisio fala de suas novas funções. Compara a Secretaria de Assuntos Culturais a uma frondosa árvore em cujos ramos floresce a própria cultura brasileira: Funarte, Serviço Nacional de Teatro, Instituto Nacional do Livro, Embrafilme, Biblioteca Nacional, Museu Histórico Nacional, Museu Nacional de Belas Artes e Museu Imperial de Petrópolis.

Toda essa complexa estrutura, segundo ele, deve ser acionada por uma dinâmica de descentralização, de modo a que cada setor tenha, cada vez mais, autonomia própria. E diz como pretende que isso seja conseguido. De volta ao Rio, Aloisio Magalhães esclarece não ter pressa: "As mudanças virão com o tempo. E o tempo cultural é muito específico. Não se pode faturar correndo." Daí estar fazendo tudo com a devida tranquilidade. Até mesmo aos colaboradores do ex-ministro, que pediram demissão, ele sugere calma. Não revela quais foram, nem quantos. Acha que, na cultura, como em tudo mais, cada coisa vem a seu tempo.

Entrevista concedida a Roberto Pontual, publicada no *Jornal do Brasil*, Caderno B, em 5 de janeiro de 1981, capa.

PARIS_Semana passada, Aloisio Magalhães esteve de novo em Paris para mais uma reunião da Unesco. Só que desta vez vinha acrescido de responsabilidades: além do comando da Secretaria do Patrimônio Histórico e Artístico Nacional e da Fundação Pró-Memória, assumido na gestão Eduardo

Portella, acabara de ser nomeado para a direção da Secretaria de Assuntos Culturais do MEC. Mal tivera tempo de tomar pé no terceiro cargo, antes de pegar o avião. Na volta ao Brasil é que se estará lançando à multiplicidade de tarefas que o acúmulo administrativo de agora impõe. Mas sente-se desde logo plenamente a par da magnitude, urgência, entramamento e dificuldade dessas tarefas. Sabe que passou a dispor, mais do que nunca, dos instrumentos essenciais à definição e animação da política cultural brasileira. E que precisa dar conta correta dela, imediatamente.

No entanto, não parece assustado com o que o espera. Até pelo contrário: "Ou se curte, ou não se aguenta."

Lembra um encontro com Lucio Costa, seis meses depois de estar à frente da Sphan (ainda Iphan):

Aloisio Magalhães_ Contei-lhe o meu dia a dia no Instituto e ele comentou: "Quer dizer que além de tudo você está se divertindo muito?" Pois é, aprendi a encarar taticamente os obstáculos desse tipo de encargo. Senão, como superar a ansiedade das salas de espera, a dúvida do vou ou não vou conseguir, a sensação de nos sentirmos uns chatos de tanta insistência na luta sem trégua para obter recursos? Tendo-se tática, um dia aparece a brecha para o diálogo com os que planejam e soltam dinheiro. Quando se trata do bem cultural, não há quem queira ser contra.

Além do mais, não considera os recursos financeiros o primeiro problema na sua área. Antes vêm, por ordem, a determinação de resolver, o conhecimento de causa, a competência dos quadros e a continuidade da ação. Mas antes de definir tais requisitos, o novo responsável pela Secretaria de Assuntos Culturais do MEC mostra como vê a realidade do sistema cultural, ou melhor, de seus mecanismos de apoio oficial.

AM_ Mesmo anteriormente à saída de Portella,[1] já pensávamos na necessidade de mudar esse sistema, cujas falhas principais estão na centralização, na curta autonomia, na timidez e na visão setorial, fazendo com que tudo se passe praticamente apenas no Rio e em São Paulo. Sempre fui contrário ao fechamento das instituições nelas próprias.

1_O escritor Eduardo Portella que, pouco antes, ocupava a cadeira de ministro da Educação e Cultura. Frente a reivindicações de professores, recusou-se à determinação governamental de não atendê-los e retirou-se de cena, com a frase: "Não sou ministro, estou ministro!"

Sinal, portanto, de que mudanças significativas vão ocorrer no fundo e na superfície de um organismo onde se abrigam nada menos que a Funarte, o Serviço Nacional do Teatro, o Instituto Nacional do Livro, a Embrafilme, a Biblioteca Nacional, o Museu Histórico Nacional (com o Museu da República), o Museu Nacional de Belas Artes e o Museu Imperial de Petrópolis. Ou seja, quase a inteira ramada da frondosa árvore da cultura no Brasil. Nela só ficam de fora a radiodifusão e a televisão, englobadas numa secretaria à parte, a de Aplicações Tecnológicas. A toda essa complexa estrutura, Aloisio pretende aplicar, o mais cedo possível, uma dinâmica que a descentralize e dê a cada setor efetiva autonomia. Estará partindo, é claro, de um fundamento teórico:

AM_O sistema devia mover-se em duas vertentes. A primeira, de rotação rápida e diâmetro curto, envolvendo a produção, a circulação e o consumo do bem cultural. É nela que a nação exprime as suas necessidades, demonstra a sua fermentação. Na segunda vertente, de lenta rotação e diâmetro vasto, localizam-se as coisas cristalizadas, o patrimônio permanente, aquilo que o tempo já selecionou.

Mas os dois círculos não podem realizar-se isoladamente. Um precisa alimentar o outro. O primeiro alimenta o segundo com bens vivos que se tornam permanentes, numa seleção natural em que muitos outros se gastam e se perdem. Por sua vez, a reflexão em torno dos bens permanentes faz descobrir o que verifica o presente, dá a chave do jogo entre acertos e erros. É essa dupla dinâmica que cria um tempo único no domínio do bem cultural.

O tempo cultural não é cronológico. Coisas do passado podem, de repente, tornar-se altamente significativas para o presente e estimulantes do futuro.

Assim, se o tempo da cultura se concretiza e se justifica num *continuum*, a imagem do estilingue, que ele emprega com um sorriso, serve à perfeição para explicar o seu modo de lidar com o processo cultural. Quanto mais se estica a borracha, sem deixar que ela se rompa, mais longe a pedra irá alcançar.

E é dessa tensão de coisas em continuidade que sobretudo carecemos.

AM_No próprio processo criador brasileiro há pouquíssima continuidade. Isto se explica, em parte, pelo curto tempo de existência do nosso todo cultural. Ele ainda é frágil por causa de sua juventude, se comparado especialmente com a Europa. O processo de busca e reflexão dos componentes da autenticidade da cultura brasileira ainda está muito no início. Tem enfrentado a corrente contrária dos componentes aleatórios, derivados da nossa forma peculiar de colonização. Hoje, sabemos que pensar com determinação e continuidade é a maneira melhor de nos descolonizarmos. Falta praticá-lo. Pois só nessa prática se conseguirá controlar a tesoura maluca que nos vem picotando em mil pedacinhos e ter, finalmente, a indispensável consciência do todo.

O novo secretário pensa que as duas vertentes do sistema cultural, há pouco mencionadas (a dos bens vivos e a dos bens cristalizados), não estão perfeitamente entrosadas na estrutura que ele agora herda dentro do Ministério:

AM_Veja: a área patrimonial não detém alguns dos nossos acervos fundamentais, como os museus e a Biblioteca Nacional. Em contrapartida, a Secretaria conta com a correta incumbência de gerir a dinâmica dos bens vivos, através de seus outros organismos. Creio que a minha nomeação para ela, ao mesmo tempo em que mantenho a direção da Sphan e da Pró-Memória, é um primeiro passo para estabelecer a ponte entre ambas as vertentes. Na Secretaria de Assuntos Culturais vou continuar aplicando a mesma dialética de intuição e razão que já me servira de norma nos dois cargos antes assumidos. E que, no fundo, vem de minha experiência como designer. Quando o design me interessou, a decisão de deixar meio de lado a pintura que eu fazia resultou da necessidade de me sentir mais inserido no contexto social, servindo mais de perto a ele. Passei a ter, então, como designer, de saber adequar a intuição do que uma comunidade carece à aplicação metódica das técnicas disponíveis para resolver problemas.

Claro que há urgência em fixar prioridades de ação, de modo a dar sossego à avidez dispersadora da tesoura maluca. Mas, coerente com essa trajetória, unindo intuição e razão, Aloisio está convicto de que as prioridades não podem ser simplesmente inventadas, como um ato burocrático. Não podem ser impostas de cima para baixo. Devem, ao contrário, emergir espontaneamente da comunidade:

AM_O nosso papel no centro do sistema cultural, é o de permanente alerta, antenas sensíveis na captação dessas prioridades em vias de afirmar-se. Aí é que entra, como instrumento básico, a determinação. Sabemos que somos carentes de tanta coisa na área da ativação cultural que a determinação de estar atento para escolher e resolver certos problemas emergentes já funciona como uma chave eficaz. Com essa determinação se cria um ânimo, as pessoas se aproximam, os fatos se encadeiam, as competências aparecem e tudo isto junto se canaliza numa ação continuada. Vale dizer, numa prioridade autêntica, com raízes.

A estratégia de atacar antes de tudo o que emerge de baixo para cima no plano cultural tem, para Aloisio, pelo menos o mérito de despertar um aspecto de impacto através do seu teor de autenticidade. São ações que mobilizam e servem como extraordinário trunfo de conscientização. Por sua vez, na medida em que essa conscientização cresce, ela ajuda a aumentar o número de emergências, num círculo em que cada vez mais pessoas se verão envolvidas. Aqui, o caráter de exemplaridade tem um peso importante:

AM_ Sei que muita gente me critica pela talvez excessiva atenção dada a Ouro Preto. Mas o que ocorre é que as condições excepcionais do patrimônio daquela cidade fazem com que alguma coisa se concretize fortemente nela, e não em outras partes. Como não há condições de atacar igualmente todas as situações assemelhadas, fica-se pelo menos com a que é mais exemplar.

Às vezes, o que faz uma prioridade é a dramaticidade com que ela se apresenta à luz do dia. Aloisio lembra o que aconteceu recentemente em torno da aquisição, pelo Governo brasileiro, dos documentos da Inconfidência Mineira. Antes de colocá-los à venda num leilão público em Londres, o proprietário desses documentos tinha vindo ao Brasil, oferecê-los. Mas a ninguém conseguira sensibilizar na ocasião. Não se estava atento nem determinado nesse sentido, por aqui. Foi preciso chegar à vergonha de vê-los postos em licitação para que o Governo, já aconselhado pela nova política da Sphan, se mexesse e conseguisse, enfim, na última hora, comprar e impedir que documentos tão fundamentais para a nossa história se afastassem ou dispersassem em mãos alheias.

Já que se está tratando de situações exemplares, vêm à tona duas outras. A primeira é a da estrada de ferro Madeira-Mamoré.

AM_ Em 1979, recebi um telex da Sociedade Brasileira de Proteção Ferroviária. Trazia um apelo dramático a respeito da licitação de um lote de máquinas e equipamentos pertencentes àquela velha ferrovia amazonense. Pedia para que a Sphan interviesse, impedindo a venda marcada para a semana seguinte. Pensei imediatamente na importância de um tal complexo ferroviário dentro da dinâmica cultural do país. Foi através de sua implantação (ao longo da qual morreram quase quatro mil pessoas) que se deu um dos processos descentralizadores mais significativos entre nós, abrindo a floresta. Acendida a luzinha, perguntei à minha secretária o que se fazia antes, ali no então Iphan, quando chegava um telex como aquele. Ela me informou que se mandava um ofício à autoridade competente. Ora, proceder assim no caso da Madeira-Mamoré era continuar usando o método de simplesmente se descartar do problema: a semana se passaria bem antes de vir a resposta. Aí, despertei para a necessidade de soluções mais imediatas. E deu certo.

Este primeiro exemplo reflete a aplicação coerente de um princípio. O problema emergiu espontaneamente, foi retido pela intuição, a que depois se aplicou o método conveniente. A intuição esteve em se perceber, no momento preciso, a oportunidade da problemática da interiorização do país, a importância das alternativas energéticas (volta às estradas de ferro) –, tudo isto que fora erroneamente posto de lado, ali, como uma simples troca de camisa, mais um picote de tesoura maluca.

A partir do passado daquela estrada de ferro fomos nos aproximando do presente da região. Verificamos que o grande anseio da comunidade era no sentido de que ela voltasse a funcionar, corrigindo um ato tecnocrático e centralizador de desativação. Ao se aplicar o decreto de que todas as ferrovias com menos de seiscentos quilômetros são economicamente inviáveis, não se levou em conta a peculiaridade de que em muitos casos o fator econômico não é o predominante. E o fator básico na Madeira-Mamoré era o da integração social – portanto, cultural. Ela funcionava como um sistema vascular alimentando também culturalmente aquela área da região amazônica.

O Museu Vivo de Orleans, em Santa Catarina, representa para Aloisio Magalhães uma segunda situação de oportuna exemplaridade. A região, no caso, caracteriza-se pela aculturação do imigrante desde 1880 – italianos, açorianos e poloneses que para ali trouxeram tecnologias domésticas baseadas na energia hidráulica e no uso da madeira.

AM_O que se fez, então, foi adquirir exemplares disponíveis dessas técnicas, desmontá-los com a ajuda dos artesãos que os haviam construído e montá-los de novo num terreno de cinco hectares, que passou a constituir o Museu. Um museu posto a funcionar pela própria comunidade: ali, ela continua produzindo o seu beneficiamento do milho, fabricando a sua farinha, a sua aguardente e outros bens de consumo imediato. A impressão que o conjunto me deu, quando o vi funcionando, foi a de uma maravilhosa e autêntica Disneylândia. Enquanto a Disneylândia lá dos EUA é artificial para nós, a do Museu Vivo de Orleans faz parte da gente. É uma equivalência ao contrário. E com o seu humor específico.

Mas estar atento seria uma prioridade suficiente para quem, hoje, tem o poder de acionar praticamente todos os botões do sistema gerador da política cultural brasileira? O novo responsável pela Secretaria de Assuntos Culturais do MEC responde em duas frases:

AM_Não, mas pode ter eficácia. A doutrina virá com o tempo, através de indicadores surgidos na prática.

De qualquer forma, por estar atento e determinado é que a última coisa feita por Aloisio Magalhães, antes de voltar ao Brasil, foi encontrar-se com Niomar Bittencourt. Quem sabe se disso não sairá um caminho melhor para o MAM do Rio, sem dúvida um dos pontos nevrálgicos dos usos da cultura no Brasil?

“O MINISTÉRIO DA CULTURA É PREMATURO”

[Entrevista]

“No momento, seria prematuro pensar na criação de um Ministério da Cultura porque, agora, ele seria forçosamente um ministério fraco, não só do ponto de vista financeiro, mas do próprio ponto de vista conceitual. Ainda não temos maturidade suficiente para traçar com precisão as fronteiras entre a educação e a cultura”, declarou Aloisio Magalhães, responsável pelas Secretarias de Patrimônio Histórico e Artístico Nacional (Sphan) e de Assuntos Culturais (Seac).

Aloisio Magalhães_ Eu me sinto muito à vontade para falar na criação deste ministério”, acrescentou, “porque não é de hoje que tenho analisado o problema e que tenho me manifestado contra. Não quero dizer que seja uma coisa impossível, ao contrário, acho até que é uma coisa inevitável, dentro de determinada trajetória da nação, porque à medida que o país se desenvolve os sistemas se tornam mais complexos, e a tendência aí é fracionar, atribuir maior especificidade às áreas de atendimento.

Num país de grande desenvolvimento cultural, de sedimentação étnica, de sedimentação de valores, com um perfil nítido em todas as áreas, pode-se muito bem permitir certas divisões. É como uma célula que se prepara para a divisão. Quando está madura, ela gera um novo componente que, às características anteriores, acrescentará outras, novas, definindo a sua própria personalidade. Antes do tempo, a coisa começa a se fragmentar. Entretanto, veja bem, a complexidade dos problemas, a complexidade dos fenômenos e o tamanho do país nos levam a encarar os fatos; pode vir a ser necessário.

“E aí, nós devemos estar preparados”, acrescentou Magalhães, nas mãos de quem se concentram a Sphan e a Seac.

A esta preparação, Aloisio Magalhães vem-se dedicando, como ele mesmo reconhece, “quase que obsessivamente”. Começando com o Centro Nacional de Referência Cultural (CNRC), uma pequena e informal

Entrevista concedida a Cora Rónai, publicada no *Jornal do Brasil*, Caderno B, 26 mar 1981, capa.

instituição dedicada a procurar as raízes da cultura brasileira e a preservar a memória nacional, ele passou, no começo da atual administração, à direção do antigo Iphan. Lá, assim que assumiu, começou a trabalhar para a criação de um organismo mais ágil, mais adequado à solução da infinidade de problemas do patrimônio, do que um velho instituto.

Em tempo recorde, foi criada a Fundação Pró-Memória, e o Iphan foi transformado em Secretaria. O que ainda havia de patrimônio federal fora da alçada do MEC, como o Programa de Cidades Históricas da Seplan, passou para a Sphan/Pró-Memória. Há dois meses, com a saída de Marcio Tavares D'Amaral da Secretaria de Assuntos Culturais, Aloisio assumiu também a Seac – o que lhe proporcionará, no mínimo, a chance de traçar o que ele define como "uma melhor divisão de águas", já que há instituições da Seac que pertenceriam à Sphan, como, por exemplo, o Museu Imperial de Petrópolis.

Aloisio Magalhães foi encarregado pelo ministro Ludwig[1] de estudar, agora, a melhor fórmula para integração das duas secretarias que estão sob seu comando. Embora não possa fazer nenhuma declaração definitiva enquanto o assunto não passar pelo gabinete e receber o *nihil obstat* do ministro, ele não esconde a sua preferência pela criação de uma única secretaria, eventualmente dividida em duas subsecretarias.

AM_ Eu sempre falo nas duas vertentes que orientam o bem cultural, explica. – Na vertente do patrimônio, teríamos um disco de grande diâmetro e rotação lenta. Na vertente da produção, distribuição e consumo de cultura, teríamos um disco de diâmetro menor e rotação mais acelerada, que pudesse captar os acontecimentos com rapidez suficiente. Uma imagem bem melhor é a de um disco único, que teria no centro uma rotatividade maior em função do próprio diâmetro. A medida que a rotação se aproxima da periferia, ela diminui: as coisas se cristalizam, se ajustam, se acomodam. Como no movimento da bateia de um garimpo, seria possível chegar ao diamante, ao permanente. O resto se gastaria com o tempo. E nós estamos tentando fazer com que o sistema cultural obedeça, operacionalmente, a este princípio.

1_O general Rubem Ludwig havia assumido o MEC após a saída de Eduardo Portella.

Segundo Aloisio, a essência do sistema é a descentralização, obrigatória por causa da complexidade do espaço brasileiro e de suas variáveis. Por descentralização, ele entende a ação do Estado como uma mão com vários dedos. Tudo deve ser feito para agilizar as pontas dos dedos. Os dois braços que controlariam mãos e dedos seriam, respectivamente, a Secretaria (ou Subsecretaria) de Assuntos Culturais, e a de Patrimônio Histórico e Artístico Nacional.

AM_ Para agilizar a ponta dos dedos, a gente precisa de muitas coisas, entre elas recursos financeiros. Mas eu não atribuo aos recursos a prioridade maior. Para mim, há pré-requisitos tão ou mais importantes, como a determinação, a competência, a continuidade. Para que as vertentes funcionem bem, por outro lado, elas precisam de um elemento agilizador, ou seja, uma fundação para cada uma. A Pró-Memória já foi criada especificamente para isso, como um injetor de energia, de métodos e de reflexão na área patrimonial. E, no lado da produção cultural, temos a Funarte. Ela continuará basicamente como está, mas vai crescer, na medida em que será a gestora e estimuladora de um número maior de entidades – quantas forem necessárias, as pontas dos dedos da área da produção cultural.

A ideia das vertentes apoiadas em duas fundações traz, em si, um fato importante e que, até o momento, não havia sido definido: o Serviço Nacional de Teatro não será transformado em Fundação Nacional de Artes Cênicas. Segundo Aloisio Magalhães, o ideal é que o sistema se baseie em duas fundações, não mais: nelas serão concentrados os problemas de pessoal, a base operacional, os recursos, e delas se beneficiarão igualmente os vários "dedos".

AM_O Serviço Nacional de Teatro (SNT) deve ser transformado num grande Instituto Brasileiro de Teatro. Talvez não deverá fazer-se, de imediato, um Instituto Nacional de Artes Cênicas, não vamos forçar nada. Pode ser que daqui a alguns anos os vários institutos das várias artes se aglutinem, porque, é claro, vamos fazer também institutos para a dança, a ópera etc. E se amanhã a fotografia, digamos, precisar ou preferir desvincular-se das artes plásticas, criaremos um instituto especial.

Ele observa que o atual SNT funciona extremamente bem para os recursos de que dispõe:

– "É uma das coisas mais notáveis do Brasil" – diz, acrescentando que é preciso reconhecer e homenagear a capacidade de resultados de um grupo tão pequeno e tão informal. Mas, na sua opinião, a criação de uma fundação especial poderia até atrapalhar este trabalho tão eficiente:

AM_ Eu vivo dizendo para o Orlando Miranda (diretor do SNT): 'Se você virar fundação sozinho, vai ter que se empetecar, vai ter que virar formal e aí não vai aguentar. Nós vamos encontrar a melhor maneira para que vocês possam gerir a vitalidade do instituto.'

Rejeitando a ideia de que a Funarte passará a desempenhar o mero papel de repassadora de verbas, Aloisio acha que o seu papel será, basicamente, o de administradora e coordenadora dos vários institutos. Ela mudará em alguns pontos: as suas várias promoções, como o Projeto Pixinguinha ou Salões de Arte, que são apresentados sob a sua égide, exclusivamente, passarão a ser controlados pelas áreas de competência. Assim, o Pixinguinha poderá ficar sob o encargo do Instituto nacional de Música, os Salões de Arte com o Instituto Nacional de Artes Plásticas (Inap) – que, por sinal, ainda está sem diretor.

Este problema é explicado por Aloisio, que acha inútil traçar perfis antes de uma imagem geral. Portanto, será preciso saber, antes de mais nada, qual será o papel do Inap na nova estrutura, para então se partir à procura da pessoa que se encarregará dele. A pessoa para ocupar a Funarte já foi escolhida: é Mário Machado,[2] sociólogo e primeiro a levar ao Finep os problemas sociais e culturais. Ele é homem da inteira confiança de Aloisio Magalhães, que o conhece há muito tempo.

No momento, Aloisio também se preocupa com o que define como a "turbulência" no setor. E desmente que tenha "tirado" Roberto Parreiras da diretoria executiva da Funarte, explicando que, na verdade,

2_Mário Brockmann Machado, sociólogo, ocupava anteriormente uma das diretorias da Financiadora de Estudos e Projetos (Finep), agência do governo federal.

ele lhe foi pedido por Cláudio Figueiredo, da Secretaria de Aplicações Tecnológicas para a TV Educativa:

– "Porque o Roberto é um perfeito homem de televisão" – esclarece. Outro setor "turbulento", a Embrafilme, passa no momento por uma onda de demissões, cujo número específico não foi divulgado, mas que se acredita estar em torno de 150.

Neste caso, a explicação fica por conta de Celso Amorim, presidente da empresa: as demissões, que começaram já no ano passado, fazem parte de um esquema de adequação da empresa às suas finalidades, ou seja, à produção de filmes. Do jeito que as coisas iam, diz Celso, a Embrafilme ia acabar gastando mais com questões operacionais do que com a produção, que é a sua verdadeira razão de ser. "Mas não há nenhum plano fantástico na história, não."

O COMPLEXO SPHAN/SEAC

O complexo Sphan/Seac integra, hoje, quase quarenta instituições diferentes – cujo número de projetos em andamento e número de funcionários são incalculáveis, pelo menos a curto prazo. O próprio MEC precisaria de algum tempo para realizar o levantamento, ainda mais porque há, no momento, alterações de quadro de pessoal: na Embrafilme, por exemplo, já ocorreu substancial número de demissões.

A Secretaria de Assuntos Culturais, que ainda funciona em grande parte no Rio, mas que deverá ser transferida para Brasília, compreende, como instituições separadas, a Funarte, o SNT, o Instituto Nacional do Livro, a Embrafilme, a Fundação Casa de Rui Barbosa, a Fundação Joaquim Nabuco de Pesquisas Sociais, o Museu Imperial, o Museu Histórico Nacional, o Museu Villa-Lobos e a Biblioteca Nacional; da Funarte fazem parte o Museu Nacional de Belas Artes, o Instituto Nacional de Artes Plásticas, o Instituto Nacional de Música e o Instituto Nacional do Folclore.

A Secretaria de Patrimônio Histórico e Artístico Nacional é, na verdade, um órgão normativo; seus bens e instituições estão a cargo da Fundação Pró-Memória, e são os Museus da Inconfidência, do Ouro, do Diamante, das Bandeiras, das Missões, da Imigração, de Arquitetura e Artes Populares de Paranaguá, de Arte Sacra de Santa Rita e os museus regionais de São João del-Rei e de Caetê; e 14 casas históricas na Bahia, Espírito Santo, Rio de Janeiro, São Paulo e Minas Gerais.

Apenas uma unidade cultural está fora do âmbito da Sphan e da Seac: é o Museu Nacional da Quinta da Boa Vista, que pertence à Universidade Federal do Rio de Janeiro. Mas já há estudos no MEC para sua transferência para a Pró-Memória; afinal, diz Aloisio Magalhães, ele deve ocupar "o lugar que lhe pertence", como o principal dos museus brasileiros.

O PROCESSO CRIATIVO DE ALEIJADINHO

Meus amigos de Ouro Preto, meus amigos de Minas Gerais, não esperem de mim uma análise crítica sobre a obra do Aleijadinho. Muito já foi escrito, inúmeros trabalhos de grande profundidade já foram feitos sobre a obra notável desse mineiro ilustre, que inaugura no processo histórico brasileiro o sentido de criatividade nacional. Sinto-me muito mais próximo do Aleijadinho como irmão, no sentido da essência do processo criativo, na medida da possibilidade de cada um de nós lidarmos com o processo criativo. Junto-me a ele na tentativa de entender como se processa, de onde vem, como emerge em cada um de nós que se dedica a esse trabalho do processo criativo nas artes visuais e artes plásticas, como se processa a emergência desse sentimento que resulta numa ação concreta e visível. Nesse sentido, penso poder dizer alguma coisa sobre Antônio Francisco Lisboa, próximo a mim nessa luta do processo criativo.

A primeira pergunta que faço, ao ver a obra do admirável artista brasileiro, é tentar entender essa obra no momento em que ela foi executada; por que foi executada, que impulsos, que contexto, que forças, que elementos contraditórios positivos e negativos levaram essa individualidade tão singular a exercer, no contexto da sua cidade, no contexto de Minas Gerais como um todo, naquela época, a nobre e extraordinária função de ser o seu artista representativo, na realidade, no contexto de sua vida, da sua coletividade.

A primeira indagação para mim se dá sobre o caráter mestiço de Antônio Francisco Lisboa. Trata-se de um mulato, trata-se de um homem brasileiro, que emerge naturalmente das condições socioculturais da época; em que as raças se misturavam, em que os valores dessas raças juntas começavam a assumir uma posição nova. Muitos eram os artistas ainda tipicamente portugueses que em tudo copiavam, inevitavelmente, o modelo original da metrópole cultural. Era inevitável essa prisão e essa sequência, tratava-se de dar continuidade a um processo cultural. Mas em um certo momento do processo surge uma figura

Pronunciamento realizado em Ouro Preto, possivelmente no ano de 1981, passada a premência de ação por parte do Iphan frente aos desabamentos ocorridos em 1979. Em abril de 1979, Ouro Preto sofreu vários deslizamentos de terra em função de intensa chuva, colocando em risco a Santa Casa de Misericórdia que, na ocasião, ocupava o casarão histórico conhecido como Chácara do Xavier, na entrada da cidade. Face à preocupante situação, o Iphan promoveu um seminário para mobilizar uma ação comunitária e recursos de toda ordem visando à recuperação física da sua área urbana.

inquieta, insubmissa, que sentia pulsar em si mesmo a necessidade de uma expressão nova e de uma expressão que fosse própria e autêntica à coletividade de onde vivia. Nada mais lógico do que vir de um mestiço – do primeiro homem surgido dessa mistura de raças que constitui a grande fusão étnica brasileira – essa necessidade.

Em segundo lugar, acredito também que nada mais lógico do que um contexto socioeconômico como o de Minas Gerais para emergir essa pujante força de criação própria. O litoral brasileiro ainda estava muito próximo da metrópole de Lisboa, os grandes centros urbanos do Recife, Salvador e Rio de Janeiro, ainda muito mimetizados, copiavam os modelos vivos vindos da Europa pelo último navio. Era muito mais lógico que a emergência desse sentimento nativo surgisse de uma região interiorizada, onde todo o sentido de cópia chegasse mais atrasado, e cuja presença desses elementos, desses padrões a serem seguidos ou copiados, fosse menor do que nos grandes centros do litoral. Esse segundo ponto me parece importante para entendermos a força, a violência com que emerge a capacidade criadora de Antônio Francisco Lisboa.

O terceiro elemento que gostaria de frisar é que, em Minas Gerais, naquele momento, formigava intensamente a necessidade de se estabelecer um processo civilizatório. É preciso não esquecer que, quando uma coletividade se reúne por um elemento, mesmo que seja por um valor econômico, como era o caso, principalmente voltado para um bem econômico, o adensamento dessa coletividade é uma situação crítica e uma situação tensa, uma situação densa de onde inevitavelmente deve emergir o processo criativo. Era lógico que saísse justamente dessa densidade de Vila Rica, que saísse desse ponto focal de Vila Rica, a primeira representação de grande força de uma expressão cultural brasileira. Mais uma vez, coerentemente com esse pensamento, digo a vocês que Antônio Francisco Lisboa atinge a sua autonomia e independência como artista brasileiro no momento em que ele identifica na região a matéria-prima com a qual vai trabalhar. Era preciso que ele encontrasse uma forma, não que fosse a melhor, não que fosse a mais adequada, no sentido da sua própria substância; era principalmente a sua matéria-prima. É a partir desse momento que ele se identifica com o solo de Minas Gerais, que ele adquire autonomia e independência de usar o seu próprio material. E nessa afirmação ele vai e executa todas as suas obras a partir da pedra-sabão que está ao seu lado, e é a matéria-prima que ele considera nativa da sua região.

Esse encontro é, a meu ver, fundamental no processo de criação, sobretudo quando esse processo de criação emerge num contexto em que ele é uma espécie de solo inicial, em que ele é uma espécie de canto único, na medida em que afirma e procura afirmar a identidade de uma nação nova. Esse ponto de encontro com a matéria-prima é, na minha opinião, essencial para entendermos a obra de Antônio Francisco Lisboa. E, mais ainda, é preciso notar, de uma maneira genérica, mesmo hoje, na trajetória cultural da nação brasileira, a existência de pequenos exemplos de obra monumental. Não somos uma cultura cuja representação física, palpável e concreta, seja feita à base de grandes monumentos. Ao contrário, a cultura brasileira dá sua expressão concreta e discreta e é feita, em geral, por sutileza, com reflexão, por pensamento poético e com pequena monumentalidade. Essa monumentalidade maior existe justamente na obra de Antônio Francisco Lisboa. Era preciso, para afirmar a identidade da cultura nacional na sua expressão criativa, que ele fosse monumental. E mesmo aí, curiosamente, o seu aspecto monumental era de certo modo discreto.

Quando nós observamos as grandes obras de Aleijadinho, verificamos que ele nunca perdeu o encanto da coisa pequena, do recôndito, da pequena nave, enfim toda uma discreta expressão que, de certo modo intuitivamente, o levava a não fugir, a não arrebentar, a não quebrar com aquilo que seria um dos segmentos mais profundos da representação da arte brasileira, o caráter não monumental no sentido físico. Em outras palavras, a grandeza da criação não se mede nem está necessariamente ligada ao seu tamanho. São outros os valores que indicam o caráter de monumentalidade profunda de uma obra a uma civilização, a um processo civilizatório, e esta parece ser uma das características típicas da representação cultural brasileira.

O último aspecto que gostaria de frisar é o grande mistério que envolve a criação de Antônio Francisco Lisboa. Esse mistério, as dúvidas em torno dele mesmo, da sua vida, de sua miséria, do seu sofrimento, esse caráter misterioso se estende profundamente sobre toda a sua obra e aumentam, inclusive, o grande valor simbólico que essa obra contém.

Recentemente tive acesso a um trabalho sobre a obra de Antônio Francisco Lisboa feito por uma pesquisadora brasileira, em que ela procura analogicamente identificar, nos profetas de Congonhas, os doze condenados da Inconfidência Mineira. E, um por um, ela procura encontrar sinais, pequenos elementos da idade do profeta, da coroa de louros do poeta, do capuz de um deles, da cabeça entortada de um terceiro, da roupa popular e vulgar de um outro; procura, em cada um dos profetas de Congonhas, fazer uma leitura em que cada um simbolizaria os inconfidentes de Minas Gerais. Até que ponto estaria o nosso mestre e admirável artista de Vila Rica tentando representar, mesmo que fosse inconscientemente, nas figuras dos profetas de Congonhas, aquela vivência íntima e profunda que toda a coletividade de Vila Rica acabava de sofrer? Chego ao ponto de dizer que não interessa o verídico dessa hipótese, não é necessário que se prove que os profetas de Congonhas eram os inconfidentes. Basta que um olho ou várias pessoas ou vários olhos leiam, nos profetas do Aleijadinho, a figura dos inconfidentes. Acredito que será muito mais forte a perenidade dessa força simbólica que o Aleijadinho deixou em sua obra – a possibilidade de inúmeras leituras, essa e outras que possam vir. Interpretações e possibilidades de identificação de sua obra com segmentos da vida da comunidade.

Aí está, a meu ver, a maior grandeza do seu feito: a representação do momento da civilização brasileira, talvez a primeira grande representação verdadeiramente brasileira de um processo cultural civilizatório em que não só ela se espelha e se apresenta com essa força imensa que conhecemos; como, através dos tempos, ela permite tantas interpretações, tantas formas de leituras quanto possam ser a vivência de todos nós que ainda hoje contemplamos a sua obra. Muito obrigado.

INSTRUMENTOS PARA A PRESERVAÇÃO DOS BENS CULTURAIS

O título bastante genérico da minha intervenção nesta manhã marca um propósito a que pretendo me ater, de não fazer uma conferência no seu sentido sistemático, mas de transmitir a vocês algumas reflexões, dúvidas e inquietações que me assaltam, ao longo de um período já bastante grande, com relação à problemática de preservação do bem cultural. Tenho a impressão de que a tentativa de transmitir, de examinarmos juntos uma série de pontos referenciais que serão objeto de discussão durante esses dias, terá mais sentido do que propriamente o desenvolvimento de um raciocínio linear, específico, sobre a problemática do bem cultural.

Pensei em começar contando a vocês uma coisa que me pareceu muito importante no sentido de iniciar uma reflexão sobre o universo da preservação, levando em conta que este universo só tem sentido na medida em que implique uma forma de comunicação. Pois a preservação existe em função do uso, da devolução, do consumo do bem considerado. E acho, ademais, que, em outras áreas do saber e em outras áreas de reflexão e do conhecimento, muitas vezes encontramos subsídios para entender melhor o problema que nos interessa abordar.

Eu me lembro que, após a guerra, um dos fenômenos curiosos ocorridos no mundo ocidental foi a necessidade de simplificação, de redução dos componentes da linguagem, com vistas ao aumento muito grande do intercâmbio das comunicações em geral. Ou seja, o advento tecnológico de equipamentos de transporte, as facilidades de conhecimento do universo, as solicitações oferecidas pelos meios de comunicação, todos esses fatores que nós conhecemos muito bem provocaram, após a guerra, um aumento considerável da mobilidade em um contexto ligado ao turismo ou à curiosidade intelectual de conhecer as coisas. Esse fenômeno, esse enorme assanhamento com que o homem, pelo menos no Ocidente, começou a se locomover de um ponto para

Intervenção em seminário sobre inventários de patrimônio cultural. Provavelmente realizado em 1981, dada a natureza do conteúdo.

outro provocou inevitavelmente dificuldades de comunicação verbal, ou seja, problemas devidos à existência de diversas línguas, com barreiras intransponíveis ou difíceis de serem vencidas. O problema atingiu um nível de gravidade muito alto, na medida em que a necessidade de simplificação se ligava à possibilidade de comunicação, que, inclusive, tinha a ver com a segurança do próprio indivíduo. Você saber se, passeando num parque de uma cidade da Austrália, pode beber a água de uma fonte é importantíssimo, na medida em que, se a água não for potável e você fizer uso dela – porque no seu jardim ou na sua cultura a água é sempre potável –, você corre o risco de se envenenar ou de ser contaminado por determinado tipo de doença. Os sinais de tráfego são outro exemplo perfeito, porque, se não houver perfeito entendimento dos mesmos sinais, o cidadão corre o risco de morrer.

Como resolver essas questões face à enorme e fantástica intercomunicação entre os povos ou, ao menos, como resolvê-las ao nível das primeiras necessidades? Várias experiências foram feitas até que um estudo foi proposto à ONU pela antropóloga Margaret Mead,[1] que examinou o problema e encaminhou sua solução com a ajuda de um grupo de antropólogos e com o apoio daquela organização. Ela estabeleceu uma série de critérios muito interessantes e que, a meu ver, servem para nos ajudar num nível diferente da análise do que seja a informação, a redução da informação e a síntese dos universos diversificados e heterogêneos da informação.

Ela começou atribuindo à linguagem que pretendeu criar, e que criou na realidade, denominando-a "glifos" – uma palavra vinda de hieroglifos –, a ideia de que um pictograma seria um elemento mais apropriado à intercomunicação do que qualquer elemento de natureza verbal ou de natureza escrita. Essa primeira observação levou à preferência, no caso de estabelecimento da linguagem, pelo seu aspecto e percepção visual. Margaret Mead dizia que, em se tratando da compreensão de um fenômeno, da tentativa de explicar uma informação, a barreira da informação verbal era justamente a estrutura da linguagem. Uma língua exibe impedimentos extraordinariamente complexos para serem resolvidos e entendidos, ao passo que a informação visual carece

1_A antropóloga Margaret Mead foi responsável pela popularização de conceitos da Antropologia nos Estados Unidos nos anos 1950 a 1970. Apesar das críticas recebidas após seu falecimento, Mead permanece como referência de sua época.

de qualquer tipo de estrutura que tenha de ser compreendida. É o que se chama de percepção gestáltica. Você olha o desenho de uma árvore e sabe que se trata de uma árvore, em qualquer contexto, em qualquer universo cultural. Essa ênfase no visual foi um dos pontos que se estabeleceu logo como critério, em contrapartida à linguagem verbal.

Uma segunda observação é de que era impossível estabelecer essa linguagem de imediato, de tal modo o universo era amplo, diversificado e heterogêneo. Várias etapas seriam necessárias para se criar a desejada linguagem, vários momentos de intermediação. Seria absolutamente inviável que um grupo de pessoas, por mais adequado que fosse, tivesse a capacidade de, a partir de universo tão grande, de tal complexidade e heterogeneidade, de uma só vez, sintetizar um número determinado de elementos que constituíram essa linguagem. A proposta de Margaret Mead, que a meu ver interessa ao nosso caso, foi a de que fosse estimulado, ao nível das mais diversas culturas e das mais diversas funções e usos, o aparecimento de linguagens específicas, regionais, por grupos, por entidades, por associações, e que, justamente a partir dessa fermentação, emergissem sinais comuns às várias experiências. Em outras palavras, a vivência e o uso de uma linha de ação, de experimentação ao longo do tempo, seria indispensável para uma filtragem de componentes verdadeiramente, então, universais.

A construção dessa linguagem, que já está desenvolvida, não chegou ainda à síntese ideal que Margaret Mead previa. Mas o que se observa é que a tese correspondente era absolutamente correta. É bastante alto, hoje, o número de sinais designativos que já são universais. E tomemos, por exemplo, o conceito de universal envolvido nessa tese. Um componente, um indicador, que seja percebido em termos universais é algo muito complexo para ser obtido de uma vez só. Margaret Mead citou exemplos dramáticos: os primeiros sinais designativos de sanitários de homem e mulher seriam um bonequinho com calça e um bonequinho com saia que, já de saída, não serviam para um número muito grande de culturas nas quais esses sinais, ou melhor, esses indicativos de calça e saia não têm qualquer relação com o homem e a mulher. Isto, só para ilustrar como é difícil chegar à síntese ideal.

E a tese de Margaret Mead provou ser certa, e todos devem conhecer o exemplo que retive para transmitir a vocês: os sinais designativos, os glifos designativos feitos para as Olimpíadas e as grandes feiras internacionais, a partir da primeira experiência no começo da década de 1950, nas olimpíadas de Tóquio.[2] Lá, pela primeira vez, no universo do esporte, que já permite, vamos dizer assim, uma comparação mais universal, foi utilizado um sistema de informações com esse tipo de abordagem. As Olimpíadas de Tóquio e algumas feiras internacionais, eventos de certo modo parecidos, aos quais acorrem muita gente de origem diversificada, constituem ótimos campos experimentais para esse tipo de aproximação. O que ocorreu é que, já agora na década de 1980, sobretudo na experiência de Munique, onde aconteceu o penúltimo dos jogos olímpicos, verificou-se que Margaret Mead tinha razão. Vários sinais já não precisam ser redesenhados; eles adquiriram, pela sua seleção no tempo, sua seleção de compreensão, o caráter de universalidade.

Bom, este é um tema que poderia ser mais elaborado, mas que me pareceu bastante oportuno para tomarmos como elemento paralelo, que traz à discussão da ideia de inventário uma série de subsídios muito úteis. Úteis no sentido, inclusive, de serem originários de um exemplo paralelo e muito simplista. Porque, na verdade, a primeira observação, ao compararmos um inventário de patrimônio cultural com a experiência dos glifos, é que, neste caso, a informação deve ser reduzida a uma síntese a mais absoluta possível. Em outras palavras, quando se quer entender "não beba água", "a água não é potável" ou "é potável", a informação deve ter o mínimo de elementos e o máximo de percepção. Trata-se da relação entre quantidade de componentes e eficácia na função. Ora, se transpusermos isso para o plano que nos interessa, dos inventários, o problema é bem diverso, ou seja, a redução é inevitável quando se categoriza, quando se tenta indexar ou inventariar o bem cultural; a redução é, entretanto, perigosa na medida em que pode empobrecer demasiadamente a informação. Trata-se da relação entre o assunto que se quer reduzir e a redução que deve ser capaz de dar uma quantidade eficiente de informações. É um problema complexo e muito grave nos inventários do bem cultural.

2_As Olimpíadas de Tóquio a que refere aconteceram em 1964.

Até onde se pode reduzir, até onde se pode empobrecer, ou até onde a redução pode ser eficaz e não empobrecedora? Talvez este seja o elemento mais complexo e mais difícil de ser resolvido no domínio do inventário. De qualquer maneira, teríamos de levar em conta que, com a informação dirigida a um público determinado, o problema se simplifica, porque já se tem definida e limitada uma das variáveis mais importantes da linguagem. Suponha que alguém queira, como já se sabe que é uma das intenções da Embratur, fazer um inventário com vistas a uma informação leve, imediata, ao nível de turismo. Ora, no momento em que se sabe a quem se dirige a proposta, se conhece o limite do usuário, esse dado concreto simplifica muito o problema, na medida em que se passa a contar com o universo preciso que é o do usuário. Ao contrário, na medida em que não podemos pretender fixar e limitar o usuário, e este é o nosso caso, e devemos deixar dados à disposição de um leque muito amplo de necessidades de ordem intelectual, do conhecimento do bem cultural, o problema se torna extremamente complexo.

Bom, se juntarmos à diversidade de usuários a heterogeneidade e diversidade dos bens culturais, num contexto como o nosso, aí verifica-se que o problema se torna ainda mais complexo. No caso brasileiro, a análise do problema do inventário deve levar em consideração essas e outras variáveis. A extensão territorial é uma delas, ou seja, o aspecto físico que apresenta alterações muito grandes entre o Sul e o Norte, entre o trópico úmido e os Pampas. Outra variável muito importante é a diversidade de nível cultural que vai das áreas mais interiorizadas, com estágio de desenvolvimento e processo cultural em determinado momento de suas trajetórias, coexistindo com outros níveis de complexidade e de elaboração mais adiantada, numa distribuição que, no Brasil, vem do interior para o litoral.

Então, é nessa trama extremamente complexa, e com essas variáveis todas, que se situa o nosso problema. Como inventariar, como reduzir a uma informação legível, compreensível, esse universo de bens culturais? Eu ainda incluiria mais uma variável que é a da determinação do bem cultural, ou seja, a determinação do que é bem cultural num contexto como o nosso. Numa comparação com um contexto como o da Bélgica, por exemplo, talvez ali seja muito fácil determinar a constelação, com suas variantes, do bem cultural. A cristalização de uma cultura, no tempo, já torna muito menor o número de variáveis de diversificação dos componentes do bem cultural.

Há, nesse sentido, um empobrecimento. As coisas se tornam mais parecidas, mais intercomunicáveis do que numa cultura em formação. Se bem que, então, se continuarmos a estabelecer esse paralelo, teríamos, provavelmente, uma concentração, uma densidade muito grande, por efeito lógico do espaço físico e da sedimentação dos componentes do bem cultural.

A presença desses bens, num caso como o nosso, em espaço físico imenso e inevitavelmente ainda rarefeito, com ilhas de maior ou menor densidade, cria uma situação também diversificada. Num contexto mais denso e estratificado, é possível, talvez, estabelecer um critério, uma determinada linha de conduta, uma metodologia com relativamente poucas variáveis, e a projeção de um programa de cadastro pode então ser feita de uma maneira muito mais fácil do que seria num contexto como o nosso, em que a diversidade, a distância, a heterogeneidade e a variação de níveis de cultura tornam o problema muito mais complexo. De certo modo, esse raciocínio, se válido, nos levaria à reflexão de que nós devemos ter muito cuidado na condução da nossa reunião, muito cuidado em não nos apressarmos no estabelecimento de regras de jogo demasiadamente rígidas.

É óbvio que o anseio, o desejo de todos nós, de cada um, oriundo da sua área de trabalho, do seu núcleo, é o de conhecer esse universo; portanto, de tê-lo codificado num inventário. Mas a nossa pressa não deve ser um elemento que empobreça a possibilidade de, num tempo mais longo, se chegar a uma codificação mais rica. Em outras palavras, seguindo a proposta de Margaret Mead, talvez devêssemos amadurecer, aqui, a ideia do que está sendo feito com as variáveis e com os componentes próprios de cada grupo. Tentar entender, estimular e interligar esses diversos segmentos de metodologias e de formas de registro, na direção da emergência de determinados componentes universais que se imporão e se tornarão úteis a uma visão mais ampla do contexto brasileiro.

É claro que muitos aqui são especialistas, pessoas cuja reflexão é mais específica acerca do problema. Esses poderão encontrar, se é válida a tese, muitos elementos importantes a serem trazidos a debate neste grupo. Quando se diz que é possível, às experiências, serem independentes e particulares a condições locais, com essa diversidade que me pareceu lógica advogar, é também possível introduzir, de alguma maneira, componentes cuja presença não abafe a diversidade dos inventários, mas que sejam componentes já na direção de uma certa visão do sistema que poderá mais adiante emergir dessa fermentação. Acho que o método de Margaret Mead pode ser usado em outras áreas do conhecimento, de aproximação do conhecimento – ou seja, deixar que uma fermentação propicie, ao longo do tempo, a emergência de componentes enriquecedores, em vez de adotar, fria e sistematicamente, um modelo que certamente seria empobrecedor.

Esta é uma visão que tem sido, para mim, muito complexa. Na verdade, a gente parte da ideia de ser possível um sistema nacional para enriquecer o conhecimento do bem cultural no Brasil, e chega à conclusão de que é provável que o conhecimento da grande riqueza cultural do país seja muito maior e muito mais verdadeiro na medida em que ele for o resultado de uma permuta, de uma rica fermentação ao longo do tempo. O que nos leva a verificar – e isso é uma coisa com que fiquei muito gratificado quando comecei a entender, e acho que muitos que estão aqui entendem – que o tempo do patrimônio, o tempo de quem lida com o bem cultural, é um tempo especial. Não é o tempo desenvolvimentista, não é o tempo em que é usada a medida, a forma de aferimento de ações em outras áreas.

Nós temos que nos compenetrar de que o tempo do bem cultural, do trato do bem cultural, tem a sua dimensão e a sua escala. É por isso que não é perder tempo – e sim, na verdade, usar o tempo corretamente – a ideia de que o verdadeiro inventário não é obra para ser feita correndo, é uma coisa que merece que experiências, vivências, sejam tidas e observadas.

Bom, este era o pensamento que eu queria justamente propor a vocês. Esta não é uma conferência, é uma tentativa de transmitir uma reflexão, e acho que poderíamos agora conversar sobre o que foi dito e o que não foi dito, na direção de melhor enriquecer ou condenar a hipótese da relação tempo/diversidade, no cadinho da elaboração de inventários no Brasil.

DEBATE

Ulpiano Bezerra de Meneses[3]_Eu acho que a linha que Aloisio forneceu é muito interessante e seria muito adequada para orientar os trabalhos. Confesso que, logo no início, eu estive um pouco apreensivo, principalmente quando ele aplicou ao nosso caso a ideia de glifo. Mas, depois, eu me desprendi; e olhe, imagino que Aloisio tenha usado uma técnica pedagógica. Mesmo assim, eu gostaria de talvez acentuar uma distinção que me parece não ficou muito clara, e que é a seguinte: um inventário é sempre a linguagem sobre alguma coisa e a realidade dessa alguma coisa tem de apresentar as características básicas que a diferenciam inclusive da linguagem sobre ela. Acho que o conceito de glifo se aplica perfeitamente bem à linguagem sobre a coisa, mas, com relação à coisa ela própria – no caso, com relação não ao inventário, mas ao bem cultural –, pelo contrário, o nosso propósito seria nos libertarmos dos "glifos sagrados", que dão uma versão da pedra da roseta, e que justamente pudéssemos ter a possibilidade daquele contato que evita as leituras codificadas. No caso do bem cultural, a tendência deve ser exatamente a de não codificar as leituras. No caso do inventário, não há dúvida nenhuma que é o inverso. É apenas uma distinção que me parece que pode ter, inclusive do ponto de vista prático, uma certa significação. Nesse caso, talvez uma imagem que esteja associada a essa ideia de universalização das leituras, eu diria que o campo dessa universalização seria a linguagem, não as coisas. Então, eu poderia propor uma espécie de catolicismo do inventário, e um ecumenismo do bem cultural.

Aloisio Magalhães_Realmente propus a ideia de glifos, Ulpiano, na medida em que achava que se deveria chamar a atenção para o problema da percepção gestáltica. Claro que, no caso do glifo, a redução é imensa, ou melhor, o mérito desse sinal é ser o mais econômico e o mais eficiente possível. Conseguir o máximo de leitura e compreensão do mínimo

3_Ulpiano Bezerra de Meneses, notável arqueólogo e pesquisador, professor emérito da Universidade de São Paulo, sempre se manteve relacionado às questões da preservação dos bens culturais, tendo integrado tanto o Conselho como a direção do Condephaat, instituição paulista voltada para a preservação do patrimônio cultural.

de elementos. Este não é o caso da codificação da linguagem sobre o bem cultural. Mas o exemplo me ocorreu por causa da leitura gestáltica – e acho que o equivalente à percepção gestáltica, para o bem cultural, seria a fotografia. Tenho a impressão de que a fotografia deve e pode vir a ser um elemento muito discutido neste seminário. A presença, o valor, o mérito, o tamanho da imagem, da codificação da imagem, dentro de um conceito da linguagem que se deve fazer sobre o bem cultural. Justamente a comparação que eu quis fazer é de que, quando você olha o glifo, vê imediatamente que é árvore, árvore com sua redução. Apesar de não nos interessar essa redução tão grande, quando se vê a foto de um objeto cultural, ou de uma igreja, enfim, de um bem cultural, imediatamente você sabe que é uma igreja ou é uma arquitetura civil e tem uma margem de conhecimento do objeto cultural que a linguagem verbal não lhe daria. Ou melhor, lhe daria, mas ao custo de várias linhas interpretativas, correndo o risco de introduzir o subjetivismo de quem está descrevendo o objeto. É provável que as preferências, que os limites do indivíduo que registra em textos o bem cultural sejam menos independentes do que os do fotógrafo. A fotografia traz no seu bojo um número muito grande de indicadores, talvez até maior do que interessa à descrição do bem cultural. Recordo-me de um famoso estudo que foi executado nos Estados Unidos, logo após a Depressão. O secretário da Agricultura, no primeiro governo de Roosevelt, tinha de executar um levantamento das áreas deprimidas, com vistas a ajudar à agricultura. Ele usou a fotografia como indicador da leitura dos componentes que precisava conhecer. Chamou quatorze ou quinze grandes fotógrafos, distribuiu esse pessoal pelas regiões, e eles voltaram com centenas, milhares de fotografias. Vida urbana, rural, situações da comunidade, tudo isso vinha através das bateladas de fotos, que eram organizadas.

O American Circuit Farm Program[4] foi uma experiência que causou espécie na época porque o instrumento fotográfico nunca tinha sido usado para leitura e compreensão. Pois bem, esse material, hoje, encontra-se todo na Biblioteca do Congresso, e já tem um outro valor, que é o valor histórico, ou seja, de indicativo da evolução dos costumes e dos hábitos da sociedade americana.

4_Aloisio refere-se ao programa de fotografia promovido pelo RA/FSA – Resettlement Administration/Farm Security Administration, durante o *New Deal* de Franklin Delano Roosevelt.

Há ali um repositório extraordinário de um momento da trajetória da civilização americana, quando ela já começa a adquirir outros valores que não são os daquele momento. É um pouco nesse sentido que eu acho que a símile com a ideia do glifo me pareceu pertinente, só que em sentido inverso. Quer dizer, no glifo, é a redução absoluta para a rápida, imediata e precisa leitura. Não há dúvida que tem de ser árvore. O que há de comum com o nosso caso é que a percepção é gestáltica, por um instrumento visual e não por uma leitura. Enfim, acho que é assunto para muita conversação.

PASSADO A LIMPO: RESPOSTAS A UM INQUÉRITO PARLAMENTAR

Presidente da Câmara dos Deputados, Dep. Célio Borja_Havendo número legal, declaro aberta a sessão da terceira reunião da Comissão Parlamentar de Inquérito destinada a investigar a situação do Patrimônio Histórico e Artístico Nacional e avaliar a política do governo federal para sua defesa e conservação. A presente sessão destina-se a ouvir o depoimento do professor Aloisio Sérgio Magalhães, secretário da Cultura do Ministério da Educação e Cultura. Tem a palavra o senhor secretário para a leitura da ata da sessão anterior.

Aloisio Magalhães_É de tal modo ampla a área cujos problemas me cabe discutir aqui, neste momento – avanços, recuos, vitórias e derrotas –, que me foi difícil escolher por onde começar. Em outras palavras, a abordagem do problema pode ser feita por vários filões, por vários caminhos. Preferi que a limpidez, que a clareza das palavras me surgisse diante dos estímulos, da facilidade e da espontaneidade que uma sessão como esta pode proporcionar.

Sei que acertei, na medida em que essa espontaneidade me permitiu colher, para começar este depoimento, uma conversa que mantive ontem e que, na verdade, representa um privilégio, que me foi outorgado pelas circunstâncias da vida, de acompanhar, em Minas Gerais, a visita do Diretor-Geral da Unesco ao Brasil.

Inquérito instituído pela Câmara dos Deputados com o fim de investigar a situação do Patrimônio Histórico e Artístico Nacional e de avaliar a política do governo federal para sua defesa e conservação. Depoimento realizado no Congresso Nacional, em Brasília, 23 de abril de 1981.

Privilégio, meu caro presidente, extraordinariamente gratificante, de acompanhá-lo de automóvel nas interligações entre Belo Horizonte e Ouro Preto, entre Ouro Preto e Congonhas, entre Congonhas e Belo Horizonte. No recinto privado, fechado de um automóvel, sem interrupção de telefone nem de outros personagens, foi possível um colóquio, um diálogo, enfim, uma conversa profundamente significativa e gratificante para alguém, como eu, que se aventura na responsabilidade de cuidar do patrimônio cultural da nação brasileira. Digo gratificante porque encontrei nesse diálogo não só respostas para uma série de questões que me afligem, que me inquietam, mas também a aprovação e a identificação imensa de inúmeros pontos que me pareciam ainda frágeis na sua conceituação.

Dado o *apport* da inteligência, da sabedoria do senhor M'Bow, de sua extraordinária vivência como Diretor-Geral da Unesco, já num segundo período de mandato, pude então voltar a Brasília, para vê-los nesta reunião, profundamente motivado e gratificado por esse privilégio que as circunstâncias de tempo me ofereceram. Nessa conversa, as questões mais intensas e fortes foram as relativas ao que é o bem cultural, a como se caracteriza a soma, a variedade e a diversidade de componentes de uma nação que poderiam ser retidos e tidos como bens culturais. Além do mais, a questão consequente de, se é difícil nos atermos ao que seja o bem cultural de uma nação, verificarmos o que se insere no domínio do permanente, o que se insere no domínio patrimonial, o que se insere no domínio daquelas coisas que deverão ficar retidas, guardadas e não só guardadas, mas redevolvidas à comunidade, porque são elas os indicadores preciosos e únicos do perfil, da identidade de uma nação. A conversa vai além, e fica demonstrado que nem sequer é possível estabelecer-se esse critério de abordagem sem se levar em conta a situação específica da cultura a que nos estamos referindo.

Que cultura é essa? Que nação é essa, cujos componentes do seu universo de bens culturais queremos identificar, analisar, conhecer? E, ainda mais, identificar em que momento de sua trajetória, em que instante da sua inevitável e contínua evolução no tempo? Qual a importância, maior ou menor, que esses referentes patrimoniais terão no desenho projetivo da nação? Por aí V.Exas. podem ver a dimensão, a densidade, a complexidade dessa conversa. O que se verificou – para mim tornou-se muito claro – foi que chegamos a alguns indicadores iniciais que nos permitiriam progredir na ideia.

O primeiro deles foi justamente a propósito de Ouro Preto, patrimônio mundial, tese que eu havia defendido pessoalmente em setembro do ano passado, em Paris, diante da comissão dos 21 membros da Unesco, dos mais diversos países, das mais diversas culturas, ocasião em que aprendi muito, e muito retive desse encontro. Primeira constatação: a diferença entre os países ricos e os países pobres. Esse abismo, senhores deputados, V.Exas. conhecem muito bem, sabem muito bem o seu tamanho, pelo menos no que diz respeito aos problemas de tecnologia, de economia, de dependência. E vai muito além, porque tudo isso se reflete também no domínio do patrimônio e do bem cultural. A distinção, a diferença é idêntica, e dificilmente essa ponte poderá ser estabelecida. Além da básica diferença entre os países ricos e os pobres foi-me possível armar uma pequena hipótese de raciocínio que talvez nos sirva neste momento. Pediria a V.Exas. que me seguissem nesse raciocínio provável de abordagem do problema.

É que parece existir maior diversificação nas formas de cultura. Por exemplo, a relação dos países ricos e velhos com seu patrimônio cultural; a relação dos países velhos e pobres com o seu patrimônio cultural; e consequentemente as relações dos países novos e ricos e dos países novos e pobres. Essas quatro categorias de situação apresentam-se nitidamente a qualquer pessoa que se aproxime do problema da percepção e do conhecimento do patrimônio cultural. E digo mais: a formulação em quatro categorias não chega a ser muito exata, na medida em que há interfaces, situações ambíguas, que podem prevalecer dentro desse quadro de referência. Entretanto, como quadro de referência creio que nos pode ser útil, porque, na verdade, a diferença dessas relações é enorme nas quatro categorias. Nos países velhos e ricos, densos, cristalizados, tudo já está feito; o bem cultural passa a ser uma referência um pouco longínqua, apenas gratificante, rica, provavelmente composta e elitistamente vista. É a referência dos bens-síntese, das grandes representações que aquele momento civilizatório criou, bens que, na verdade, encontram apenas esta resposta: a gratificação, o lazer das comunidades a que pertencem. É uma situação confortável, cômoda. Eu dizia mesmo, defendendo Ouro Preto na reunião do patrimônio mundial, que, ao lado da Catedral de Chartres, nada vai acontecer – não há perigo de uma fábrica de aço ou de cimento ser implantada ao seu lado. Ali, isto já não é mais possível, e não preciso explicar a V.Exas. por quê, pois na verdade a França já está economicamente desenvolvida, tem uma consciência bastante nítida dos seus valores culturais. Além disso, já se ganha, na realidade, muito dinheiro com Chartres, com o turismo em Chartres. Enfim, está tudo posto e feito. O risco lá é outro, na própria e inevitável trajetória do homem, que destrói, ele mesmo, o que faz. É a guerra, são as situações de ruptura que, estas sim, poderão ameaçar o patrimônio desses países. No caso dos países velhos e pobres, a situação apresenta-se diversa, dramática, e é profundamente importante ser vista e analisada. É que esses países têm consciência dos seus valores, sabem da densidade, da cristalização daquele patrimônio e sabem que a própria nação poderá voltar a ser esplendorosa. Porque é preciso não esquecer que essas nações velhas e pobres foram esplêndidas. Na sua trajetória, passaram por momentos em que atingiram ápices monumentais de poder econômico, de desenvolvimento cultural, de uma maneira genérica, e hoje assistem, de maneira também dramática, ao dilapidar, à morte, ao desuso de grande parte desse patrimônio. E, sem condições físicas, econômicas, metodológicas de enfrentar esse problema, dependem enormemente da ajuda de fora. Criam-se grandes dependências dos fortes e ricos, na medida em que é preciso proteger o patrimônio cultural. Elas sofrem inclusive, Excelências, um dos monumentos mais dramáticos por que uma civilização pode passar, que é o de ver valiosas peças do seu patrimônio serem levadas, roubadas pelas potências fortes, que constroem museus nas suas grandes cidades com o que foi tirado de civilizações históricas, com o que foi roubado, invocando o pretexto de vitória de guerra em cima dessas culturas. A civilização ocidental está cheia desses exemplos. E os países ricos e velhos estão carregados de valores e de tesouros que foram retirados do seu contexto em nome, inclusive, da salvaguarda, da proteção, da permanência e que foram alienados do povo, da nação, do grupo social que construiu, no seu processo histórico, esses acervos. Essa a situação, das mais dramáticas, em que se encontra o patrimônio cultural da humanidade. Já na banda de cá, nos países novos, como eu diria, pobres e ricos, o fenômeno é fácil de ser analisado. No caso dos ricos, é o dispêndio excessivo de recursos, a fragilidade com que são tratados os seus bens na pressa, na velocidade com que se quer comprar, absorver, enriquecer por processos pouco legítimos, no sentido de autenticidade, o seu patrimônio. São as fáceis conquistas, as grandes compras de quadros e de outros bens culturais de outras nações. É um processo curiosamente parecido com o que se opera no caso dos países ricos e velhos, que roubam e retiram o patrimônio dos outros. Restam os países pobres e novos. A esses, e para esses, devemos voltar nossos olhos e nossa reflexão, porque aí talvez se encontre, Excelência, uma série de parâmetros e de paradigmas que, nesta altura da vida do Ocidente – pois estamos falando do Ocidente – adquirem um significado todo especial. É que talvez esteja unicamente nos segmentos de autenticidade dessas nações, nos frágeis e pequenos elementos que constituem o seu patrimônio, como cultura, justamente a probabilidade da sua salvação diante de um mundo, criado pelo homem ocidental, em que tudo são impasses, em que nada foi resolvido, em que o dinheiro não compra a harmonia, não compra a identificação do homem com o seu meio ambiente, diante de um mundo em que tudo está em xeque, em que nenhuma das formas de valorização econômica, tecnológica e mesmo científica está verdadeiramente à disposição de todos.

É uma inverdade, uma balela, a transferência de tecnologia. Isso não existe. O que existe é subordinação, venda de tecnologia, de formas de fazer, que são impostas suavemente a outras nações, mas que, na verdade, são imensas e novas garras, vínculos de dependência tecnológica, de necessidade de apoio permanente e contínuo. Na verdade, é nesses países que se encontram numa situação em que não são ainda identidades formadas, não são ainda economias estabelecidas, não têm ainda o seu perfil desenhado e completo, que a meu ver reside a grande esperança de solução, através dos componentes da sua identidade cultural. E aí, senhores, lanço uma hipótese que, a meu ver, deve ser fixada e tomada por nós como fundamental. Não existe desenvolvimento econômico que não seja autêntico. Não existe verdadeiramente uma nação que se forme, que progrida, que se enriqueça, a não ser à base dos componentes da sua verdade, da sua identidade autêntica, dentro da sua trajetória enquanto nação. Tudo o mais será, evidentemente, possível de ser feito, inclusive a transferência de tecnologia e até mesmo o enriquecimento de uma nação: a nação torna-se rica, mas sem caráter, para não dizer rica e completamente dependente de outras nações.

Um grande problema, a meu ver, é a confusão que o Ocidente parece fazer de propósito entre o universal e o apenas igual. Na verdade, essa confusão custa-nos caro e é um dos mais graves problemas com que o Ocidente se defronta. É que a imposição dessas formas tecnológicas, que é a tradução malfeita, precipitada e acelerada dessa suposta transferência de tecnologia, está criando no mundo – pelo menos no Ocidente – uma monotonia, um achatamento, uma igualdade a que chamam de universalidade. Universal, meus senhores, não é igual; universal é o diversificado, é a interligação, é a interface de diversas coisas, da heterogeneidade que compõe o caráter de uma nação. E na medida em que nós, países pobres e novos, cairmos nesse engodo de nos tornarmos iguais... Que igualdade é essa que, na verdade, só faz diminuir a capacidade criativa, só faz diminuir a intensidade das relações, só faz diminuir a potencialidade de riquezas não conhecidas, que estão escondidas debaixo da frequência com que, reiteradamente, no processo histórico, essas comunidades diversificadas vinham criando?

Aí está o grande risco – e peço desculpas a V.Exas. por dar tanta ênfase ao aspecto tecnológico e, portanto, econômico, do patrimônio cultural – na medida em que é também um engodo que nos querem impingir, o de que patrimônio histórico são somente os bens de pedra e cal, os belos monumentos criados pela cultura, que são válidos, que são importantíssimos, mas que são apenas uma das faces do problema. Neste momento histórico, de impasses, em que a trajetória das nações novas ainda não está comprometida com essas formas decadentes, achatadas, insolúveis que começam a se perpetuar no Ocidente, antes de cairmos nesse engodo, temos a obrigação de não esquecer esses valores, temos a obrigação de buscar neles a solução dos nossos problemas, inclusive os econômicos.

É verdade que muitos desses fatores, desses segmentos a que nos referimos, da ideia patrimonial de tecnologias básicas que são autênticas, não vão resolver o impasse energético, não vão corrigir o balanço de pagamentos, não vão equilibrá-lo, mas, senhores deputados, aos poucos criarão riquezas, pequenas riquezas que, por sinal, ao contrário da famosa riqueza tecnológica, que só existe para ser repartida quando o bolo cresce, já nascem distribuídas, disseminam-se na família, no grupo social pequeno das comunidades que as criaram, que as elaboraram. Esse aspecto também precisa ser ressaltado: a balela do bolo grande – que se espera que cresça para então ser distribuído com as comunidades periféricas – estará superada em parte no momento em que fizermos o esforço de conhecer, de analisar, de incentivar, de proteger e de impulsionar esses componentes autênticos do patrimônio cultural da nação brasileira.

Curiosamente, esse discurso, começando por um aspecto do real e de hoje, numa reunião em que se analisará, durante o percurso da Comissão, o patrimônio cultural, a partir do passado, o que se processou, pelo menos em minha pessoa, foi que o contato com o real e o hoje, na emergência dos problemas e da necessidade de nos salvarmos do engodo, a partir da realidade cultural de hoje, dos componentes do nosso espaço cultural, da pequena comunidade ao grande centro, ou seja, essa preocupação com o real e o hoje no universo cultural brasileiro aos poucos levou-me a uma constatação, absolutamente, de uma força muito grande. É que nós não poderíamos entender, conhecer, proteger e estimular esse patrimônio vivo, se não recuássemos no tempo, se não fôssemos para trás, no pretérito, à busca reiterativa do componente do processo histórico. Em outras palavras, esses valores de hoje – essa disseminada riqueza de componentes de cultura no espaço brasileiro – vêm de antes, têm a sua própria trajetória, obedecem a um caminho que é preciso saber percorrer e conhecer, sob pena inclusive de não sabermos levá-los adiante. São os componentes pretéritos do processo histórico que indicarão, no momento de hoje, a trajetória futura da nação brasileira. Na medida em que formos capazes de conhecer a reiteração e a frequência com que ocorreram certas verdades no espaço brasileiro, no plano político, no plano social, no plano da criatividade, no plano econômico, em todos eles; na medida em que conhecermos as nossas verdades, que têm sido ditas através do processo histórico, em que conhecermos esses componentes, é que poderemos, realmente, pensar no tempo novo. A imagem que eu utilizo é a do estilingue ou do bodoque. A pedra irá sempre mais longe quanto mais recuarmos a borracha, e é preciso que a borracha não parta, é preciso que, nessa busca da força energética pretérita, não ocorra ruptura e, portanto, que se conheça, num contínuo, os componentes que fazem verdadeiramente essa energia, e aí a pedra irá mais longe; aí a nação encontrará fôlego de enveredar por um tempo novo.

Então, foi para essa constatação de que não era possível, de maneira alguma, laborarmos no projetivo, a partir do real, de hoje, sem o conhecimento do pretérito, que a nossa visão e todo o trabalho nosso se voltaram. Onde estão os componentes desse tempo pretérito? Onde estarão guardados? O que fez a nação brasileira desses bens? E aí, meus senhores deputados, inevitavelmente, posei os olhos e a reflexão no Instituto do Patrimônio Histórico e Artístico Nacional, o Iphan, notável instituição a que a nação brasileira deve muito.

Criada em 1936 pela admirável percepção projetiva de Capanema, de Mário de Andrade e de Rodrigo Melo Franco de Andrade, que, naquele momento, tiveram a percepção absolutamente coerente que estou transmitindo aos senhores, só que num tempo diverso e numa complexidade de um Brasil menor. Daí a busca, ou a tentativa, de que não é preciso criar-se uma instituição a mais, não é necessário que se faça mais uma fundação, ou instituição, como é hábito na nação brasileira. A cada problema novo cria-se uma instituição para resolvê-lo e vamos passando para frente, jogando fora as nossas instituições antigas, carregadas de informação, carregadas de valor, densas de significado, vamos jogando fora, como quem tira uma camisa, ou como uma tesoura maluca que vai cortando o processo cultural, civilizatório, deixando os pedaços no caminho, na suposição vã de que uma instituição a mais resolverá o problema. Não resolve. Engordam, incham, transformam-se em imensos sistemas burocráticos que, na verdade, episodicamente podem resolver, podem aliviar um problema ou outro, mas não tocam no fundo do buraco, não vão até onde deveriam ir, porque carecem dos componentes da informação e da densidade do tempo pretérito, carecem da humildade de ouvir os velhos, os homens que guardam, na nação brasileira, com o maior carinho sem nenhum apoio, quase sem nenhum recurso, os grandes acervos, reunidos e guardados, e que permanecem graças à abnegação, ao amor, à fidelidade de alguns poucos brasileiros.

Criam-se novas instituições culturais, novos elementos para avivar, para dinamizar setores. O que é feito da Biblioteca Nacional? Sabem os senhores deputados qual a situação da Biblioteca Nacional? Quem tem pensado, refletido e investido sobre a Biblioteca Nacional, esse admirável tesouro de iconografia do livro, que, a partir de D. João VI, da sua biblioteca particular, que ele deixou ao Brasil, vem, longa e laboriosamente, acumulando saber e informação, e que não é o que deveria ser, não é a cabeça do sistema nacional de bibliotecas? É a biblioteca que mal serve à cidade do Rio de Janeiro, quando o seu papel, a sua missão, uma missão imensa, é a de ser a biblioteca líder, que informa, que fornece dados, que empresta metodologia, que treina as pessoas.

Enfim, não preciso alongar-me na explicação dessa omissão que a nação tem dentro dos mais importantes dos seus componentes culturais. E todos os outros.

O que é feito do Museu Nacional da Quinta da Boa Vista? Se não fossem os empréstimos, as pequenas e precárias injeções do FINEP, CNPq, estimulando pós-graduação, porque está na moda, estimulando novas formas de atividade, o Museu já não existiria. O Museu, aliás, enquanto museu, não existe. O que existe é uma casa admirável, a residência do nosso imperador, carregada de bens culturais, dividida em tabiques como uma casa de cômodos, e cada tabique daqueles com uma riqueza incomensurável. E o risco que isso corre, e o perigo a que isso está exposto, de destruição, pela própria impossibilidade que se tem de classificar, de organizar e de arranjar esse material de maneira competente e conveniente? E a devolução desses bens aos jovens da nação brasileira? E o acesso a essa informação? Se os senhores deputados visitarem a Seção de Botânica, o herbário do Museu Nacional, verão as imensas salas e as imensas quantidades de latas, de cofres, que contêm dois, quatro, cinco mil, cada um, espécimes de botânica brasileira, todos guardados, graças a Deus, mas tudo absolutamente impossível de ser manipulado e conhecido. Eu não tenho dúvidas de que, no dia em que a Seção de Botânica puder organizar, fichar, referenciar essa seleção, os jovens brasileiros aparecerão naturalmente para se especializar na área de botânica. Mas sem ter acesso à informação, sem ter possibilidade, verdadeiramente, de tocar nesses objetos, de conhecê-los, isso é impossível.

Os senhores deputados sabem que, na Alemanha, havia, num dos seus museus que foram destruídos na guerra por incêndios, equivalentes históricos de um herbário parecido com o nosso, e que, hoje, só resta o do Museu Nacional? Os únicos exemplares existentes estão contidos na coleção do Museu Nacional. Os europeus são obrigados a nos procurar, e a vir aqui, e provavelmente não têm o acesso conveniente, porque esses bens não estão classificados de uma maneira que se possa a eles ter acesso. Algumas seções funcionam porque já vieram aqui cientistas que fizeram um esforço enorme, naquela área do seu interesse, para classificar, ordenar o material. Mas ao conjunto, ao universo completo desses bens, não se pode ter acesso. Enfim, é nesse sentido que o patrimônio cultural se amplia enormemente, sai do seu canal, que era tido no Brasil como praticamente o único.

Essa instituição (Iphan) era conhecida e identificada como uma instituição que consertava, conservava prédios de pedra e cal, quando, meus senhores, a lei que criou essa instituição, o documento de Mário de Andrade que concebeu essa instituição, diz justamente o oposto, ou seja, que os componentes culturais brasileiros, na sua diversidade, vão desde os arqueológicos até os de belas-artes, passando por etnografia, por botânica, por arquivo, por livro, enfim, pelo universo de que se compõe verdadeiramente o perfil cultural de uma nação.

Curiosa e felizmente, a percepção desses homens foi completa na medida em que a lei votada em 1936/1937, contempla esse universo tão amplo. Foi possível que guardássemos, na lei, no instrumento legal, a dimensão verdadeira do patrimônio cultural brasileiro. E aí surge uma curiosa forma, talvez até interpretativa, uma hipótese que lanço, de que, na verdade, na estatura intelectual e moral de Rodrigo, ele imaginou um plano. Houve um desenho que foi o de que seria impossível começar a cuidar de todo o universo, e que ele teria como que, naquela gama horizontal de bens, escolhido um filão e, através dele, exercido para a nação brasileira o conceito de proteção do bem cultural. E por que teria feito Rodrigo isso? Em primeiro lugar, porque ele tinha que lutar, não contra o desvario ou a falta de cuidado do povo da cidade, mas do governo, das autoridades, do clero, do Poder Legislativo, do Poder Judiciário, que com enorme facilidade permitiam que se destruíssem igrejas, derrubando-as para construir uma rua, que se fizesse qualquer tipo de coisa em nome do chamado progresso. Não havia na nação brasileira o conceito de bem cultural – o patamar de bem cultural foi tirado por Rodrigo Melo Franco de Andrade, através de uma ação absolutamente persistente, intensa, em cima de um dos filões.

E por que esse filão? Porque justamente Rodrigo teria percebido – são hipóteses – que na cultura brasileira as representações não são de natureza monumental. Não costuma o Brasil – o gênio, a invenção brasileira – dedicar-se ao monumental. Mas há o diverso, há uma grande quantidade que se expressa, se exprime de maneira às vezes frágil, sutil, delicada. Não sei se os senhores viram recentemente a exposição de arte plumária do índio brasileiro que fizemos em Brasília, onde se via uma das mais fantásticas aventuras da invenção humana: do dejeto, da pluma que se joga fora, quando se mata o animal, rapidamente saltar para a joia, demonstrando admirável capacidade de transformação, reciclagem de gênio, em que é possível tirar do nada aquilo que é mais síntese, forte e intenso: uma joia. Então é nesse sentido, da preocupação não com o monumental, mas com o monumental intrínseco, que parece ser uma tônica da cultura brasileira, levou Rodrigo, com razão, a dizer: preciso escolher o que é mais visível, mais monumental, porque através dele é mais fácil e mais correto impor-se uma linha de conduta. Depois, pensava Rodrigo, provavelmente, porque o caráter da arquitetura era inexorável; porque ou ela existe ou foi derrubada. Não é como o livro, que se pode queimar. No incêndio do Caraça foram destruídos alguns exemplares importantíssimos da geografia brasileira. Mas existe um idêntico no Museu Goeldi, na Biblioteca Nacional – enfim, a perda é menor. Mas, no caso do bem de pedra e cal, não há meio termo: ou ele é, ou não existe. Então, teria Rodrigo feito uma espécie de desenho, de preferência, o que foi extremamente inteligente.

Nós conhecemos, temos acesso aos documentos de Rodrigo Melo Franco de Andrade escritos ao Supremo Tribunal, as defesas escritas por sua própria mão, em que ele conseguia acórdãos da maior significação sobre a preservação do patrimônio cultural brasileiro. É uma vitória que depois poderia, como hoje estamos tentando, se espalhar para os outros setores do bem cultural. Mas, sem a independência de Rodrigo, não creio que isso fosse possível, e sequer deteríamos mais o número de bens culturais de pedra e cal que foram salvos pela ação do Patrimônio Histórico. Dessa forma, é nesse sentido que a trajetória é coerente. É que nós, diante da aceleração do processo brasileiro de desenvolvimento, que põe em risco, como está pondo em risco, a nossa autenticidade, a nossa verdade, o nosso perfil de identidade nacional, temos que mobilizar tudo a partir desses componentes pretéritos, para chegarmos a uma ação mais efetiva, mais forte. São inúmeros os detalhes, as faces desse problema que eu ainda poderia expor aos senhores. Entretanto, é muito mais correto que se interrompa e seja possível o diálogo, a pergunta. Acredito que essa introdução talvez tenha sido um pouco desorganizada, um pouco emocionalmente forte e talvez pouco consistente, em certos termos de objetividade. Mas achei, senhores deputados, que esse era o recado que deveria trazer, porque o resto – o detalhamento, a objetividade maior, no sentido mais pragmático da coisa – nós poderemos discutir e analisar em conjunto, a qualquer momento e em qualquer ocasião que os senhores me derem de aqui voltar. Muito obrigado.

Dep. Fernando Coelho (Relator)_Senhor presidente, senhores deputados, minhas senhoras, meus senhores, professor Aloisio Magalhães, para nós não foi surpresa ouvirmos nesta hora a exposição profunda e brilhante de V.Sa., que tão bem marca o início dos trabalhos desta CPI. Há muito acompanhamos o trabalho que V.Sa. vem desenvolvendo, antes no estado de Pernambuco e hoje nos mais importantes órgãos da administração federal. Esse trabalho, pela sua seriedade e fecundidade, credita V.Sa., sem sombra de dúvida, ao respeito de todos aqueles que se interessam pelos problemas culturais em nosso país.

Essa atuação de V.Sa. nos centros de decisão do governo federal, nos últimos anos, pode, inclusive, permitir que velhos erros sejam corrigidos, que antigas distorções tenham fim e que, afinal, este país venha a ter uma política cultural correspondente aos nossos desejos e ao seu destino.

Uma primeira observação que faria, professor Aloisio Magalhães, era exatamente sobre essa indefinição que até agora nos parece haver quanto à política cultural do governo da União, sobretudo do governo da União, e, através dele, das demais esferas da administração. Ainda há pouco, professor Aloisio Magalhães, *O Estado de S. Paulo*, comentando o término da gestão – um dos períodos administrativos que nos parece dos mais importantes nesse setor – do ministro Eduardo Portella, chegava a concluir textualmente, sob o título "Governo não possui política coordenada para a área cultural", uma análise dos diferentes setores da administração na área do MEC. Que "o que está ocorrendo hoje nessas cinco grandes áreas da cultura apoiadas pelo governo – Patrimônio, Teatro, Cinema, o Livro e as Artes – revela um conjunto descoordenado, sem orientação, sem recursos, sem acesso às informações de política de governo, sem prioridades. O momento é de total confusão. Cada um faz o que quer com as verbas que conseguir". Nessa mesma linha, também, ainda recentemente, o mestre José Honório Rodrigues, já analisando aspectos concretos da ação do governo federal nesses últimos anos, chegava, a propósito da constituição da Fundação Nacional Pró-Memória, a caracterizá-la como uma iniciativa infeliz, inadequada, despropositada, imatura e que só terá resultados ineficazes. A própria ênfase maior, e tão distinta, dada pelo atual ministro aos problemas de sua Pasta, se comparada com a ênfase dada pelo seu antecessor, deixa crer que, até agora, o país não definiu essa política cultural imprescindível à otimização dos resultados obtidos na área. V.Sa. tem, pessoalmente, uma visão dos problemas, uma orientação sobre eles. Mas esta não parece ter sido ou ser a orientação do governo, no seu conjunto, através do órgão específico, o Ministério da Educação e Cultura. Sobre esse problema, professor Aloisio Sérgio Magalhães, gostaríamos de ouvir a opinião autorizada de V.Sa.

Dep. CB_Tem a palavra o professor Aloisio Sérgio Magalhães.

AM_Deputado Fernando Coelho, o que me ocorre dizer, de início à sua observação, que é consistente e verdadeira, é uma reflexão curiosa. O contínuo, o não interrompido do processo histórico se espelha no contínuo da própria vida, na dimensão humana: o nascimento, o aprendizado, o crescimento, até o envelhecimento, a perda e a morte. Esse processo, esse itinerário, não é só da natureza humana enquanto indivíduo, mas é também social, político, das nações, enfim, um processo que se espalha no plano social. As coisas não se fazem de uma vez; elas obedecem a um determinado ritmo. Entretanto, esse contínuo, que é inexorável, é pontilhado, como se houvesse uma escala métrica que você pode ler por centímetro, metro, quilômetro, pode ler por milímetros. Esse contínuo da trajetória das nações pode ser pontuado, nessa escala, por momentos de maior ou menor força. Parece haver um cíclico movimento de aumento de intensidade, diminuição, revitalização, mutação e, eventualmente, ruptura. Se é verdadeira essa proposta, o que se observa, no caso do patrimônio cultural brasileiro, é que estamos nessa trajetória e que, portanto, temos de enfrentá-la com esses pontos mais positivos e os pontos mais negativos. Por exemplo, o ministro Portella foi, sem dúvida nenhuma, um ministro extraordinário, pela sua competência, pelo seu conhecimento de causa no que diz respeito ao bem cultural. E conversei muito com S.Exa. O nosso diálogo vem de longe, desde a Faculdade, como V.Exa. também sabe, porque fez parte. E esse diálogo com Portella mostrava – e ele conhecia, sabia – que muito mais poderia ter sido feito. Mas há coisas que não podemos precipitar, que têm de vir ao longo de um processo que às vezes pode ser lento, às vezes pode ser mais rápido, depende, mas nunca poderá deixar de ser autêntico e verdadeiramente adequado. É nesse sentido que eu acho que as suas observações, muito certas, deveriam ser vistas sob essa ótica. O ministro Gustavo Capanema foi admirável, foi um desses momentos da pauta, ou do metro, em que é preciso se botar uma bolinha especial, um ponto de referência, pela antevisão, pela forma fantástica, projetiva e corajosa com que ele criou, praticamente, todas as instituições que fazem o universo do bem cultural, salvo as que já existiam. Mas quando nós nos reportamos ao seu momento, ao cuidado com o teatro, com a música, com o Iphan, o patrimônio criado pela antevisão ou paravisão de Gustavo Capanema, verificamos que, depois dele, alguns momentos da trajetória, vamos dizer, do Executivo brasileiro na área da cultura, também foram importantes: reuniões feitas pelo ministro Passarinho, especificamente sobre a área, a tentativa de aglutinação, de adensamento. É possível traçarmos nessa trajetória alguns pontos de referência importantes, na direção de um adensamento projetivo do cuidado do bem cultural. A criação da Funarte pelo ministro Ney Braga foi um momento importante por oferecer um instrumento mais ágil, sobretudo ao lado institucional, ou seja, foi pela primeira vez que se fez um instrumento agilizador, de competência mais adequada para o trato do bem cultural, mas ainda, a meu ver, restrito. Para falar sobre a criação da Pró-Memória, eu teria de focalizá-la em dois planos. O primeiro seria efetivamente o instrumento que ela representa. Quando falo em trajetória e nas oscilações do tempo da trajetória, eu me refiro também não só a quando ela melhora, mas a quando ela piora, quando ela decai. Não há dúvida alguma de que o Patrimônio Histórico criado por Rodrigo Melo Franco de Andrade sofreu um processo de esvaziamento extremamente perigoso, a ponto de ficar no vermelho, já começar a ser um desgaste, em que a nação, surpresa e atônita, gastava os valores morais acumulados pela ação de Rodrigo, como um dinheiro supérfluo, na direção de continuar a acreditar na instituição. E esse esvaziamento é realmente a consequência do problema da trajetória. Podemos perfeitamente ver quando o Iphan começa a ser cerceado, inibido, prisioneiro, sujeito às estruturas do DASP, tendo de dispensar equipes de artesãos e de mestres que foram criadas ao longo do seu processo histórico, num aprendizado penoso, metodologicamente importantíssimo. Foram dispensados do quadro porque não podiam fazer concurso para o DASP, que não abrigava no seu quadro referencial de serviço público brasileiro o indivíduo mestre, de competência absolutamente poderosa, mas que não tinha o curso primário. Foram dispensados. Eu vi morrer à míngua, em Olinda, um desses artesãos. Acontece também que, quando ele foi expulso do Iphan, ou dispensado, já não se integrou mais num *métier* e numa profissão normal. Sua especificidade, o seu tempo de trabalho, o cuidado com que abordava a talha e a madeira já não correspondiam mais à aceleração, à facilidade, à fragilidade do objeto de consumo do móvel brasileiro. E morre porque não é possível mais refazer a sua trajetória de vida pessoal. Curiosamente, deputado Fernando Coelho, esse processo de degradação e de perda era paralelo a um processo de crescimento de complexidade da realidade brasileira. Em outras palavras, é uma coisa absolutamente absurda e paradoxal: ao invés de acompanhar o crescimento da nação na sua complexidade, na sua densidade, nas suas necessidades, a instituição perde, e perde cada vez mais. Então, nessa ideia da trajetória também se devem contar as oscilações provocadas por – não digo misteriosas forças – inevitáveis pontos de complexidade do sistema, que aprisiona ou libera, prende ou solta, e que vai depender muito da maneira como nós, que somos responsáveis pelas áreas de competência, que estamos no serviço público para defesa e salvaguarda desses valores, tenhamos força para enfrentar esses dragões. Então, a Pró-Memória, deputado Fernando Coelho, vem justamente como instrumento para suprir institucionalmente aquelas deficiências. Posso dizer com muito orgulho que, hoje, um desses artesãos em Pernambuco que, por um sistema impossível de explicar, viva trabalhando no Patrimônio, mas sem ter um cargo e uma função adequados a seu valor, mestre, mestre de todos nós, pela folha de pagamento da Pró-Memória, tem o mesmo nível de competência e de remuneração do arquiteto mais importante da instituição. Não há diferença, na sua posição, do erudito, do de formação europeia, de formação elitista. É necessário, no complexo das coisas, que ele tenha a mesma situação. Então, deputado, não posso aceitar a crítica do historiador que V.Exa. mencionou. Trata-se de um senhor respeitável na sua competência, mas que não foi capaz de resolver os problemas da Biblioteca Nacional, da qual foi diretor durante muitos anos. Não acredito nem aceito, meus senhores, que se diga neste país que não se fizeram as coisas por falta de dinheiro, porque isso não é verdade. Não se fizeram as coisas e não se fazem as coisas por falta de determinação, por falta de coragem e, às vezes, por falta de competência. É preciso que fique claro isso também, ou seja, a competência levando a adequação dos homens aos lugares, o que nem sempre tem ocorrido. Não posso aceitar as observações do ilustre historiador, porque elas fazem parte de um universo pessimista, amargo – quem sabe, muito amargo –, de uma personalidade que talvez não tenha encontrado os desenhos que imaginou. E, mais ainda, especificamente acredito que o historiador tenha sido frágil na conotação de memória. A sua maneira de tomar memória como sendo um erro, por não abrigar uma densidade do processo histórico, a memória sendo um elemento frágil, é uma tomada de posição que empobrece a língua portuguesa, o português do Brasil. Na verdade, meus senhores, sou muito a favor da ambiguidade e da riqueza que a ambiguidade traz, sobretudo no domínio da palavra. Imaginem se nós tivéssemos uma língua seca, em que a palavra significasse apenas e estritamente uma determinada coisa. É dessa heterogeneidade, é dessa ambiguidade que se forma a riqueza de uma língua. De forma que não tenho, inclusive, intenção de responder a ele, porque acho que não vale a pena. São dois universos diversos que, diante de uma palavra, tomam-na com significados diferentes. Quanto ao problema mais específico da atenção da política cultural, que é a base de tudo, de toda a nossa questão, a par dessa ideia que eu quis reter, para trazê-los até a trajetória da inexorabilidade do tempo, de as coisas virem sendo construídas para mais, e, às vezes, para menos, no processo histórico, eu teria a dizer que as coisas devem maturar e devem ser feitas no momento em que convergências indiquem a sua probabilidade de ação. Insisto, não é dinheiro prioritariamente. São outros valores que devem prevalecer. Outro significante tema das minhas conversas com o ministro Eduardo Portella dizia respeito à necessidade de uma visão de conjunto, fugindo do que justamente diz, com toda razão, o documento lido por V.Exa. no *O Estado de S. Paulo*. O que se via era uma guerra, em que as instituições viviam cada uma lutando por si só, fragmentadamente. Ganha quem pode, quem tem mais versatilidade, quem tem mais apoio político, e as verbas, os custeios eram muito divididos, numa pequena e contínua forma individual de ação. Eu mesmo a usei. Faço aqui minha autocrítica. Construí a Fundação Nacional Pró-Memória praticamente fora da estrutura do MEC. Vim a esta casa pessoalmente. Passei a morar aqui praticamente dia e noite. De deputado a deputado, de senador a senador, ia eu mostrando que aquele instrumento era necessário. É claro que tive enorme apoio do ministro Eduardo Portella, bem como do ministro Golbery, que percebeu, com muita acuidade, a importância, a legitimidade, a necessidade desse instrumento e apoiou a iniciativa. Mas tudo foi feito praticamente à base do exercício de um grupo pequeno, fora das estruturas, e isso está errado. Às vezes o caminho das coisas se faz por vias tortas. Se não tivéssemos feito esse esforço, se não tivéssemos criado uma instituição que puxou o Patrimônio para um nível mais alto, de contatos com o ministro, para um patamar executivo de maior poder de acesso, de maior aproximação, se não fosse esse *bypass*, esse caminho torto, do qual, confesso aos senhores, eu me penitencio, diante da visão de conjunto, não estaríamos tentando agora justamente obter uma unidade de visão melhor desse conjunto, para que a ação se exerça mais efetiva e distributivamente, com maior equidade. É o que sinto que poderia dizer no momento, quanto à especificidade da sua pergunta.

Dep. FC_Sem querer esgotar o tema – nem de longe teria essa pretensão –, eis que os outros integrantes desta Comissão deverão também formular indagações a V.Sa., até porque ainda contamos com a sua volta em outras oportunidades a esta CPI. Gostaria de saber, à vista, inclusive, de uma afirmação há pouco reiterada por V.Sa. quanto ao problema de recursos financeiros – "o problema mais importante não é o dinheiro" –, se esta constatação não conflita com aquela que fazemos a cada dia, na realidade deste país, praticamente em tudo que diz respeito a patrimônio histórico e artístico. V.Sa. mesmo mencionou o caso do Arquivo Nacional, do Museu Nacional, da Biblioteca Nacional. São fatos e casos que se multiplicam por todo este país, e cada um de nós poderia dar depoimentos de fatos que, em seus estados, se repetem com a mesma gravidade. Em muitos desses casos, os responsáveis pela direção desses órgãos, alguns da maior importância, são pessoas habilitadas, competentes, capazes, mas que até agora não têm encontrado, da parte dos seus superiores, o apoio necessário e imprescindível. Creio que essa falta de apoio decorre, inclusive, da inexistência de uma política cultural definida por parte do governo e do apreço que o problema merece e que, às vezes, não é suficientemente entendido por uma visão mais pragmática, ou falsamente pragmática, dos que dirigem. Mas, para encerrar minha interpelação, pergunto a V.Sa.: de concreto, o que os órgãos que têm a felicidade de encontrar V.Sa. à sua frente neste instante estão fazendo, no sentido de se dotarem tanto de recursos financeiros como de recursos humanos? O que está sendo feito no sentido – parece-me da maior importância – de articular melhor, de entrosar melhor tanto os órgãos da administração federal como dos estados e dos municípios, tanto do setor público como do setor privado, nessa cruzada que não pertence ao governo isoladamente, não pertence a órgãos privados, não pertence a nenhum de nós, enquanto uma cruzada nacional, a do país? Eram estas as explicações que eu queria ouvir, agradecendo, de logo, a V.Sa., as respostas e me rejubilando pela oportunidade que todos tivemos de ouvir essa aula, essa conferência magistral que V.Sa. acaba de fazer.

AM_Não há a menor dúvida, meu caro deputado Fernando Coelho, a política cultural – e aí se entenda política na sua verdadeira acepção –, o conceito de visão de conjunto, a aproximação dos fenômenos como uma linha de apreciação correta, não existia no Brasil, ou existia de maneira fragmentada e compartimentada, dentro de divisões setoriais e com pouca aproximação do fenômeno em conjunto. É esta a nossa luta. E não é uma questão de querermos nos vangloriar. Acho que às vezes somos colocados diante da trajetória da nossa vida e da nação em posição que não esperávamos, porque é fruto de convergências, de decisões que não pertencem a nós mesmos. Até insisto em dizer que não quero fazer disso uma postura de autoafirmação, nem de vanglória, mas sinto hoje que toda a minha vida foi um caminho na direção deste lugar. Desculpem-me se há nisso alguma pretensão excessiva, mas é um sentimento que eu posso exprimir, na medida em que aceito o desafio e enfrento o problema, não como algo individual, mas como uma responsabilidade social. Então, sendo a política verdadeiramente a carência maior, esta tentativa de visão de conjunto, esta tentativa de compreensão mais abrangente desses fenômenos todos, que até então isolados lutavam com maior ou menor força pela sua sobrevivência, é o que está sendo levado a efeito a partir das concepções pensadas, dialogadas com o ministro Eduardo Portella. Curiosamente, elas tomam agora um ritmo até mais vivo com o ministro Ludwig, que, na sua determinação de rever em profundidade a sistemática de atuação do ministério, obteve, pela sua decisão, instrumentos insuspeitados para essa ação. O decreto assinado pelo presidente, fantasticamente elaborado pelo ministro Hélio Beltrão, porque cria um fio de conduto, uma condução de energia que não existia no sistema federal, permite que o ministro da Educação possa reformar verdadeiramente a estrutura do MEC, reforma essa que não tenho lembrança haja ocorrido anteriormente, a não ser quando penso nos grandes momentos de Capanema.

E aí, deputado, estamos sendo beneficiados enormemente por essa visão de conjunto do ministro Rubem Ludwig. Ou seja, já num espaço de tempo muito curto, foi possível estabelecer os parâmetros dessa visão de conjunto de que tanto se carecia em nossa área. Lembro-me de que, na primeira conversa com o ministro Ludwig, tratamos dessa necessidade. Havendo dispersão de vários órgãos soltos, vários órgãos atuando cada um como podia, buscando recursos onde houvesse, observamos que a situação era insuportável e caberia uma definição melhor.

Lembro-me de que fiz a S.Exa. uma explanação, baseada no princípio de que a ação cultural, no seu conjunto, se dividia – para efeito, inclusive, de facilidade do nosso entendimento – em duas grandes vertentes: a vertente da produção do bem cultural, em que ocorrem os fenômenos, em que pulsam as coisas; a vertente em que realmente o fenômeno deve ser observado, retido e estimulado, na qual o Estado não deve nem pode intervir, mas apenas ser um claro e cuidadoso observador para oferecer os estímulos quando for necessário e, sobretudo, para evitar os estímulos negativos, que são inúmeros, que são imensos, advindo a nossa dependência cultural da pressa, da velocidade com que se aceitam, se engolem, se absorvem precipitadamente, sem adequação, valores que não são nossos, sistemas que não são nossos, tecnologias que são perigosas, porque propícias a esse tipo de achatamento.

Enfim, o Estado tem a responsabilidade de zelar por isso, no estímulo correto e, quando necessário, pela ação normal da criação do bem cultural. Esta, a primeira vertente.

A segunda é a vertente patrimonial, em que esses bens devem estar guardados, zelados, organizados, protegidos ou devolvidos à comunidade, com acesso a toda a comunidade, para que ela possa conhecê-los, reiterar, voltar a conhecê-los, mantê-los presentes, numa ideia de memória que não foi compreendida pelo historiador em questão, que é a símile da memória do ser vivo. Os componentes estão armazenados, mas podem ser manipulados a cada momento, a cada instante, para a ação projetiva. Nesse sentido, foi visto com o ministro essa ideia das duas vertentes. Foi claramente visto que essas duas vertentes são apenas da ação e, principalmente, da guarda patrimonial. Na verdade, tanto uma como outra carecem de interligação, e seria em tudo, bom, saudável, que a estrutura cultural fosse comandada por uma estrutura única, que mantivesse justamente esse balanço, esse equilíbrio entre o que é mais patrimonial e o que é mais a criação do bem, inclusive pela passagem que existe, inexoravelmente, do bem criado, filtrado pelo tempo e que passa a ser bem permanente. Devo dizer a V.Exas., inclusive, que essa ideia me surpreendeu. Explicitada ao ministro Ludwig, ele foi o primeiro a estimulá-la e a dizer, inclusive: "Faça a fusão das duas secretarias."

Naturalmente, eu temia, pois é uma complexidade grande, em que a gente sempre fica um pouco em dúvida sobre se tem condições de assumir a proposta teoricamente, conceitualmente válida, mas na prática sendo uma coisa mais complexa. Foi ele o primeiro, e me cobrou várias vezes, quando o encontrava: "Como vai a ideia da fusão?" É curioso: às vezes, a pessoa não é necessariamente específica da área, mas ela pode ser conceitualmente mais ampla no sentido do serviço público. E esse estímulo tenho recebido do homem de Estado, do ministro Ludwig, o que impulsionou enormemente a tarefa. Com o instrumento do ministro Hélio Beltrão, que permite essa rápida execução, hoje temos uma Secretaria da Cultura, criada justamente sob a égide dessas duas vertentes, e que estabelecerá, através de duas subsecretarias, um sistema de visão de conjunto.

Como será esse sistema? Vou explicar rapidamente a V.Exas. A nossa ideia é de que a Secretaria, sendo única, detenha duas subsecretarias: uma, principalmente patrimonial, e outra, principalmente da criação do bem cultural, em que, tal elas exerçam convenientemente sua ação, estarão dotadas, cada uma, de uma grande fundação, apoiada como uma espécie de pulmão de oxigenação do sistema. Ou seja, a Funarte, como o pulmão oxigenador dos meios para a produção do bem cultural, e a Pró-Memória, como oxigenação e o pulmão da área patrimonial. Nesse ideograma, ficarão dependendo da Pró-Memória e da Subsecretaria do Patrimônio todas as instituições que são patrimoniais – Biblioteca Nacional, Museu Histórico, Museu de Petrópolis. Eventualmente, estamos tratando de trazer para esse conjunto o Museu Nacional, que é parte da Universidade Federal do Rio de Janeiro, o que é um erro histórico, no sentido de que ele foi incorporado à Universidade Federal do Rio de Janeiro na época em que era Universidade do Brasil, em que o Rio de Janeiro era a capital e o Museu Nacional tinha o abrigo correto, no sentido didático, no sentido de conteúdo substantivo, em ser um organismo universitário, mas com as vantagens de ser esse organismo universitário na medida em que estava próximo da ação e da decisão do poder. Com o tempo, o Museu Nacional passa a ser um apêndice não prioritário, no fim da linha de uma das universidades federais do Brasil. E justamente sobrevive muito à custa do que já me referi, ou seja, das injeções de grande apoio da FINEP e outros organismos injetores de auxílio. Enfim, ficará no lado patrimonial, com o apoio de uma fundação específica para seus meios de ajuda, ficarão sob a Pró-Memória os órgãos patrimoniais e, sob a Funarte, os órgãos da criação de bem cultural. É uma hipótese que está sendo construída e haveremos, ao longo do sistema, de adequá-la melhor. Uma vantagem haverá na ideia da descentralização. Não é possível, num país desse tamanho, dessa complexidade, a forma centralizada e de ação apenas de um comando distante do fenômeno. É preciso distribuir isso. Mas é necessário não se confundir descentralização com atomização ou fragmentação. A verdadeira descentralização é aquela em que fluem as ações, fluem as aproximações naturalmente, na realidade mantêm-se de pé, voltam, podem constituir-se em subsistemas, em foros de análise etc. Nossa ideia é de que esses órgãos que estão na ponta dos dedos do sistema, ou seja, os museus, as bibliotecas etc., sejam os executivos, na realidade. As fundações, as secretarias são órgãos de metodologia, de coordenação, de análise dos programas. Mas a ação, verdadeiramente, deve ficar na ponta dos dedos do sistema, que são os institutos de artes, institutos de música, institutos de teatro, enfim, cada um na parte de criação do bem cultural, e os grandes museus, o Museu Nacional, como cabeça do sistema, no que diz respeito à parte de Ciências Naturais, Arqueologia, enfim, na sua competência. E assim sucessivamente. Tanto que o ministro Beltrão já me garantiu uma coisa interessantíssima em termos de reforma administrativa. É que esses institutos, que são as pontas dos dedos, não serão, necessariamente, nem do mesmo tamanho, nem terão a mesma estrutura, nem o mesmo perfil. Eles serão adequados ao que for necessário. Por isso é que será possível termos esse trato com o Museu Nacional, na medida em que ele não irá perder nada do seu privilégio de estatuto ligado à Universidade, de ser baseado numa estrutura colegiada, de ter realmente um consenso do grupo técnico, de ter o seu diretor eleito pela congregação e apresentado nisso aqui ao ministro. Em outras palavras, por que razão fazer uma bitola para todas as áreas de ação, quando a natureza substantiva ditava coisa diversa? Então, esses institutos estarão próximos do real e do substantivo. Portanto, terão uma fisionomia adequada a essa necessidade. Esta a ideia de política, meu caro deputado Fernando Coelho, que a meu ver prevalece, sem dúvida alguma, sobre a questão dos recursos financeiros. Antes dos recursos financeiros, eu atribuiria importância à observação dos recursos humanos e dos recursos metodológicos. Na verdade, não adianta falarmos em tudo isso, pensarmos em estruturas que possam ser agilizadoras etc., se não temos quadros, forma de competência para exercê-las. Por isso é que o dinheiro, os recursos financeiros vêm, mas atrás de tudo isso. Inclusive, farei uma afirmação a V.Exas. que não sei se é temerária. É que não há dinheiro suficiente para o que nós queremos. Na verdade, tanto quanto dinheiro houver, ele não será bastante. Então, não adianta dizer que vamos fazer isso. Temos é que progredir na direção da competência, da eficiência, para podermos buscar mais dinheiro. Nós estamos tentando trabalhar nessa questão de modo inverso. Em vez de dizer "eu preciso de tanto do orçamento do ano que vem", nós vamos criar problemas que custam tanto, e tentar buscar o recurso para cobrir as despesas. Quanto vai custar a reforma da Biblioteca Nacional? Não saberia dizer. Acho até que seria temerário fazer estimativas. Quanto vai custar a reforma completa das estruturas de São Miguel das Missões, no Rio Grande do Sul? Comecei a obra sem saber quanto vai custar. Mas a obra tem que ser feita. Um país que constrói Itaipu vai deixar cair São Miguel das Missões? É possível que a nação assista a um fenômeno como esse, da perda de um bem cultural, quando temos competência e dinheiro? Então, essa inversão parece-me prudente. Não vamos dizer que, para criar uma política cultural no Brasil, nós precisamos de "X", em termos de recursos do Ministério do Planejamento. Nós temos que ir criando e aumentando essa possibilidade de obtenção de recursos, na medida, inclusive, em que tenhamos competência para geri-los e aplicá-los.

Dep. FC_ Eu insistiria num ponto, prof. Aloisio Sérgio Magalhães: o que está sendo feito quanto a uma integração maior entre dados federais, estaduais e municipais, e entre o setor público e o setor privado, quanto a esse desafio?

AM_ Desculpe-me, sua pergunta estava muito clara, mas a resposta me escapou diante do aspecto emocional que ela envolve. Na realidade, eu falei brevemente na ideia de que é preciso descentralizar, e que descentralizar não significa atomizar, mas, sim, deixar fluir melhor as coisas. A ideia de descentralização, no que se refere ao patrimônio, no seu sentido mais clássico, vem desde 1973, creio, com a criação, pelo ministro João Paulo dos Reis Velloso, de um programa específico para a proteção do bem cultural nas cidades históricas do Nordeste. Veio pelo filão econômico, em parte, a ideia de que, se revitalizarmos certas áreas do Nordeste, ao nível do seu valor histórico, nós poderíamos ter maior turismo, fluxo de interesse etc. Então, nasceu esse programa com verbas específicas do Fundo Nacional do Desenvolvimento – portanto, não do

MEC; mas da Seplan. Esse programa tem realizado um trabalho extraordinário nesses oito anos de existência, porque, na verdade, ele inaugurou, dentro do sistema antigo do Iphan, a descentralização. O Iphan sempre foi muito receoso de ele mesmo fazer tudo – receio inclusive coerente e pertinente, em termos da perda do controle sobre a qualidade do restauro. Isso foi absolutamente necessário para o Rodrigo manter durante muitos anos, até que impusesse uma linha, uma filosofia e uma metodologia. Mas, a partir de certo momento, é loucura querer centralizar numa repartição federal o cuidado com o bem cultural, inclusive este, ou seja, o de pedra e cal, numa ação federal. Então, esse programa vindo da Seplan, paralelo ao Iphan, apenas com o apoio técnico e metodológico do Iphan, inaugurou a linha de descentralização. E essa inauguração foi muito certa e coerente, na medida em que ao Iphan era difícil, ele mesmo, naquela situação de sufoco em que vivia, ter iniciativa de uma descentralização ou de uma abertura. Isso, então, veio pelo caminho do Planejamento. Curiosamente, veio pelo caminho do bem, no seu sentido de valorização econômica. E a experiência é válida, e a experiência agora se transforma em norma na medida em que, no momento em que assumimos o Iphan, conseguimos, com o apoio do governo, que o ministro Delfim Netto – naquela época ainda era ministro o senhor Mário Henrique Simonsen, mas logo em seguida veio o ministro Delfim Netto – transferisse para o Iphan o programa todo, com sua metodologia, com seu quadro de pessoal e, sobretudo, com seus recursos. Portanto, nós dispomos de recursos que são da Seplan, diretamente, o que, portanto, acrescenta, agrega às nossas fontes de recursos do MEC. E, para citar um dado que não é preciso, mas aproximado, o orçamento do Iphan, sozinho, em 1973, quando eu assumi, era de 75 milhões de cruzeiros por ano, para o Brasil inteiro, dos quais 55 comprometidos com pessoal. Restavam-nos apenas 17. No ano seguinte, com essa agregação, com essa forma de aproximação, de convencimento e de determinação junto ao governo, e com a ajuda imensa do ministro Delfim Netto, que concordou em transferir o programa com os recursos, é preciso ficar bem clara a aproximação correta e forte que se possa fazer junto aos homens da economia que, no fundo, são sensíveis ao problema. Volto à ideia da determinação. Então, para completar, receberíamos 75 milhões de cruzeiros para o Brasil inteiro, dos quais 55 eram destinados a pessoal. Passamos, em 1980, para 150, mais 75 e mais 350, num total de 600 milhões de cruzeiros, aproximadamente. Será mágica? Não. O dinheiro existe. Onde está o dinheiro? Como ir buscá-lo? Enfim, é nesse sentido que me parece depender o problema de recursos financeiros, enormemente, de alguns elementos, como determinação, competência técnica, metodologia e recursos humanos. Não faz sentido tentar-se buscar mais dinheiro de verba orçamentária, para depois querer criar uma estrutura de ação. E essa descentralização é notável, porque estimulou a que os estados, e já agora os municípios, criassem suas estruturas de proteção do meio cultural, com legislação específica, com quadro de competência. Ou seja, estão fazendo com que a ação de preservação e de cuidado se aproxime do dono do bem cultural, que, na verdade, é quem deve ser o maior responsável por ele. Quem está próximo do bem cultural, quem está ligado ao bem cultural é, verdadeiramente, quem deve cultivá-lo. De forma que essa descentralização é absolutamente fundamental. Esse é um dos pontos que se deve levar ao máximo desenvolvimento: o encontro dessa competência no local onde está o bem cultural, aproximando dele o cidadão. Acrescente-se, como consequência disto, o novo conceito que tem sido muito estimulado pelo Programa de Cidades Históricas: o de revitalização do bem cultural.

No caso dos monumentos de pedra e cal não faz sentido restaurá-los para que voltem depois a ser abandonados. É preciso reinserir esse bem na vida da comunidade. É necessário que ele volte a ser importante, volte a ser usado diária, quotidiana e fortemente pela comunidade. Primeiro porque assim é que ele vale e, segundo, porque assim é que ele se conserva. Na verdade, não há imóvel que se conserve fechado e vazio. A vida é um elemento de contribuição para a própria permanência da vida. Nesse sentido a descentralização é uma ação da maior importância, um processo que leva tempo. Mas o tempo cultural tem suas regras e sua dinâmica próprias, e talvez seja bom não tentar modificá-las para que não haja risco de achatamento ou inadequação. Enfim, encontrar o tempo certo porque, na área da descentralização, isto é fundamental. É preciso promover não só a reinserção do objeto cultural na vida como também mobilizar a comunidade para que ela saiba e sinta onde estão esses bens a que me referi inicialmente, os pequenos trabalhos, as pequenas ações comunitárias, as pequenas tecnologias, que hoje chamamos de patrimoniais. O Diretor-Geral da Unesco acaba de confirmar que fará no Brasil uma reunião este ano, se nós a pedirmos, sobre tecnologia patrimonial e o valor da cultura no desenvolvimento econômico das nações do Terceiro Mundo. Essa revitalização comunitária em torno do que é patrimonial, volto a dizer, é o que fará com que o tempo projetivo, ou seja, a ação projetiva seja autêntica e dentro da identidade da própria nação.

Dep. Israel Dias-Novaes_ Senhor presidente, senhor relator, senhores deputados, professor Aloisio Sérgio Magalhães, testemunho, há muitos anos, a atividade de V.Sa., que é uma atividade múltipla. Ainda há pouco, o ilustre deputado Célio Borja lembrava a origem bacharelesca de V.Sa. Isso, a nós outros, bacharéis, animou muito, o que demonstra o velho aforismo de que o bacharel é capaz até de advogar. Partiu V.Sa. da Faculdade de Direito e se tomou de uma paixão cultural, ligada à situação do seu país. V.Sa. é dedicado ao passado permanente do Brasil. Sua exposição me fez lembrar um poema de Carlos Drummond de Andrade, chamado "O voo sobre as igrejas". V.Sa., na sua exposição, fez, na verdade, um voo sobre as igrejas, sobre todo o passado delas e sua documentação no Brasil. Desejo lembrar, neste momento, que Carlos Drummond de Andrade era o chefe de gabinete de Gustavo Capanema, e foi quem sugeriu o nome de Mário de Andrade para elaborar o projeto do Iphan. O Mário de Andrade estava totalmente marginalizado em São Paulo, por força de sua desavença com o interventor da época, quando Carlos Drummond sugeriu ao ministro Capanema que o levasse ao Rio de Janeiro com o objetivo de estruturar o órgão destinado a cuidar do passado brasileiro. Mário de Andrade foi lá, mas com um propósito, que naturalmente V.Sa. conhece: de que, paralelamente ao Iphan, deveria funcionar a enciclopédia brasileira. E Mário de Andrade foi incumbido de elaborá-la. Cuidou disso dedicadamente, sem prejuízo da elaboração dos estatutos do Iphan. Na verdade, ele dividiu o seu tempo entre esse projeto grandioso da enciclopédia brasileira e o órgão para o qual havia sido admitido. Não se tem notícia dos verbetes redigidos, naquela época, por Mário de Andrade. Ele permaneceu no Rio de Janeiro, se não me engano, durante dois anos. Nesses dois anos de permanência, ele igualmente se dedicou à crítica literária, redigindo o rodapé do *Diário de Notícias*. Foi uma permanência riquíssima, a de Mário de Andrade no Rio. No entanto, essa permanência quase desaparece na sua biografia. Pouca gente cuida dela.

Para se avaliar a importância desse breve período de vida de Mário de Andrade, convém dizer que foi também nessa época que ele fez o balanço da Semana de Arte Moderna, através da conferência que pronunciou, se não me engano, na Biblioteca Nacional, sobre o movimento artístico de 1922, sobre a Semana de Arte Moderna de 1922. Tenho a impressão de que era propósito do ministro Gustavo Capanema, como V.Sa. insinuou ao longo de sua exposição, definir a política cultural brasileira, sobretudo quanto à memória. Essa memória brasileira e o seu cuidado têm passado – como ficou bem claro na sua exposição – por um sistema casuístico quase incomparável no Brasil. Se existe casuísmo, ele está no problema da cultura brasileira. Tudo ali é casuístico. Quer dizer, é o sistema de remendo eventual: aparecem os buracos na canoa, eles são tapados, mas não se pensa no estado geral da canoa. Agora, graças à escolha de V.Sa., estamos definindo rumos mais ou menos claros. Quanto a isto, quero salientar uma das suas afirmativas – e a imodéstia já foi salientada na oportunidade por V.Sa. mesmo, a imodéstia que poderia ser a interpretação do seu conceito – segundo a qual V.Sa. sempre se esteve preparando para o cargo no qual acaba de ser ungido. Quer dizer, mesmo quando era o bacharel, o estudante de Direito, já naquela época, de certa forma, segundo sua própria afirmativa no seu testemunho e com minha aquiescência, V.Sa. já se preparava para exercer uma função desta ordem. Era V.Sa. bacharel apenas por um interesse cultural conjuntural. O resto era o amor ao passado brasileiro e aos seus valores permanentes. Então, trata-se exatamente de alguém que não foi improvisado num cargo. Foi V.Sa. acumulando conhecimentos, por força de uma vocação irresistível, até que, afinal, foi posto no cargo para o qual se preparara a vida inteira. Este é um exemplo que deveria ser seguido no Brasil. Nós sofremos do mal da improvisação. Temos à mão exemplos numerosos: até mesmo para cargos de alta solicitação específica recrutam-se pessoas sem habilitação ou nem sequer com habilitação aproximada. Daí o meu receio de que a sua conduta, tão generosa e dedicada, possa esbarrar em incompreensões e até mesmo em impasses que a levem ao malogro e ao soçobro.

Digamos que o atual ministro da Educação – que sucede um intelectual de primeira água, pois não há no Brasil quem tenha o mínimo interesse cultural que não conheça, pelo menos pela rama, a obra de Eduardo Portella. Eduardo Portella é outro que passou a vida inteira se preparando para ser ministro da Educação. No entanto, ele não conseguiu manter-se no cargo. Houve forças maiores do que a sua competência, e ele foi alijado do cargo de maneira até mesmo inglória e substituído inesperadamente por quem não se pensava que tivesse apetites educacionais. Agora, este ministro, surpreendentemente, revela compreensão quanto à missão recebida, e a executa, em parte, através de sua escolha e definição. Ao mesmo tempo, embora V.Sa. se revele um enamorado pouco lírico do dinheiro da função pública, o dinheiro, na administração, continua sendo importante. Acusa-se o Ministério da Educação de não recuperar as verbas de que já desfrutou. O Ministério da Educação era aquinhoado de verbas. Mas, com o correr do tempo e a imposição das novas filosofias em circulação, suas verbas orçamentárias caíram em favor de dotações para outros ministérios, como os ministérios referentes ao armamento nacional. Hoje, os ministérios militares, em geral, especialmente o Ministério do Exército, têm grandes dotações. E o Ministério da Educação continua bracejando na sua pobreza franciscana de quatro vírgula pouco. Há poucos dias, eu, que andava preocupado com esta questão de poucas dotações orçamentárias para o Ministério da Educação, encontrei uma justificativa para essa avareza para com a educação no Brasil, dada pelo próprio ministro. O novo ministro disse que, ao contrário do que eu, por exemplo, que sou um ignaro profissional, poderia imaginar, a educação no Brasil está muito bem servida, porque o Ministério da Educação dispõe de quatro e pouco por cento do orçamento da República. Diz S.Exa. também que, na verdade, a educação não está centralizada apenas no seu ministério, mas está distribuída por outros ministérios. O Ministério do Exército, por exemplo, não gasta toda a sua dotação comprando espingardas. O Ministério do Exército mantém cursos; o Ministério do Trabalho mantém cursos. Enfim, o ministro sustenta a tese de que o Ministério da Educação não precisa de dinheiro, porque sua competência está diluída por outros ministérios, porque tudo, afinal, é educação. Então, se a Academia Militar das Agulhas Negras gasta muito dinheiro para manter seus aspirantes, que estão cheios de aspirações, isto deve ser debitado ao Ministério da Educação. Se o Ministério do Trabalho mantém simpósios e seminários, também eles devem ser debitados ao Ministério da Educação; se o Ministério da Justiça gasta com cinema e outros cursos, também isto deve ser debitado ao Ministério da Educação. Então, somando tudo isto que está perdido no varejo, resta para o Ministério da Educação um bom atacado. Mas acontece que o Ministério da Educação tem uma jurisdição imensa e um rol de atribuições como nenhum outro Ministério tem, de forma que essa explicação me parece tão descabelada que eu a devolvo ao ministro. E pergunto a V.Sa.: quem sabe encontraríamos uma fórmula melhor de nos libertarmos da extrema variedade dos ministros, da flutuação dos titulares da Pasta da Educação. Imagine V.Exa. que sai um intelectual e entra um militar; agora, seguramente, sai um militar e entra outro intelectual. Consequentemente, V.Sa. vai ficar atordoado, na sua secretaria, se não for demitido. Tenho certeza de que V.Sa. vai ser demitido ou ficará, no mínimo atordoado. Elabora V.Sa. programas que acho – empregando a palavra grave – de um patriotismo imenso, porque V.Sa. é um bom brasileiro, como todos nós procuramos ser. É V.Sa. comprovadamente um bom brasileiro: é um enamorado do seu país, dos seus fatos e dos seus fastos. Mas um brasileiro sozinho, com boa intenção, não sei até que ponto pode caminhar. Eu estava pensando que a educação, no Brasil, se confunde com a cultura, quando elas são coisas de níveis diferentes. Ministério da Educação e Cultura não pode prevalecer no Brasil: tem que ser Ministério da Educação que lide com a UNE; que defina os cursos superiores etc., e separado dele o Ministério da Cultura, como existe em quase todos os países. Urge criar o Ministério da Cultura, e aí, então, caberia uma Secretaria de Cultura, a seu cargo. Seria um Ministério cultural, efetivamente, sem essas implicações e dependências políticas da hora, sem essas consequências de encrencas mesquinhas, que têm comprometido o todo. Então, vamos repetir a sua expressão: a cultura brasileira da memória e do culto do nosso passado, assim como a sua preservação, depende da determinação. Mas também, artista e bacharel Aloisio Sérgio Magalhães, ela depende de recursos. Minimiza V.Sa. a necessidade de recursos justamente por não contar com eles. V.Sa. está empregando a política do avestruz, em matéria de recursos: esconde a cabeça porque sabe que ali não tem futuro. Então, vejo que, na verdade, sua política é a política da memória brasileira.

Há alguns anos, alguém acordou alarmado com o desamor brasileiro pelo nosso passado e pelos nossos documentos. No caso, o professor Franklin de Oliveira, quando escreveu o livro, *Morte da Memória Nacional*. Ele, de repente, acordou para o assunto. Na verdade, o que V.Sa. está fazendo é algo de gigantesco. Eu lhe dou um exemplo de dois dias atrás: existia em São Paulo um jornal chamado *Correio Paulistano*. Esse jornal chegou a completar cem anos de atividade constante, a não ser por um pequeno empastelamento, em 1930. Fora esse pequeno empastelamento, ele circulou diariamente, desde 1851. Durante todo esse século ele funcionou. Foi empastelado em 1930 porque fazia política perrepista. Depois, retornou à circulação. Existe um cidadão, em São Paulo, que tem, em sua casa, a coleção completa do *Correio Paulistano*, quer dizer, todo o relato jornalístico de um século da vida brasileira. Esse cidadão foi procurado e se lhe indagou quanto ele queria por aquele documento extraordinário, a única coleção conhecida do *Correio Paulistano*. Ele disse: eu quero desocupar espaço e vendo, digamos, por três milhões de cruzeiros. Essa proposta chegou ao governo do estado, que respondeu dizendo que não tinha recursos. São Paulo não tinha recursos para comprar a coleção do *Correio Paulistano*. Eu soube, depois – e esta informação está sujeita ainda a confirmação –, que o governo de São Paulo, à míngua de recursos, partiu para uma segunda fórmula, que era a de mandar xerografar a coleção. E, se não me engano, mandou xerografá-la, e só depois verificou que o xerografamento ficava em 10 milhões de cruzeiros. Então, em lugar de adquirir a coleção, o governo mandou xerografá-la. Deve haver algum xerox muito esperto no meio disso. Não sei se há, mas este é um exemplo típico. Outro exemplo que posso citar é o do famoso mural sobre Tiradentes que estava no interior de Minas Gerais, na cidade de Cataguases, que pertencia aos Peixoto. Andaram pelos bancos de São Paulo oferecendo aquele formidável mural, que nunca poderia ter saído de Minas Gerais. Nunca, porque aquilo é justamente a obra culminante da pintura histórica na América Latina. Não há nada melhor: é fantástica. Havia o gênio de Portinari e se desprendeu, como em poucos outros momentos. O mural tem cerca de 20 metros de comprimento por 3 metros de altura. Por que ele foi oferecer em São Paulo? Porque o governo de Minas Gerais alegava que [não] tinha recursos para adquiri-lo. O cidadão proprietário queria apenas dois milhões de cruzeiros pelo mural. Ante a informação do governo mineiro de que não poderia comprar aquele mural, feito sobre Minas e para Minas e por Minas, o proprietário andou correndo os Bancos em São Paulo. E os bancos paulistas não compraram esse mural porque não dispunham de parede que o contivesse. Não havia em nenhum banco de São Paulo parede de 20 metros de extensão para conter aquele formidável documento.

Na época, assumiu a Secretaria de Cultura de São Paulo o senhor Luiz Arrobas Martins, que foi a Minas e comprou o mural. Comprou-o, já que ele estava se deteriorando em Cataguases, e colocou-o no Palácio do Governo de São Paulo. Acho que está muito bem; é um enriquecimento do patrimônio local. Mas houve um desfalque gravíssimo do patrimônio do lugar de origem do documento, que é Minas Gerais. Louvo o governo pela boa escolha de V.Sa., mas continuo dizendo que tenho medo de que esse quixotismo enfrente algumas aspas de moinho de vento que o derribem do cavalo. Em todo caso, estou apostando no escritor, no poeta, no artista; no bacharel Aloisio Sérgio Magalhães. Para não tomar mais tempo da Comissão, peço que V.Sa. aborde esses aspectos principais, como o do Ministério da Cultura, como o da estabilidade, e com isto me satisfaria. Muito obrigado.

AM_Senhor deputado Israel Dias-Novaes, há muito tempo conheço o apego e a intensa preocupação de V.Exa. com esta área, e as colocações que fez são muito precisas. Não sei se eu seria capaz de respondê-las a contento. Na verdade, as perguntas se interligam muito: a ideia da continuidade, a ideia de desdobramento e também o problema de recursos abordado nos exemplos dramáticos que foram citados. Eu começaria dizendo a V.Exa. que o risco é componente fundamental de todo processo criativo. Nada se poderá fazer sem uma generosa dose de risco, até mesmo dentro de uma certa visão utópica e quixotesca que, no fundo, tem parâmetros tão avançados que não seria atingida. Mas a gente se aproxima desses. Se o parâmetro inicial for pequeno, como a borracha do estilingue, não se vai muito longe. O problema da continuidade, meu caro deputado, é a outra face de uma moeda muito cara a todos nós: o renascimento do princípio democrático da renovação de quadros.

Na verdade, dentre os países que atingiram altos níveis de competência e de desenvolvimento, nenhum os atingiu tão bem quanto os que desenvolveram o processo democrático. E o que é o processo democrático senão um permanente questionamento, um permanente aferimento, um permanente mudar, renovar, reativar, realimentar e refrescar? Evidentemente que é neste jogo do sim e do não, do mudar e do permanecer, do risco e do acerto, que reside talvez a grande força do processo democrático. Então, essa é uma coisa que temos de saber enfrentar.

Acredito muito, nobre deputado – e aí acho que V.Exa. vai concordar comigo – no valor da competência. Mesmo que acidentes ocorram, mesmo que não se consiga alcançar os parâmetros desejados, enfim, mesmo que toda a nossa trajetória sofra impulsos inesperados e imprevisíveis, na verdade tudo isso faz parte das regras do jogo, da melhor regra do jogo, aquela em que pelo menos se pode saber que se renovarão os quadros. Temo muito, sobretudo na nossa área, que esse princípio deixe de ser observado. A permanência maior ou menor em um cargo vai depender muito do tamanho do desempenho de quem o ocupa, da convergência de forças, dos grupos e das equipes, do apoio que se tenha. É por isso, deputado, que me sinto profundamente honrado por estar aqui. Porque minha força e a permanência de minhas ideias serão maiores na medida em que eu tiver o apoio desta Casa. O Brasil muda, e quem não acreditar nisto que se cuide. Nossa trajetória na direção de um processo de abertura, de arejamento, de renovação é inexorável, já que tanto o desejamos e por ele tanto batalhamos.

Duas coisas aí são importantes. Uma é que as competências se afirmem. Que os homens que detêm em suas vidas acumulação de conhecimentos e competência apareçam. Que reivindiquem, puxem a brasa para suas sardinhas. Não vejo, não posso sentir, dentro das responsabilidades sociais, como homens de grande valor da nação brasileira se estejam omitindo, estejam esperando em casa que alguma coisa, um milagre, ocorra. Isto não ocorrerá. Ou trabalhamos nessa direção, cada um no seu galho, na sua competência, na direção de uma afirmação democrática, apoiando-nos mutuamente, conquistando, através do diálogo permanente, o apoio, ou corremos o risco de o país não se desenvolver na harmonia que desejamos. Então, enfrento o risco que V.Exa. aponta. Acho que ele faz parte das regras do jogo saudável. Mas também acho que cabe a cada um o dever de procurar o apoio necessário para que sua trajetória atinja, pelo menos, um ponto em que ela possa, em certas medidas, ter situações irreversíveis desses notáveis momentos, como foi o de Mário de Andrade ter concebido a criação do Patrimônio daquela maneira, como foi Rodrigo ter dirigido, por 33 anos, o Patrimônio. Admirável fato. Talvez tenha sido a única ocasião em que um homem público tenha se mantido por tanto tempo à frente de uma instituição federal. Enfim, é ou não é o reconhecimento da competência? Evidentemente que os acidentes talvez não tenham sido fortes. Há também, por um lado, o jogo inexorável da sorte, em cada trajetória, que entra em consideração. Mas confesso a V.Exa. que me sinto muito fortalecido pelo risco e pela possibilidade de vir em busca de apoio como este, de ouvir de V.Exa. as referências que fez, de ouvi-lo dizer que o bacharel na base de tudo é fundamental. E ele o é, no sentido universal da formação do bacharel, na retomada, pelo país, de uma visão de conjunto que o bacharel tem na base, vencendo as forças terrivelmente poderosas dos tecnocratas que contaram a estória de que o Brasil resolveria seus problemas através da tecnocracia e da valorização dos padrões econômicos. Estavam medindo o país através de estatísticas quantitativas, preocupados só com valores mensuráveis, sem levar em conta os valores de qualidade, sensíveis, de difícil medida. Nisto o bacharel leva a vantagem de base, porque realmente é uma situação advinda de um começo de percepção, de conhecimentos mais largos e abrangentes. Como os pontos que V.Exa. citou – o do mural sobre Tiradentes e o da coleção de jornais –, existem muitos outros. Leio, estarrecido, a cada momento, anúncios em jornais, como o *Jornal do Brasil*, o *Estado de S. Paulo*, a *Folha de S.Paulo*, com fotografia de um vendedor de grandes casas de leilão internacional que está hospedado no Hotel Caesar Park, esperando que as pessoas levem seus quadros, seus bens, para serem comprados em dólares, para depois serem levados para a Inglaterra e Nova York. E existe uma lei contrária a isto. Mas como fazer para que esta lei seja cumprida, senão batalhando, senão vindo aqui, indo aonde for, tentando mobilizar apoio, tentando mobilizar a compreensão e recursos. Chegamos aos recursos.

Meu caro deputado, no ano passado eu recebi uma informação da Inglaterra de que determinado número de originais da Inconfidência Mineira, do processo de condenação da Inconfidência Mineira, justamente os translados de toda a parte referente à condenação dos eclesiásticos, entraria em leilão na Casa Sotheby's de Londres, no dia tal do mês de julho do ano passado. Esta informação me veio através do Executivo, do governo federal. E todas as pessoas que se tinham envolvido até então no caso diziam exatamente que não havia orçamento, não havia recursos orçamentários. O papel veio à minha mão, e a determinação em buscá-lo foi para que o país não passasse a vergonha de ver esses documentos vendidos à Universidade de Atlanta ou à Universidade da Califórnia, que compram tudo, pois têm vendedores e compradores espalhados pelo Brasil, com periodicidade, buscando informações, comprando esse material. E o mais grave é que nós veríamos, envergonhados, um dos documentos básicos da nossa nação, da sua independência, do gesto de liberdade da nossa nação, sendo vendido em leilão público, fora do Brasil. E o país não tomava conhecimento disso porque não tinha dinheiro, o que não é verdade, porque dinheiro há. Nós fomos lá e compramos o objeto. Então, meu caro deputado, qual é o peso da balança: determinação ou recurso econômico? Eu acho que, pelo menos na circunstância atual, a balança estaria em equilíbrio se a determinação fosse igual à probabilidade de encontro de recursos. E não foi difícil, deputado. A imaginação e a fantasia são importantes fatores para a descoberta de soluções.

Apelamos para o Banco do Brasil, essa extraordinária agência financeira, poderosa no mundo inteiro, que hoje tem 57 ou mais agências operacionais no mundo inteiro, que fatura não sei quantos milhões, que se afirma como uma grande instituição financeira de nossa nação. Escrevi uma carta ao presidente do Banco. Era preciso ter dinheiro líquido lá, na hora, porque leilão é leilão, ou se compra ou não se compra. E a burocracia de todo um sistema, mesmo se houvesse o dinheiro, para chegar lá na hora? Também não se podia prever o quanto teríamos que nos ater à flexibilidade e à variedade de um leilão, onde os americanos estavam, onde os holandeses estavam, onde os alemães estavam, de olho nesses documentos. E o Banco do Brasil foi compreensivo. Deu ordens para sua agência de Londres me acompanhar durante o leilão. Fixou-se um teto inicial. Depois tememos que esse teto não fosse suficiente e que nós nos víssemos diante de um fato terrível, que seria, por 100 libras a mais do nosso teto, o papel ser vendido a outro. E o Banco do Brasil concordou em que a decisão do valor, do teto, seria tomada na hora pelo seu representante, em acordo comigo. Aí vemos que é possível, no serviço público, em áreas de economia, em áreas que não são necessariamente pertinentes, encontrar alguma fórmula em que ele se torne compatível, diversificado e imaginativo. E veja bem, meu caro deputado, que o Banco do Brasil não fez mais do que a sua obrigação, no plano ético, e não fez mais do que a sua obrigação no plano econômico, porque na verdade nós pagamos esse dinheiro. O que o Banco do Brasil fez foi ser nosso agente imediato, preciso, na compra. A Fundação Nacional Pró-Memória foi quem pagou esse dinheiro ao Banco do Brasil. Abrimos uma conta em Brasília, destinada exatamente a repor os recursos que o Banco do Brasil daquele momento em diante sempre colocaria à nossa disposição na hora de compras desse nível; a ideia é que, no devido tempo e em cruzeiro – o que é um gesto generoso, e aí é a dádiva do banco –, esses recursos sejam ressarcidos. Então, na verdade, o documento, quando comprado, estava sob custódia do Banco e valia o seu valor. Qualquer banco, qualquer instituição financeira ágil e inteligente, compra bens em quadros porque na verdade o dinheiro permanece. E nós o ressarcimos. Fizemos questão de ressarcir o Banco rapidamente para, inclusive, conquistar a simpatia da instituição bancária, ou seja, não relaxar em pagar em tempo útil aquele milhão e pouco de cruzeiros. Veja bem, só isto custou o conjunto de documentos. E ainda mais, meu caro deputado, esses documentos estiveram no Brasil e foram oferecidos à venda pelo proprietário. Passaram de mão em mão, foram vistos, examinados; havia interesse, havia a percepção do seu valor histórico, do seu valor conceitual, mas não havia dinheiro. Até que o proprietário, com toda razão, volta para a Europa e entrega o documento a uma hasta pública, um leilão, onde ele obteria o valor que pretendesse e fosse adequado. De forma que, desculpem eu insistir, não é um desprezo pelo dinheiro, mas uma valorização do dinheiro e uma tentativa de saber que existe o dinheiro. A questão é como encontrá-lo.

Dep. IDN_Permite-me, V.Exa.? O exemplo citado eu acompanhei, em conversa, inclusive, com o deputado Célio Borja, tomados nós dois da maior angústia, porque os jornais noticiavam que aqueles documentos estavam lá e que seriam leiloados etc., e que o Brasil não teria maiores recursos. Eu tenho a impressão de que este episódio, no seu relato, que nos envaidece a todos, deve ser creditado ao seu caráter animoso. Imagine um burocrata no seu lugar! Em primeiro lugar, esse burocrata jamais saberia da existência desse leilão e muito menos desse documento. Agora, acontece que está lá um cidadão apaixonado neste cargo. Este cidadão largou os seus cuidados, foi para lá, travou uma batalha pessoal. Esta é uma façanha pessoal sua, não burocrática. Quer dizer, foi feita *apesar* do governo, ou seja, criou uma situação moral *para* o governo. Não sabe V.Sa. o risco que correu. Criou uma situação delicadíssima para o governo. Foi a Londres, anunciou que estava lá, botou o governo em brios, chacoalhou pelo pescoço o gerente do Banco do Brasil em Londres – este Banco do Brasil que tem feito tantos maus negócios por aí afora, como agora na Argentina, onde perdeu três milhões de dólares numa falência, falência lá de argentinos. O Banco do Brasil financiou uma falência na Argentina. Quer dizer, com a parte mínima do que gastou na Argentina, alimentando falências, podia comprar muito mais. Porque V.Sa. citou um caso grave aí. As universidades norte-americanas têm agentes-espiões nos meios culturais brasileiros comprando bibliotecas. O melhor negócio para uma viúva de bibliófilo é ser reconhecida e localizada por um agente americano de universidade. Eles pagam muito mais do que nós. Então, nós podemos, no máximo, comprar uns livros avulsos, quando aparecem. Então vamos lá e compramos uma primeira edição disto ou daquilo. De repente, vem um americano e compra tudo, compra o lote. E quando descobre uma viúva com a biblioteca ainda intacta, ele compra simplesmente doze ou treze mil exemplares de livros importantíssimos do Brasil. E não adianta dizer que existe a lei, porque esta lei é contornada de todas as maneiras hábeis. Por isso, surgiram os "brasilianistas". Os "brasilianistas" trabalham lá e revelam grandes conhecimentos do Brasil, porque tudo foi surrupiado daqui e foi para lá. Há muito mais documentos sobre o Brasil nos Estados Unidos do que aqui, por força disso que eu estou dizendo. Eu o cumprimento pela sua façanha londrina. Mas não acho que isto aqui justifica a existência da Secretaria e anime a nós outros quanto ao seu futuro, porque Aloisio Sérgio Magalhães é um cidadão quixotesco. De repente aparece lá um burocrata caspento e nós perderemos todos os documentos. Acho que o seu exemplo é apenas a exceção da regra que eu propus.

AM_ Eu pediria ao nobre deputado e querido amigo que não tornasse esta visão tão pessimista. Eu acredito justamente no contrário: o Brasil está cheio de gente da melhor qualidade, da melhor categoria...

Dep. IDN_ Eu também acredito.
AM_... de grande competência. E o problema é justamente, no exercício dessa aproximação democrática, fazer com que essas pessoas saiam da

sombra, do limbo em que às vezes se colocam – por conforto, inclusive, e por falta de espírito público – e assumam as suas responsabilidades. Não acredito em exceções a este nível, meu caro deputado. Eu acho que esses exercícios ainda isolados, ou ainda quixotescos, ou ainda de certo modo singulares, são exemplares necessários a um adensamento que a nação brasileira precisa e encontrará inevitavelmente na medida em que se abrir a densidade do tecido e se permitir que se areje melhor o sistema. É uma questão de tempo, de continuidade e de fidelidade à causa. A questão, do ponto de vista objetivo, eu diria que nós tocamos num ponto seríssimo, que pode ser um dos mais válidos resultados desta Comissão. A legislação existente, no caso, é extraordinariamente incompetente, porque é tão ampla que se torna inexequível. Então, nós precisamos, urgentemente, fazer com que essa legislação seja modificada, seja aferida e modulada ao nível do real, ao nível do que seja possível acompanhar. Na verdade, ela diz simplesmente que nenhum objeto, genericamente, que tenha sido produzido no Brasil até a Proclamação da República – há pequenas diferenças em alguns casos –, até a data tal, não pode sair do país, ou o objeto, mesmo estrangeiro, mas que esteja no país e diga respeito a coisas brasileiras, também produzido até esta data. Mas, veja V.Exa., é impossível. É como um gigante, cujo tamanho não se pode medir, não se conseguindo fazer controle de tanta generosidade e de tanta abrangência. É preciso que se discipline e realmente se codifique ao nível operacional essa legislação. Inclusive, meu caro deputado, porque ela está errada. Ela, dessa generosidade, cria uma inibição que é prejudicial à nação como projeção de seu bem. Por exemplo, quantos paliteiros de prata foram produzidos no estado da Bahia, no século XVIII? É quase impossível saber. Aqueles pequenos objetos de mesa, graciosos, elegantes, variados, diversificados – quantos foram produzidos? Por essa lei, nenhum deles pode sair do país. Está errado. Existem muitos. É preciso saber quais são os mais importantes, qual é o nível de exemplaridade, de modelos, de forma etc. Mas, quanto ao resto, não há mal nenhum em que seja vendido e que, ao contrário, sejam exemplares de concretização e síntese brasileira. Até aí se pode ver como a legislação encontra saída muito inadequada. Vamos ver, ao longo desta CPI, que não é só essa legislação quanto à saída de objetos que precisamos reformular. Muitas outras surgirão ao longo desses debates, de áreas diferentes. Verdadeiramente, a legislação está carente de uma explicitação, de uma revisão, de uma adequação mais de acordo com a realidade brasileira.

Dep. CB_ Professor Aloisio Sérgio Magalhães, todo ato coletivo e público tem muito de teatro. O teatro tem as reuniões de assembleias populares. Manda o Regimento, por exemplo, que nos tratemos e sejamos tratados por Excelência, mandam as regras estabelecidas em decretos que os professores catedráticos e titulares, como é o caso do nosso depoente de hoje, sejam tratados também de Excelência. Na verdade, por trás de toda complicação de um cerimonial público, existem coisas supostas e muitas vezes não confessadas. Só para dar um pequeno exemplo: muitos de nós aqui temos um nível de relacionamento com o depoente que dispensaria todas as formalidades da inquirição para, ao final, chegarmos ao propósito de ação em que estamos engajados. Ainda há pouco o eminente Relator fazia ao professor Aloisio Sérgio Magalhães uma pergunta baseada no testemunho de incontestável autoridade da historiografia nacional. Mas eu posso confessar publicamente que fui daqueles que, modestamente, tentou ajudar o professor Aloisio Sérgio Magalhães quando S.Exa. nos catequizava a todos para o projeto da Fundação Pró-Memória, porque sabíamos perfeitamente bem que a ideia da conservação do bem cultural ultrapassa de muito as atribuições que estão hoje fixadas por lei no Serviço do Patrimônio Histórico e Artístico Nacional. E porque sabemos também, graças aos exemplos que então nos dava o professor Aloisio Sérgio Magalhães, e que acaba de repetir, que uma instituição altamente burocratizada não pode acudir às diferentes hipóteses que a vida vai armando em torno da posse, da propriedade, da conservação e da utilização desses bens. Será excessiva a criação de mais um órgão para auxiliar a gestão dos valores e dos bens culturais brasileiros? Pode ser. Até admito. Como, ainda há pouco, o nobre deputado Israel Dias-Novaes tocava na questão de quanto se gasta em educação no Brasil, de quanto se gasta em cultura etc., eu estava aqui a me lembrar da Lei nº 4.320, que instituiu no Brasil o orçamento-programa. Isto é, em que o legislador considera menos a dotação dada a unidades administrativas, elevadas à categoria de unidades orçamentárias, e mais aquilo que é feito pelo Poder Público e pelos seus agentes, para efeito de determinar o valor e a generosidade das dotações. Pouco importa, por exemplo, se os monumentos confiados à direção do Ministério do Exército, que são os fortes, as fortalezas existentes nas nossas velhas fronteiras do Norte, estão a serviço da atividade militar. O que se quer descobrir é se essas velhas fortalezas têm algum valor cultural para o povo brasileiro, são um pedaço da sua trajetória histórica, são exemplares de trabalho do homem brasileiro e da nossa nação, em que eles se integram. Essa era a ideia da Lei nº 4.320, que instituiu neste país o orçamento-programa. Era uma ideia até generosa. Visava a quebrar o monopólio falso que repartições públicas querem ter sobre os bens confiados à sua guarda, esquecidas de que, juridicamente falando, a proprietária desses bens é a União Federal. As repartições têm apenas a jurisdição desses bens para o efeito do desempenho do serviço público que lhes é confiado. Aí temos nós um outro exemplo: no Brasil há recursos em abundância para a construção de prédios monumentais novos. Os recursos são dados, são alocados pelo legislador, que somos nós, quase sempre muito desatentos em matéria orçamentária, a essa ou aquela repartição, para que edifiquem novas sedes para o serviço público. Esses recursos poderiam ser tranquilamente aplicados muitas vezes na conservação, no salvamento de prédios antigos, de prédios de valor artístico ou histórico, até paisagístico, que comodamente abrigariam os serviços em causa. A ideia, portanto, do rompimento do monopólio, do poder monopolístico que a burocracia tem sobre os bens confiados à sua guarda é ideia generosa que a Lei nº 4.320 procurou veicular no universo jurídico brasileiro, rompendo com uma velha tradição: a de que o servidor público e o serviço público quase sempre esquecem a destinação dos bens que lhes são confiados. E a administração existe mais para a comodidade dos administradores do que para a dos administrados. Penso, portanto, na linha de umas velhas conversas com o professor Aloisio Sérgio Magalhães. Aqui estou, portanto, tirando o jogo cênico para fora e descobrindo a intimidade dessas relações e dessas preocupações. Na linha dessas velhas conversas, por exemplo, quantas vezes temos procurado chamar a atenção para circunstâncias de que a cultura é como um ser vivo. Nós, muitas vezes, abandonamos processos tradicionais do fazer para importar ou adotar outros que a comunidade não pode pagar. Quantas vezes nós destruímos aquilo que o esforço de gerações construiu, simplesmente porque nos impuseram um padrão estético que não corresponde nem ao nosso ser nem à nossa realidade nem às nossas aspirações, padrões que não entendemos e que nada têm a ver com a nossa realidade e com o nosso cotidiano. Lembrava eu, numa conversa na varanda de minha casa no Rio de Janeiro, a Aloisio Sérgio Magalhães o que sucedeu à terra de meus pais e de meus avós, onde se destruíram sistemas comunitários de serviço – água, esgoto e até telefone – para implantar novos serviços com equipamentos de tal maneira caros que somente uma parte da comunidade pôde deles usufruir, quando antes toda a comunidade deles usava. Não há neste país um mínimo de indignação diante disso? Como nós, legisladores, passamos desatentos, por exemplo, sobre o orçamento, quando teríamos a obrigação de verificar se nos recursos públicos que estamos destinando a isso ou àquilo está ou não sendo lesada a cultura do país? Digo do legislador. O que diria do administrador? O que diria do juiz? Há prédios veneráveis confiados ao Poder Judiciário que estão sendo destruídos, arruinados, muitas vezes na esperança de que da ruína deles resulte um novo e um magnífico prédio, de uma arquitetura muitas vezes abstrusa. Não estou aqui a condenar a arquitetura moderna. O que me parece essencial ressaltar, professor Aloisio Sérgio Magalhães, é a circunstância de que a tarefa na qual V.Exa. se acha hoje investido é mais abrangente do que a investigação que esta Comissão se propôs a fazer. Ela se reporta, ela enfoca uma política para a preservação do patrimônio histórico, artístico e paisagístico nacional. A missão que o governo da República confiou a V.Exa. inclui não apenas esta função, mas uma outra muito mais ampla, que data do seu esforço pioneiro, no sentido da criação do Centro Nacional de Referência Cultural. Conseguiu V.Exa., com o seu talento, com sua habilidade, com a coragem de puxar a brasa para a sua sardinha, como acabou de dizer, que o Centro Nacional de Referência Cultural, que era uma tentativa de identificar e preservar técnicas, maneiras e formas do fazer e de ser do homem brasileiro, se incorporasse à estrutura do serviço público. Para atender a isso que penso ser, além de uma ideia generosa, salvadora até da economia nacional, porque nos vai mostrar que somos capazes de fazer, por processos adequados à realidade social e econômica do Brasil, aquilo que outros fazem por processos muito mais caros e aqui inadaptáveis. Hoje, V.Exa., neste seu primeiro contato formal com a Comissão, delineou uma filosofia. Muitos de nós gostaríamos de perguntar a V.Exa. sobre coisas concretas, como está funcionando o serviço, onde estão as suas fraquezas, o que há de errado com uma política cujo delineamento é objeto de absoluto e restrito encômio aos seus idealizadores, a Gustavo Capanema, a Rodrigo Melo Franco de Andrade, a Carlos Drummond de Andrade, a Mário de Andrade, mas que tem que enfrentar o novo Brasil, esse Brasil complexo, em que a preocupação com o crescimento econômico parece incompatível com a ideia da manutenção da sua própria face, da sua identidade. Parece que, para podermos ser modernos, para sermos úteis, para empregarmos, alimentarmos, vestirmos, abrigarmos os milhões de brasileiros, precisamos renegar-nos a nós mesmos; temos que deixar de ser brasileiros. Mas o que há de errado com esta política para a realidade cotidiana de hoje? O que é preciso fazer para suplementá-la, sem desfigurar os seus altos propósitos? Como o Departamento do Patrimônio pode, em articulação com a Secretaria, com os demais órgãos, levar avante isto que parece ser hoje um ponto de convergência da competência crítica brasileira? Só para dar um pequeno exemplo – e deputado é para isso mesmo –, tenho aqui em mãos um telegrama da Sociedade de Amigos de Paraty, que diz o seguinte:

> Sociedade Amigos de Paraty solicita a V.Exa. interpelar Dr. Aloisio Sérgio Magalhães descaracterizações frontais cometidas na Prefeitura de Paraty, Praça Santa Rita, rua Pereira e outras, sem providências adequadas e objetivas do Serviço do Patrimônio Histórico e Artístico Nacional, criando péssimos precedentes ao

patrimônio arquitetônico existente. Flávio Vilaboim de Carvalho, secretário da Sociedade de Amigos de Paraty.

São, calculo, milhares os problemas dessa magnitude, num país de 8 milhões e 500 mil quilômetros quadrados, que foi percorrido ao longo de quase 500 anos pelo colonizador, pelos seus descendentes, pelos grupos étnicos e culturais que aqui aportaram depois, que criaram uma cultura extremamente diversificada. E tudo isso pede hoje não apenas a conservação dos monumentos existentes, dos documentos, da paisagem, mas, também, aquilo de que falamos uma vez, esse *aménagement de territoire*, que é a distribuição do equipamento social no espaço para que todos tenham o direito de fruir. Concluo esta exortação – não é uma interpelação – pedindo apenas a V.Exa. que olhe para o problema que acaba de suscitar, manifestando a esperança de que esta Comissão ouça exatamente aqueles que têm alguma responsabilidade comunitária ou funcional pela preservação do patrimônio – possa V.Exa. trabalhar conosco, possa V.Exa., inclusive, muitas vezes, suprir o eventual desconhecimento desse ou daquele detalhe do funcionamento dos serviços a seu cargo e também sugerir – e sei que é este o sentimento do Relator – providências, medidas, inclusive de natureza legislativa, que possam ser tomadas para que os bens culturais, patrimoniais desta nação se preservem, se conservem e sejam de uso geral do seu povo.

AM_Ilustre presidente, querido amigo deputado Célio Borja, o exemplo de Paraty é muito oportuno porque me leva a contar à Comissão um episódio. Na cidade de Ouro Preto, hoje Patrimônio Mundial, uma cidade portanto privilegiada no sentido de meios, pela sua própria força e pelo seu próprio valor, mesmo ali, como é complexa, como é difícil, penosa a nossa tarefa! Como V.Exas. sabem, o grande problema da preservação na descentralização, na inevitabilidade da descentralização, é que não é possível um só setor cuidar de tudo. Além do mais, a legislação brasileira tem progredido muito no que diz respeito à competência do município em assuntos sobre os quais se pode até dizer que há conflito entre a legislação federal e a competência estrita da prefeitura, do órgão municipal: o uso do solo e uma série deles, que estão diretamente ligados ao problema da preservação. Então gostaria de contar um episódio. Em Ouro Preto foi preparada uma legislação de competência municipal para nos ajudar, descarregando para o município aquilo que lhe compete fazer. O prefeito temia que essa legislação não fosse aceita pela Câmara dos Vereadores. E eu me dispus, nesse sentido da persuasão, a pessoalmente ir com o Prefeito levar o projeto à consideração dos vereadores. Fui muito bem-sucedido. Durante os debates um vereador se levantou e me fez uma pergunta profundamente embaraçosa, profundamente significante. Disse S.Exa. o seguinte: "O senhor só pensa na sede do município, só pensa no lucro de Ouro Preto, o senhor não pensa nos nossos distritos. O senhor sabe quantos distritos tem Ouro Preto?" E eu não sabia. Felizmente ele me deu tempo, na sua indagação sobre os distritos, para pensar como iria haver-me diante daquela pergunta tão simples e tão embaraçosa. Felizmente consegui chegar a uma reflexão, que me foi profundamente grata, pela importância e transcendência. Então eu me levantei e disse ao vereador: "Não sei de fato quantos distritos tem o município de Ouro Preto. Agora eu faria a V.Exa. uma pergunta: "O senhor sabe quantos municípios tem Minas Gerais? O senhor sabe quantos distritos têm os municípios de Minas Gerais? O senhor sabe quantos estados tem o Brasil? Quantos municípios tem o Brasil? Quantos distritos têm os municípios dos estados do Brasil?" Nessa altura, o vereador já se tinha aquietado. Na verdade, a tarefa é imensa. Ou nós transferimos a competência mais e mais para as fontes de onde emergem e onde se situam os bens, ou não chegaremos nunca lá. No caso de Ouro Preto, terminando a história, eu disse o seguinte: "É preciso trabalharmos com exemplaridade. Se não resolvermos Ouro Preto, é provável que se espalhe a ideia de que não se está cuidando. É preciso que se adquira confiança e autoridade; que se consigam aproximações metodológicas, que se adquiram valores para o nosso lado. O nosso trabalho ainda tem que ser à base de exemplaridade." Ainda mais. Quanto à elevação de Ouro Preto à categoria de Patrimônio Mundial, eu me empenhei nesse trabalho pessoalmente. O convênio com a Unesco existe desde 1973 e nunca ninguém se aventurou a ir buscar um título para o Brasil, nunca ninguém teve a coragem de correr o risco de ver esse pedido recusado. Para mim, o grande valor do reconhecimento mundial de Ouro Preto não é o seu aspecto internacional, não é a difusão de Ouro Preto nos quadros internacionais, não é a glória ufanista de que o Brasil tem uma cidade incluída entre quatro ou cinco cidades no mundo consideradas Patrimônio da Humanidade. É o seu aspecto interno, são os problemas do dia a dia, como esse telegrama. É eu poder me dirigir ao ministro dos Transportes ou ao ministro de qualquer área ou agência federal e dizer que eu preciso de tal coisa para Ouro Preto. Ninguém pode recusar porque se conseguiu estabelecer um gabarito, um parâmetro, em que o bem cultural passa a ser tido como válido.

É essa exemplaridade que ainda estamos precisando. Especificamente no caso de Paraty, há ainda mais o que dizer. Um erro do governo federal, um erro generoso. Em 1964 ou 1965, tombou-se por decreto todo o município de Paraty, como se fosse possível proteger-se de maneira tão abrangente, com a tal lei da saída de peças, um município inteiro. E a vida desse município? E o crescimento natural, desejável das comunidades do município de Paraty? Não estamos tratando de fazer arqueologia; estamos tratando de compatibilização entre desenvolvimento e preservação. Pois bem, tombaram o município inteiro. Então, não se pode fazer lá uma casa, não se pode derrubar uma parede, não se pode botar uma cerca, não se pode fazer nada sem que seja um atributo aprovado pela instituição de competência federal. A nossa luta está sendo no sentido de conseguir que o sr. prefeito envie à Câmara de Vereadores uma legislação de alta competência, que foi elaborada com a nossa aprovação, por técnicos especializados, que regulamenta em detalhe a maior parte dos problemas de Paraty. Não me cabe a responsabilidade de fazer este trabalho. Não aceito a cobrança do secretário da Sociedade dos Amigos de Paraty, porque ele deve dirigir-se ao sr. prefeito, ele deve reclamar para que esta legislação seja submetida à aprovação, deve conquistar os vereadores, deve alertá-los para o perigo que o município sofre, e não a mim, porque essa é uma atitude antiquada, de um Brasil velho, que não tem mais condições de ser observada. Não há no mundo quem consiga, no espaço territorial brasileiro, uma repartição federal – sob pena de ela ser um mamute, um imenso aparelho burocrático – resolver os problemas comunitários do Brasil inteiro, dos imensos e milhares distritos de que se compõem os municípios, de que se compõem os estados da nossa nação. Então, parece-me que este é um perfeito exemplo que vem ao encontro de uma definição específica de competência que temos que estabelecer e que só pode ser estabelecida com o consenso e com o apoio de instituições, sobretudo de Comissões como esta, que poderão resultar objetivamente em reforço do Legislativo, para que esses problemas sejam resolvidos ao seu nível, a contento e ao tempo hábil. Há problemas aí que, se não forem resolvidos no mesmo dia ou no dia seguinte, serão desastrosos. Enfim, não há nem tempo físico para que se possa mobilizar, a nível federal, uma ação que naquela circunstância seria necessária. De forma que a exemplaridade, o simbolismo, se quiserem, desses esforços quixotescos têm esse valor. É como alguém que está subindo, galgando uma pedra e vai colocar um prego num ponto para poder se apoiar, sendo que aquele apoio leva a outro ponto de apoio. Ainda estamos nesse tipo de carência, e aí o exemplo pode ser benéfico para o geral.

Dep. Alcebíades de Oliveira_ Senhor presidente, senhores deputados. Representante de uma região histórica do Rio Grande, eu gostaria de expor algo e fazer a V.Sa. uma consulta. Primeiramente, com referência ao Programa de Cidades Históricas, iniciado pela Seplan, com referência às regiões Norte e Nordeste do país. Quanto à sequência e ao organograma exposto por V.Sa. dos bens culturais do Patrimônio, pergunto onde se alocam e se, como o Nordeste, o Sul também participa hoje do esquema de cidades históricas. Apenas as que têm patrimônio tombado são identificadas como cidades históricas? Quais seriam os meios para as municipalidades e as lideranças dos mais variados recantos do território – mais especificamente, da região das Missões do Rio Grande – enquadrarem-se no planejamento de cidades históricas? Quais seriam os benefícios, diante, inclusive, do quadro de verbas exposto por V.Sa.? Na segunda etapa, viriam as obras de restauração das ruínas de São Miguel, berço da própria civilização rio-grandense, que no ano que vem completa 350 anos. Talvez seja um dos primeiros patrimônios tombados pelo extinto Iphan por volta de 1936, logo após sua criação pelo eminente ministro Gustavo Capanema. Vários foram os episódios e etapas das ruínas de São Miguel. Nós, que conhecemos Santo Inácio, na Argentina, e aquela região dos Sete Povos das Missões, identificamos, sem dúvida, o quanto ela foi relegada, apesar de ter sido a primeira área tombada. Eminente professor Aloisio Sérgio Magalhães, quanto a Ouro Preto, V.Sa. participou do trabalho que a elevou à categoria de um dos patrimônios do mundo. Quanto à nossa região das Missões, já por estudos iniciais da Unesco ou por divulgações, circulavam boatos de que poderia ser incluída futuramente por V.Sa. no planejamento de outras cidades do Patrimônio Histórico brasileiro. São esses os assuntos que gostaria de expor a V.Sa. como representante daquela região no Congresso Nacional e integrante, hoje, desta CPI, que tem o privilégio de contar com sua presença na abertura deste magnífico roteiro de ilustração para todos nós. Eu gostaria, então, de ouvir a palavra de V.Sa.

AM_Muito obrigado, deputado. Sob vários aspectos, inclusive uma reflexão que me permito fazer nesta altura da reunião, eu diria: como é bom o processo democrático, como é enriquecedora a lição que recebemos dos colegiados democráticos, como é pertinente no sentido de que os assuntos se diversificam, surgem novos pedidos e novas faces da interface da nação brasileira. Realmente V.Exa. toca num desses pilares da diversidade, da riqueza da nossa nação em termos do seu patrimônio cultural. Em seguida, V.Exa. menciona o esquecimento, o tempo que leva para que as ações sejam concretizadas. De fato, São Miguel, que foi tombado em 1936,[1] por gestão de Augusto Meyer,[2] ainda vivendo no Rio Grande, junto a Rodrigo, e que mereceu atenção especial de Lucio Costa, já havia recebido a intervenção do Estado em 1924. Foi, aliás, a mais importante, na medida em que, sem aquela intervenção do Estado ao nível da competência de quem está próximo, é provável que não existisse mais São Miguel. Então, com o processo federal de tombamento, há a segunda intervenção, que foi uma intervenção notável, do engenheiro-arquiteto Lucas Mayerhofer, aliás, assunto da

1_O tombamento se deu efetivamente em 16 de março de 1938.

2_À época do tombamento das ruínas de São Miguel, o escritor Augusto Meyer era representante do recém-criado Serviço do Patrimônio Histórico e Artístico Nacional no Rio Grande do Sul.

tese através da qual conquistou a cadeira de História da Arquitetura do Brasil. Ele fez um trabalho admirável, inclusive, para aquela época, muito audacioso, que foi a estabilização da ruína, desmontando parte da torre e remontando, pedra por pedra, na posição certa, porque a inclinação era tão perigosa que a única solução era desmontar, numerar, restabelecer a base do alicerce e remontar a estrutura de volta. Enfim, foi um trabalho notável, documentadíssimo. Nós o temos, foi tese dele. Temos toda a história. Em 1936, ou 1937,[3] ela volta a se desestabilizar, porque a ruína inexoravelmente caminha para a morte. Temos de reinjetar energia numa matéria cuja vivacidade é cada vez menor. A pedra morre, destrói-se, adoece. A segunda intervenção foi notável, porque feita pelo grande poeta e calculista Joaquim Cardozo,[4] que, diante do quase inevitável físico tombamento da fachada, imagina e inventa um sistema de reforço interno de concreto armado que poderia voltar a estabilizar a ruína. Esse trabalho foi feito. Inclusive era tão delicado que não havia propriamente um projeto desenhado; havia uma ideia, um princípio. Ele tinha de, na obra, ir tirando a pedra e sentindo onde poderia passar o tal arco, tal lance de concreto, capaz de conter a estrutura. Isso foi feito na década de 1960, não posso precisar exatamente o ano. Volta agora São Miguel a sofrer a inexorabilidade do tempo. Inclusive já a esta altura posso contar a história. É que passamos um susto dramático. Um aferimento feito recentemente, num grau de inclinação da fachada, mostrava uma acentuação insuportável, que já transcendia ao próprio ponto de equilíbrio. Não podíamos declarar isso de público porque era uma ameaça. Fizemos um apelo à Unesco, que nos mandou um dos mais notáveis especialistas do mundo em tecnologia de pedra e de consolidação de ruínas, o professor Di Stefano, italiano de Nápoles. Veio ao Brasil especialmente para isso. Fui para lá com ele. E durante três dias, com nossos técnicos e esse italiano, ficamos em Santo Ângelo, indo todo dia de manhã a São Miguel. Fizemos uma banca de trabalho e refizemos todo o itinerário das intervenções e dos aferimentos. Felizmente provou-se – mais ou menos em seguida, pelos aferimentos novos – que havia um erro no cálculo que dava essa iminência de desastre. Ao mesmo tempo, Deputado, até que foi bom. Às vezes a cri-

3_Evidente lapso de Aloisio Magalhães, ou erro de transcrição do depoimento. As obras de consolidação executadas sob a responsabilidade de Lucas Mayerhofer se estenderam de 1938 a 1940. Com elas, o Serviço do Patrimônio inaugurou suas atividades no campo da restauração arquitetônica.

4_A segunda intervenção do Patrimônio em benefício da conservação dos remanescentes do Povo de São Miguel das Missões ocorreu em 1954 e 1955, quando os serviços estiveram a cargo do arquiteto Maurício Dias da Silva. Joaquim Cardozo formula o processo utilizado nas obras realizadas de 1967 e 1970. Cf. Fernando Machado Leal, "São Miguel das Missões: estudo de estabilização e conservação das ruínas da igreja" *Revista do Patrimônio Histórico e Artístico Nacional*, nº 19, 1984, p. 17-96.

se é uma coisa muito benéfica porque alerta e levanta a consciência do problema. Então começamos a verificar outros riscos muito graves por que a ruína estava passando e que mereciam ser corrigidos. Houve necessidade de pedir que fossem interrompidos o som e a luz, porque são trabalhos muito delicados, feitos dentro da própria ruína. Mas o fato é que se vai criar uma nova injeção de energia em São Miguel, que protegerá São Miguel para um futuro que desconhecemos, na medida em que é provável que novos problemas surjam. Mas, quanto mais longe for a pedra, talvez mais a tecnologia avance e as condições de revitalização possam ser mais favoráveis. O fato é que São Miguel, não diria que está fora de perigo, porque o perigo sempre existe, mas está sendo cuidado. Um pouco tarde, devido a tudo isso de que já falei, ou seja, a inadequação de uma instituição só, federal. Lembro-me de que, quando cheguei a São Miguel pela primeira vez – desculpe-me o lado talvez anedótico –, o velhinho que se ocupa das ruínas, que é o vigia, e já passou para o filho, não sabia quem eu era e ainda falava em Dr. Rodrigo, ouvira falar em Dr. Soeiro, mas não sabia que eu era o novo diretor. Estou falando sobre isso para que sintam a distância física, a distância de serviços e a distância de atendimento com que as coisas se passavam e ainda se passam nessa área. Já fui três vezes a São Miguel. Tenho, com muito orgulho, esse recorde de ter visitado São Miguel mais de uma vez. E não é só São Miguel; são as outras. A beleza de São Nicolau! Não sei se V.Exa. está familiarizado com o trabalho que está sendo feito. Estamos, na base de um trabalho de arqueologia, levantando todos os alicerces que compunham a praça principal da missão de São Nicolau, hoje uma praça da cidade. O prefeito já vai até interromper uma rua que cortava aquela praça para restabelecer o perímetro da antiga missão, que se transformará numa praça da cidade, com suas ruínas, como se fossem pontos de referência, já que não existe mais nada propriamente de monumental. Queremos fazer isso com as outras, ou seja, com São Lourenço também, e seguindo o percurso. Finalmente, quanto à sua menção ao problema do patrimônio mundial, não só queria dizer que é importantíssima como desejo dizer das gestões que estão sendo feitas.

Dep. AO_ Permita-me V.Sa. que o interrompa para dizer que fiz essa exposição com referência ao patrimônio mundial porque foi divulgado, há poucos dias, a possibilidade de sua quarta visita às ruínas de São Miguel, talvez recorde absoluto em toda a história do Patrimônio. Tem V.Sa. estado presente lá muito mais vezes do que os anteriores. Acredito até que alguns nem compareceram lá, nem sabem da realidade. Foi divulgada a presença, inclusive, dessa autoridade da Unesco que visita o país.
AM_ Vou dar-lhe exatamente a posição. Foi proposta, como opção, ao professor M'Bow a alternativa de visitar São Miguel. Depois de uma série de gestões...

Dep. AO_A comunidade ansiosa, aguardando. Era uma oportunidade feliz.
AM_... ele decidiu deixar para outra viagem, pois iria diretamente para Buenos Aires. Entretanto, isso não significava uma diminuição. Ao contrário, o que fizemos como gestão... Vou contar-lhe um fato que não sei se posso tornar público, no sentido de divulgação à imprensa. É considerado perfeitamente cabível, pelo nosso embaixador na Unesco e por alguns técnicos do Patrimônio da Unesco, que, pelo fato de haver, por um lado, um interesse muito grande, inusitado, pela singularidade e pela pertinência ao nível de instituição internacional do bem cultural, fazermos um pedido de tombamento mundial do conjunto das Missões, o Brasil, a Argentina e o Paraguai. Se fosse feito um pedido tripartido, de uma vez só, a Organização Mundial daria esse título ao conjunto. Essa gestão já está indo longe. Eu e o embaixador da Argentina na Unesco, que é presidente do Conselho, mantivemos uma longa reunião sobre esse assunto. Já estamos a ponto de preparar o dossiê com a anuência das três nações. E o Brasil é quem apresentaria esse pedido. Eu lhe pediria certa reserva sobre o assunto apontado, que depende ainda de algumas gestões no campo diplomático e, sobretudo, da reunião que vai haver neste ano, na qual vamos constituir os parâmetros do pedido. É um dossiê muito completo e tem que ser feito de comum acordo entre os três países, visualizando também um itinerário de interesse turístico.

Dep. AO_ Permite, professor Aloisio Sérgio Magalhães?... Ainda dentro do quadro de reservas exposto no final por V.Sa., existiriam recursos do Banco Interamericano de Desenvolvimento (BID) previstos para a região Brasil-Argentina-Paraguai, através da Unesco, com projetos em andamento, com possibilidades de obtenção de recursos do exterior?

AM_ Existe um projeto em andamento há anos, que, aliás, vem sendo desenvolvido num compasso, a meu ver, um pouco lento demais. Não pude ir pessoalmente à última reunião. Foi a primeira que houve depois que estou à frente da instituição. Parece-me que não só o BID, mas a própria Organização dos Estados Americanos (OEA) já me procurou a propósito de gestões nesse sentido de recursos. O que fizemos foi justamente pedir que fosse feita, primeiro, essa avaliação – uma reunião que será feita com um técnico brasileiro, um argentino e um paraguaio – para se saber em que ponto estão as necessidades, a montagem do projeto de pedido do tombamento e a montagem de um projeto de dinamização, com recursos vindos de fontes externas. Muito obrigado.

Dep. CB_Não havendo mais deputados para interpelar o professor Aloisio Sérgio Magalhães, resta-nos só agradecer a S.Exa. a presença nesta Comissão. O depoimento que prestou, como disse antes, delineia a filosofia do serviço de que é gestor e abre perspectivas para uma colaboração estreita entre esta Comissão da Câmara dos Deputados e o Serviço de Patrimônio Histórico, Artístico e Paisagístico Nacional. Tenho, portanto, que agradecer aos meus eminentes colegas e ao nobre Relator a assistência, o atendimento aos nossos deveres de membros da Comissão, e às pessoas que nos honraram com seu comparecimento a circunstância de que existe interesse real sobre matérias que muitos supunham apenas concernentes às elites. Creio que a demonstração do professor Aloisio Sérgio Magalhães à Câmara dos Deputados, que é a representação popular, manifestando seu interesse pela criação desta Comissão, revela que sua preocupação no sentido de generalizar o cuidado com o bem cultural não é vã, e pode ter, efetivamente, algum resultado. Sua ação evangelizadora, que prossegue a iniciada na década de 1930 por homens tão ilustres aqui lembrados, se Deus quiser, há de produzir frutos. Muito obrigado a todos. Está encerrada a sessão.

1981 | 1982
A EDUCAÇÃO COMO MEIO

“QUEM PROTEGE DEVE ESTAR SENTADO AO LADO DE QUEM PROGRAMA”

[Entrevista]

Falta de continuidade, proliferação de órgãos com atribuições semelhantes, acervos praticamente desconhecidos, importância do equilíbrio entre preservação e desenvolvimento, risco de adoção de tecnologias muito avançadas para o Brasil. Num dos intervalos entre suas constantes viagens a Brasília, o recém-nomeado secretário de Cultura do MEC, professor Aloisio Magalhães, falou a'*O Globo* sobre essas e outras questões de política cultural no país. Aloisio, que ainda está presidindo a Fundação Pró-Memória, anunciou que o novo presidente desta instituição deverá ser também o subsecretário de Patrimônio Histórico, e que o presidente da Funarte acumulará esse cargo com o de subsecretário de Assuntos Culturais.

O Globo_O senhor tem dito que, para preservar nosso patrimônio, o que falta é “determinação, coragem, competência”. Da parte de quem, de que órgãos?

Aloisio Magalhães_Em primeiro lugar, eu acrescentaria mais um predicado: continuidade. Isso tem me preocupado muito. O esforço, as tomadas de posição em relação à permanência do bem cultural, à sua recuperação, ao seu uso, tudo isso é muito delicado e implica uma constância. Acho que um dos problemas mais graves do Brasil, hoje em dia, é justamente essa falta de continuidade. Às vezes se tomam muitas iniciativas na base de: “que tal fazer mais isso?”; “que tal criar uma instituição antiga que deveria ser revitalizada?” É bom reparar que a continuidade falta justamente nos países novos, onde é ainda mais necessária. As instituições mudam, assim como a própria estrutura do governo, e quando muda o governo, muda tudo. É saudável mudar, mas a partir de determinado ritmo.

Entrevista concedida a Joana Angélica, publicada no jornal *O Globo*, Segundo Caderno, 18 maio 1981, p. 17.

O Globo_Por que é tão frequente isso e em países que não podem se dar esse luxo?

AM_É imaturidade. As culturas mais estratificadas, mais cristalizadas, já têm uma densidade que permite que essas coisas aconteçam no tempo certo. É terrível que exatamente as culturas em formação não tenham a mesma consciência. Por isso estou dando muita importância à revitalização dos acervos de bens culturais brasileiros. Nós vamos, por exemplo, resolver o problema da Biblioteca Nacional (BN).

O Globo_De que maneira? Ela vai mesmo ocupar uma parte do prédio do MEC?
AM_Pelo fato de ser um órgão de administração direta, ligado à Secretaria de Cultura, a solução é mais fácil. Vamos dotá-la de condições para que represente, revele, espalhe, devolva verdadeiramente à comunidade as riquezas que contém, e que a gente nem sabe. Se imaginarmos, por exemplo, o que ela tem em matéria de iconografia, acompanhando toda a trajetória do Brasil, e mesmo a do Ocidente... Ela tem coleções que foram da biblioteca particular de d. João VI.

O Globo_Pois é, mas essas riquezas correm o risco de destruição. Há livros que foram da Real Biblioteca que estão agora desmembrados e roídos por traças.
AM_Claro. Não tem cabimento, não se compreende que um país capaz de construir Itaipu, a nível de tecnologia, de recursos humanos e, bem ou mal, até financeiros, não consiga resolver o problema da BN. Ela é um daqueles referenciais básicos em que a continuidade do processo histórico precisa ser explicitada para que a nação progrida com identidade. Mas a solução vem na medida em que você encara os problemas. Se um deles é espaço, vamos acabar com isso. O ministro está disposto a vincular este prédio do Palácio da Cultura à BN, e a portaria que determina isso sai por esses dias. Até o fim do ano, acho que já poderemos ter mais de um andar à disposição da Biblioteca, à medida que os espaços forem sendo desocupados por seções que devem ir para Brasília. Não sei se temos condições, no momento, de pensar na construção de um prédio novo para ela. Mas podemos respirar, se temos um com o significado deste aqui; um monumento tombado, nosso primeiro edifício de grande significado na moderna arquitetura brasileira em termos de padrão

internacional, dedicado a Gustavo Capanema – admirável figura de ministro que, já naquela época, anteviu uma série desses problemas que estamos discutindo hoje.

Acredito também que certos espaços coletivos deste prédio, como o auditório ou a sala de exposições, possam ser dinamizados e também utilizados pela BN. Não sabemos ainda, mas as salas com os afrescos de Portinari, no segundo andar, deveriam ser frequentadas pelo público, quem sabe alojando o Projeto Portinari.

O Globo_Já que o senhor tocou em bem cultural e em identidade, gostaria que definisse esses conceitos.

AM_É muito difícil definir bem cultural numa nação que ainda não se estabilizou em sua formação. Vários contextos, vários momentos, vários hábitos, vários costumes poderão caracterizar e gerar um bem cultural. Ele não é uma coisa estática, necessariamente fixa, mas depende de algumas constantes que possam ser identificadas, algo que tenha sido reiterado na trajetória do país. Não tem que ser necessariamente original ou autóctone. O que caracteriza a autenticidade são alguns valores atribuídos àquele fenômeno, àquele objeto, àquele ato. É também importante não privilegiar as representações mais elaboradas, mais sintéticas, que são importantíssimas mas são algumas, sobretudo num país em transformação. Nas culturas mais cristalizadas, a própria emulação é menor e tudo fica mais fácil. Esse conceito determina o cuidado com o bem em criação e com o já estabelecido, este que eu chamo de vertente patrimonial. Ou seja: tudo aquilo que o processo histórico já explicitou como bem – o que é belas-artes, o que é desenho, o que é livro, o que é pensamento. E esses bens têm que estar acessíveis. Uma coisa é você ter no Museu Nacional uma coleção maravilhosa, um herbário com milhares de caixas e latas, talvez um dos mais preciosos do mundo. Outra coisa é essa coleção, fichada e classificada, poder ser manuseada.

O Globo_O senhor também tem dito: "O dinheiro existe, a questão é saber encontrá-lo. Eu mando fazer, depois busco o dinheiro." De que modo estão sendo obtidos mais fundos?

AM_O que eu queria conceituar é que o dinheiro para essa tarefa é tanto, que não tem tamanho. Acho mais certo ir atacando os problemas, ao nível de projetos, medindo o tamanho do dinheiro, e buscando-o. No Brasil, ainda existe uma dependência muito grande em relação ao Estado. A iniciativa privada é uma fonte ainda muito frágil, embora haja raras e excepcionais iniciativas. Não existe uma consciência, uma postura no sentido de que o dinheiro privado privilegia de modo efetivo o bem cultural. Não quero fazer certo tipo de crítica, mas às vezes fico estarrecido com o que se gasta no Brasil em supérfluos, na festa de madame fulana de tal. Tudo bem, as pessoas podem usar o que é seu, mas fica chocante quando se compara com as quantias determinadas para certos benefícios.

Enfim, o Estado é ainda o grande financiador. Nós dependemos do MEC, mas existem alternativas. Com imaginação, é possível obter fontes complementares dentro do próprio Estado. Temos feito muito isso.

Por exemplo: mantemos com a Empresa Brasileira de Transportes Urbanos (EBTU) um convênio para estudar a preservação das ruas de Ouro Preto. Temos outro com o Conselho Nacional de Desenvolvimento Urbano (CNDU). Em geral, as agências de desenvolvimento estão muito próximas de nós. Inclusive porque estou persuadido de que, nos países como o Brasil, a questão da preservação está intimamente ligada à do desenvolvimento. Há uma relação dialética muito sensível; o que preservar e o que mudar? Num país rico e velho, não existe essa questão. Está tudo guardado... Você acha que vai acontecer alguma coisa, uma fábrica de cimento, em torno da catedral de Chartres? Não vai. Mas, ao lado de Ouro Preto... a gente tem que ver. Não se pode também descartar uma hipótese: e o problema de mão de obra? Não me venham os puristas, e existem muitos, invocando uma situação estática. O país não pode se permitir isso, parar o tempo. Por outro lado, não estamos ainda em situação de ter lugares mortos. Às vezes, é até o contrário: fomos estudar a estrada de ferro Madeira-Mamoré como algo do passado, um bem patrimonial, e concluímos que devia ser reativada, e um pedaço dela já está começando a funcionar. É nesse sentido que acho muito importante a relação crítica entre a preservação e a mudança. Nunca podemos chegar *a posteriori*. Quem protege deve estar sentado ao lado de quem programa. Saber avaliar e, se for o caso, até concordar.

***O Globo*_**Dentro das recentes reformulações, como ficaram especificamente as atribuições da Secretaria de Cultura, das subsecretarias de Assuntos Culturais e de Patrimônio Histórico, da Funarte, da Fundação Pró-Memória, dos outros órgãos?

AM_O que está armado é o arcabouço conceitual de um programa que estamos detalhando. Esse arcabouço se define pela ideia de que não se pode perder uma visão de conjunto do fenômeno cultural como um todo, incluindo o lado patrimonial e o dinâmico, o de todo dia. São dois tempos diferentes de uma coisa só. Tenho usado a imagem de um disco em contínua rotação; para a periferia, estão sendo jogados os cristais, os diamantes, que são os elementos permanentes; e no centro, onde está o bulício, a vitalidade, a vibração, criam-se a cada momento elementos que são injetados no sistema. Daí veio a ideia de que uma Secretaria de Cultura seria o ideal, para não permitir que o comando se esfacele. E, dentro disso, a antiga Seac cuidaria dos bens dinâmicos, e a Sphan, dos permanentes. Nessa linha, não faz sentido que estivessem na área de Assuntos Culturais a BN, o Museu Imperial, o Museu Histórico, o da República – são instituições patrimoniais. Por outro lado, cada subsecretaria dessas tem uma fundação que serve de pulmão, de oxigenador. Do lado patrimonial, a Fundação Pró-Memória; do lado da criação do bem cultural, a Funarte. Com isso, cria-se um aparelho que ajuda cada uma das áreas sem precisar alimentar muitas instituições.

***O Globo*_**Já que existe o paralelo entre a Fundação Pró-Memória e a Funarte, a esta caberia o quê? Execução de projetos?

AM_ Mais do que isso. A Funarte é um estimulador em vários sentidos. O de serviços é, sem dúvida nenhuma, uma de suas tarefas, assim como da outra fundação: compras, quadros e adequação de pessoal, treinamento, tudo o que for preciso em termos de meios deverá ser fornecido pelas fundações, que são os órgãos gestores. Mas não se trata só de meios, de arranjar dinheiro. Na medida em que as fundações são responsáveis por quadros de competência na elaboração e no acompanhamento de projetos especiais, pela preparação de quadros injetores de apoio em diversos lugares, elas são também um fim. Por exemplo: a gente tem poucos museólogos no Brasil, ou pouca gente especializada em restauração. Então, em vez de muitas pessoas trabalhando nisso, em cada lugar um pedacinho, cria-se, a serviço da fundação, um bom corpo de técnicos. Este vai treinando pessoal, nos estados, nas outras instituições. Em vez de um só instituto bom ao lado de outros precários, é melhor dispor, dentro das fundações, de recursos humanos e metodológicos a serviço de todo o sistema.

Nessa área, também não podemos deixar de trabalhar cuidadosamente a relação dialética entre ação e reflexão. Sem esta, sem um plano de visão mais amplo, a ação, o conhecimento da coisa real pode se tornar casuístico ou apenas pragmático. Esse trabalho pode ser feito muito bem pelas instituições-mães, as fundações. Se, por exemplo, o Instituto Nacional de Música está dedicado a todos os fenômenos de sua área, em diversos graus, ele pode remeter muitas informações e reflexões para o corpo que o abrange. Como uma caixa de ressonância.

***O Globo*_**A nomeação de Mário Machado, que vem também da área administrativa, significa que essa vai ser a orientação para o preenchimento de cargos no MEC?
AM_Não. Primeiro, porque Mário não é um administrador. É um cientista social, com formação extremamente rica em apreciação de fenômenos, uma maneira de vê-los com muita amplitude. Não tendo preferência por uma área determinada de criação, ele preenche muito bem as necessidades de um organismo que é oxigenador.

***O Globo*_**O senhor falou de um programa que está em detalhamento. Poderia adiantar alguns pontos?
AM_ Posso. Há esse arcabouço, muito simples, que garante o equilíbrio, a simetria. Há também os institutos ligados a esse sistema e que, por estarem em contato com a realidade substantiva, por serem responsáveis por fenômenos determinados, podem ser diferentes entre si em

tamanho, em idade, em peso específico, em perfil, em modelo e moldura institucional. Por exemplo: o modelo de uma BN ou de um museu deve atender às respectivas necessidades. Em alguns desses institutos nem é preciso bulir, talvez seja preciso alocar um ou outro mais do lado da Pró-Memória ou do lado da Funarte.

***O Globo*_**O senhor tem feito críticas à atuação dos órgãos estaduais e municipais encarregados dos bens culturais, especialmente do patrimônio, e já até definiu alguns como omissos. Também falou do risco de esfacelamento, de proliferação. Como a Secretaria de Cultura pretende articular-se com esses órgãos?
AM_ Olhe, a descentralização é a única saída para o Brasil, dada a sua dimensão continental e sua autonomia, no sentido de heterogeneidade dos componentes. Descentralizando, você oferece condições para que agências ou instituições locais, regionais, expressem o seu temperamento. Mas é preciso ter cuidado para não confundir descentralização com esfacelamento, deixando aqueles "filhotes" completamente soltos, cada um vindo buscar mais recursos, cada um por si e Deus por todos.

***O Globo*_**Vivia ou vive ainda?
AM_ Deixe como eu disse. Custos superpostos... Nós mesmos cometemos isso. Faz-se na Bahia uma reunião importantíssima sobre "cadastramento de bem cultural móvel", "como se devem juntar os acervos", e de repente se percebe que o Museu Nacional tem uma experiência de 160 mil fichas que vão de moeda a trem, a carro e a cavalo, percorrem toda uma vasta gama de bens culturais. E a gente não observou bem esse sistema, que deve conter lições incríveis.

***O Globo*_**Na prática, como é possível integrar todos esses esforços?
AM_É um largo caminho a percorrer. Primeiro, o governo federal não pode querer atuar ele mesmo nas diversas áreas. E também é preciso muito cuidado na escolha dos parceiros. Inclusive para não desprestigiar alguns.

O Globo_Existe a previsão de utilizar os recursos de cibernética para codificar e tornar acessíveis ao público as informações contidas nos órgãos ligados à Secretaria da Cultura?
AM_ Quando o nível de complexidade aumenta, você não pode fugir de instrumentos agilizadores. É um caminho natural, inevitável. Mas tem que haver muito cuidado na adoção desses sistemas, porque eles podem ser empobrecedores, redutores, podem gerar perda de conteúdo.

O Globo_O senhor poderia dar um exemplo disso?
AM_ Quanto mais avançado um sistema tecnológico, mais depressa ele envelhece. E os países em desenvolvimento não podem se permitir essa troca muita rápida. A dependência tecnológica, em última análise, vem muito disso: você compra uma coisa pensando que vai se tornar independente e acaba ficando escravo de algo cuja metodologia desconhece. Uma forma de colonialismo contemporâneo. Essa dependência tem outro aspecto: muda isso, muda aquilo, tem que ter uma agulha especial senão o disco não se ouve bem, porque seu ouvido já ficou apurado... E aí, comadre... Não se pode saltar uma etapa. Já que falamos da dificuldade de obter microfilmes na BN, veja bem: ela ainda tem 450 mil livros que nem conhecemos. Então é preciso recuar um bocado. Antes de microfilmar esse acervo, é preciso conhecê-lo.

O Globo_Ou salvá-lo.
AM_É. Ao mesmo tempo, eu queria falar das vantagens dessa ambiguidade que existe no Brasil. Temos milhares de problemas a resolver, mas já avançamos muito em preparação de quadros. Nesse sentido, podemos avançar mais depressa, talvez saltar etapas. Conversei muito com o Amadou-Mahtar M'Bow, da Unesco, sobre isso. O importante é a qualidade da cabeça da pessoa na análise da questão. A partir disso, ela diz: posso adequar tal tecnologia a essa situação. E não o contrário: ah, vou adotar essa tecnologia porque ela encurta. A área da tecnologia patrimonial me interessa muito.

AS DUAS VERTENTES DO BEM CULTURAL

A definição de uma nova política cultural por parte do Ministério da Educação e Cultura vinha se delineando, ultimamente, no que diz respeito a uma redefinição de competências institucionais no âmbito do próprio ministério.

Pode-se considerar que os caminhos deste novo desenho começaram a ser vislumbrados a partir da criação da Secretaria de Assuntos Culturais (Seac) em 1978 e, mais fortemente, a partir da fusão do antigo Instituto do Patrimônio Histórico e Artístico Nacional (Iphan) com o Centro Nacional de Referência Cultural (CNRC) e com o Programa de Cidades Históricas (PCH) da Seplan-PR, que vieram formar a Secretaria do Patrimônio Histórico e Artístico Nacional (Sphan) e a Fundação Nacional Pró-Memória (Pró-Memória), em dezembro de 1979.

Na verdade, criavam-se, assim, as bases institucionais para o estabelecimento de duas vertentes distintas para o trato do bem cultural. De um lado, a vertente do bem patrimonial, preocupada em saber guardar o já cristalizado em nossa cultura, buscando identificar esse patrimônio, recuperá-lo, preservá-lo, revitalizá-lo, referenciá-lo e devolvê-lo à comunidade a que pertença. Do outro lado, a vertente da produção, circulação e consumo de cultura, voltada para a dinâmica da produção artística nos vários setores, como literatura, teatro, música, cinema, artes plásticas etc., na qual se está atento para captar o que ocorre na realidade brasileira e estimular onde for necessário, para, mais tarde, eventualmente, verificar o que, do material assim obtido, cristalizou-se e incorporou-se à dimensão patrimonial.

Isto é, no primeiro caso, está se cuidando dos bens culturais que – sem perder seu caráter dinâmico e vivo – já atingiram um grau de estabilidade e permanência maior; ao contrário dos segundos, cuja característica principal é a grande dinâmica, atualidade e mobilidade, o que também não impede de, no futuro, virem a ter estabilidade e permanência.

Artigo originalmente publicado em *Cultura*, Ano 10, n. 36, Rio de Janeiro, MEC, abr/jun 1981, p. 2-3.

Em termos institucionais, a distribuição dos órgãos do MEC não correspondia exatamente a esta divisão entre as duas vertentes (por exemplo, órgãos claramente patrimoniais, como alguns importantes museus, estavam na Seac e não na Sphan) e, além disto, não havia a necessária interação conceitual e operacional entre as duas secretarias.

Agora, ao assinar a Portaria nº 274, de 10 de abril de 1981, criando a Secretaria da Cultura (SEC), "por transformação das Secretarias do Patrimônio Histórico e Artístico Nacional (Sphan) e de Assuntos Culturais (Seac)", o ministro Rubem Ludwig fornece o necessário respaldo institucional para que se tenha, no MEC, um único órgão central, de direção superior, na área da cultura.

A fim de viabilizar a ideia das duas vertentes, a Secretaria da Cultura conta com duas subsecretarias. A Subsecretaria do Patrimônio Histórico e Artístico Nacional é a legítima continuidade do trabalho iniciado em 1937, quando da criação do Serviço do Patrimônio Histórico e Artístico Nacional, e a ela compete aprovar, dirigir e coordenar os programas, projetos e atividades referentes ao inventário, classificação, tombamento, cadastramento, conservação e restauração dos bens de interesse natural e cultural.

Por seu lado, à Subsecretaria de Assuntos Culturais, compete planejar, coordenar e supervisionar a execução de atividades de estímulo às manifestações culturais, dando apoio às entidades federais, estaduais, municipais e privadas, evitando duplicidade de atuação. Ela poderá, ainda, executar, supletivamente, projetos culturais cuja exemplaridade ou necessidade de coordenação assim os recomende.

A fim de descentralizar suas atividades e agilizar sua atuação, a Secretaria da Cultura conta ainda com duas fundações, correspondentes às duas subsecretarias, às quais fica reservado o papel de articular e dinamizar seus respectivos sistemas. São elas a Fundação Nacional de Arte (Funarte) e a Fundação Nacional Pró-Memória (Pró-Memória), que se reportam, respectivamente, à Seac e à Sphan.

A Pró-Memória tem ainda os Museus da Inconfidência, do Ouro, de São João del-Rei, do Diamante, de Caeté, das Bandeiras, das Missões, da Imigração, de Arqueologia e Artes Populares de Paranaguá, de Arte

Sacra de Santa Rita e mais quatorze casas históricas em diversos estados. Por seu lado, a Funarte abriga os Institutos Nacionais de Música, de Artes Plásticas e do Folclore.

Além disto, fazem ainda parte do sistema a Biblioteca Nacional, o Museu Histórico Nacional, o Museu Imperial, o Instituto Nacional do Livro, a Fundação Joaquim Nabuco, a Fundação Casa de Rui Barbosa, a Empresa Brasileira de Filmes S/A, o Serviço Nacional de Teatro, o Museu Nacional de Belas Artes e o Museu Villa-Lobos.

Especialmente, pelo território nacional, a Secretaria da Cultura contará com diretorias regionais e representações, às quais competirá executar as atividades das subsecretarias em suas respectivas jurisdições.

Não se trata, como já foi dito diversas vezes, de criar um Ministério da Cultura, embora não se possa descartar esta ideia para um futuro ainda distante, quando o avanço do processo brasileiro vier a exigir a separação entre educação e cultura. Mas, por enquanto, isto é prematuro e indevido, pois um Ministério da Cultura seria fatalmente um órgão fraco, tanto do ponto de vista financeiro quanto do conceitual.

Por enquanto, em nosso país, não se pode divorciar cultura e educação, mas, muito ao contrário, é necessário incentivar o estreitamento das relações entre as duas áreas, em virtude do papel primordial que o processo cultural desempenha no educacional, à medida que uma educação desprovida de seu contexto sociocultural não passa de mera técnica sem grande utilidade ou a serviço da progressiva perda geral da identidade nacional. Não há desenvolvimento harmonioso, nem se faz uma nação forte, se, na elaboração das políticas econômicas do país, não são levadas em consideração as variáveis culturais e o papel que aí desempenha o sistema educacional.

Essas são as ideias básicas que nortearam a criação da Secretaria da Cultura e que informarão seus planos, programas, projetos e atividades. O que, de resto, coloca-se de acordo com o *III Plano Setorial de Educação, Cultura e Desportos* para 1980–1985, onde se lê que, "na esfera da cultura, o objetivo fundamental é o desenvolvimento cultural, concebido como uma das dimensões essenciais da ampla democratização da vida brasileira e voltada essencialmente para os setores menos favorecidos da população, numa perspectiva antielitista, comprometida com o conhecimento, a preservação e a dinamização dos valores culturais básicos do povo".

Tudo isto está de acordo também com as duas áreas que o MEC considera como prioritárias, de acordo com o documento Diretrizes de planejamento do MEC – programação para 1982, e que são exatamente a educação básica e o desenvolvimento cultural.

A definição da educação básica e do desenvolvimento cultural como áreas prioritárias do MEC, tendo como referência os quadros culturais brasileiros específicos e o comprometimento do ministério em direcionar suas ações em consonância com a política social do governo de reduzir as desigualdades sociais e regionais e de fomentar o processo de democratização da sociedade, é uma contribuição, dentro de sua esfera de competência, para a busca de formas de desenvolvimento que reforcem a nossa identidade cultural.

Nesse sentido, o desenvolvimento cultural deve ser entendido como a busca de uma trajetória de evolução que objetiva elevar de forma harmoniosa e coerente a qualidade de vida da comunidade brasileira. Como, no Brasil, o espaço cultural se caracteriza pela pluralidade e diversidade de culturas, para cumprir seu objetivo essa trajetória deve ter como base a compreensão das dinâmicas culturais existentes e o respeito aos valores de variada natureza em que estas se apoiam.

Assim, com a finalidade de desenvolver, na área da educação básica, os fundamentos de um processo voltado para a busca de uma coerência com os pressupostos acima referidos, torna-se necessário que as ações educativas absorvam o conteúdo das culturas específicas a que se dirigem e que sejam geradas e operacionalizadas com a participação da comunidade, garantindo, por esse meio, que o processo de apreensão de outros conteúdos culturais se faça a partir dos valores próprios da comunidade, criando ao mesmo tempo as condições para haver sincronia entre as dinâmicas cultural e educacional, esta sempre balizada por aquela.

A experiência no trato com fenômenos culturais tem conduzido à apreensão prática da existência de diferentes complexos culturais brasileiros e, sobretudo, à constatação da validade de suas manifestações, seja do ponto de vista de sua real importância como fator de afirmação da identidade local, regional e nacional, seja do ponto de vista de se constituírem em ricas potencialidades para um harmônico desenvolvimento econômico, social e cultural das comunidades.

O bem patrimonial cristalizado e a dinâmica da produção artística fundamentam a política da recém-criada Secretaria da Cultura do MEC.

De fato, pode-se constatar a existência de inúmeras tentativas, aparentemente excelentes de um ponto de vista técnico, mas que fracassaram em seu objetivo de elevar o nível de vida das comunidades, exatamente por deixarem de levar em conta as especificidades da dinâmica cultural em que estas estavam inseridas.

Impõe-se, portanto, a necessidade de atribuir-se a devida importância aos diferentes contextos culturais existentes no país e com os quais as ações educativas devem iniciar um processo de maior interação. O espaço educativo onde se processa a aprendizagem deve ser o espaço da interação das diferentes culturas que compõem o universo cultural brasileiro.

Essa é a ideia que, segundo a Secretaria da Cultura, deve nortear as ações que visem a melhorar a produtividade dos sistemas de ensino, tais como a elaboração de novos currículos, a introdução de novas metodologias, o aperfeiçoamento de docentes, a elaboração de materiais didáticos, a implantação do programa de merenda escolar e a ampliação ou implantação dos serviços de supervisão.

Para isso, torna-se necessário que as ações propostas, seja a nível do MEC, seja a nível das unidades estaduais, se integrem não apenas operacionalmente, mas sobretudo conceitualmente.

Mais uma vez voltamos a Mário de Andrade, quando dizia que o ensino primário "é imprescindível, mas são imprescindíveis também os institutos culturais em que a pesquisa vá de mãos dadas com a vulgarização, com a popularização da inteligência." O espírito que informa hoje a Secretaria da Cultura é, de certa forma, o mesmo daquela época em que Mário de Andrade traçava para o ministro Gustavo Capanema as linhas básicas de um serviço de proteção ao patrimônio e, ao mesmo tempo, eram criados muitos dos órgãos que hoje estão ao abrigo da SEC.

Assim é que, articulando dinamicamente as duas vertentes de tratamento do bem cultural, e estas, por sua vez, ao processo educacional, a Secretaria da Cultura se apresenta como instrumento de política cultural adequado ao que a realidade do processo de desenvolvimento brasileiro exige neste momento.

CULTURA: POTENCIALIDADE E SUPERAÇÃO

Senhores dirigentes de Educação, Cultura e Desporto, magníficos reitores das Universidades Federais, senhores delegados do MEC.

Antes de entrar na matéria das intenções e da atual proposta da Secretaria da Cultura, gostaria de comentar um exemplo de manifestação cultural capaz de, a partir de sua realidade, fazê-los captar a compreensão que a Secretaria tem de seu objeto de trabalho e da decorrente atitude que assumimos em relação ao processo cultural do país.

O comentário irá versar sobre o fato exemplar de uma população rural – muito semelhante a tantas outras – ter percebido a possibilidade de conviver harmonicamente com o desenvolvimento industrial, a partir de uma alternativa encontrada dentre as suas específicas potencialidades.

A comunidade em questão, detendo um conhecimento especializado, soube, inventivamente, utilizá-lo no aproveitamento do refugo das indústrias têxteis, criando um complexo artesanal de produção de roupas que, por sua qualidade e baixo custo, em pouco tempo passaram a ser procuradas por compradores de outras regiões.

Os resultados palpáveis dessa iniciativa são o prestígio adquirido regional e nacionalmente, e o aumento de renda que, sendo obtido com base num meio de produção compartilhado por todos, é bem distribuída.

Fundamental, por outro lado, é a constatação de que, utilizando-se da alternativa descrita, essa comunidade foi ao encontro do desenvolvimento, servindo-se dele sem perda de sua característica fisionomia socioeconômica e cultural.

A referência a essa iniciativa de uma comunidade – de redirecionar suas capacidades, fundamentando-se em conhecimentos transmitidos de geração em geração – permite evidenciar algumas noções que é sempre importante ter em mente quando se trabalha com a cultura e com a educação.

Pronunciamento realizado no Encontro Nacional de Dirigentes de Educação, Cultura e Desporto, Brasília, em junho de 1981.

Em primeiro lugar, o exemplo ensina que a cultura se define e se deixa apreender exatamente enquanto se manifesta como potencialidade de superar impasses, de encontrar novos caminhos de vida e sentidos, a partir de conhecimentos ou habilidades já dominados e possuídos.

Em seguida, o exemplo faz perceber que a cultura é um processo, uma dinâmica, em que manifestações materiais e espirituais estão inseridas e se complementam.

Em decorrência, entendemos que o processo cultural é, necessariamente, relacionado a concretos fatores econômicos e sociais tanto internos como externos à comunidade que o produz, não devendo, portanto, ser tratado ou percebido unicamente através de suas manifestações espirituais, que não são desligadas das necessidades básicas dos homens.

O caso descrito evidencia, ainda, que a interação entre contextos culturais diversos é proveitosa quando aquele econômica e socialmente menos favorecido acha-se aparelhado para responder à proposta do outro, sem perda de sua identidade, mas, pelo contrário, a partir de uma solução fundamentada nessa mesma identidade.

Embora haja outras noções e lições a serem retiradas do exemplo citado, irei me restringir a enfatizar dois aspectos implícitos nos comentários anteriores, e que são de máxima importância para os que trabalham com a cultura e com a educação.

Quero indicar primeiro o aspecto cumulativo, patrimonial, contido no caso citado.

De fato, a possibilidade de produzir uma solução alternativa como a referida decorreu da existência de uma história cultural específica daquela comunidade, da preservação, não estática, mas dinâmica, de um saber básico, essencial, utilizado tanto para a evolução da tecnologia patrimonial impulsionadora do processo, como para o desenvolvimento do complexo mais amplo em que esta se acha envolvida.

Em segundo lugar, creio importante enfatizar a necessária relação entre o aspecto patrimonial referido e a possibilidade de produzir uma solução não apenas proveitosa do ponto de vista econômico-

-social, como significativa enquanto afirmação de identidade cultural daquela comunidade.

Exatamente porque fundamentada na plena posse e domínio de determinado conhecimento, a solução em causa deu-se autonomamente, sem ingerência externa.

Há de se convir, entretanto, que este exemplo de êxito, através de uma resposta apropriada a impasses internos e a estímulos externos, é mais raro do que o de muitas histórias que conhecemos de progressiva perda de identidade dos contextos culturais locais; de fragilidade desses contextos face a invasões culturais de outros contextos tecnológica e economicamente mais fortes; de sua decorrente perda de personalidade; histórias, enfim, do desaparecimento de complexos culturais específicos, tão importantes na composição do perfil de nossa identidade nacional.

A reestruturação dos organismos do MEC referentes à defesa do patrimônio e ao apoio à produção cultural, no sentido de fortalecê-los e de inter-relacioná-los sob a coordenação da Secretaria da Cultura, deu-se como uma decorrência da compreensão da importância da cultura para o desenvolvimento do país, pensado como um todo, mas considerado, também, em suas partes; deveu-se, igualmente, à sensibilidade de cada um desses organismos para a dinâmica cultural manifestada por essas múltiplas e diversas realidades culturais brasileiras.

Em nosso trabalho, esforçamo-nos por respeitar a autonomia e a especificidade dos contextos culturais existentes no país, sejam eles desenvolvidos por segmentos mais ou menos favorecidos da sociedade.

Ao atender às solicitações, ou ao zelar pela manutenção do equilíbrio entre as forças que imprimem dinâmica à cultura, ou seja, a tradição e a renovação, esforçamo-nos, também, para nos integrar à orientação sugerida pelas comunidades interessadas.

A par dessa atitude, propósito e disponibilidade permanentes, estamos convencidos de que a nós, administradores, cabe apenas colaborar com as iniciativas das comunidades, não nos substituindo a estas e não nos confundindo com os reais e autênticos produtores de cultura no país.

Nesse sentido, precisamos, servidores da cultura e da educação, estar solidários na compreensão do processo cultural, no respeito à sua autonomia, e no trabalho de apoio e de reforço que – nos âmbitos federal, estadual e municipal – devemos desenvolver complementária e harmonicamente.

ALOISIO MAGALHÃES CONVOCA OS GRUPOS DE CRIAÇÃO PARA DIÁLOGO NO MEC

[Entrevista]

De passagem por São Paulo para participar do lançamento de um volume de cartas inéditas de Mário de Andrade, no Museu de São Paulo, o secretário da Cultura do MEC, Aloisio Magalhães, pôde responder diretamente a todas as dúvidas que cercam, no momento, as mudanças por que estão passando certos organismos do governo na área cultural. As últimas inquietudes – a criação do Instituto Nacional de Artes Cênicas, a situação polêmica em que se encontra a Embrafilme e os destinos do já consagrado Instituto Nacional do Livro – são apenas alguns dos setores que estão em debate público. Mas, na realidade, todo o ministério e, em particular, a Secretaria de Assuntos Culturais passa, atualmente, por um "profundo exame com fins de remodelação". Aloisio Magalhães lembra que o MEC só teve um período de definições semelhantes durante a gestão de Gustavo Capanema.

***O Estado de S. Paulo*_**O grande desafio que a Secretaria de Assuntos Culturais representa hoje para Aloisio Magalhães é a revitalização de uma área sem recursos orçamentários e sem agilidade administrativa para pôr em prática qualquer política cultural.

Aloisio Magalhães_ Temos, no MEC, quatro grandes secretarias que, de certa forma, representam o acompanhamento do indivíduo pela vida afora tanto no plano educacional quanto cultural. A secretaria de ensino primário e médio acompanha o indivíduo da pré-escola à adolescência, até deixá-lo encaminhado com uma formação profissional técnica, capaz de ser útil à sociedade; a secretaria do ensino superior cuida dos estudos universitários e de pós-graduação; a secretaria de assuntos culturais, a que me está afeta, engloba a vertente patrimonial, ou seja, a cultura que o passado nos lega, e a vertente de criação, a cultura que está em processo no presente; por fim, a secretaria dos esportes. Antes, esta estrutura

Entrevista concedida a Cremilda Medina, publicada em *O Estado de S. Paulo*, 25 jul 1981, p. 17.

já comportou até sete secretarias, o que dilui por demais os recursos e toda a infraestrutura de apoio, inclusive o pessoal administrativo.

O Estado_ Secretário, a área cultural no MEC sempre foi a prima pobre do primo pobre que é o MEC, entre os ministérios. Agora, pelo menos em matéria de notícia, ela está muito presente e o seu nome também aparece como o indiscutível homem forte do Ministério da Educação e Cultura.

AM_ Pelo amor de Deus. Isso me deixa constrangido. Na verdade, o MEC foi, até hoje, um Ministério da Educação. Agora é que a Cultura está ascendendo ao seu verdadeiro lugar. A área de educação é, realmente, tão forte, tão complexa, tão grande, que a cultura ficava em segundo plano. Hoje soa mais alto e isso pode ser exemplificado no orçamento. Este ano contamos com um orçamento que representa 50% de um dos departamentos da Secretaria do Ensino Superior, a Capes (Coordenação de Aperfeiçoamento de Pessoal de Ensino Superior).

O Estado_Em cruzeiros, quanto?

AM_ Quase um bilhão. Pois bem, colocada essa situação ao ministro Rubem Ludwig, ele imediatamente se mostrou sensível, e em 1982 a área cultural é a que mais vai crescer. Certos setores da Secretaria de Assuntos Culturais serão beneficiados com um acréscimo orçamentário de até 500%.

O Estado_Poderia citar um caso?

AM_Não, não poderia, porque tudo ainda está em estudo.

O Estado_Essa ascensão da Cultura a um papel mais importante no MEC não vem desde a gestão de Eduardo Portella?

AM_ Claro, a semente vem de antes. Temos as primeiras referências desse processo do tempo de Ney Braga, foi quando se criou a Funarte. Já então se tentava congregar os setores culturais vivos do país. Portella transformou esse gérmen em uma política cultural mais clara. Posso citar também a ascensão da área patrimonial da Secretaria nessa fase.

Portella criou também uma fundação, a Pró-Memória. Agora, o que há de novo é o fato de nós termos um ministro forte e que não provém dos setores culturais. Isso se reflete em uma gestão menos presa a compromissos de grupos. Também, por não ser da área, o ministro pede a competência das áreas substantivas, busca assessorar-se.

***O Estado*_**Já se pode precisar a atual política cultural de Rubem Ludwig?
AM_Há, sem dúvida, uma continuidade dos objetivos anteriores. O que se procura, no momento, e com grande esforço, é tentar estruturar o ministério em um conjunto harmônico, sem fragmentações de espécie alguma, mesmo porque a conjuntura econômica do país não permite senão medidas de organização racional para evitar qualquer gasto paralelo.

***O Estado*_**Mas e os objetivos especificamente culturais?
AM_ Concebemos a Secretaria com um duplo papel: proteger a cultura adquirida, patrimonial, e estimular a criação do presente.

***O Estado*_**Não seria o senhor, como ex-secretário do Patrimônio Histórico e como especialista do assunto, mais inclinado a proteger o passado do que a fomentar e estimular a criação das novas gerações?
AM_ Você pode até ter razão na sua "indução". Mas até certo ponto. Para mim, não é possível separar o passado do futuro. Para o que entendo por cultura, o presente precisa-se alimentar, construir com base nas autênticas raízes do passado. Costumo usar a imagem do estilingue (bodogue, como dizemos no Nordeste): quando mais se estica a borracha, mais longe vai a pedra.

***O Estado*_**Além de tudo, a área patrimonial estava totalmente abandonada, não?
AM_ Talvez você tenha razão ao apontar minhas preferências pela proteção do patrimônio cultural. Veja, quando se foi mexer no Iphan, imediatamente surgiu a necessidade imperiosa de revitalizar esse instituto, o que levou Portella a criar a Fundação. Se você entra na Biblioteca

Nacional – um patrimônio riquíssimo que o país possui –, encontra nos depósitos 450 mil volumes por catalogar, dá o desespero. Imagine um país que deixa seu Museu Nacional da Quinta da Boa Vista cair sem preservação. É um país que não tem nada a apontar para as novas gerações em termos de naturalismo, visão científica, legado botânico. Então, realmente, dá vontade de se jogar na compensação desse desleixo acumulado.

***O Estado*_**Mas e todos esses criadores jovens que estão exigindo os estímulos de um Ministério da Cultura?
AM_ Arrumar a casa nas suas bases é muito importante neste momento. Principalmente porque é dessas bases que nós poderemos alimentar a curiosidade dos jovens criadores. O caudal de inquietação criativa será tão mais rico quanto mais ingredientes do passado tivermos. A criação surge então com a força da autenticidade.

***O Estado*_**O senhor reconhece que, no entanto, essa não tem sido a preocupação do governo quanto à fermentação dos setores intelectuais artísticos? Que, pelo contrário, parece até que esses setores incomodavam e era preciso mantê-los sob controle?
AM_A presença do Estado tem sido discreta. Mas qualquer forma de interferência é também perigosa. A burocratização tem atrapalhado muito. É preciso, sobretudo, tornar os organismos ágeis e sem preconceitos.

***O Estado*_**Mas, politicamente, o período anterior não foi estimulador.
AM_ Exatamente agora, neste período de abertura, é que se pode arriscar mais. Não é por acaso que a Cultura está, pois, ascendendo no MEC. Uma outra imagem que gosto de citar como metáfora do processo cultural: imagine-se um disco em rotação e em movimento de espiral. A repercussão dos movimentos do centro do disco é diferente (visualmente) da repercussão dos movimentos da periferia do disco. Na cultura, os centros são mais lentos e a fermentação se dá nas periferias. Essa fermentação cultural passa por certa sedimentação na zona de sombra, e só aí é que chega ao centro aquilo que vingou.

***O Estado*_**E não acha que essa natural troca entre os centros de decisão e as periferias onde estão concentrados os criadores esteve impedida até agora?
AM_ Diríamos que os centros se comportavam como depósitos inanimados.

***O Estado*_**E isso convinha, politicamente?
AM_ Eu diria que mudaram as prioridades. Vivemos um período com outros objetivos, que não a cultura. Hoje o país parece abandonar a euforia dessas prioridades e começa a se olhar a si próprio. Mas estamos muito frágeis, por enquanto, nesta nova fase. Por isso, costumo apelar veementemente para o que chamo de "solidariedade de quem tem competência em qualquer área", numa espécie de nova forma democrática.

***O Estado*_**O senhor prefere que os intelectuais e artistas protestem menos e ajam mais?
AM_Não, de maneira nenhuma. São conclamados a participar e, ao mesmo tempo, protestar. Só protesto é pouco; não sujar as mãos com ação também é pouco.

***O Estado*_**E como o senhor responde a uma acusação iminente por aí, de que sua política e a do atual ministro é a de excessiva centralização decisória?
AM_Não se confunda descentralização com atomização. Como não se pode confundir universal com a coisa igual. A verdadeira descentralização prevê um arcabouço que possa incluir as sutilezas. Senão, cometem-se muitas injustiças de privilégios, segundo uma descentralização que, na realidade, é a desordem.

***O Estado*_**Em termos práticos, poderia explicar como esse critério está sendo aplicado na sua secretaria com relação à centralização e à descentralização?
AM_A secretaria se divide em duas grandes subsecretarias a que estão ligadas duas fundações – a Funarte (que engloba música, artes plásti-

cas, folclore ou cultura popular, as artes cênicas que agora se desdobraram em um instituto autônomo) e a Fundação Pró-Memória (que reúne museus, patrimônio histórico e a Biblioteca Nacional). A vantagem dessa centralização em duas fundações – de que escapam, atualmente, o recém-criado Instituto de Artes Cênicas, a Embrafilme, o Instituto Nacional do Livro, a Fundação Joaquim Nabuco e a Fundação Rui Barbosa – é a estrutura de serviços comum a todas as áreas, o que as torna muito mais ágeis em termos orçamentários. E, por outro lado, os institutos atendem às particularidades de cada área.

O Estado_Mas por que os setores de artes cênicas não foram atendidos no seu propósito de transformar o Serviço Nacional de Teatro em uma fundação?
AM_Pelo que sei dos resultados finais, esses setores, aliás, muito politizados e organizados, ficaram satisfeitos. Mostrei-lhes que era inviável a criação de uma nova fundação devido à conjuntura do país (agora temos até um decreto proibindo a criação de fundações) e que a Funarte lhes serve como infraestrutura de serviços. Um exemplo: para efeito de abrir concorrência, as normas da fundação são muito mais ágeis que as do serviço público. Bem, e no que mais lhes interessa, o Instituto tem sua estrutura autônoma de decisão e de orçamento. Ficou diretamente ligado a mim.

O Estado_Isso significa um não definitivo à fundação?
AM_De maneira alguma. É apenas uma questão conjuntural. Vencidas as dificuldades por que o país atravessa, os setores de artes cênicas estarão aptos a ter sua fundação. Mesmo porque já têm maturidade e organização de base para se imporem como fundação. Quer ver um caso? O da fotografia. Por enquanto, o setor fotográfico não tem um lugar explícito no MEC. Mas estou constatando que o movimento vem amadurecendo e qualquer dia exigirão seu instituto.

O Estado_Quer dizer que concebe esse modelo como organização da base?

AM_É assim que se estruturam as representatividades artísticas em qualquer lugar. E fala-se até que, nos países em desenvolvimento, a presença de um setor forte como o de artes cênicas em uma fundação (no Brasil, a Funarte) ajuda muito no *pool* dos demais setores que ainda se encontram em estágios anteriores de politização e organização de grupo. Esse é o ciclo normal.

O Estado_E a Embrafilme, que sai totalmente do esquema como empresa mista, com maioria de participação do capital do Estado?
AM_ Estamos estudando uma forma de trazer a Embrafilme pelo menos para o Conselho de Deliberação da Funarte. Mas não está nada resolvido. Começa-se a fazer uma reflexão mais profunda sobre a Embrafilme. Só interrogações, no momento. Estará a empresa preenchendo sua função? A divisão atual entre a indústria cinematográfica brasileira e o filme cultural, divisão de cinema não comercial, como chamam na Embrafilme, seria a mais aconselhável?

O Estado_Que pensa da saída da Embrafilme do MEC?
AM_ Sou inteiramente favorável à permanência da Embrafilme no MEC e de maneira alguma a que vá para o MIC. O único ministério capaz de garantir contra a invasão dos monopólios internacionais é o MEC, sem dúvida. Afinal estamos garantindo nossa autêntica cultura, senão vira tudo pornochanchada. Outra interrogação que nos colocamos hoje: cabe ao Estado financiar as produções a fundo perdido? Enfim, qual deveria ser o mecanismo entre a empresa e o Estado? Quem sabe devem acionar-se, com mais intensidade, mecanismos de incentivos privados? Ou simplesmente é preciso encontrar uma fórmula capaz de equilibrar o capital privado com o apoio paternalista do Estado? Afinal, se há capital capaz de financiar uma superprodução como *A Batalha de Guararapes*, é possível admitir que o cinema já é uma indústria que pode atrair grandes incentivos privados.

O Estado_Outra área que está junto à sua secretaria, pressionando uma certa proteção à empresa privada, é a do livro. Não se ouve falar de es-

critores que o procurem, mas os editores, distribuidores e livreiros estão bem atentos ao que pode ocorrer com o Instituto Nacional do Livro, não é verdade?
AM_ Sabe que ainda não está definido o papel do Estado com relação ao livro, que é um fenômeno cultural muito particular.

O Estado_Os escritores, que criam solitariamente, não lhe dão trabalho. Mas e os editores que, por exemplo, não aceitam as edições universitárias como concorrentes?
AM_ Essa briga surgiu por causa da euforia da Universidade de Brasília, que começou a publicar muito. Creio que com as melhores intenções, mas realmente os editores têm razão ao reclamar de concorrentes que trabalham com custos de produção pagos pelo Estado. O que se está por definir, portanto, é a área de competência do Estado quanto à produção do livro.

O Estado_Quanto à distribuição e venda, não há divergências?
AM_ Claro, falta de pontos de venda, rede de bibliotecas insuficiente, tudo isso vem sendo discutido há muito tempo. Veja como é dramática a situação; na minha área não se tem noção do que se publica no Brasil. Acredita-se que os títulos de nosso conhecimento representam 22% do depósito, o que costumo chamar de biblioteca marginal.

O Estado_E que medidas estão sendo estudados para enfrentar todos esses problemas?
AM_ Por enquanto, estamos ouvindo, ouvindo muito. Pondo em prática a reformulação administrativa do MEC, falta-nos consultar todos os setores. No caso do livro, queremos ouvir os sindicatos dos escritores com quem ainda não tivemos contato. Já li um documento importante de Nélida Piñon, e estou muito interessado em me reunir com esses sindicatos. Tudo que está em estudo, como a Embrafilme e o Instituto Nacional do Livro, exige como prioridade um constante diálogo com as representatividades desses setores.

DE VOLTA AO SANTUÁRIO DE BOM JESUS DE MATOSINHOS

Aos nossos queridos profetas, à nossa querida Congonhas.

Meus amigos, chegamos assim ao final da primeira parte desta festa, de devolução a Congonhas daquilo que lhe pertence. Acho muito significativo o valor e o papel que estas tabuinhas acabaram por ser personagens. Vieram aqui numa manifestação pura, direta da comunidade, como um voto de agradecimento a um pedido, a uma súplica, a uma dor, a um sofrimento. Há, então, este princípio de convergência. Vêm a Congonhas, para a igreja de Congonhas, os objetos que a comunidade oferece como retribuição pelas suas alegrias e pelas suas dores. Esses objetos têm o seu itinerário, que aqui permanece, e muitos saíram, já correram o mundo, viajaram, passaram de mão em mão, prestaram diversos serviços, prestaram diversos compromissos, serviram de alegria a muita gente, serviram de gratificação e acabaram retornando ao seu local de origem. É um outro voto e é significante este outro voto. A volta do conjunto ao seu lugar de origem, ao centro da comunidade de Congonhas que é a igreja, nesta manifestação em que este segundo voto vai todo o esforço, vai toda a ideia, vai todo o pensamento, vai toda a intenção com que nós todos juntos, o governo do estado, o governo federal, o prefeito, vocês, a comunidade, nos reunimos no sentido de afirmação de um valor cultural. Transcendendo o valor religioso, aumentando em um certo sentido, e talvez não seja verdade porque já é grande, já é enorme o seu sentido religioso, mas dando-lhe uma conotação prática, uma conotação mesmo cívica, em que estas tabuinhas, no seu percorrer, na sua vivência, ao percorrer o seu itinerário, já agora voltam ao seu destino que, nós esperamos, seja definitivo. Voltam tranquilamente, repousam de volta ao seio dos outros ex-votos aqui presentes, e constituem uma referência fundamental para nós brasileiros, a aumentar a percepção, a aumentar a conscientização de que os valores culturais da nação brasileira são o nosso único bem.

Pronunciamento realizado em seminário por ocasião da devolução de ex-votos dos séculos XVIII, XIX e XX ao Santuário de Bom Jesus de Matosinhos, Congonhas do Campo, Minas Gerais, em 29 de julho de 1981.

Diante de todas as atribulações, de todas as lutas, todas as dificuldades que hoje enfrenta a nação no seu processo projetivo, no seu processo de crescer, nação jovem, grande e complexa que ela é hoje, quanto mais profundamente nos identificarmos, reconhecermos, prezarmos pelos nossos bens culturais, mais certamente esse desenho projetivo da nação encontrará um bom caminho, um bom eco. Costumo usar uma imagem que repito para terminar, a imagem que me ocorre é a de um bodoque, ou estilingue, que quanto mais se recua a pequena pedra, mais longe o objetivo é atingido. Quanto mais nos conhecermos, identificarmos e soubermos guardar e tivermos consciência dos nossos componentes do passado, quanto mais a nossa borrachinha for capaz de esticar sem ruptura, mais longe irá certamente o desenho projetivo da nação brasileira. E é importante, e é significativo que nestas pequenas tábuas tão simples, tão singelas, tão primitivas no seu registro, que elas sejam o veículo perfeito para esse tipo de reflexão. Voltam a Congonhas os seus bens, parte de seus bens, e aqui permanecerão com vocês, para vocês, para todos, dentro desse desenho ideal em que, através de um patrimônio cultural, a nação brasileira encontrará o seu desenho mais nítido. Muito obrigado.

OS ENCONTROS NA CULTURA POPULAR

Inicialmente, dou as boas-vindas a vocês, aos que não são de Brasília.

Agradeço o atendimento. Agradeço também a toda equipe que tornou possível esta reunião, que organizou, que preparou, em tempo muito curto, a homogeneização de todos textos vindos das bases, propiciando, já hoje, a apresentação de uma primeira revisão conceitual do marco determinante de nossos trabalhos e também das diretrizes.

Enfatizo, mais uma vez, que este momento é apenas o momento de uma trajetória que já começa a ser – não diria longa –, que começa a ter consistência de percurso entre momentos que foram apenas de ideias ou de conceitos esboçados, não definidos, e que, pouco a pouco, tomam corpo, na direção de se explicitar melhor, em primeiro lugar, o que seja uma política brasileira em relação à cultura, nos seus aspectos mais variados, e essa política sendo pela primeira vez abrangente e cobrindo todo o espectro das questões relacionadas com a cultura, seja na divisão formal e operacional das duas vertentes, seja em outros desdobramentos que, ao longo do percurso, se tornarão provavelmente explícitos.

Creio que não me repetiria se retomasse, agora, um conceito ou uma série de pontos que foram determinados em 14 de junho de 1979, quanto terminamos, em Brasília, uma reunião, um encontro como este, onde pela primeira vez se tentava esboçar uma linha de conduta numa política referente à vertente patrimonial.

Na verdade, se pensamos e trabalhamos dentro de uma conceituação de trajetória, de progressão no tempo, é naquele momento, em junho de 1979, que pela primeira vez ocorreu, em Brasília, num seminário na Escola de Administração Fazendária (ESAF), um encontro significante de todos os componentes da vertente patrimonial. Pode-se mesmo dizer que foi ali que nasceu essa ideia de uma vertente patrimonial, porque, de fato, naquele encontro, muitas das instituições, muitas das pessoas, dos indivíduos que compunham e que compõem ainda hoje o

Discurso proferido no Ministério da Educação e Cultura, em Brasília, entre 30 de agosto e 2 de setembro de 1981.

espectro da área patrimonial se encontraram pela primeira vez. E pela primeira vez foi tentada uma reflexão conjunta, uma abordagem conceitual dos fatos patrimoniais, a ponto de se poder, dali, conduzir o percurso na direção de transformações bastante profundas.

Lembro, inclusive, que foi em junho de 1979, naquele momento preciso, que se começou a esboçar a necessidade verdadeiramente forte da criação da Fundação Nacional Pró-Memória, que não existia e que só foi encaminhada em novembro de 1979 ao Congresso. Portanto, a reunião de junho tinha, em tudo, esse sentido de primeiro encontro, de aproximação inicial. Agora repete-se o mesmo tipo de fenômeno.

No primeiro, tratavam-se apenas dos componentes da área patrimonial. Agora, trata-se de um encontro em que se permeia, entre nós, uma reflexão muito mais ampla e muito mais abrangente, porque ele envolve todos os componentes, todos os aspectos e interfaces da cultura dentro do contexto do espaço brasileiro.

Evidentemente não era possível prever, em 1979, que esse fenômeno de aglutinação e de adensamento iria acontecer, e que iria acontecer de maneira tão rápida. A questão da escolha do momento histórico escapa a qualquer um de nós. Os fatos, a própria realidade, conduzem a trajetória à base de interferências e de fatores sobre os quais não temos propriamente nenhum comando, nenhuma participação de decisão.

É importante frisá-lo, porque, em muitos momentos, nos tornamos temerosos e com a visão crítica muito aguda. Até que ponto essa rapidez, essa aceleração do processo de adensamento é harmoniosa com a qualidade e com a densidade dos componentes culturais, sobre os quais estamos tentando exercer algum tipo de compreensão. Em outras palavras, até que ponto esse processo aglutinador, esse processo convergente de tornar possível, no Brasil, a visão abrangente e de conjunto de todos os fenômenos culturais, não estaria sendo feito, talvez, de maneira demasiadamente acelerada, sacrificando, em certo sentido, determinados componentes qualitativos?

A impressão que pessoalmente tenho é de que, como não podemos governar propriamente essa trajetória, no sentido das oportunidades que se oferecem, na verdade o que temos de fazer é aceitar as oportunidades; tomá-las e ocupar esses espaços quando eles se apresentam, e corrigir os prováveis defeitos que, no caso de aceleração, poderiam advir, e tentar contornar, tentar eliminar, desde o momento em que se tenha consciência deles, os prováveis defeitos que essa aceleração possa trazer.

Retomo o que disse em 1979. Lembro que, naquela ocasião, tomei de empréstimo a Mário de Andrade a reflexão que precisava expor ao conjunto de pessoas que estava reunido em Brasília. E tomando, ou retomando, ou referindo a Mário de Andrade, fonte inesgotável de compreensão dos fenômenos que nos interessa estudar, mostrava um momento da trajetória de Mário em que ele verdadeiramente tocou – e talvez pela primeira vez no Brasil com tal ênfase – numa das referências, numa das áreas mais importantes, mais complexas e mais densas, a questão do bem cultural num país em processo de desenvolvimento.

Relembro o que disse a propósito de Mário. Trata-se da viagem de 1929 ao Nordeste, do encontro de Mário de Andrade, no sertão do Rio Grande do Norte, com Chico Antonio, o admirável cantor, admirável compositor popular, quando, diante de Mário e Mário diante dele, se estabeleceu, pela primeira vez no Brasil, o que chamei naquele momento – o encontro de dois gigantes.

O especial desse encontro é que Mário de Andrade, intelectual de São Paulo, um homem de formação erudita, o homem ainda, como todos nós, e mais ainda naquele momento, voltado para a Europa, voltados para o Ocidente, no sentido da absorção da compreensão, da símile mesma, do que se passava nos grandes centros de civilização europeia, ainda quando os intelectuais, voltados para esse Ocidente, para esse sol, ignoravam ou viam pouco a bênção rica e profunda realidade do espaço brasileiro.

Mário, diante de Chico Antonio, reconhece o seu componente-irmão, ou seja, o gigante popular. Mário não reluta em afirmar, não reluta em trazer, não reluta em reconhecer e ver Chico Antonio ao nível dos mais perfeitos e dos mais importantes criadores brasileiros. E os dois se entendem, e os dois compreendem, e os dois se reconhecem.

Mário, com vários textos, retoma e reafirma a importância imensa de Chico Antonio no universo do processo da criação artística. E diz ele:

> Que artista! A voz dele é quente e duma simpatia incomparável. A respiração é tão longa que mesmo depois da embolada inda Chico Antonio sustenta a nota final enquanto o coro entra em refrão. O que faz com o ritmo não se diz! Enquanto os três ganzás, o único acompanhamento instrumental que aprecia, se movem interminavelmente no compasso unário, na "pancada do ganzá", Chico vai fraseando com uma força inventiva incomparável, tais sutilezas certas feitas que a notação erudita nem pense em grafar, se estrepa. E quando tomado pela exaltação musical, o que canta em pleno sonho, não se sabe mais se é música, se é esporte, se é heroísmo. Não se perde uma palavra que nem faz pouco, ajoelhado pro "Boi-Tungão", ganzá parado, gesticulando com as mãos doiradas, bem magras, contando a briga que teve com o diabo no inferno, numa embolada sem refrão, durada por dez minutos sem parar. Sem parar.[1]

E assim por diante, Mário não só descreve o evento do encontro como ponteia essa descrição com as referências nítidas do processo musical e da relação entre esse processo musical autêntico e autóctone e a música do Ocidente.

Retomo Mário como quem vai de volta... Por que não retomá-lo hoje, quando, neste segundo encontro verdadeiramente significativo, na medida em que, como então, se encontravam pela primeira vez todos os componentes de uma das vertentes, e agora se encontram todos os componentes das duas vertentes, tentamos unir o diverso, tentamos conhecer, apreciar e encontrar os referentes que são únicos e harmonizadores do maravilhoso, riquíssimo e heterogêneo componente de cultura brasileira.

E Mário, outra vez, responde bem a esse tipo de preocupação, quando, num admirável estudo que se chamou "O movimento modernista", ele, autobiograficamente, se situa e demonstra, com aquela cla-

1_Mário de Andrade, *O turista aprendiz*. Brasília: Iphan, 2015.

reza e aquela visão extraordinária que lhe era peculiar, a posição do artista face à realidade brasileira:

> Francos, dirigidos, muito de nós demos às nossas obras uma caducidade de combate.
> Estava certo, em princípio. O engano é que nos pusemos combatendo lençóis superficiais de fantasmas. Devíamos ter inundado a caducidade utilitária de nosso discurso, de maior angústia do tempo, de maior revolta contra a vida como está. Em vez, fomos quebrar vidros de janelas, discutir modas de passeio ou cutucar os valores eternos, ou saciar nossa curiosidade da cultura.
> E se agora percorro a minha obra já numerosa e que representa uma vida trabalhada, não me vejo uma só vez pegar a máscara do tempo e esbofeteá-la como ela merece. Quando muito, fiz de longe umas caretas. Mas isto a mim não me satisfaz.[2]

E termina, no mesmo estudo, retomando a ideia do individualismo no processo criativo e a falta da percepção do todo brasileiro, numa confissão também profundamente íntima, quando diz –

> Eu fui o filho da felicidade. Nunca sofri. Tive energia bastante para repudiar o sofrimento do espírito e forças físicas suficientes para impedir os sofrimentos do corpo. Dominei com facilidade e, sobretudo, com inalterável otimismo, todas as ladeiras do meu caminho. Desenvolvia a luta com uma filosofia egoística, de espírito eminentemente esportivo, que fizera de mim literalmente um gozador. (...) Minhas cóleras de critico, minhas violências jornalísticas, minhas peleias literárias, minhas dores de amor e revoltas contra a vida ambiente, em que fui tão sincero, hoje me parecem fantasmagorias gostosas em que pus em prática uma encantada satisfação de viver. E já agora com sentimento menos teórico da vida porque apalpei sua quotidianidade mais de perto, eu só posso, não me perdoar, porém me compadecer do que fui, lembrando a escuridão de minha total ignorância: eu não sabia!

2_Trecho de "Oração de Paraninfo", fala de Mário de Andrade aos diplomandos do Conservatório Dramático e Musical de São Paulo, em 1935.

> Agora tendes a vossa frente um órfão. Não mais o filho da felicidade, a felicidade morreu, mas o apaixonado, o ganancioso compartilhador da precariedade humana. (...) As alegrias, as soluções, os triunfos não satisfazem mais, porque não se dirigem às exigências do meu ser, que eu domino, nem dele se originam; antes, nascem da coletividade, a ela se dirigem, a esta coletividade monstruosa, insaciável, imperativa, que eu não domino, por ser dela apenas uma parte menoríssima.[3]

Estas colocações de Mário que – a meu ver – se enquadram, caracterizam, afirmam de modo tão claro e tão magnífico, partem das nossas mais profundas e mais graves preocupações.

A relação no espaço de um país como o Brasil, de uma realidade múltipla, contrastada, diversificada, heterogênea como a nossa, qual a posição do intelectual face a esses fenômenos, qual a posição do Estado e a sua responsabilidade face a esses fenômenos? Qual a verdadeira linha ou a linha mais compatível com essas diversidades, para que esses fenômenos todos continuem a sua trajetória, sem correrem o grande risco – o risco que corremos – da perda da identidade, da inevitável característica da homogeneização que muitos dos processos de multiplicação do bem cultural, que muitos dos processos da tecnologia contemporânea, ao permitir, paradoxalmente, o aumento da leitura, o aumento da visão, o atendimento maior das classes em geral, a percepção dos fenômenos, trazem no seu bojo o risco e o perigo da perda da diversidade.

Podemos afirmar – sem sombra de dúvida – que a grande riqueza da nação brasileira está na sua heterogeneidade, na sua diversidade. Essa riqueza só se tornará explícita e verdadeiramente útil na formação da nação brasileira no momento em que ela não seja achatada, não seja homogeneizada, mas, ao contrário, encontre nas suas diversidades, nas suas pequenas arestas e interfaces, a possibilidade do encontro da compreensão e da aceitação dessa mesma diversidade.

Talvez se possa falar em paradigmas, em que seja possível estabelecer essas relações entre a diversidade, a homogeneidade, a heterogeneidade, entre a criação do bem cultural ou do fenômeno cultural

3_Idem.

na base de uma síntese mais elitista ou da criação na base de uma formulação de expressão popular, ou na criação ao nível do indivíduo ou no processo de produção e criação coletiva.

Esses parâmetros são intercomunicáveis, são intercambiáveis e compõem pares ou trípticos, que, ao longo do espaço brasileiro, ponteiam a presença dos componentes culturais.

A partir de pontos de referência que eram, como se viu do encontro de Mário no sertão do Rio Grande do Norte, uma preocupação elitista – e por elitista entenda-se a expressão mais propriamente individual, face ao fenômeno da criação – até o começo da percepção da criação em seu nível coletivo e mais profundo, que são os da criação popular, a emergência contínua, de baixo para cima, desses componentes enriquecedores da heterogeneidade, formando um corpo muito mais denso e muito mais complexo, indicadores dessa própria presença da criação, até a manutenção inevitável e correta da expressão individual – e é um dos grandes bens da humanidade, a criação no plano pessoal –, que são as grandes sínteses do fazer e do criar humano, tudo isto junto compõe um quadro de referências extremamente complexo e extremamente rico, com o qual temos de lidar.

Assim, a divisão entre vertente patrimonial e vertente da produção, circulação e divulgação do bem cultural, nos ajudará como ponto de referência mais do que propriamente como uma divisão de águas.

No fundo, temos dito – e reiteramos –, não existe nada que seja simplesmente, unicamente patrimonial, como não existe nada que seja criação do bem cultural sem também estar ligado ao aspecto patrimonial.

Curiosamente, essa trajetória que se explicita já há alguns anos, na direção dessa compreensão do fenômeno cultural brasileiro, se iniciou – sem dúvida nenhuma – à base de uma percepção da realidade cultural hoje, ou seja, o ponto de partida, o ponto de referencial inicial dessa trajetória de compreensão se baseia na pergunta: quais são os indicadores fundamentais da realidade cultural brasileira hoje? Quais os indicadores presentes nessa realidade? Qual a mobilidade desses referenciais? Qual e que significação da presença dessas referências que atuam no processo brasileiro de vir a ser?

Na busca dessa visão da realidade de hoje, na busca dessa compreensão dos indicadores de hoje, surge como imediatamente necessário o recuo no tempo para que, através de uma visão do pretérito, se possa entender melhor de onde vêm, com que força, com que aglutinação e densidade, esses componentes existem na realidade de hoje.

Não há nas propostas, não há na visão dessa trajetória que nos interessa, nenhum saudosismo, nenhuma tentativa de querer parar o tempo, nenhuma tentativa de voltar atrás.

O que há, sim, e com muita ênfase, é a percepção de que só poderemos entender o tempo projetivo e só poderemos caminhar na direção de um projetivo harmonioso, se levarmos em conta os componentes satélites.

A imagem utilizada – e que repito – é a do estilingue ou do bodoque. Quanto mais longe vai a pedra, tanto maior é a resistência da borracha, que recuou no impulso inicial.

É preciso que essa borracha não parta, é preciso que essa borracha, no seu contínuo esticar para aumentar a sua força projetiva, recuando ao passado, é preciso que essa borracha não rompa, não permita rupturas, que seriam justamente uma ruptura do processo histórico.

Então, essa ênfase, que talvez se sinta demasiadamente forte na vertente patrimonial, é apenas a tentativa de se restabelecer o equilíbrio capaz de oferecer à trajetória da cultura brasileira a sua verdadeira verdade e a sua verdadeira posição harmoniosa.

Em outras palavras, não creio que se possa discutir e que se possa negar que toda a vertente patrimonial, nos últimos 20, 30 anos da trajetória brasileira, foi relegada, foi abandonada, foi como que adormecida numa presença latente; e sobre ela muito pouca coisa, muito pouca energia foi exercida.

Parecíamos de uma pressa e de uma visão imediatista dos fenômenos, achando que progredimos, achando que, para irmos para a frente na trajetória da nação brasileira no que diz respeito à cultura, tínhamos de inaugurar, tínhamos de fazer ênfase em novas estruturas, tínhamos de fazer esforços na direção de coisas novas.

E todos os componentes, e todos os grandes acervos, e todas as grandes reservas onde se localizam, cristalizados, límpidos, os indicadores do passado, permaneciam estáticos, permaneciam adormecidos e sem nenhuma probabilidade nem possibilidade de interveniência.

Não precisamos baixar ao nível dos exemplos, mas é bom lembrar o que se passa com a Biblioteca Nacional, o que se passa com os nossos museus; as grandes reservas dos museus brasileiros, o que se passa com o Museu Nacional, o que se passa com o Museu Histórico – que só agora começa a despertar –, o que se passa com o Museu Nacional de Belas Artes, enfim, creio que não preciso ser mais detalhado sobre esse aspecto negativo, esse aspecto de esquecimento e de negligência do poder público em relação a todos os componentes fundamentais para a compreensão da cultura brasileira.

Então, meus amigos, talvez seja bom, pelo menos por algum tempo, que se restabeleça certo equilíbrio.

Será saudável, certamente, que esses grandes organismos, essas grandes reservas, saiam do seu silêncio, assumam o seu nível de responsabilidade, ofereçam ao projetivo brasileiro, ofereçam ao tempo novo brasileiro, ofereçam aos jovens, à juventude, à mocidade do país, sua presença como indicador enriquecedor da compreensão do Brasil como um todo.

Este era o recado inicial, a comunicação inicial, o gesto inicial que me competia fazer no momento em que juntos, todas as áreas componentes e o conjunto cultural do Ministério da Educação, nos sentamos em volta de mesas e tentamos estabelecer alguns parâmetros, estabelecer alguns indicadores codificados – o que somos, o que desejamos e para onde vamos.

Se é válida a ideia de trajetória, significa que o documento que sair desta reunião, os indicadores de trajetória, os indicadores de ações que saírem desta reunião, enfim, tudo aquilo que juntos vamos refletir e tentar codificar, é apenas um momento, ou seja, não creio que devamos parar aí. Este primeiro momento servirá apenas como primeiro encontro aglutinador ou a primeira etapa, o primeiro degrau de uma compreensão coesa que esperamos e acreditamos se desenvolverá ao longo do tempo.

Ao final do trabalho, teremos uma reunião, a que o ministro Gen. Ludwig também estará presente. Aí, então, teremos ocasião de, juntos, já com uma compreensão adquirida por este encontro, conversar e elaborar uma reflexão sobre os resultados.

O INCÔMODO ELITISMO CULTURAL

[Entrevista]

Para Aloisio Magalhães, secretário de Assuntos Culturais do Ministério da Educação e Cultura, artista plástico e bacharel pela Faculdade de Direito do Recife, contemporâneo de Hermilo Borba Filho e Ariano Suassuna, "a ação antecede qualquer tipo de racionalização". Quando estudante na Faculdade de Direito, Magalhães revelava maior preocupação com as artes plásticas – o que o levaria a aproximar-se mais da cenografia de teatro, da pintura e das artes gráficas – do que com as leis.

"Desde então passou a me inquietar o aspecto elitista do trabalho artístico num país como o nosso. Morei uns tempos nos Estados Unidos e ali descobri o design, o desenho industrial, como uma forma de canalizar para o social a sensibilidade do processo criativo."

Somente em 1975, Aloisio Magalhães encontraria um canal para as suas inquietações: as conversas com o então ministro da Indústria e Comércio, Severo Gomes, que lhe indagava sobre a inexistência de "uma fisionomia própria nos produtos industriais brasileiros".

"E eu disse ao ministro que autenticidade não se inventa. As formas autênticas só podem ser reconhecidas quando se conhece a realidade brasileira; portanto, o primeiro trabalho seria tentarmos nos aproximar dessa realidade."

A partir das conversas iniciais com Severo Gomes – e do estímulo do ministro Golbery do Couto e Silva –, criou-se o Centro Nacional de Referência Cultural (CNRC), com recursos do Ministério da Indústria e do Comércio (MIC) e ocupando uma sala da Universidade de Brasília. O objetivo de Aloisio era chegar ao perfil de uma instituição que pudesse fazer esse levantamento das formas autênticas da cultura brasileira.

"Foi quando verifiquei que já existia a instituição para fazer esse trabalho, faltando apenas reacendê-la. Era o Patrimônio Histórico, criado por Mário de Andrade há mais de 40 anos."

Entrevista concedida a Oswaldo Mendes, publicada no jornal *Folha de S. Paulo*, Ilustrada, 27 out 1981, p. 27.

Conduzido à direção do Patrimônio Histórico, Aloisio Magalhães cuidou de ampliar a instituição que seria elevada a nível de Secretaria (Sphan – Secretaria do Patrimônio Histórico e Artístico Nacional), com a criação da Fundação Pró-Memória. Já durante a gestão de Eduardo Portella, Aloisio Magalhães procurou contrabalançar o trabalho na Sphan com o da Secretaria de Assuntos Culturais (Seac), "que cuida da dinâmica do bem cultural". Na saída de Portella do MEC, Magalhães foi convidado pelo novo ministro, general Rubem Ludwig, a assumir a Sphan, onde vem sendo acusado de dedicar-se à preservação do que ele define, recuperando a expressão de Mário de Andrade, de "bem cultural", numa postura que muitos consideram imobilista.

Hoje, sob a direção de Aloisio Magalhães, a estrutura da Secretaria de Assuntos Culturais obedece a duas vertentes: a primeira patrimonial, atenta ao passado (Fundação Pró-Memória); e a outra, voltada para o futuro e para a criatividade, "para o vir a ser" (Fundação Nacional das Artes – Funarte).

***Folha*_**Há quem diga que, no MEC, a Educação e a Cultura são duas pistas que jamais se aproximam ou se tocam...

Aloisio Magalhães_ Eu diria mais, Educação e Cultura não eram sequer duas linhas paralelas, mas uma grande linha, um grande itinerário dedicado ao problema da Educação e pontilhado de presenças maiores ou menores de fenômenos culturais. Entretanto, seria um erro dizer que não houve gestos fortes na área cultural. Creio que a partir do Eduardo Portella essa situação começa a mudar.

Nas minhas conversas com o Eduardo Portella, e antes, com Severo Gomes e o ministro Golbery, já estava presente a certeza da inexistência de uma visão conjunta desse problema, que eu sintetizaria na seguinte frase: a Educação é a codificação adequada de uma cultura, é o processo de transmissão e de continuidade de uma cultura. Então, é impossível – sobretudo num país em movimento, num país não feito ainda, não explicitado – separar-se uma coisa da outra, sob pena de você quebrar esse tipo de compromisso da Educação, a que me referi. Por isso eu me posicionei publicamente contrário à criação de um Ministério da Cultura.

***Folha*_**Pode não haver muitas discordâncias sobre isso no plano teórico. O que eu lhe pergunto é se, na prática, está sendo aplicado esse conceito de que a educação apenas codifica os valores culturais, de que ela é apenas o canal pelo qual passa a cultura...
AM_A evolução, pelos acontecimentos, dos fenômenos obedece a diferentes ritmos, a diferentes tempos, adensando os conceitos até que eles cheguem à ação. Nessa altura dos acontecimentos, eu tenho elementos para lhe dizer que já estamos na ação e não só no plano das ideias. Por exemplo, o ministério já adotou, como áreas prioritárias, a partir de 1982, duas vertentes: ensino básico e desenvolvimento cultural. Por detrás disso está a ideia de que é preciso voltar a olhar atentamente para a introdução do conhecimento na cabeça das crianças, saindo um pouco dessa euforia dos intelectuais e dos pesquisadores ao nível de uma alienação total da realidade brasileira, preocupados com peagadês e trabalhos a serem publicados em revistas americanas, onde os currículos são baseados em posturas e comportamentos que nada têm a ver com a realidade brasileira.

***Folha*_**O que caracteriza essa preocupação com o desenvolvimento cultural? Quando se fala em ensino básico, já se explicita o conteúdo do projeto. Mas, quanto ao desenvolvimento cultural, soa apenas como uma expressão a mais.
AM_O desenvolvimento cultural seria uma preocupação com todos os componentes de uma cultura nas suas expressões cotidianas, cuidando que elas não desapareçam. Poderia se dizer que o desenvolvimento de uma nação se faz de uma maneira harmoniosa porque é próprio do homem crescer, querer melhorar, desempenhar-se melhor – e o seu desenvolvimento cultural se faz ao longo do processo histórico. Mas na situação de hoje você tem pressões violentíssimas, contrárias a que este movimento se faça com coerência e harmonicamente, como a presença dos meios de comunicação e dos grandes interesses econômicos. Então, para se manter um razoável nível de movimento cultural próprio, é preciso um clima de ação capaz de, senão anular esses riscos, criar a consciência de sua presença. Então o desenvolvimento cultural é a linha

de conduta de uma nação, é o seu processo de vir a ser, um movimento que consiga fazer com que se explicitem, o mais naturalmente possível, os seus componentes próprios – desde a música, o teatro, a dança, o comportamento, a medicina, a comida etc.

***Folha*_**Como é que entra a responsabilidade da televisão nesse perigo de achatamento cultural? A Secretaria de Assuntos Culturais ou o MEC podem interferir ou não no papel que cabe à televisão – que é concessão do Estado à iniciativa privada – nesse projeto de desenvolvimento cultural?
AM_Não, nós não podemos interferir diretamente. Mas temos, sem dúvida, uma responsabilidade sobre isso. No Brasil, temos uma televisão privada, o que representa um risco imenso que vamos ter que enfrentar. Eu não sei lhe dizer qual é a melhor maneira de atacar o problema. Só sei que, no momento em que se começa a atuar na realidade brasileira e na percepção de todos esses fenômenos, vai se acabar chegando lá.

***Folha*_**A impressão que se tem é de que a televisão se transformou num monstro tão grande que, de repente, ninguém mais a controla, nem o próprio governo.
AM_ Mas aí eu mesmo lhe pergunto: qual é o grau da intervenção? Porque, veja bem, essa intervenção do governo é uma coisa muito perigosa...

***Folha*_**Mas, às vezes é inevitável...
AM_Às vezes ela é necessária. Sinceramente, eu não sei lhe dizer no momento quais as soluções, o que não significa estar abdicando do problema. Ao contrário. Mas é que demanda muito mais adensamento de outros projetos. E é claro que se tem de chegar a alguma solução, sob pena de perdermos coisas fundamentais da originalidade e da autenticidade da cultura brasileira. Não tenho a menor dúvida sobre isso. Entretanto, não vamos esquecer também os riscos da intervenção quando ela não é resultado de um consenso, porque ela traria outros prejuízos.

***Folha*_**Tem-se afirmado que a abertura política não chegou ao campo cultural. Enquanto o debate democrático começa a se abrir em várias frentes, no campo cultural ele não avança. O máximo que se faz é discutir eventos, mas o que seria o corpo de um projeto cultural a nível nacional não é colocado em discussão, permitindo-se o acesso às informações básicas do que está sendo feito e proposto. Enfim, a abertura no campo cultural existe?

AM_ Nesse trabalho que nós estamos fazendo, eu me considero dentro de um processo de abertura cultural. E assumo a responsabilidade dos erros ou acertos desse processo na forma como está conduzido. Eu, neste momento inicial de abertura, estou muito mais preocupado, por exemplo, com a recuperação da ferrovia Madeira-Mamoré do que com os fenômenos de uma elite intelectual, feita de grandes figuras e grandes nomes, mas muito voltados ainda para uma postura europeia de engajamento nosso ao nível de igualdade com outros países. Não me interessam os outros países. Eu quero saber o que se passa aqui dentro, porque nenhum de nós conhece a realidade brasileira de fato – e isso não é fácil, é complicado. Temos de nos preocupar é com o ensino de 1º grau. Você sabe que, de mil alunos que entram nos primeiros anos do primário, só 36 chegam à oitava série? E por quê? Claro que o problema econômico pesa muito, mas foi feita uma pesquisa pela Universidade do Paraná sobre a evasão escolar numa região rural, e o pressuposto era de que se deveria mudar o calendário da escola para que as crianças pudessem acompanhar os pais na colheita. Falava-se da adequação do calendário escolar às necessidades da safra agrícola para conter a evasão. Mas logo se viu que isso não era verdade, e os pesquisadores ficaram preocupados. Afinal, um outro grupo foi pesquisar e descobriu que se tratava de um problema linguístico – que as crianças saíam da escola, naquela região, porque não entendiam o que os professores diziam, porque os textos apresentados não correspondiam em nada à realidade das crianças. Por aí se vê o tamanho do problema cultural brasileiro. Então é preciso não agredir a heterogeneidade, não acabar com ela, mas dar à criança um plano global de percepção.

Por outro lado, gostaria de dizer que eu vejo uma distância muito grande entre a Universidade e a realidade. E quando falo em Universidade, refiro-me aos intelectuais como um todo, que têm uma observação muito setorial da realidade brasileira, uma visão muito localizada. Também acho que existe pouca gente arregaçando as mangas para enfrentar os problemas de uma maneira mais direta. A maioria prefere ficar à espera da informação, quando deveria procurá-la também, registrando, alertando e criticando fatos. E esses fatos estão abertos e são conhecidos – temos ficado também buzinando, a torto e a direito, o que se deve ou se pretende fazer.

CINEMA E DOCUMENTO

Nos últimos tempos, têm-me sido propostas algumas questões marcadas por uma percepção de algumas precedências, algumas coisas que se encontravam armazenadas na minha cabeça, mas que tiveram poucas ocasiões de se explicitar, de se tornarem claras.

Hoje é um desses momentos. E não posso deixar de me lembrar que, na década de 1950, tive o privilégio de ter convivido com Paulo Emílio,[1] durante dois anos, numa convivência fraterna e diária. Todos vocês que estiveram fora do Brasil sabem como se acentuam, como se intensificam as amizades que se formam nessa espécie de exílio. Os invernos europeus, os momentos em que a solidão e a falta de nosso habitat se tornam muito densas, contribuem para que se cristalizem os encontros entre pessoas.

Esse privilégio, pude gozá-lo, ou seja, durante dois anos nós estivemos diariamente juntos. O 190 do Boulevard Saint-Germain era um lugar onde no fim do dia todos nos encontrávamos. Isso significava para mim, e para muitos outros, a grande iniciação ao cinema. Eu saía de casa pela primeira vez e, entre os diversos privilégios proporcionados pela Europa, esse foi particularmente intenso e importante.

Lembro que, recentemente, em Congonhas, começou-se uma experiência de um registro cinematográfico. A devolução dos ex-votos de Congonhas do Campo, o ato de devolução, a reinserção daquelas tabuinhas coloridas e mágicas em seu habitat, a volta desses bens que haviam sido roubados, foi pretexto para uma aproximação à linguagem cinematográfica. Mas, de que tamanho seria isso? Seria o simples e factual registro da inauguração da sala com as tabuinhas?

O que se observou é que havia, em torno do fenômeno, outros componentes do próprio fenômeno que explicitariam a sua profundidade. Eles deveriam ou não ser objeto desse registro? Até que ponto – e isso foi uma coisa sentida por todos nós – seria preciso documentar a romaria, que era o fenômeno básico?

Discurso proferido no Encontro Nacional de Documentaristas Cinematográficos, em evento realizado em Brasília, entre 16 e 18 de novembro de 1981, originalmente publicado na brochura "Em prol do curta-metragem", editada pela Associação Brasileira de Documentaristas, Seção Distrito Federal, em 1982.

1_Paulo Emílio Salles Gomes (1916-1977), crítico de cinema e professor da Universidade de São Paulo (USP), fundado da revista *Clima*, com Antonio Candido, Gilda Mello e Souza, Lourival Gomes Machado, Rui Coelho e Décio de Almeida Prado, em 1941. Viveu em Paris após fugir da prisão a que havia sido confinado pela ditadura de Getúlio Vargas.

Ora, a documentação da romaria implicou numa série de novas dimensões do fenômeno, como, por exemplo, a chegada dos romeiros. Aonde ficam os romeiros? Qual o tipo de comportamento social ou coletivo que se estabelece entre o romeiro e o espaço? Descobre-se, então, que há uma família que por si só instituiu uma forma de ex-voto, ela mesma. Ou seja, a família que constitui um abrigo para hospedar os romeiros, e, nessa atividade de ser abrigo dos romeiros – preparar comida, abrigá-los, organizar o espaço para que eles possam dormir, fazer festas, eventos etc. –, já há um novo fenômeno, é um para-fenômeno dentro do fenômeno básico. E assim sucessivamente.

Eu queria insistir nessa ideia de que a divisão e a dicotomia, ela é prática, provavelmente inevitável em meios de uso tecnológico e de economicidade, mas é perigosa, é extremamente perigosa, porque aliena e separa dois campos que nada têm de separados. A opção por caminho de maior tamanho físico, de maior quantidade de dados informativos – ou de menor – é uma questão que depende de avaliação para cada caso. Inclusive as avaliações econômicas, de viabilidade etc. Mas o que penso e temo é que se estabeleça demasiadamente esse corte, entre uma coisa que tem que ser curta e uma coisa que tem que ser longa. Quantos curtas poderiam ser longas? E quantos longas poderiam ser curtas?

É preciso não confundir, também, que um filão da linguagem cinematográfica, um dos galhos da árvore, é necessariamente longo por uma série de implicações determinadas pela própria natureza do fenômeno. Por exemplo, os filmes de ficção. O que nós chamamos de longa-metragem hoje é uma coisa à parte, que não é longa-metragem. É um filme que conta uma história e que, ao longo do tempo, mais ou menos se inscreve num tamanho determinado, com uma duração determinada.

Sabe-se, inclusive, que alguns extrapolam, não podem ser colocados no tamanho convencional. Recentemente, lembro-me de ter assistido a um filme japonês, cujo nome não lembro agora, que também transcendia do seu tamanho. E a verdade é que não se percebia que esse filme era mais longo. Porque a intensidade do discurso, o tamanho que ele precisava, era aquele. O tamanho e a duração maiores não significaram sequer a percepção dessa duração maior. Era uma inevitabilidade. É nessa direção do problema "cinema", do filme enquanto filme, que eu acho que a gente teria realmente que refletir.

Porque, na verdade, o verdadeiro cinema, no seu sentido completo e no seu sentido verdadeiro e íntegro, é o que os senhores fazem. É a aproximação do fenômeno em qualquer direção, na direção científica, na direção didática, na direção puramente lúdica. O documentário é, por natureza, o verdadeiro cinema. Isso não é uma diminuição de qualquer outro tipo de registro, de representação da linguagem cinematográfica. É que essas outras estão inseridas no princípio fundamental da linguagem, que é ser aberta a qualquer fenômeno ou a qualquer linha, ou a qualquer tempo ou a qualquer duração, sob pena de a gente estabelecer, logo de saída, uma prisão, que pode ser prática, mas pode nos tolher muito a visão do fenômeno. E também tolher muito no sentido da posição do documentarista como uma posição menor. Eu diria que é exatamente o oposto. A posição é maior. O filme de ficção é um entretenimento maravilhoso, mas é um seccionamento da linguagem, é uma opção da linguagem, que carrega uma série de componentes que se tornam autônomos e próprios, constituindo aquilo que se chama cinema, filme etc.

Pelo seu papel provavelmente de comunicador, o filme de ficção adquiriu um status e um público maior, porque ele tem, naturalmente, um sistema de atração e de pega – como elemento de devolução da informação – de que o outro, o documentário, carece, na medida em que ele é tão diverso, que não pode ter essa linguagem já tão categorizada, tão estereotipada, medida, até mesmo em caber num determinado tempo, como é o caso do filme de ficção.

Por outro lado, o filme de ficção – não sei se a palavra é boa, mas vocês estão entendendo a ideia –, ele é uma transposição mais ou menos regular de um fenômeno que tem outras formas de explicitação: o romance, a história etc. Então, ele já dá ao público, já oferece ao público o cativá-lo. Porque ele vai encontrar, enquanto público, uma forma de expressão e de representação que lhe é cara: o desenvolvimento de uma determinada história que tem começo, meio e fim.

Essa vantagem do filme de ficção é o que talvez tenha garantido ao cinema um grande progresso. Mas é preciso não confundir o cinema, como linguagem, sua força, sua fantástica dimensão enquanto presença na comunidade. Não sei se estou exagerando, mas acho que até o exagero dessa reflexão no momento pode ser útil, porque nos afasta do dia a dia e dos problemas a que às vezes a gente fica preso pelas necessidades imediatas, e esquece um pouco da dimensão maior e mais transcendente do fenômeno.

Na verdade, o documentarista não precisa pedir desculpas. O documentarista não precisa ficar atrelado a um filme de ficção. Me parece um erro, um exagero muito grande, essa ideia de que o documentário precisa estar inserido junto com um filme de longa-metragem, o que faz com que o público que vai ao cinema para ver um filme de ficção seja obrigado compulsoriamente a ver o documentário.

Nessa categorização, já se empurrou o documentário para um plano de inferioridade. Porque quase nunca se sabe qual o documentário que será exibido, seu título nem sempre é divulgado. Então, o usuário que vai em busca de um entretenimento que se chama "tal coisa" é surpreendido com a presença de uma "outra coisa". E isso acaba se tornando contrário ao espírito e à presença do documentário.

Se vocês me perguntarem qual é a solução, eu não saberia responder. Mas cabe à gente refletir sobre o seguinte: qual é o espaço do documentário? Onde é que essa peça deve ser vista? Com qualquer tamanho, com o tamanho que lhe couber... Numa sociedade em transformação, num país que já nesse momento tem responsabilidades do uso da tecnologia, na medida em que já adotamos tecnologias, já não podemos recuar, nem querer ficar na posição de ignorar o uso dessas formas de representação e comunicação. Qual o tamanho dessa posição e onde ficar? Lembrar, como o Calil[2] lembrou, da existência anterior e da prioridade que foi dada ao cinema educativo naquela época é uma coisa importante. Retomar certos filões que já foram inaugurados no processo histórico e que deveriam ter tido continuidade, tentar rever isso em função de uma realidade nova é, sem dúvida, uma das coisas cuja reflexão nós devemos manter em encontros como este.

2_Carlos Augusto Calil, crítico e ensaísta, professor da Escola de Comunicação e Artes da USP, então ocupando a direção da Embrafilme, empresa estatal voltada para o fomento à produção cinematográfica no Brasil.

Para terminar, eu diria que esta Casa – e o pensamento que existe detrás, e no conjunto de forças que constituem hoje a Secretaria da Cultura – é, em tudo, o lugar em que esse exercício de reflexão pode ser feito. Até mesmo na retomada, nessa ideia de rebuscar no passado os componentes que já nos indicarão, em termos de cinema brasileiro, formas e indicadores úteis na alteração, na modificação, na adequação ao hoje, da linguagem cinematográfica.

É da responsabilidade do nosso pensamento lidar com isso e refletir sobre isso. O que nós desejamos é que essas reflexões de vocês sigam na direção da necessidade de dotar o cinema brasileiro das condições que lhe favoreçam ainda mais uma forma plena de ação, de atuação e de presença na realidade brasileira. Deixando de lado, inclusive, essa dicotomia demasiadamente forte e marcante que, a meu ver, poderia nos servir de indicador da necessidade de uma reflexão que arejasse mais a área, na direção de se ver o cinema como um todo e como uma unidade conceitual de linguagem.

CULTURA, SUBSTANTIVO PLURAL. O QUASE MINISTRO MAGALHÃES EXPÕE SUA UTOPIA

[Entrevista]

Pernambucano e intelectual como seu amigo Eduardo Portella, de quem foi colega de universidade no Recife e mais recentemente no Ministério da Educação e Cultura, Aloisio Magalhães é o conhecido programador visual – ou designer – que desenhou as novas notas de cruzeiro. O desenho de que mais se orgulha hoje, porém, é o que traçou para a cultura brasileira. Há menos de um ano no cargo de secretário de assuntos culturais do MEC, Aloisio Magalhães está realizando, com a cobertura do ministro Rubem Ludwig, uma silenciosa reforma. Para isso ele dividiu a área cultural em "duas vertentes": o que ele chama de campo patrimonial – museus, bibliotecas, arquivos – e o da criação cultural – teatros, cinema, música. O primeiro, para preservar os bens culturais já criados, e o segundo, para estimular a criação de novos bens culturais. Amigo dos ex-ministros Severo Gomes, que lhe deu o primeiro cargo no governo, em 1975, com a criação do Centro Nacional de Referência Cultural, de Golbery do Couto e Silva e de Karlos Rischbieter, Aloisio Magalhães, depois de várias funções no MEC, é hoje, de fato, o ministro da Cultura. Ele nega isso, mas admite que, ao contrário de seu amigo Portella, ele não "está", mas "é" secretário.

***IstoÉ*_**O Brasil tem agora, de fato, um ministro da Cultura. O senhor concorda?

Aloisio Magalhães_Não, inclusive porque o problema dos países em desenvolvimento, como o nosso, não é criar um Ministério da Cultura. Não é criar uma instituição, mas, ao contrário, tentar impregnar o sistema de governo, como um todo, da existência de uma cultura própria.

Entrevista concedida a Zuenir Ventura, publicada na revista *IstoÉ*, 13 jan 1982.

***IstoÉ*_**É esse o papel da sua secretaria?

AM_A ação da secretaria tem-se voltado de maneira prioritária para o que chama de patrimonial. Tenho sido por isso acusado de passadista, de adotar uma visão histórica que não teria sentido num país novo, de grande poder de criatividade. Estou, porém, seguro. Se uma nação não colocar à disposição das novas gerações os seus componentes fundamentais do passado, ela corre o inevitável risco de uma trajetória projetiva alienada de sua realidade anterior. Sem continuidade, não há processo civilizatório. No contexto brasileiro, uma postura revolucionária seria muito mais a busca daquilo que se perdeu.

***IstoÉ*_**Mas a sua história pessoal está mais ligada à vanguarda do que à preservação do passado.
AM_ Essa contradição é curiosa: um sujeito com a minha formação e postura sentir necessidade de um recuo para poder entender melhor a formulação projetiva. É como o estilingue, que usamos tanto quando crianças: quanto mais se estica a borracha para trás, mais longe vai a pedra. Aliás, uma peculiaridade dos países em desenvolvimento é a riqueza e a inevitabilidade de se lidar com situações contraditórias. Toda civilização estabilizada e feita entra inevitavelmente em declínio. Na medida em que uma cultura se homogeneíza, que perde as suas diversidades, isto é, que perde sua rica forma de dialética entre as coisas opostas, a partir daí, doutor, ela vai entrar em declínio. Talvez a nossa maior riqueza seja a nossa diversidade.

***IstoÉ*_**Não estamos perdendo essa diversidade?
AM_ Estamos pelo menos vivendo o risco de isso acontecer. Temo que a gente esteja partindo para esquecer essa diversidade, os componentes de oposição e paradoxo que estão presentes no nosso projeto histórico. Tudo está se tornando igual. Roquette-Pinto já denunciava esse perigo. Ele dizia que a maravilhosa e fantástica disseminação da informação pela radiodifusão, uma grande conquista da vida moderna, trazia em seu bojo uma imensa contradição: ela talvez forçasse uma linguagem comum, que iria afetar a diversidade e o enriquecimento recíproco das formas regionais.

***IstoÉ*_**Não está acontecendo o contrário? O senhor não estará sendo utópico?

AM_ Muito utópico, e isso não me ofende. Nada que tenha um significado mais profundo deixa de ter certo aspecto utópico. Ele estimula a perseguição. É próprio do utópico você não atingi-lo, mas, se não for em busca dele, se você não quiser sair do convencional, aí então o marasmo será inevitável.

IstoÉ_Mas, como designer, o senhor sabe que é próprio da indústria cultural massificar, quer dizer, homogeneizar.
AM_ Tenho, de fato, uma longa vivência dos processos de formulação massificante, inclusive de suas vantagens. Mas nós não somos necessariamente uma civilização tecnológica, capitalista, completa e feita. E, se essa civilização completa e feita está dando no que está, se o barco está furado, é preciso revistá-lo, sob pena de sucumbir. Ou essas formas se revitalizam, se renovam, encontram novos ingredientes, ou vai tudo para o buraco. Por não estar comprometido totalmente com essas situações de fato, acabadas e feitas, é que o Brasil pode apresentar saídas interessantíssimas. Não há nenhum país com a nossa postura: não explorado, imenso como território, com diversidade de clima, de tudo, e relativamente harmônico do ponto de vista da formação de raça.

IstoÉ_Que papel o senhor está desempenhando entre o poder e a classe artística?
AM_ Talvez o mais importante tem sido o de constatar que as manifestações e representações de uma cultura são diferentes entre si e merecem e carecem de tratos diferentes. Você não pode tratar o teatro como trata o cinema. Você não pode comparar a ação do teatro com, por exemplo, a ação isolada, o trabalho solitário do pintor no seu ateliê. Nesse sentido, é fundamental a ação do mediador, que faz a modulação entre diversas partes, diversos níveis, diversos pesos.

IstoÉ_A saída do ex-ministro Eduardo Portella facilitou ou dificultou seu trabalho?
AM_Não vejo as coisas assim. Portella é um homem interessantíssimo, singular, que inaugurou uma nova fase. Ele lutou sozinho. Foi um minis-

tro solitário dentro de uma máquina dificílima de gerir, uma máquina completamente desconhecida. A cabeça comandava, mas o corpo carecia dos braços, das pernas, enfim, do instrumental. As ideias dele foram muito importantes para um grupo de pessoas. Ele foi um sopro novo.

***IstoÉ*_**E Rubem Ludwig?

AM_ Em primeiro lugar, é uma das pessoas mais inteiras que tenho conhecido. Isso é frequente nos soldados. Soldado, para mim, é Botelho de Magalhães,[1] são homens de total responsabilidade social e que se apresentam de uma maneira profundamente direta. Quando o procurei, foi para expor o que ele já tinha acertado com Portella, ou seja, a trajetória que tinha sido inaugurada na minha área e que era a de puxar o bem cultural patrimonial daquela estagnação. Disse-lhe: "Ministro, existem duas vertentes para entendermos melhor os fenômenos da cultura: uma, que é a patrimonial, e outra, que é a criação do bem cultural. Proponho que se dividam essas áreas em duas secretarias." Ele concordou, mas, como é um homem de Estado-Maior, percebeu o que não percebi e me disse: "Não hesite. Caminhe na direção de uma só secretaria. Com um só comando, você terá uma visão de conjunto dos fenômenos." Ele tinha razão. Todo mundo sabe que a área cultural no Brasil vivia completamente fragmentada, era um arquipélago maluco de instituições. Mandava mais quem tivesse mais possibilidade de acesso ao poder, conseguia mais dinheiro quem tivesse mais rapidez na sua gestão. É claro que houve tentativas de racionalizar isso. Portella foi importantíssimo, porque trouxe uma reformulação conceitual, acendeu uma série de letreiros.

***IstoÉ*_**Por que ele caiu? Por falta de molejo político?

AM_Não, ao contrário. O Portella é um extraordinário político. Ele se sustentou solitário dentro daquela sala durante dois anos. Pressões de todos os lados.

***IstoÉ*_**Mas ele não fez alianças, não é?

AM_O que careceu ao Portella foi a infraestrutura. Se ele tivesse tido uma infraestrutura, um grande secretário-geral, como é o Sérgio Pas-

1_Trata-se de Benjamin Constant Botelho de Magalhães, positivista, um dos articuladores do movimento republicano de 1889.

quale, ou como teria sido o Roberto Cavalcanti se tivesse aceito, em outras palavras, se Portella se tivesse mantido na sua postura de ministro, sendo a cabeça de um sistema alimentando o sistema verdadeiramente operacional, ele não teria caído.

***IstoÉ*_**Ou se tivesse aliados fortes como o senhor. Primeiro o general Golbery do Couto e Silva, agora Ludwig. Nesse sentido, o senhor é mais político do que ele, não?

AM_Não colocaria as coisas assim, não. Primeiro, porque acho que as alianças políticas são obtidas através de um processo de aprendizado, longo, contínuo, de aproximação. Não é uma coisa solta. Isso seria conchavo. Portella não era um homem de fazer concessões para manter-se politicamente. Se, no meu caso, se atribui o que você disse com tanta ênfase, isso não foi obtido com conchavo. É o resultado de longa, determinada e paciente persuasão para uma ideia. O meu diálogo com o ministro Golbery foi construído a partir de 1975, a conselho do ministro Severo Gomes. E não há ninguém melhor que Golbery para dar a uma ideia forma e conteúdo admiráveis. Ele tem uma memória incrível e total e absoluta isenção. Nunca se ouve do velho uma solução. Você apresenta o problema, ele ouve, estica, puxa, repuxa e aí você encontra a solução. Então, ele apoia. O Severo foi também um grande interlocutor. Karlos Rischbieter foi outro.

***IstoÉ*_**O senhor citou três ex-ministros, sem contar o Portella, aos quais sobreviveu. Acha que sobreviverá à máquina burocrática do MEC?

AM_ Na época do Portella, eu simplesmente não entrei na estrutura. Se eu entrasse, não conseguiria fazer o que precisava ser feito. Fiz a Fundação Nacional Pró-Memória. O ministro Delfim não queria, o ministro Golbery não queria, ninguém queria. Não se criaram mais fundações no Brasil. Era preciso que o Congresso estudasse o assunto e, se ele desse licença etc. etc. Tudo foi feito entre Portella e eu, dialogando, sem nunca dar entrada num papel do MEC. Hoje, tornou-se transparente, foi arejado, ficou mais leve. Para realizar essa grande reforma do MEC era necessário um ministro forte, em dois sentidos. Forte politicamente dentro da estrutura do sistema. Uma prova: Ludwig foi o único ministro a receber do presidente da República um decreto para reformar o MEC. E forte do ponto de vista da personalidade.

IstoÉ_O senhor está encontrando muitas resistências?
AM_ Exatamente as inevitáveis. Quando se bole nas estruturas, quando se tenta realmente ver as coisas de maneira mais clara, há as grandes adesões e as grandes resistências. Estou sendo atacado pelos dois lados: há os que acham que eu dou ênfase demais à preservação e há os passadistas, que me acusam de preservar de menos. Acham, por exemplo, que Ouro Preto é uma cidade arqueológica, morta, imutável. Qualquer modificação na cidade é considerada um crime. Eu acho que não. Ou a cidade é viva, tem sua vida própria, a sua dinâmica, ou então não tem sentido. O problema é como equilibrar a preservação e a evolução. Recentemente, em Paris, defendendo Ouro Preto, fui defrontado com a seguinte questão: "Como é que o senhor vai resolver o problema da preservação de Ouro Preto, quando vocês têm a Açominas sendo construída?" Respondi que o Brasil é um país em desenvolvimento e não pode fugir da ideia de que as coisas vão acontecer. Ao lado da catedral de Chartres não acontecerá mais nada, mas, em Ouro Preto, como é que você vai proibir? Tem é que lutar para criar proteções, regulamentar, disciplinar etc. Não será possível fazer com que o ciclo do aço seja benéfico? Não podemos esquecer que foi o ciclo do ouro que construiu Ouro Preto no século XVIII.

IstoÉ_No plano da produção cultural, o que houve de importante provocado pela abertura política?
AM_O que aconteceu foi o que inevitavelmente aconteceria no momento em que se soltam determinados canais, em que a imprensa se torna livre. Há então essa espécie de sensação de desafogo. Mas o núcleo verdadeiramente fundamental da criatividade, esse não creio que tenha sido modificado, nem é o caso. O que eu acho que está sendo modificado, a médio e a longo prazo, é a consciência do Brasil. Costumamos falar do Rio e de São Paulo e nos esquecemos do que chamamos de resto.

Há pouco estive salvando a estrada de ferro Madeira-Mamoré. É comovente ver o que é a estrada de ferro, o que foi no começo do século para aquela coletividade, com carência de tudo, no meio de uma selva, passar a construir, sofrer a construção, morrer de malária, um horror que foi. Agora mesmo estou tombando a única fábrica de vinho de caju do Brasil. Antigamente, só se tombava prédio antigo. Existe, na Paraíba, uma fábrica de vinho fundada em 1890, Vinho Celeste, excelente do ponto de vista da evolução de uma tecnologia própria. Pois bem: está falida por causa de insumo, de estímulo, por pressões das coca-colas da vida. Em 1942, existiam dezesseis dessas fábricas só na Paraíba. Na década de 1950, o Instituto de Nutrição de Pernambuco já tinha estudado o imenso valor de proteínas da farinha de castanha de caju. A paçoca com açúcar é uma coisa tradicional e popular na alimentação das crianças do Nordeste. E essa merenda não está incluída no programa de merendas do Ministério da Educação.

***IstoÉ*_**Por tudo o que foi dito, fica a impressão de que o senhor não "está" secretário, "é" secretário.

AM_ Procede. Em todas as minhas ações há determinação. Às vezes fico preocupado para saber se esse objetivo teria lados mais negativos, como o Poder, por exemplo. Dinheiro não é, está na cara, porque se eu estivesse fazendo design nessa altura dos acontecimentos... Quem sabe não há um sentido muito grande de construir, estar na frente tentando construir algum tipo de coisa. Por isso é que acho graça quando me chamam de passadista.

EDUCAÇÃO PERMANENTE

Meus amigos participantes deste Congresso: não sendo pessoalmente bibliotecário e não sendo também documentalista *strictu* sensu, entre correr o risco de ser demasiadamente formal, didático, na abordagem deste tema, prefiro correr o risco de trocar ideias, de apontar hipóteses, e de pedir a vocês que sigam este raciocínio na busca de um entendimento, na busca da formulação de linhas de conduta em relação a este tema, "a educação formal e a biblioteca", o que talvez seja mais válido do que propriamente uma exposição linear e didática sobre este mesmo assunto. Creio que na base de toda esta reflexão acumulada no espaço brasileiro sobre a biblioteca e a sua função pública no sentido genérico, cabem algumas questões, cabe uma série de indagações e talvez reavaliações, retomadas e revisões conceituais.

Porque me parece importante, prudente e necessário que algumas ideias sejam colocadas, no sentido de rever conceitos demasiadamente explícitos ou demasiadamente formais. A própria noção de educação formal e educação não formal ou informal precisaria, a meu ver, de algumas elaborações e reflexões.

Se partimos da ideia de que o processo de conhecimento, de que o processo educativo como um todo, de que a formação do cidadão, é uma coisa única, é uma unidade em si, vemos que o importante não é alfabetizar no sentido formal da palavra, que o importante não é letrar o indivíduo, que o importante não é suprir uma lacuna que possa existir na formação do homem, mas o importante é prepará-lo para a vida democrática e livre, que o importante é dotar o cidadão dos apetrechos, dos requisitos que são indispensáveis a uma ação do homem integrado ao seu contexto, à sua cultura. Temos, portanto, a rigidez; temos, portanto, o formalismo, a cristalização de determinadas palavras em torno de conceitos.

Pronunciamento no XI Congresso Brasileiro de Biblioteconomia e Documentação promovido pela Associação Profissional de Bibliotecários da Paraíba, João Pessoa, em janeiro de 1982.

A própria ideia de educação permanente, a meu ver, vem abalar, vem demolir até, se é o caso, o conceito de educação formal e educação não formal. Porque se, na verdade, a educação permanente pretende essa ideia da integração completa do homem ao conhecimento, sobretudo ao conhecimento do universo do conhecimento próximo a ele, que lhe interessa como cidadão, se este é o espírito da educação permanente, temos que ter muito cuidado com a dicotomia do que é uma coisa formal e do que é uma coisa informal. Ambas as formas de aprendizado e de conhecimento são igualmente válidas e provavelmente a educação formal é a educação no seu sentido mais tradicional e permanente, correndo muito mais o risco de rigidez, o risco de uma fixação demasiadamente formal, formalista, quebrando, abalando, diminuindo toda a possibilidade de invenção e de liberdade. Por outro lado, a educação informal sozinha, ou seja, o *laissez-faire*, o andamento do aprendizado através de um demasiado sentido informal, pode oferecer o risco de privilegiar determinadas áreas, de ser uma formação lacônica, uma formação com especificidades mais fortes e outras mais fracas, em outras palavras, de ser o contrário da educação formal, e ambas as posturas radicais seriam danosas e seriam inevitavelmente deficientes para a formação do indivíduo. Surge, então, a noção de educação permanente.

É nesta própria noção de educação permanente, creio, que cabem muitas questões a serem colocadas, que carecem de explicitações e, sobretudo, a educação permanente carece de ser vista à luz das realidades em que o homem está inserido. Peço licença a vocês para, sem propriamente repetir-me, mas querendo, ao contrário, reiterar certas ideias, contar dois pequenos episódios que ilustram de maneira clara a natureza das minhas inquietações.

O primeiro episódio refere-se a um insistente pedido que recebi na cidade de Tiradentes, Minas Gerais, quando lá estava examinando as obras de restauro da Matriz, para que eu examinasse uma pasta de velhos documentos que esta pessoa tinha guardado. E eu me recusei, resisti muito à ideia de ver os documentos, na medida em que verdadeiramente nós não nos ocupamos da compra genérica de documentos. Não era a minha tarefa. Mas foi tal a insistência que eu, por uma questão de delicadeza, resolvi ceder e examinar os documentos. Era uma série de autógrafos. Havia cartas, documentos de uma certa importância ligados ao Segundo Reinado, mas, no final dessa pasta, me deparei com alguns documentos que me chamaram e que me tocaram profundamente.

Tratava-se de uma série de exercícios, de exercícios escolares, de caligrafia, do príncipe D. Pedro menino. Retive esses documentos que me flagraram de uma maneira muito especial, até que pude entender do que se tratava. É que debaixo, por detrás, escondido no estudo simplesmente formal da caligrafia e de como a letra devia ser um elemento e um indicador simbólico legível, por detrás dessa pura e formal explicação metodológica do aprendizado do escrever, por detrás de tudo isto se escondiam conceitos. E o príncipe tinha que escrever e repetir dezenas, centenas de vezes, aquelas frases, para que ele aprendesse a escrever corretamente, mas que provavelmente era muito mais importante que ele aprendesse do ponto de vista conceitual. "O príncipe deve fazer tal coisa; o príncipe não deve fazer tal coisa." "É próprio ao príncipe comportar-se dessa maneira; é próprio ao príncipe não se comportar dessa maneira." E o que se deduzia disso é que se tentava fazer a cabeça do príncipe. Se tentava impingir na cabeça da criança indefesa, aberta, sensível, plasmável a qualquer pensamento, se procurava fazer a cabeça do príncipe, lhe enchendo a cabeça de ideias preconcebidas.

Isso me deixou perplexo diante da realidade de constatar que existe uma educação do príncipe, e essa educação do príncipe é, de certo modo, aquela a que todos nós fomos submetidos, ou seja, as ideias, os conceitos, as frases, os textos, os livros são, em grande parte, impostos ao aprendizado sem que uma maior verificação, sem que uma mais profunda análise da adequação deste texto, da propriedade desta informação, da adequação deste conceito, seja verdadeiramente a educação do homem. E, por contraponto, imaginei a situação contrária; numa forma dialética entre a educação do príncipe e o que eu chamei a educação para a liberdade.

A educação do príncipe é de cima para baixo e obedece a todo um programa impositivo, compulsório, do conhecimento e da criança.

A educação para a liberdade é livre, é espontânea, é feita à base de um aprendizado direto com a realidade. É de baixo para cima.

A educação do príncipe pretende a continuidade do processo civilizatório, mas nessa continuidade se mascara a ideia da permanência, do controle, da inevitabilidade de uma continuidade formal do aprendizado do homem.

A educação para a liberdade, ao contrário, leva-o ao experimental, leva-o ao real, leva-o ao contato verdadeiramente com as coisas.

A educação do príncipe impõe conceitos, a educação para a liberdade faz com que o homem experimente realidades, entre em contato com formas reais e próximas a ele e só *a posteriori* leve a conceituações.

Em tudo é o oposto, uma da outra. Essa reflexão acho que nos interessa fazer. Está na hora de um país como o nosso, o Brasil, uma nação com as nossas potencialidades, se aperceber de que não deve temer e de que não deve dar continuidade às coisas por imposição, mas que deve procurar refletir, e da reflexão encontrar o seu próprio caminho.

Nada mais importante na nação brasileira de hoje do que a introdução do conhecimento na cabeça das crianças. Não há nenhum produto nacional bruto, não há nenhuma forma de economicidade, não há nada no que diz respeito às dinâmicas desenvolvimentistas do processo civilizatório tecnocrático, que tenha mais importância para o nosso país do que a introdução correta do conhecimento na cabeça das crianças.

E é naturalmente à base disso que o processo de conhecimento, assim visto, depende enormemente, extraordinariamente, das pessoas que introduzem esse conhecimento e dos instrumentos necessários a que esta trajetória seja corretamente desenvolvida.

Fala-se muito na ideia de que a leitura é um hábito adquirido logo no início, em que a criança entra em contato com as formas de conhecimento.

E talvez nesse sentido é que se deva chamar educação formal, ou seja, tomar no sentido verdadeiro da palavra e não cairmos no risco da cristalização do conceito da educação formal como sendo, simplesmente, a educação impositiva, compulsória, mas sendo a maneira de atrair a criança no seu universo imaginário, no seu universo da visão dos fenômenos do mundo, de maneira total, de mostrar à criança que esse conhecimento profundamente afetivo, emocional, vivencial das coisas, necessita e carece de uma certa ordenação.

Nesse sentido, a palavra formal me parece absolutamente correta. Mas é preciso que essa ideia do formal em nada prejudique o que se chamaria de leitura voluntária, por exemplo, que é justamente uma expressão cunhada nas necessidades de modificar a ideia da leitura ou do conhecimento formal.

Toda vez que o homem sente a necessidade de criar uma coisa nova é porque a sua forma de utilização anterior estava errada. Não precisaríamos falar de leitura informal, não é necessário que se classifique, que se especifique que a leitura informal, espontânea, é muito mais rica e muito mais correta. Esta é a única maneira da leitura.

Então, a dicotomia é criada por nós, pelo acúmulo de erros, pela rigidez e fixação de conceitos onde não deveria haver. Onde o fluir do conhecimento, a troca, o jogo de vai e vem entre o jovem e o adulto se fizesse num fluxo natural e espontâneo. Esta é a única e verdadeira forma de aprendizado. Ainda mais: nos exemplos da dicotomia ou do contraponto entre a educação do príncipe e a educação para a liberdade, existe algo que me parece muito importante de ser relembrado, o fato de que o aprendizado para a liberdade é geralmente feito através dos ofícios. Do exercício direto do aprendizado, do fazer, desse aprendizado acumulativo. Do aprendizado do ofício é que emerge posteriormente a capacitação de uma consciência nítida daquele fazer ou daquele conhecimento e, consequentemente, conceitos podem ser emitidos.

Ainda sobre a relação entre leitura, educação formal e informal, leitura voluntária e leitura compulsória, penso que seria muito importante nós tentarmos fixar de maneira mais clara o problema que eu chamaria "a pega" da leitura. O momento em que a criança adquire, aprecia, entende e valoriza o hábito da leitura. Esta pega é o momento definitivo na orientação e no sentido do aprendizado desta criança. Ou ela se faz e a criança terá uma grande probabilidade de emergir, ao longo de seu processo de vida, de maneira mais harmoniosa, ou esta criança terá tropeços e dificuldades e muitas vezes até a total impossibilidade de um conhecimento mais ordenado. Mesmo que a pega e o hábito da leitura venha a ser feito ao longo de outras idades que não a inicial, o indivíduo, o adolescente, o homem, só terá, inevitavelmente, a perda da leitura no seu tempo próprio.

É que, na verdade, meus amigos, existem coisas que devem ser lidas numa determinada idade. Existem coisas que não adianta se querer antecipar à leitura, como existem coisas que, se perdermos o momento correto da sua leitura, esse ser humano está inexoravelmente sacrificado da gratificação de ter lido na hora certa as coisas do seu tempo. Isso é tão verdadeiro que nos leva a poder afirmar, com absoluta segurança, que, se a leitura foi feita no tempo adequado, nunca mais o indivíduo perde o prazer e o deleite de reler esse texto. Mas a recíproca não é verdadeira.

Outro ponto a ser examinado é a situação em que todo o formalismo que se procura tomar como básico e que às vezes a gente tem que aceitar na inexorabilidade do tamanho do Brasil, na inexorabilidade dos imensos problemas que nós temos de defrontar, esse formalismo pode tomar prevalência, na medida em que é difícil. É muito mais simples estruturar-se uma educação à base de conceitos extraordinariamente fixos, tidos como imutáveis, do que a construção de um processo de aprendizado à base da liberdade. Isso nos leva, no caso brasileiro, a uma consequência absolutamente inexorável: a descentralização.

Em um país com este tamanho, com essa diversidade de composições étnicas, com a diversidade de climas, de situação geopolítica e geoeconômica, não é possível se pensar numa forma centralizada de aprendizado. Dessa forma, centralizar significaria a morte do país, a morte da liberdade.

Isso não sou eu quem diz, isso está implícito em conceitos de outras áreas do conhecimento, como a física, por exemplo, onde está provado que há um grau de heterogeneidade e de vida do sistema energético que faz esse sistema poderoso e permanente.

E na medida em que esse sistema heterogêneo diminua o seu grau de diferença e de diversidade, ele entra em declínio e vai até à morte. A homogeneidade é a inverdade.

Todas as camisas são iguais, todas as calças são iguais, todos os talheres são iguais, todas as comidas são iguais, todos os sabores são iguais e assim sucessivamente. Essa homogeneização do homem é insuportável à sua própria natureza e faz com que a decadência, a perda de energia e de força se instale e se instaure no processo civilizatório.

O que tem um país como o Brasil a ver com isso?

Certamente a nossa maior riqueza é a nossa diferença, a nossa diversidade é a nossa heterogeneidade. Este é o grande tesouro que o Brasil contém. E o que nós estamos assistindo é uma corrida, já nessa altura bastante acelerada, na direção contrária à manutenção deste universo riquíssimo, ou seja, o aceleramento de uma corrida em busca da homogeneidade, das educações formais, dos modelos preestabelecidos, das coisas tidas como imutáveis e permanentes.

O crescimento dói e o crescimento tem que ser à base do aprendizado, tem que ser à base das diferenças das formas peculiares de cada contexto cultural da nação. É uma tarefa extremamente difícil e não corresponde a muitas das necessidades, das pressões desenvolvimentistas, na medida em que é inevitavelmente mais lento.

Aí entra o conceito de educação permanente. Mas qual educação permanente? Em que contexto estamos falando? Em que nível sociocultural da comunidade? Em que parte, em que pedaço da nação brasileira queremos aplicar a noção de educação permanente?

Quis vos falar de várias educações permanentes, de inúmeras formas de educação permanente na diversificação dentro do diverso espaço cultural brasileiro. Qual é a forma de educação permanente para uma comunidade próxima às dos nossos índios que, infelizmente, continuam separados da sociedade nacional? Que tipo de educação permanente tem que se aplicar ao cidadão de São Paulo, do ABC de São Paulo, do extraordinário movimento de modificação tecnológica que se processa nessa região? Evidentemente, não são os mesmos. Evidentemente não têm a mesma forma e estrutura. Educação permanente sim, mas educação permanente absolutamente adequada às diversas realidades culturais do contexto brasileiro.

O universal não é apenas o igual. O universal é o diverso que se estende, que se interfaceia, é como um cristal de múltiplas faces e, de cada face, a luz e o sol remetem o seu raio de compreensão.

Finalmente termino com uma pequena história, como comecei. Uma história parafraseada de Guimarães Rosa. Numa pequena cidade do interior de Minas Gerais, uma pequena escola cumpre o seu ofício diário. A professora, para atender a sua classe, caminha diariamente cinco quilômetros para ir e cinco quilômetros para voltar, porque não há outra forma de acesso ao lugarejo. O salário que recebe esta professora – esses dados são um pouquinho antiquados, têm dois ou três anos, era de Cr$ 125,00 por mês. E assim mesmo ela não deixava de comparecer diariamente ao seu ofício. Na pequena classe, composta de crianças da redondeza, havia um menino chamado Miguilim que era uma criança à parte.

Miguilim era remelento, preguiçoso, não aprendia nada, não conseguia se fixar nas coisas. E era já tido como um caso sem jeito. Quando um dia passa pelo lugarejo um médico e resolve visitar a escola e, na visita, mostram a ele Miguilim como exemplo do impossível de ser resolvido. E o médico examina a criança e diz simplesmente o seguinte:

– Esse menino é míope! E Miguilim ficou, ou seja, o médico foi embora, as coisas continuaram no seu ritmo, e Miguilim remelento, triste, solitário, continuava na escola. Meses depois, o médico volta a esse lugarejo e traz no bolso um par de óculos. Vai à escola e põe os óculos no nariz e na cara de Miguilim.

E aí o extraordinário e miraculoso fenômeno: Miguilim passa a ver e Miguilim vê os colegas, a professora, a escola, o ambiente, olha pela janela e vê o espaço, as plantas, as coisas, volta para casa, reconhece o pai, a mãe, os irmãos e Miguilim vê a paisagem e Miguilim nunca mais voltou à escola! O real, o seu contexto, era muito mais forte, muito mais poderoso do que o que lhe ensinaram na escola. Até que ponto nós estamos fazendo progredir "Miguilim" nas nossas escolas?

E que falta faz o médico que lhes traga os óculos! Até que ponto a nossa responsabilidade é justamente a de identificar a alegria das nossas crianças e deixá-las ver a realidade? Até que ponto a evasão escolar do nosso país, que atinge em certos contextos a 60% – 60% das crianças que ingressam no primeiro ano do 1º ciclo não chegam ao 4º ano –, até que ponto a responsabilidade está sendo nossa, de não criar dentro da escola o universo que Miguilim de óculos passou a ver?

Acho que o meu recado é esse, podemos passar agora a conversar mais livremente sobre o assunto.

BIBLIOTECA NACIONAL: A CIVILIZAÇÃO DESEJÁVEL

A Biblioteca Nacional será o grande centro do sistema de informação brasileira, para ela juntar, a este aspecto maravilhoso, toda a sua riqueza, a mais alta e representativa estrutura do Brasil em termos de livros, a partir das coleções iniciais de D. João VI, como se ela não pudesse ser o seu oposto. Atualizado, novo, eficiente, servindo ao Brasil, sendo utilizada pela massa, que é hoje tão grande, de estudantes, intelectuais que necessitam das informações contidas naquele tesouro, por que este tesouro teria que ficar silencioso, parado no tempo? Marcado como um centro cultural passado? Não existe em termos projetivos, que seja vasto e maravilhoso, e que não seja baseado justamente na trajetória, na referência pretérita do povo. Não adianta imaginarmos que vamos construir um país harmonioso, um país à altura da nossa riqueza total, física, da nossa harmonia inclusive étnica, por mais que se diga que há preconceitos no Brasil, que é muito menos do que em qualquer outro lugar. Não é possível construir este país de uma maneira verdadeiramente harmoniosa se não nos basearmos nos componentes que interagem no contexto nacional.

É por isso que, quando, às vezes, dizem que eu só me preocupo com o passado, eu digo que é exatamente o contrário. Só me preocupa o futuro. E é por isso que o passado assume, e só poderia assumir, a sua verdadeira posição. É preciso devolvermos a comunidade brasileira os tesouros guardados, estes admiráveis antecedentes nossos, que, não tendo meios, não tendo condições, tiveram a imensa qualidade de terem juntado estas coisas, de terem mantido juntas estas coisas, de terem conservado estes bens.

Está na hora destes bens serem devolvidos à comunidade. Está na hora de eles serem postos a serviço da nação inteira. Não mais a Biblioteca Nacional, na esquina da avenida Rio Branco com a rua Araújo Porto Alegre, mas a Biblioteca Nacional estando fisicamente em qual-

Pronunciamento realizado na Biblioteca Nacional, durante posse da diretora Celia Zaher, no Rio de Janeiro, em 1° de fevereiro de 1982.

quer ponto, ela assume a sua posição de verdadeira cabeça do Sistema Brasileiro de Informação Literária.

E neste momento, meus senhores, não é uma forma, não é uma invenção. O país inteiro se prepara, o país inteiro se posiciona na direção de explicitar-se a si próprio. É preciso não esquecer que os privilégios que nós tivemos a possibilidade de obter nos obrigam a uma responsabilidade social, a um posicionamento certo e preciso, na hora em que o país inteiro se prepara e se organiza para ver a si próprio e assumir as suas próprias responsabilidades. Esta é a grande resposta que nós tivemos ao privilégio de termos assumido isto, à vantagem de termos escapado da morte durante a infância, escapado do que tantos outros brasileiros não escaparam. A nossa responsabilidade social de devolver à comunidade brasileira aquilo que nós sabemos e os bens que nós devemos, oferecendo de volta ao uso comunitário.

Neste sentido, a anistia brasileira tem que se derramar nos aspectos da cultura, dando lugar para que estes bens todos sejam anistiados e, portanto, devolvidos, oferecidos ao uso e ao conhecimento da comunidade brasileira. Somos um país que precisa tomar coragem de assumir isto. Estamos numa situação em que ainda sete milhões de crianças não tem acesso a escolaridade. Um país onde, em algumas regiões do Nordeste, 60% das crianças que ingressam no sistema escolar, no 1º ano do 1º ciclo, não atingem a 4ª série. 60% destas crianças ficam no caminho. São atropeladas pelas vicissitudes, pela miséria, pela fome, pela vida, e vão para o ingresso imediato no trabalho, para que sejam rentáveis à família. Diante deste quadro, a responsabilidade de nós todos que tivemos uma educação de príncipes, que tivemos acesso à informação, tivemos acesso a formas superiores de aprendizado, que conhecemos o estrangeiro, e fizemos o cotejo de nossa cultura com outras civilizações do mundo, é essa a hora que representa o momento inadiável e de enorme responsabilidade de devolvermos isto à comunidade, sob pena de o Brasil continuar caminhando aceleradamente na direção de melhores situações econômicas, científicas e tecnológicas – e nesse caminhar acelerado e inexorável seremos uma grande civilização, não há a menor dúvida –, mas, por culpa nossa que nos ocupamos da parte cultural, se não afirmarmos a nossa posição, transformarmos esta cultura numa de uma civilização rica e sem caráter, sem personalidade, sem alma própria.

Universal não é igual. Não temos que copiar modelos, não temos que aceitar passivamente que se introduza, dentro do contexto brasileiro, um mundo de coisas que não nos interessam, que não são compatíveis com a nossa realidade e com a nossa tradição. Teremos condição de saber fazer a opção daquilo que nos é adequado e daquilo que não nos é adequado? Estamos posicionados, nós que detemos parcelas do conhecimento, capazes de fazer isto, de ajudar a estabelecer esta consciência? Estaremos verdadeiramente comprometidos com isto? Ou [somos] ainda muita gente indecisa e temerosa à espera de um momento ideal, que eu não sei quando chegaria, se cairia do céu por descuido, sem que houvesse a luta diária, tenaz de cada um de nós assumindo o espaço que lhe for oferecido.

É nesta ordem de ideia, Célia, que você pega o barco de um dos pontos mais críticos e mais importantes deste processo. A civilização que pretendemos construir, como qualquer forma de desenvolvimento, depende do livro. É nele que estão codificados, registrados, cristalizados as informações e os conhecimentos anteriores, necessários à formulação de um tempo novo. Nada substitui um livro. Nenhum desses meios novos da tecnologia da comunicação poderá sequer pretender a substituição, porque nada conseguirá substituir a intimidade, a relação especialíssima entre o indivíduo e o livro. Este diálogo silencioso, esta distância entre o olho e o objeto, que é a informação, permite uma relação insubstituível, que pode ser enriquecida por outras, mas que é reincidente.

E mais um risco, Célia, porque, na medida em que nós tivermos o livro cuidado, profissional, na postura que ele deve ter, os outros meios de comunicação tentarão substituí-lo. Há um momento na infância em que ou a criança estabelece a pega na leitura, ou ela será, certamente, prejudicada na sua trajetória. Quando menos, porque quando ela pegou a sua pega, já perdeu na idade os livros que deveria ter lido, porque há livros que devem ser lidos num determinado tempo da formação.

De modo que não preciso me alongar. O que eu quero é enfaticamente afirmar que nós temos uma determinação, que a confiança do ministro Ludwig, do presidente Figueiredo que nos entregou uma área para atuar, e nós estamos atuando. Com todas as dificuldades, com todos os percalços, seguindo, às vezes, inevitavelmente, pessoas ou situações, porque todo lugar envolve este tipo de posicionamento, na esperança de construirmos um pequeno início, sair de uma inércia e entrar numa trajetória onde, através do tempo, da continuidade, as outras pessoas que inevitavelmente irão substituir umas às outras possam dar ao país o caminho mais homogêneo, mais harmonioso para nossos componentes, que determinarão certamente que tipo de caráter que a nação brasileira assumirá.

CACHOEIRA, UM BEM COMUNITÁRIO

Meus amigos, companheiros, colegas da Bahia, reconheço tantos nesse conjunto, tanto os que são autoridades de maior ou de menor importância no meio como aqueles que, não sendo autoridades, também presenciam esta solenidade. Mas a quem eu me dirijo, neste momento, particularmente, são às pessoas, à comunidade de Cachoeira. Não posso ainda chamá-los de meus amigos, na medida em que o contato é o primeiro. Nunca visitei a cidade de Cachoeira.

Curiosamente, queria começar dizendo a vocês que faz exatamente três anos que assumi a responsabilidade do Patrimônio Histórico e Artístico Nacional. Não foi de propósito, não se combinou esta reunião com o intuito de comemorar, nem com o intuito de fazer coincidir uma data com a outra. Foi um simples acaso. E ele é significativo, na medida em que, ao assumir o Patrimônio, nos deparávamos, e a história foi assim, com uma eminência de desastres, com quase desastres, já em parte um desastre a cidade de Ouro Preto. Excessivas chuvas naquela passagem de fim de verão provocaram deslizamentos no equilíbrio geológico do entorno da cidade do Ouro Preto. Encravada que ela está dentro de um conjunto de montanhas, e esses deslizamentos provocaram alguns danos sérios e riscos enormes na estabilidade do grande monumento nacional. Foi, portanto, sob a égide de um desafio muito grande que comecei a minha atividade à frente dos destinos da preservação do patrimônio cultural brasileiro, e conseguimos, como primeira atitude, como primeiro gesto, no impulso intuitivo, chegar à seguinte ideia: por que não irmos a Ouro Preto? Por que não conversar com a comunidade? Por que não nos reunirmos de portas abertas e tentar ouvir os desejos, os anseios, as inquietações que a comunidade deveria certamente exprimir? E pedir e mostrar à comunidade de Ouro Preto que a consolidação daquele monumento não teria sentido se não fosse feita de acordo com a aprovação e com a nítida consciência da comunidade sobre o valor dos seus bens.

Pronunciamento realizado no Seminário sobre Preservação e Valorização do Patrimônio Cultural e Natural da Cidade de Cachoeira, em Cachoeira, Bahia, em 23 de março de 1982

Foi nesta ocasião que eu exprimi, também espontaneamente, a ideia de que não há melhor guardião para o bem cultural do que o seu dono. Aquele a quem esse bem está ligado pela história, pela tradição, por laços de família, pela vida, pelo sentido global de existência de um indivíduo socialmente unido numa comunidade. Porque todos os esforços, todo o esforço, todos os recursos financeiros, todas as metodologias que se possam trazer, através da ação federal, da ação estadual, da ação municipal, eles têm um sentido de apoio tecnológico, de recursos financeiros, de interação com a realidade. Mas, fundamentalmente, é a comunidade quem deve determinar essa política, quem deve participar na escolha, na defesa, na maneira com que deve se proceder dentro de critérios tecnológicos determinados por legislação e competências, o que é que deve ser preservado, como deve ser preservado e, sobretudo, a guarda desses bens.

Não posso deixar de referir aqui, a vocês, que a minha reflexão nesses três anos, paradoxalmente, fica dividida em dois pedaços. De um lado, acho que foi feito muito pouco. Não conseguimos ainda chegar a um nível mínimo de atendimento das necessidades do espaço brasileiro. A consciência das coletividades brasileiras, do trabalho metodológico de todos os técnicos envolvidos nessa área, não chega sequer a representar o mínimo para que já se possa sentir realmente que esse patrimônio está sendo cuidado. Estamos longe disso. Por outro lado, a minha divisão e a minha contradição interna às vezes aponta o contrário. Já foi feita muita coisa, já se modificaram alguns conceitos que precisavam ser revistos, já há atitudes em relação às comunidades, a ouvi-las; a coparticipação acrescenta muito no desenho e no destino dessa preservação. Quando hoje se olha os jornais do Brasil inteiro, quando se ouvem os rádios e se veem as televisões, é surpreendente a quantidade de informação sobre o patrimônio. Mesmo, e sobretudo, quando são denúncias, quando se reclama que o governo não atendeu, que o Patrimônio ainda não resolveu, que a igreja vai cair. São sinais da vitalidade da comunidade brasileira, indicando o seu desejo, o seu empenho de que esse patrimônio seja conservado e seja mantido.

São, portanto – através de uma aparente negação e de uma crítica –, sinais de uma absoluta vitalidade. Sinais positivos na direção de sensibilizarmos a área. O trabalho de quem está na minha posição, como a do Ari, como a do Vivaldo, que somos todos irmãos do mesmo trabalho, é de que a luta é muito grande, porque temos que conscientizar a comunidade para que ela nos apoie e nos peça, e para que o governo nos dê elementos necessários a essa preservação. É uma dupla, contínua e permanente luta. E o apoio da comunidade é imenso, na medida em que ele torna a palavra mais forte, porque é apoiada e estribada num desejo coletivo. Na verdade, o que nós viemos pedir e estamos pedindo às comunidades com as quais nós procuramos interagir, é que nos deem este apoio, esta solidariedade, que é, em última análise, na direção de obtenção de maiores meios, de maiores recursos, de melhores métodos na direção da preservação. É esse o sentido de um encontro como este – já o décimo que nós realizamos nesse período, começando pelo de Ouro Preto, tendo feito Paraty, Olinda, São Luís, e muitos outros que não foram programados por prioridades, a não ser por uma ocasião que se apresentou propícia –, pois não há um critério de valor, não é porque uma cidade seja melhor do que a outra. Foram certos sintomas, às vezes uma ameaça, o que determinou a ordem com que nos dirigimos e nos comunicamos com as comunidades, como fazemos, a partir de hoje, com vocês. São Luís, Porto Velho, Congonhas, Diamantina, Blumenau, Maceió, Cachoeira. E já estão programados São Cristóvão e Belém do Pará.

Em alguns casos, anoto com grande alegria que estas reuniões estavam ligadas a eventos e a monumentos importantes para estas comunidades. Singularmente importantes. Ouro Preto, é óbvio, na ameaça do desastre geológico, do escorregamento das montanhas que soterravam casas e que ameaçavam destruir inclusive os monumentos. O de Paraty idem. Problemas sérios com que a comunidade, também cidade monumento nacional, se debatia em relação à proteção do seu bem. São Luís, nem se fala. Quem de vocês conhecer São Luís há de concordar comigo de que se trata talvez de um dos mais preciosos conjuntos de arquitetura brasileira. Em tamanho, maior que o Pelourinho. Completamente abandonado, totalmente degradado. É a pobreza quem salva São Luís. São as prostitutas que vivem naqueles prédios, são pessoas de renda menor possível que habitam esses casarões e que, em última análise, se não fossem essas pessoas, é provável que a ruína já tivesse se estabelecido totalmente.

Como conseguir recursos, como conseguir métodos, tecnologia para atacar problemas tão grandes. São desafios, são terríveis problemas de prioridades que têm que ser pensados, que têm que ser tomados, que têm que ser assumidos. Não digo isso a vocês de Cachoeira para minimizar, talvez, a pequena assistência que se tenha dado até agora a esta magnífica cidade. Mas, para que vocês compartilhem conosco, entendam conosco a imensa dificuldade que é a de quem tem que lutar para preservar as coisas do passado. É preciso, inclusive, que se diga que países jovens como o Brasil tendem, frequentemente, a uma noção de progresso de só olhar para a frente, à evolução rápida e acelerada na direção e no desejo de um maior bem-estar da sua comunidade.

Mas esse olhar para a frente é um olhar curto. É um olhar pequeno. É um olhar míope, que procura ver só as coisas de atendimento imediato. Melhorar o padrão de vida, melhorar certas necessidades econômicas. Enfim, tudo aquilo que é legítimo, que é necessário, que é fundamental na vida de cada um de nós, de cada ser humano, procurar o seu bem-estar. Mas, muitas vezes, isso dá uma miopia e, nesse afã, e nessa luta de mudar, de olhar para a frente, esquecem-se de que o verdadeiro olhar para frente, que a única e absoluta maneira de se ver a longo alcance e atravessar o horizonte mais longo, não pode prescindir do passado. Só se pode fazer o novo a partir daquilo que você é. Não creio que no fundo de cada um de nós, na sociedade brasileira, exista o desejo de resolver o problema do Brasil apenas na base do Produto Nacional Bruto, apenas na base de melhorar um pouco o padrão de vida de cada um e, eventualmente, o país vir a ser relativamente rico mas sem alma e sem caráter. Não acho que isso esteja dentro dos objetivos fundamentais de nenhum de nós. E não é possível esse desenho para frente, essa visão do novo, verdadeiramente novo, solidamente novo, se não estiver baseada naquilo e naqueles indicadores que foram frequentemente repetidos, reiterados através do nosso processo histórico.

Costumo usar uma imagem que repito para vocês. É a do badoque, pelo menos em Pernambuco chama-se assim, ou do estilingue. A pedra vai mais longe de acordo com a elasticidade da borracha e do recuo que se pode dar ao gesto de lançar a pedra. Se a Bahia não entender Cachoeira, se a Bahia não analisar, não estudar, se as novas gerações, se o nosso estudante da Universidade, os rapazes e as moças que são responsáveis, mais e mais serão responsáveis pelo destino da nação, não tiverem um lugar para estudar as verdades, os pontos de referência, os componentes básicos do princípio dentro da história da nação brasileira, o estado da Bahia, a região do Recôncavo; se esses jovens não tiverem à disposição deles – e essa é a nossa obrigação; a capacidade de devolvermos, a esse pessoal, o contato com essa realidade guardada e escondida. Não tem sentido a memória apenas para guardar o passado. Não tem sentido que esses documentos e que os bens fiquem apenas porque foram belos e foram úteis no passado. É preciso que eles voltem a ser úteis, é preciso que eles estejam à disposição do pessoal moço que precisa entender esses componentes, para poder entender o que se deve fazer desse país. E é nesse sentido que a tarefa da preservação do patrimônio cultural brasileiro, ao invés de ser uma tarefa de cuidar do passado, é essencialmente uma tarefa de refletir sobre o futuro. E muito pouca gente, e são poucas as áreas no nosso país que estão preocupadas com esse tipo de reflexão.

É verdade que estamos diante de problemas muito complexos, temos que apagar incêndios, temos que resolver problemas terríveis, balanço de pagamentos, inflação... Tudo isso que constitui essa realidade impressionante do dia a dia de nós todos, os homens brasileiros, é opressivo e é terrível. Mas não sairemos desse buraco, não conseguiremos construir um desenho projetivo do Brasil, nenhum modelo que seja verdadeiramente importante para a nação brasileira se isso não for feito à base daquilo que nós somos, da referência da nossa identidade. De forma que a nossa mensagem, de nós que nos ocupamos da preservação do bem cultural, é uma mensagem projetiva, é uma mensagem para o futuro, que nada tem a ver com o saudosismo, com os componentes de uma memória apagada e morta, guardada por uma questão puramente de saudosismo.

Há, portanto, um caráter pragmático, fundamental dentro do processo do povo brasileiro vir a ser uma nação forte, independente, autônoma, autêntica. O conhecimento e a devolução daquilo que constitui o nosso patrimônio. É insuportável que uma nação tão rica hoje, que um país capaz de construir Itaipu, que um país com feitos admiráveis em tecnologia, já num avanço admirável em muitos dos indicadores do aparente progresso das nações tecnológicas do mundo de hoje, não saiba cuidar do seu patrimônio. É insuportável que a Biblioteca Nacional no Rio de Janeiro, com a riqueza que ela contém, com os livros da coleção de D. João VI, que hoje são preciosos na própria Europa, que essa biblioteca esteja entregue a um completo abandono, há trinta anos sem renovar os quadros de competência; 450 mil livros estão numa das galerias e ninguém sabe que livros são, não se sabe o que é aquilo. Há mais de trinta anos que estão guardados e ninguém sabe o que tem ali. 450 mil livros. É insuportável que o Museu Nacional da Quinta da Boa Vista, que é um museu de ciência, que é um museu que guarda aquilo que nós temos, através do processo histórico, no diz respeito à biologia, à botânica, às ciências do homem, esteja abandonado e não esteja capacitado para devolver à juventude brasileira o conhecimento desses bens. A Sala de Botânica, eu vi, com os meus olhos, é um imenso salão, muito maior do que esta sala aqui, cheia de latas muito grandes, umas sobre as outras, são mais de seis milhões de espécimes vegetais guardadas em folhas e que não estão catalogadas. Como é que se pode imaginar que a juventude brasileira, que os jovens universitários brasileiros, aqueles que tiveram o privilégio de atingir a universidade, como é que se pode imaginar que essa juventude se interesse por botânica, num país tropical, num país onde tudo levaria à grande curtição do verde, como é que se pode atrair a atenção desses jovens se essa coleção admirável de botânica não está à disposição do conhecimento deles? São folhas mortas, são caixas de guardados, porque faltam ser classificadas, faltam ser preparadas para que o jovem possa ter acesso a essa informação.

E é por isso que este arquivo, que esta casa, que nós fizemos favor nenhum em entregar à comunidade da Bahia, para que abrigue este arquivo regional, esta casa que é nossa e representa o fruto da previsão admirável de homens como Rodrigo Melo Franco de Andrade, que nunca deixou de, a cada passo, quando se apresentava a hipótese de guardar um desses bens, adquiri-los, e agora restaurada é devolvida à comunidade do estado da Bahia, para que sirva de ponto focal, de lugar aonde serão guardados para serem vistos, lidos manuseados, microfilmados, elaborados, plastificados, aqueles componentes que são parte fundamental da história da Bahia.

Acho que não preciso continuar. Teremos esses dias para conversar, para ouvir vocês, sobretudo, como veem os problemas, as dificuldades, as lutas, e também se interarem dos nossos problemas, das nossas dificuldades, para que se chegue a um ponto de referência, de contato, em que o patrimônio, o cuidado e a preservação do patrimônio cultural brasileiro não tenha nada de policial. Não tenha nada de ser obrigado por lei, não tenha nada de ser uma coisa de cima para baixo, mas que seja uma coisa integrada à realidade, parte de vocês. Seja aquilo que a comunidade, interagindo com os que estão com a responsabilidade, possa ter acesso e usufruir daqueles bens. Acho que amanhã começaremos a detalhar melhor essas ideias, que eu deixo hoje apenas como um sinal, como uma mensagem que corresponde ao meu terceiro ano de responsabilidade sobre o patrimônio cultural da nação brasileira.

MUSEUS NO BRASIL, UMA LUTA PERENE

Museólogos do Brasil, não me sinto estranho à categoria, não me sinto como alguém que chega e assume eventual e episodicamente, na estrutura do governo, uma posição que pode ser tida como uma tentativa, ou uma primeira tentativa, de um congraçamento da área cultural em termos de uma visão de conjunto.

Justamente dentro desses conjuntos que constituem os bens culturais, sua guarda e proteção, bem como o papel do Estado como gestor de uma política, a área de museus não me é estranha, por vários episódios da minha vida, por vários momentos de intensa participação ou coparticipação na área. Talvez fosse até bom lembrar que, na trajetória da formação que me foi dada como privilégio – e digo privilégio porque, quando a gente tem condições de ter acesso à informação, é ainda para a gente um luxo de privilegiados –, talvez fosse bom lembrar a vocês que, na trajetória da minha formação, houve um episódio marcante que é justamente a minha ligação com museus.

Saí da Faculdade de Direito do Recife como Bacharel em Ciências Jurídicas e Sociais, como todo pernambucano que, não sabendo o que queria fazer na vida, antecipava essas decisões com uma formação universitária à base da Faculdade de Direito. Saindo dessa escola com uma visão conjunta, acadêmica no sentido melhor da palavra, de interesses mútuos pela literatura, pela música, pelo cinema e sobretudo pelas artes plásticas, escolhi e obtive uma bolsa de estudos do governo francês justamente ligada à área de museus. Frequentei durante um ano e meio o curso de museologia do Louvre, que naquela ocasião tinha um curso especial, um curso paralelo, mais abreviado, evidentemente mais conciso, a nível de formação internacional. De forma que, a partir desse gesto, de certo modo escondido dentro da minha formação humanista, existe bem no começo este vínculo.

Conferência proferida no VII Congresso Nacional de Museus, promovido pela Associação Brasileira de Museologia, realizado no auditório do Serviço de Documentação Geral da Marinha, no Rio de Janeiro, em 18 de maio de 1982.

Portanto, não é no sentido de nenhuma vanglória, mas no sentido objetivo de coparticipação, que eu quis começar esta conversa com vocês lembrando esse episódio, lembrando esse compromisso. E posteriormente, em vários momentos, em várias circunstâncias, a minha ligação com a área museológica existiu mesmo no campo da prática, no campo concreto de experiências e realizações. Na década de 1960, com muito orgulho, eu desenvolvi o projeto de uma sala especial no Museu do Açúcar, em Pernambuco, que representou uma experiência muito rica e muito forte na órbita de concepção, organização e realização de um momento museológico. E assim, sucessivamente, este meu vínculo é, como eu disse, um compromisso.

Lendo recentemente um artigo sobre um assunto totalmente diverso, me ocorreu, me ocorre agora, lembrar a vocês esta história: um longo artigo no *Jornal do Brasil* sobre ensino primário no estado de Minas Gerais. O artigo desenvolvia toda uma teoria, todo um raciocínio, sobre a pobreza do ensino primário em uma determinada região do Brasil. Dizia que as professoras não tinham capacitação, que a formação era muito precária, que elas detinham pouco mais do que um curso primário. Enfim, era uma longa história em que se lamentava, em que se mostrava, em que se apontava a precariedade do ensino básico nessa região do Brasil. E curiosamente, meus amigos, eu li esse texto ao contrário.

Para mim a leitura foi outra, que era essa coisa formidável: que, nesse interior do Brasil, tão longe, essas mocinhas, com grande dificuldade, percorrendo a pé cinco a seis quilômetros para dar aula, ganhando em alguns casos 250 cruzeiros por mês, não desistem, afirmam e dão continuidade ao processo histórico de melhorar o nível de conhecimento da nação brasileira. Esse episódio ou essa interpretação, quero também transmitir a vocês para mostrar que o problema da diversificação de meios é fundamental. Nós temos que lutar por ele, mas o essencial não é esse.

O essencial é a determinação de se ocupar de um problema, é a fidelidade a uma causa, é o compromisso de assumir esta causa. A pequena história das professorinhas de Minas Gerais eu posso perfeitamente, como analogia, transpor a vocês. À museologia no Brasil, ao admirável esforço, à pertinácia, à continuidade, ao amor, à dedicação, ao respeito com que ao longo desse espaço imenso todos vocês lutam para preservar os componentes fundamentais da cultura brasileira, dando a eles a melhor proteção, o possível dinamismo, a possível vivacidade, a possível devolução à comunidade debaixo de condições as mais difíceis, debaixo de restrições, de limites, às vezes quase insuportáveis. Mas, na verdade, meus amigos, se não fosse o esforço, às vezes isolado, solitário, de alguns brasileiros mais velhos em termos de permanência nessa área, mais fiéis ao longo do tempo a essa causa e aos poucos agregando os novos componentes à área de museologia do Brasil; se não fosse esse esforço conjunto e combinado, pouco teria restado da memória cultural brasileira, muito pouco teria restado dos bens acumulados no tempo, dos bens que o tempo filtrou e que na própria trajetória mostraram a sua importância, a sua pregnância de valores. Bens que precisariam estar afirmados, protegidos perenemente, dada a sua importância como continuadores, como indicadores da continuidade do processo civilizatório brasileiro, bens quase sempre sozinhos, quase sempre sem recursos, quase sempre sem nenhum apoio mais sistêmico, quase sempre isolados no interior em áreas de difícil acesso, e que tenazmente, sistematicamente, guardam a memória brasileira. De nada adiantariam tentativas novas, e esperamos que agora elas possam frutificar em termos de uma visão mais conjunta, de nada adiantaria tudo isso se não houvesse as coleções, se não existissem os guardados da nação brasileira, guardados esses pelos quais são responsáveis os senhores. Não creio que se possa temer que a situação atual não vá melhorar. Em outras palavras, o nível de desproteção e de solidão da área chegou a um ponto realmente extremado. A minha experiência, desde que assumi esta função, e mesmo antes, através da ação de revitalização do Patrimônio, que de certo modo é a instituição matriz da área da preservação, me leva a acreditar que, a partir do momento em que o governo federal concordou com a ideia de que se estruturasse um sistema de proteção do bem cultural com uma unidade, ou seja, através da criação da Secretaria da Cultura, acredito muito que a nossa atuação em nível dos museus vai melhorar.

Não posso nem devo prometer coisas muito objetivas já, e muito práticas e muito concretas, na medida em que essas promessas não podem existir no vácuo; só podemos fazer promessas na medida em que concretamente se tenha como começar a cumpri-las. Entretanto, toda a convergência, todos os indicadores que presidem e se reúnem neste momento histórico indicam que é provável que a situação museológica vá melhorar. A primeira coisa que eu gostaria de lembrar a vocês, para a qual eu gostaria que vocês atentassem, é que a nova Secretaria da Cultura do Ministério da Educação e Cultura está sendo estruturada a partir do filão patrimonial. Em outras palavras, ao contrário do que em muitos casos tem acontecido, ao contrário mesmo do que muitas pessoas desejariam, a formação de uma unidade conceitual do bem cultural do Brasil, em termos de uma maior presença e maior formação sistêmica, está sendo organizada à base inicial do bem patrimonial. É do velho Iphan e da concepção de Mário de Andrade e da luta admirável, persistente, de Rodrigo, é da extraordinária presença desse grupo inicial a partir da década de 1930, em 1937, é dessa filosofia, é dessa conceituação que hoje emerge toda uma visão projetiva do bem cultural do Brasil.

Eu me sinto profundamente orgulhoso de poder deter esse passado, de poder, baseado nesse passado, baseado nessas conquistas vindas dessa formação da primeira colocação do Iphan, em cima desse passado e à base desse passado, tentar organizar uma situação projetiva. E aí é que me parece existir a coerência da atitude. É que não existe, não pode existir um tempo projetivo – a nação brasileira não vai emergir, não vai se desenvolver com harmonia, não vai atingir pontos de culminância na sua trajetória, se esse caminho não se basear, não se vincular aos componentes pretéritos, a tudo aquilo que na trajetória do processo histórico brasileiro foi selecionado, filtrado, como indicador de uma identidade própria, como indicador de uma fisionomia, de um desenho que, para se completar, tem que contar com esses componentes. Tem que se estabelecer um critério projetivo à base desses componentes que são indicados pelo processo histórico.

Daí a enorme importância dos museus brasileiros, dos centros de documentação, das estruturas básicas que detêm e que contêm esse patrimônio. Inclusive ao nível de museu eu não deixaria de frisar a importância imensa e simbólica do objeto no processo histórico. Em outras palavras, quando falo nesses indicadores pretéritos para uma visão projetiva do Brasil, eu incluo muito a importância da presença física e simbólica dos objetos. O valor da impregnação que esse objeto pode trazer e transmitir a gerações novas. Em outras palavras, como um ímã em campo magnético, o objeto museológico transmite, além da sua beleza, além da sua conformação física, além do material de que foi feito, além de tudo, a impregnação do conteúdo anímico, o que faz com que o objeto seja simbólico e por isso importante na transmissão do que contém. A ideia de que é a base patrimonial da cultura brasileira, em outras palavras, o sulco, a vertente, o que comanda a presença do Estado no cuidado do bem cultural, para mim é fundamental.

Para as nações mais desenvolvidas, para as nações que já atingiram o ponto da sua culminância como processo civilizatório, que materialmente já se tornaram nações ricas, o problema da proteção do bem cultural é totalmente diverso do nosso. A relação entre o bem cultural e a trajetória de uma nação se estabelece, a meu ver, em pelo menos quatro categorias, que eu chamaria de os países velhos e ricos, os países velhos e pobres, os países novos e ricos, e os países novos e pobres. Nessas quatro formas, nesses quatro momentos, se poderia de certo modo analisar comportamentos em relação à proteção do bem cultural.

Nos países velhos e ricos a situação é a melhor, evidentemente. Primeiro porque o bem cultural, o objeto, o documento, tem uma função muito mais distante do real. Distante no sentido de que são mais gratificantes; eles são objeto de contemplação; servem para o enriquecimento, para a confirmação de uma verdade na trajetória da nação. Eles pouco influirão na trajetória da nação, na medida em que essa trajetória já se adensou, já se cristalizou, seu perfil já está desenhado, escrito e acabado. De forma que a relação dessa proteção é uma relação muito específica e corresponde a uma situação de certo modo mais fácil de ser tratada. Por outro lado, em uma nação rica e velha, os acontecimentos que modificam a presença desses objetos culturais são muito mais lentos e muito menos perigosos no sentido de provocar alterações.

Eu sempre disse, na defesa de Ouro Preto, quando foi discutida sua entrada no patrimônio mundial, numa reunião da Unesco, que, por exemplo, ao lado de Chartres, da catedral, nada de novo vai acontecer; nenhuma Usiminas será construída ao lado de Chartres, porque, na verdade, a França já construiu o seu diagrama enquanto nação, a sua fisionomia em todos os planos da vida social já está no nível em que as alterações serão provavelmente mínimas. Então essa proteção do bem cultural, esse cuidado, é um cuidado muito específico e muito diferente dos outros casos.

Por exemplo, os países velhos e pobres que, muitas vezes, impassíveis, assistem passivamente ao desaparecimento, à perda da memória em uma trajetória cultural, pelo esvaziamento dos componentes que poderiam ajudar a preservar esses bens. Essa é talvez uma das situações mais dramáticas na medida em que existe a consciência da nação sobre a importância desses valores. Existe a percepção pública do valor desses bens do passado, e existe a quase impossibilidade de se cuidar desses bens. Afora isso, existe o assalto, o roubo e a cobiça, muitas vezes em nome do processo histórico, em nome do processo civilizatório. O engodo existe. No centro histórico de Berlim, hoje Berlim Oriental, o que me chocou foi que tudo aquilo foi roubado de outras civilizações. Tudo aquilo foi levado pela rapinagem, pelo egoísmo, pela força do colonialismo, pelo poder do dinheiro. Culturas e nações despojadas dos seus bens, edifícios inteiros, fachadas de mármore ou de azulejos, persas ou gregos ou romanos, que foram desmontados do seu sítio. Que foram cuidadosamente, com a mão de obra imensa do povo colonizado, desmontados, carregados, levados para outro contexto debaixo do belo nome de que era preciso preservar a humanidade dos seus bens. Será essa a maneira de preservar esses bens? Levá-los para outros contextos, enquanto o próprio contexto, onde o processo civilizatório – o processo histórico – tinha criado esses bens, via-se esvaziado deles inclusive sem que esses bens pudessem vir a ser, como eu disse no começo, os indicadores de uma renovação? Desprovidas desses bens, é evidente que essas culturas diminuirão em muito a capacidade de sobrevivência. Então, é para essas situações que a gente teria de atentar bem.

A terceira hipótese seria a dos países ricos e novos, onde uma extraordinária aceleração, onde uma pressa enorme em mudar, de usar os petrodólares, enfim, os componentes materiais de uma precipitada forma de enriquecimento, faz com que esses povos se descuidem muito, e eles são os menos conscientes dos seus valores. Faz com que se descuidem deles por inconsciência dos seus valores e se desembaracem desses bens, arrasem, deixem que eles desapareçam em nome de uma aceitação, de uma incorporação de componentes estrangeiros, estranhos ao caráter da nação, novidade que nem sempre corresponde ao desejo explícito ou implícito de uma cultura, ao desenho interno de uma trajetória. Essas nações continuarão, evidentemente, a sua trajetória de enriquecimento, serão fortes, ricas e, provavelmente, sem caráter.

A última situação é a dos países novos e pobres, em que a presença desses indicadores, que são os componentes verdadeiros do passado desses contextos sociais, seria o único e provavelmente, seguramente, o único e mais certo caminho de revitalização. Essa é uma situação na qual curiosamente eu incluiria o Brasil, em parte. Eu acredito que o Brasil, por sua diversidade de tamanho e de complexidade, interfaceia com mais de uma dessas situações e categorias levantadas até agora. Ou seja, o Brasil é ao mesmo tempo parte de quase todas essas quatro categorias. Interfaceia o momento histórico, dentro do seu imenso mosaico diversificado e heterogêneo, de praticamente as quatro situações apontadas antes. E é justamente por isso que a nossa responsabilidade é imensa; é justamente por isso que o que aqui ocorre, o desenho que aqui se formular terá uma importância muito grande, sobretudo para os países que, como nós, ainda não encontraram seu desenho final.

Penso, por exemplo, no que deva ser a tragédia e a luta de novos povos africanos, mal saídos de uma luta secular contra o colonialismo, mal saídos de um período em que tudo foi tentativa de apagar os seus componentes, e que agora precisam reavivar as suas raízes e que, em situações muito inferiores, no sentido de que ainda sequer saíram de estruturas tribais, têm que enfrentar o mundo de complexidades de hoje.

Tudo isto me faz pensar com muito cuidado, com muito ânimo e com muito medo, misturados e paradoxalmente, na importância do desenho que um país como o Brasil poderá estabelecer para o seu futuro, na medida em que a síntese de componentes diversificados que se estabelece nesse contexto brasileiro poderá ser muito importante no desenho projetivo, e ainda mais quando pensamos no mundo ocidental, que nós conhecemos melhor e no qual estamos profundamente engajados. As crises, as dificuldades, as tensões aumentam cada vez mais, os impasses se criam; em outras palavras, é provável que uma nação colocada como o Brasil no meio caminho entre o sim e o não, no meio do caminho entre a adoção de tecnologias muito sofisticadas e a persistência de muita coisa patrimonial, não tendo definido ainda o seu verdadeiro perfil, é provável que justamente nesse contexto a hipótese de uma saída e de uma solução nova seja possível. Cabe a nós a responsabilidade de responder, no futuro, pelo acerto ou pelo desacerto desse desenho projetivo.

Acho que não preciso insistir na importância imensa dessa área especificamente museológica. Não posso e nem devo ainda prometer objetivamente a vocês que formas, nesse desenho completo, terá a importância do museu e que formas de ajuda se pode dar aos museus brasileiros. Só tenho a dizer que ou nós conseguiremos fazer com que essa área seja inserida em uma visão de conjunto mais sistêmica, em que prevaleça o mútuo apoio de competências, em que se faça uma espécie de solidariedade na área museológica, ou não chegaremos a uma coisa harmoniosa. Acho também que, diante do tamanho do Brasil e da diversidade de problemas e de componentes, nós teríamos que pensar muito em grupos de ação, em ter pessoas que congregam conhecimentos, pessoas que fazem equipes, que possam se deslocar de um ponto ao outro do Brasil, ajudando cada unidade, cada museu ou cada grupo de museus na formação de melhor atendimento nas áreas específicas. Aliás, essa é uma vocação que, desde o começo, já foi atribuída à Fundação Nacional Pró-Memória, ou seja, tentar a montagem de grupos-tarefa, de quadros de competência que não pertencem a ninguém, que não estão vinculados diretamente a um determinado museu, ou seja, a uma determinada instituição, mas que têm como função e como missão a ideia de arejar, de oxigenar as áreas pertinentes daquela competência, a fim de que o sistema cresça mais ou menos como um todo. Isso não significa que esses componentes ficarão isolados. Na realidade, poderão pedir ajuda das unidades mais complexas e mais estruturadas. Em outras palavras, eu não creio que se esteja colhendo o benefício que se pode tirar do conhecimento acumulado em algumas das nossas instituições museológicas. Muitas dessas instituições detêm, no seu corpo, recursos humanos, detêm, na sua existência ao longo dos anos, experiências e vivências que deveriam ser transmitidas, transpostas, adequadas a outros contextos. Essa interligação de matriz, essa ideia sistêmica, não me parece que esteja existindo de maneira convincente e determinante.

O nosso esforço inicial está sendo tentar armar essa forma de desenvolvimento preliminar, de como as estruturas culturais devam atuar no contexto brasileiro. O esforço é grande, o tamanho dos problemas é enorme, as dificuldades são grandes, a falta de recursos financeiros é imensa, mas tudo isso a meu ver será superado, ou contornado, na medida em que se aumente o poder de persuasão, a capacitação adequada, a determinação em resolver os problemas. Numa ocasião, me perguntaram se nós temos recursos orçamentários para resolver esses problemas. Não adianta dizer que é preciso tanto para resolver tal problema. Na verdade, todos os dinheiros, todos os recursos que se pudesse obter seriam ainda insuficientes, desde o momento em que você considere o bem cultural, as diversas tramas desse bem cultural na presença da nação brasileira como elemento fundamental à sua existência e ao seu desenvolvimento.

BRASÍLIA, TEMPORALIDADE E PRESERVAÇÃO

[Não identificado]_Dando prosseguimento aos debates do Instituto dos Arquitetos do Brasil (IAB) do Distrito Federal, nós temos a satisfação de receber aqui o titular da Secretaria de Cultura do Ministério da Educação, professor Aloisio Magalhães, que se faz acompanhar de todo o seu grupo de apoio. O Subsecretário do Patrimônio Histórico e Artístico Nacional, Irapoan Cavalcanti de Lyra; o Coordenador do Programa de Cidade Históricas da Fundação Nacional Pró-Memória, Henrique Oswaldo de Andrade; o Diretor de Tombamento e Preservação da Sphan; Augusto da Silva Telles, a quem eu pediria, inclusive, que nomeasse os colegas das Diretorias Regionais que não estão presentes, e que apresentasse as colegas de Brasília. (...)

Cabe explicar também o motivo pelo qual o Instituto dos Arquitetos do Brasil, Departamento de Brasília convida e provoca este debate. De fato, o Departamento de Brasília foi fundado na mesma data da inauguração da cidade, a 21 de abril de 1960, e nestes 22 anos o Departamento de Brasília já tem uma história e até mesmo uma tradição, em função de uma postura crítica diante de problemas nacionais ligados ou não à profissão, mas sobretudo quanto a problemas relacionados com a cidade de Brasília. Nós temos a Comissão de Brasília que permanentemente está discutindo as questões de afetação das áreas verdes, problemas de abertura de vias e transformações na cidade, e esta Comissão tem mantido permanentemente esta discussão no IAB. Quanto às questões relativas ao desenvolvimento de Brasília, questões de solo, de habitação, questões específicas da formação profissional e muitas outras, está sempre latente e vivo no IAB, e a todo momento emergindo, o tema principal que é a questão do Plano Piloto, desde a sua implantação até a sua situação atual e suas condições de preservação. Os colegas que nos antecederam aqui no IAB souberam manter, nestes 22 anos, essa questão sempre atualizada, buscando a formação de opinião através da crítica constante, esquematizada e oportuna. Com a instituição deste

Intervenção na abertura de debate no Instituto dos Arquitetos do Brasil (IAB), Seção Distrito Federal, realizado em Brasília, em 20 de maio de 1982.

grupo de trabalho, GT-Brasília pela Secretaria da Cultura do MEC, onde se discute Brasília como patrimônio histórico e cultural, dada a sua condição de monumento de interesse público e de importância fundamental na formação da cultura da civilização brasileira, nos parece que se inicia uma nova fase neste aspecto, sem falar nas implicações políticas devido ao caráter especial de capital da República que Brasília encerra.

A recente restauração e tombamento da Igrejinha e do Museu da Praça dos Três Poderes, me parece, são fatos que sugerem o começo de uma nova política na questão de Brasília como patrimônio. Neste sentido, o interesse dos arquitetos do IAB de Brasília em debater o tema transcende aquela preocupação constante que através dos anos a gente vinha fazendo, que já conta agora com dados reais bastante significativos. O IAB de Brasília busca, com este debate, a disseminação do subsídio para futuros posicionamentos da categoria. Desta forma, creio que o IAB de Brasília se coloca dentro deste debate com uma palavra profissional bastante clara, e neste sentido eu convidaria o Aloisio para que fizesse a abertura do tema, dizendo o que está propondo.

Aloisio Magalhães_ Senhores convidados do IAB Brasília, não há necessidade nenhuma de uma introdução específica sobre este tipo de relacionamento que é esplêndido, que é formidável e que não há a menor dúvida de que será cada vez mais intenso, de forma que eu vou entrar logo no assunto. Eu penso que, e tenho dito várias vezes, aliás expressado um determinado pensamento que continuo insistindo em exprimir, mesmo correndo o risco de ser um pouco redundante, e que é provável que muitos de vocês aqui já conheçam estas ideias e estas posturas, estas hipóteses, esta reflexão, mas eu acho que as coisas devem ser reiteradas porque, na verdade, a cada reiteração elas se afirmam, se tiverem consistência, ou são eliminadas, se não tiverem consistência.

Em relação a este problema de Brasília, é uma coisa que me inquieta há muito tempo, muito antes das preocupações no sentido da preservação. O problema do patrimônio tem uma popularidade muito grande, que é encerrar um tempo próprio. Não se mede o bem cultural patrimonial por uma sequência cronológica no tempo – meses, anos, séculos. Mas a medida da reflexão patrimonial, do bem patrimonial, ela tem a sua própria maneira de contar ou de medir o tempo. De forma que não é a idade no sentido cronológico do bem que necessariamente representa o seu valor de permanência. E aí encerra-se uma coisa conceitual que está ficando cada vez mais clara, que o objeto cultural nasce, ele entra para o domínio de uma sociedade, é criado a serviço de uma sociedade, ele percorre uma trajetória dentro desta sociedade, e várias coisas acontecem. Uma delas é este bem ter nascido com uma intenção social, senão ele não tem validade, e ele poderá ser consumido rapidamente pelo contexto social. Em termos de tempo cronológico, ele é usado, ele é gasto, tem seu valor, e morre, ele desaparece. Ou ele tem, dentro desta mesma trajetória, diversos outros tipos de comportamento. E há um momento, por exemplo, em que o bem que em seu uso não foi gasto, que parece resistir ao desgaste, ele vai aos poucos na direção de uma mudança profunda, que é a da condição de ser um bem transitório em vida, em dinâmica, e adquirir a condição de permanência.

Esta passagem é extremamente curiosa, dificílima de se medir e até de se saber porque um bem, a partir de um certo momento, se integra de tal maneira num contexto, ou transcende o seu contexto, e se universaliza mais e mais, e sobretudo adquire esta condição de permanência, que é aí que começa o bem cultural a ter, através desta condição nova que lhe foi conferida através do uso, esta condição de permanência, que ele entra na conjugação do assunto que nos preocupa – como cuidar, como zelar para que esta permanência seja mantida, sem que seja forçada. Na verdade, é uma coisa que se tornou permanente pela sua própria força. Então, entra no domínio da nossa preocupação esta questão do como preservar.

O caso de Brasília é, evidentemente, curiosíssimo, porque na verdade a gente pode dizer que, num certo sentido, Brasília já nasceu permanente, na medida em que uma proposta como esta, de se criar, de se construir um espaço que seja capaz de designar, de servir, de suprir a condição de capital de um país, de uma nação, de uma cultura com o tamanho, com uma perspectiva, com o aspecto projetivo, com a dinâmica que tem o espaço brasileiro, que é uma característica especialíssima, talvez até, de certo modo, única. E isso agrega ao problema do fenômeno cultural brasileiro uma condição muito importante, que é essa de termos tido a capacidade de definir onde, como e de que maneira seria finalmente definido o espaço designativo de uma visão de conjunto da realidade brasileira. Tudo isso, a meu ver, são coisas da maior significação. Tanto que isto elimina uma coisa que a gente tem que sentir logo, que os defeitos de Brasília são irrelevantes. Um número bastante grande de análises, que hoje estão perfeitamente codificadas, de falhas na concepção, de falta de precisão, e outras coisas que passam para um plano muito secundário quando você sente o problema na sua dimensão total.

E outra vez é curioso o problema de Brasília nesta hipótese de pensamento, de não ser uma coisa velha e, no entanto, se inserir já como permanência, de saída, já na sua proposta inicial, porque na verdade existe, e como em toda coisa muito criativa, muito forte, compõe-se de contradições. Esta extraordinária contradição temporal. É que Brasília é uma cidade velha, é uma cidade, de certo modo, antiga, porque, se nós não esquecermos que ela foi concebida em 1826, ela foi concebida, pensada, nomeada, ela foi localizada num período histórico já tão significante, e que esta ideia, ao nível de conceito de ideia, tem este tempo. Este tempo conta, este tempo existe. Porque na verdade, vendo a trajetória de lá para cá, em 1822, nas reflexões iniciais de José Bonifácio para a Corte, ou para os deputados brasileiros que queriam compor a Corte Portuguesa, o Parlamento Português, na verdade este tempo foi importantíssimo ao nível de crescimento da cidade, e que era o crescimento verdadeiro da cidade ao nível do seu conceito na cabeça das pessoas. Ele nunca foi apagado, nunca foi esquecido, está impresso nos documentos, nas Constituições brasileiras e nas renovações, nas missões que aqui vieram periodicamente, e parece até que toda vez que a ideia nobre pudesse tender a se amortecer na consciência pública, na consciência coletiva da nação brasileira, havia um gesto neste sentido. E durante 150 anos esta cidade foi concebida e construída, num certo sentido. Ela teve a sua elaboração, a sua vivência na cabeça de muita gente, mesmo que num plano meio inconsciente, porque este processo é um processo muito difícil da gente medir, e finalmente ela eclode, ela sai do conceitual e passa para a categoria fundamental da ação, e a cidade se constrói.

E aí há várias coisas importantes, e talvez eu até exagere um pouco neste sentido determinista das coisas, da ideia de que Juscelino não tinha pensado propriamente numa coisa assim, e ele mesmo conta isso na sua biografia. Num comício realizado aqui perto, em Goiânia, ele foi provocado pela massa, ele foi inquirido sobre a questão de Brasília, e aí vocês sentem se é verdade isto, no seu sentido mais profundo, porque é o próprio inconsciente coletivo que volta a estimular, e que deflagra na cabeça de um cidadão, de uma individualidade que estava preparada para isto, porque Kubitschek sempre atuou, os antecedentes da vida dele, as coisas estavam se acumulando na direção de um propósito talvez até inconsciente, e ele então aceita o desafio. Assume o desafio e deflagra o processo. E ali, curiosamente, ele encontra o campo maduro para isto. Ele encontra as pessoas que poderiam fazer a cidade com ele, a partir do gesto extraordinário de coragem até mesmo inconsciente. Isto é muito difícil. O querer fazer, o determinar fazer, e ele encontra. E este elemento de convergência me parece importantíssimo para a gente refletir sobre ele. Ele encontra os componentes desta aventura. Os homens fortes para assumir a responsabilidade, o gênio de Lucio, que concebeu a coisa de originalidade em âmbito extraordinário. E o próprio Lucio diz isto no texto. Ele confessa, ele se diz perplexo porque a coisa saiu pronta! Que coisa é esta? Que elaboração mental é esta que se processou ao longo do tempo, e que surge na vida de um determinado criador brasileiro, extraordinário, e ele vem se preparando para aquilo na sua trajetória, e quando eclode o momento ele já está pronto e maduro! E a coisa sai feita! Não precisou de nada! Nem mesmo de muito requinte na apresentação da ideia e nem detalhamento. É uma coisa até singela quando a gente se lembra. Uma planta e um texto maravilhoso, projetivo. Depois vem o Oscar e todos os outros, e depois vem o candango. Aí se deu uma coisa extraordinária! A nação respondeu e a resposta foi, na verdade, muito mais profunda.

Os classe-média maravilhosos, que estão criando a sua vida, suas representações, vivendo no Rio de Janeiro, em São Paulo, e toda esta coisa da dinâmica da vida. Isto é uma verdade. As pessoas largaram os seus guardados para se meterem numa aventura. Mas houve uma categoria que respondeu neste plano fundamental, porque vocês fariam como Lucio, Oscar e outros componentes muito importantes, mas isso não se daria verdadeiramente sem o construtor, ou seja, a mão de obra no seu sentido mais profundo, que pudesse construir esta coisa fantástica no meio do mato. Todos nós aqui tivemos ocasião de, de certo modo, ver este planalto ferido, como uma violência. O Glauco [Campelo], e eu vim com ele aqui ainda em 1958/1959, e isto era uma coisa de doido. E naquele espaço de tempo foi feita a cidade. É óbvio que todos os defeitos inerentes não só ao fato da proposta ser muito abrupta, apesar da leveza da sua concepção e sobretudo do tempo para construí-la, que foi mínimo, deve ter comprometido muita coisa. Mas muito mais comprometida no plano material do conceito. Erros óbvios etc., mas não na ideia, na coisa mais fundamental que é a liquidez, a clareza cristalina dessa determinação. Isto, ao meu ver, é uma coisa fundamental.

Então, chegando mais de perto, a responsabilidade que nós temos, e a consciência que foi desde o começo, as categorias mais próximas ao fenômeno se empenharam e se alertaram para que esta coisa não fosse adulterada, não se perdesse. É claro que já houve acidentes graves, claro que houve tudo isso, mas vocês mesmos chegaram aqui, logo. No primeiro plano da cidade, os arquitetos já estavam conscientes e vocês podem ver melhor e descer aos detalhes, vendo os compromissos negativos com mais clareza do que a comunidade como um todo. Mas esta presença e esta inquietação com o destino, com a trajetória deste fenômeno, foi uma coisa que rapidamente começou.

Por isto é que não é tarde, a esta altura, nós estarmos tão preocupados, sabendo que outras coisas, pelo tempo maior, ainda não foram cuidadas, e precisam ser cuidadas. Mas Brasília, com os seus vinte e poucos anos, tem uma prioridade fundamental na concepção de uma nação que deve entender e preservar o seu patrimônio, os seus bens. Então, esta possibilidade do tombamento de uma preocupação com uma forma projetiva de se determinar o destino, o desenho, sem cercear o que é fundamental para a representação humana, que é a dinâmica da vida, o crescimento de Brasília, e nós não podemos de maneira nenhuma pretender querer fazer esta violência, que seria você parar a vida. Aliás, seria ridículo e bobo, porque ninguém conseguiria. Então, como compatibilizar? Como compatibilizar essa dinâmica natural e inevitável do processo de desenvolvimento? Como compatibilizar isto com aquilo que deve ser permanente, que caracterize a sua fisionomia, que dê o tom? Enfim, quais são os valores que fundamentalmente devem ser preservados para que a fisionomia não perca o seu contorno e ao mesmo tempo a cidade tenha a sua vida, a sua dinâmica e tudo o mais? Isto não é fácil. É uma coisa extremamente difícil.

A gente tem observado no grupo, e inclusive é uma coisa muito engraçada, e nós estamos em casa e podemos comentar, houve um momento em que eu senti, numa reunião, e pensei: será que a gente não está querendo fugir? Porque nós começamos a pensar muito e a ficar muito preocupados com certos problemas periféricos. Eles são importantíssimos, mas estávamos com certo medo de atacar o miolo, o Plano Piloto. Como é? Este negócio pode ser mudado ou não? Qual é o parâmetro que se tem para se estabelecer isto? Não é fácil. É um desafio muito grande estar trabalhando e se aproximando aos poucos da coisa, é a meu ver importantíssimo e a gente não deve ter um tempo limitado para isto, para que as decisões sejam elaboradas ao nível de uma segurança muito grande. Nós não podemos errar neste caso. Nós não temos o direito de errar, fazendo coisas que depois prejudiquem por serem demasiadamente fortes, ou, ao contrário, por serem demasiadamente frágeis. Nós precisamos atingir o "ponto do doce" em relação à cidade e naquilo que ela tem de fundamental.

Esse foi o pensamento que de certo modo iniciou, deflagrou o processo de analisarmos e nos debruçarmos sobre o problema. E está tendo esse ritmo e essa resposta, porque inclusive há uma consciência muito grande por parte da imprensa, dos órgãos de comunicação, e vocês sabem que esses veículos da imprensa não fazem as coisas de graça. Eles só publicam e enfatizam coisas se eles têm interesse nisso. Artigos que eles sabem que serão lidos e que correspondem ao que a comunidade espera deles. Se aquilo não for notícia, você pode forçar, pagar para publicar, mas não tem repercussão. E a gente sabe que os órgãos de comunicação de Brasília têm uma atenção imensa por este problema... Eu acho que a ideia que eu queria transmitir e que já é conhecida por vários de vocês, mas que é bom reiterar no sentido de a gente começar a ver a coisa no seu contorno mais amplo, era mais ou menos esta. A idade de Brasília, a sua relação com o tempo, a sua temporalidade. Enfim, a visão de um conceito, e o resto se agrega a este conceito ou explicita este conceito.

1982

A DEFESA DA DIFERENÇA

O ESPÍRITO HUMANISTA SOB SUSPEITA

Eu acredito que se poderia introduzir ao conceito de cultura até agora exposto no plenário, e mesmo àquilo que se pode ler nos documentos anteriores, novos elementos fundamentais, sobretudo de quem vem do outro lado do mundo. Não creio que a permanência do espírito humanista que herdamos – nós das Américas, sobretudo, e vós da Europa – possa manter-se, e manter-se de maneira condigna e enriquecedora, quando nós, a maioria dos países das Américas, lutamos pela sobrevivência de parte de habitantes. Esse caráter humanista, enriquecedor e profundamente caro a todos nós, não sobreviverá debaixo de fome e de ignorância. Estamos ainda, quase todos nós – uns mais outros menos –, debaixo de problemas, vivendo angústias e sofrimentos, assistindo ainda à morte de crianças que não sobrevivem à primeira infância, assistindo a crianças que não têm acesso à escola, porque ainda não podemos garantir convenientemente a introdução do conhecimento a essas crianças...

Enfim, creio que não preciso insistir, nem exagero ao dizer que ainda temos muito a fazer diante do problema da sobrevivência.

E então, a permanência que queremos, que exigimos, que lutaremos por manter no espírito humanista herdado do Ocidente europeu, e sobretudo dos países de origem latina, requer que esta sobrevivência seja obtida, seja mantida, seja enriquecida, sem que o espírito elitista de um grupo de privilegiados – porque nós todos somos privilegiados – prevaleça sobre a maioria dos habitantes dos nossos países. Somos privilegiados, não morremos na primeira infância, escapamos dessa terrível e inexorável tendência que ainda existe em muitos dos nossos países. Sobrevivemos. Ainda mais: tivemos acesso à escola, não fomos discriminados e mantidos na ignorância, no desconhecimento e na tristeza. Tivemos a nossa alfabetização garantida. E mais ainda: o nosso privilégio vai até ao termos acesso a conhecimento de nível superior, a universidades, a conhecimentos específicos, a escolhas, a opções em

Intervenção em reunião de ministros da cultura de países de língua latina, realizada em Veneza, Itália, em 11 de junho de 1982. Esta, sua última fala, dois dias antes de falecer em 13 de junho.

que a nossa personalidade pôde encontrar pouso e auxílio. E ainda mais: nosso privilégio vai ainda muito adiante: viajamos para o estrangeiro, conhecemos o mundo, tivemos acesso a outras culturas, a informações enriquecedoras no cotejo dialético entre formas e preferências de culturas diversas. Pudemos voltar aos nossos países com o privilégio imenso de ter visto outros países, como eles operam, como resolvem seus problemas, como se enriqueceram, eventualmente, como adensaram a sua cultura. E essa é a grande lição que a Europa latina nos pode dar. Tudo isso ainda é para nós um privilégio. Tudo isso é ainda para nós uma coisa rarefeita, objeto de acesso de uma minoria.

Então, eu insisto muito e peço muito aos países latinos da Europa que vejam bem que o problema do Novo Mundo de origem latina é bem diverso do problema da simples manutenção da herança latina que os países da Europa vivem. E há nisso até um perigo. Porque, na medida em que a Europa latina não entenda, não perceba essa peculiaridade da nossa herança do outro lado do mundo, permanecerá sempre o risco terrível de uma suspeita de que, na ênfase europeia dos nossos irmãos latinos, mantenha-se ainda uma ênfase colonialista. Porque procuram ver em nós o que eles já são, e nem sempre isso é verdade.

Há prioridades para mantermos o espírito latino e a ele darmos a continuidade que espero e tenho certeza de que será magnífica: é preciso, primeiro, atravessarmos essa difícil situação, que não pode deixar de ser levada em conta quando se fala em cultura e componentes econômicos. Não acredito que, para resolvermos os problemas econômicos dos nossos países em desenvolvimento, seja indispensável, seja condição básica perdermos a nossa latinidade, ao contrário. Mas também não posso aceitar que, para mantermos a nossa latinidade, seja deixado de lado o problema econômico e continuemos debaixo dos riscos terríveis da pobreza, da miséria e da morte. É este aspecto da latinidade vista pelo lado do Novo Mundo que, a meu ver, seria muito importante ser debatida.

Não creio que sejam necessárias mais algumas instituições, não é aí que está o problema. Não creio que seja exatamente em novas formas, às vezes tendentes à burocracia, a estruturas que são pesadas, que se vá ao encontro deste objetivo. Acredito que seja mais um assunto da compreensão entre nós, e da base dos encontros bilaterais, das ajudas, dos informes, da prática comum, que se enriquecerá mais e mais a latinidade. O problema pode ser visto, inclusive, por mecanismos que já existem, que já fazem parte do nosso repertório.

Não quero tomar muito tempo, reservo-me para, mais adiante, uma outra intervenção.

CRONOLOGIA: 1927-1982

João de Souza Leite e José Laurenio de Melo

1927 Nasce no Recife, em 5 de novembro.

1946 Ingressa na Faculdade de Direito do Recife, e participa do Teatro do Estudante de Pernambuco (TEP).

1947 No TEP, torna-se diretor do Departamento de Bonecos e um dos fundadores das Edições TEP, primeiro embrião d'O Gráfico Amador. Encena *Os amores de Dom Perlimplin com Belisa em seu jardim*, de Garcia Lorca, em um pequeno teatro de bonecos armado no quintal de sua casa, utilizando bonecas de pano encontradas em feiras do interior. Mestre Capiba faz a música.

1948 Dirige a peça para bonecos, de José de Moraes Pinho, *Haja pau*.

1949 Mantém ateliê com o pintor Reynaldo Fonseca, na rua Aurora, no Recife. Participa do *IV Salão de Arte Moderna do Recife*.

1950 É nomeado redator da Diretoria de Documentação e Cultura, pelo prefeito do Recife, em 3 de janeiro. Forma-se bacharel em Direito.

1951 Recebe bolsa do governo francês para estudar museologia em Paris, no Museu do Louvre. Frequenta o Atelier 17, de Stanley William Hayter e conhece e frequenta um grupo de brasileiros exilados do regime ditatorial do Estado Novo, então já encerrado. Entre eles, Paulo Emilio Salles Gomes.

José Laurenio de Melo (1927- 2006) foi tradutor, poeta e editor, um dos fundadores d'O Gráfico Amador.

1953 Ao retornar de Paris, realiza sua primeira exposição de pinturas no Departamento de Documentação e Cultura no Recife e participa da *II Bienal Internacional de São Paulo* com duas pinturas (*Composição 2* e *Paisagem*, técnica desconhecida, 85x70 cm).

1954 Participa da fundação d'O Gráfico Amador, com Gastão de Hollanda, Orlando da Costa Ferreira e José Laurenio de Melo, mistura de ateliê gráfico e editora, no Recife. Apresenta suas obras na Exposição Anual do Estado de Pernambuco e no Museu de Arte Moderna de São Paulo (MAM-SP), apresentado por Ariano Suassuna. Realiza exposição individual no Ministério da Educação e Cultura, no Rio de Janeiro, com apresentação de Lourival Gomes Machado.

1955 Integra a Exposição Anual do Estado da Bahia. Participa do *Salão Nacional de Arte Moderna* no Rio de Janeiro e da *III Bienal Internacional de São Paulo*, com duas pinturas (*Paisagem nº 2* e *Paisagem nº 3*, óleo sobre madeira, 80x60 cm). É nomeado pelo prefeito do Recife para o cargo de assistente técnico de documentação do Departamento de Documentação e Cultura em 22 de novembro. Desenha o mobiliário da Biblioteca de Afogados, no Recife.

1956 Realiza, novamente, exposição individual no MAM-SP, *Aventura da linha* e participa da exposição *50 anos da paisagem brasileira*, no mesmo museu. Ainda nesse ano, viaja para os Estados Unidos, com bolsa concedida pelo Departamento de Estado americano. Antes da viagem, organiza, em seu Atelier 415, exposição dos quadros que seguirão para os Estados Unidos. Expõe na Pan-American Union, em Washington D.C., de dezembro a janeiro do ano seguinte. Trava contato com Eugene Feldman, artista gráfico e impressor, proprietário da The Falcon Press, na Filadélfia, passando a frequentar sua oficina, familiarizando-se com a técnica de impressão *offset*.

1957 É convidado a lecionar na Philadelphia Museum School of Art. Publica, com Eugene Feldman, o livro *Doorway to Portuguese*, edição da The Falcon Press, com tiragem de 750 exemplares. Por esse trabalho, com Feldman, ganha três medalhas de ouro do Art Directors Club da Filadélfia. Expõe em Nova York, na Roland de Aenlle Gallery, em janeiro. O Museum of Modern Art (MoMA), de Nova York, através de seu curador Alfred Barr, adquire seu quadro *Paisagem*, de 1956. No

MoMA, participa de exposição sobre as aquisições recentes para a coleção do museu. Participa de uma exposição itinerante pelos Estados Unidos, *The Holiday Magazine International Painting Show*.

1958 Expõe na Galeria Oxumaré, Salvador. Participa da *V Bienal de Litografia Contemporânea* no Museu de Arte de Cincinnati. Mais uma vez apresentado por Ariano Suassuna, realiza exposição no Museu de Arte Moderna do Rio de Janeiro (MAM Rio) – *Pintura e arte gráfica*. Publica *Aniki Bóbó*, desenhos "ilustrados" por poema de João Cabral de Melo Neto, e *Improvisação gráfica*, em que interpreta tipograficamente textos de autores diversos. Leciona cenografia no curso de arte dramática da Escola de Belas Artes da Universidade do Recife.

1959 Nos Estados Unidos, integra uma exposição coletiva com Portinari, Di Cavalcanti, Pancetti, Segall, Guignard, Carybé, Fayga, Marcelo Grassman, em Washington, Filadélfia, São Francisco e Nova York. Durante essa viagem, retorna ao Philadelphia Museum College of Art (antigo School of Art) por três meses como professor visitante. Participa, no Print Club da Filadélfia, da exposição coletiva de Natal (*Annual Christmas show*). Expõe novamente na Roland de Aenlle Gallery de Nova York. Publica, e lança no MAM Rio, mais um livro publicado com Eugene Feldman – *Doorway to Brasília*. Participa, uma vez mais, da *V Bienal Internacional de São Paulo*, com três quadros (*Composição nº 1*, *Composição nº 2* e *Composição nº 4*, técnica desconhecida, dimensões, respectivamente: 130x93, 149x84 e 135x94 cm).

1960 Integra a representação brasileira na *XXX Bienal de Veneza*. Inicia sua atividade de designer, fundando o que, dentro de poucos anos, se tornará o mais importante escritório de design do país.

1961 Expõe quinze pinturas a óleo na Petite Galerie. Essa será, por muito tempo, sua última exposição individual como pintor. Daqui por diante, irá se dedicar integralmente ao design, criando símbolos e peças gráficas para os mais variados fins. Dá aulas sobre tipografia experimental no MAM Rio, juntamente com o designer paulista Alexandre Wolner. Participa da *VI Bienal Internacional de São Paulo* com quatro pinturas (*Imago 1* e *Imago 2*, *Imago 3* e *Imago 4*, óleo sobre madeira, o primeiro conjunto com as dimensões 160x220 cm; o segundo, 160x110 cm) e o conjunto de figurinos e cenografia para a peça *Lisbela e o prisioneiro*, de Osman Lins.

1962 Ministra conferências, com o título "Design in Brazil", no curso de design gráfico da Yale University (dirigido por Alvin Eisenman, em que Armin Hofmann desenvolvia sua pedagogia em design baseada em experiência elaborada na escola de Basel, Suíça) e no Pratt Institute, Nova York, em fevereiro. Casa-se com a francesa Solange Valborg. Integra o grupo criado pelo governador do Estado da Guanabara, Carlos Lacerda, para organizar a Escola Superior de Desenho Industrial (ESDI), então o primeiro curso em nível superior de design na América Latina, e aí passa a lecionar. É indicado pelo escultor Bruno Giorgi para substituí-lo no Conselho Nacional de Cultura, que tem Paschoal Carlos Magno como secretário-geral, e seu nome é aceito. Participa de exposição sobre arte brasileira contemporânea no Walker Art Center, Minneapolis, a convite de Francisco Matarazzo Sobrinho.

1963 Nasce sua primeira filha, Clarice. Viaja novamente aos EUA, para participar de encontro em Nassau, Bahamas, First Inter-American Symposium of Arts, promovido pela Show Magazine e pelo Inter-American Institute for the Arts. Trata-se de reunião entre intelectuais e artistas das Américas, à qual comparecem, entre outros, o escritor argentino Ernesto Sábato, o editor Ênio Silveira e a antropóloga americana Margaret Mead. Participa, ainda, a convite de Lina Bo Bardi, de exposição no Museu de Arte Moderna da Bahia.

1964 Ganha o concurso para criação do símbolo do 4º Centenário da Cidade do Rio de Janeiro. Como designer, esse será seu primeiro trabalho de grande repercussão pública. O símbolo é espontaneamente reproduzido pela população nos contextos mais variados da cidade.

Max Bense, filósofo alemão atento aos fenômenos da estética e da semiótica, dedica um extenso estudo a esse trabalho. Nasce sua segunda filha, Carolina.

1965 Desenha o símbolo para a Fundação Bienal de São Paulo, premiado em concurso fechado a profissionais convidados. Projeta o Museu do Açúcar e do Álcool em Pernambuco, desenvolvendo novas técnicas museográficas. Desenvolve o seu primeiro programa de identidade visual, para o Laboratório Maurício Villela, elaborando desde o símbolo até a visualidade das divisões da mesma empresa e as embalagens de seus produtos. Palestra na Technische Hochschule da Universidade de Stuttgart, onde expõe seu trabalho para o 4º Centenário do Rio de Janeiro. É convidado a participar do 2º Salão de Artes Plásticas da Universidade do Pará, onde ministra três conferências sobre arte e comunicação.

1966 Elabora o projeto de identidade visual para a Light S.A., também premiado em concorrência limitada a convidados. Ganha concurso para o design de um novo padrão monetário brasileiro. A partir daí, torna-se consultor da Casa da Moeda e do Banco Central do Brasil para o desenvolvimento de novos desenhos para notas e moedas brasileiras.

1967 Passa a integrar a Comissão Filatélica do Departamento de Correios e Telégrafos, como representante do MAM Rio.

1968 Expõe na *I Bienal Internacional de Desenho Industrial*, no MAM Rio.

1969 Seu escritório é agraciado com menção honrosa em concurso para projeto integrado de arquitetura e design para o pavilhão brasileiro em Osaka, Japão, desenvolvido em conjunto com o escritório de arquitetura Pontual Associados.

1970 Desenvolve o primeiro grande projeto de design institucional no país para a Petrobras. O projeto abrange a criação do símbolo, as embalagens de óleo, os elementos de identidade visual nos postos de distribuição, a bomba de gasolina. Como repercussão do projeto da família de cédulas do Cruzeiro Novo, ao longo de dois dias, dá quatro palestras públicas no Recife, promovidas pela prefeitura da capital: no quartel-general para a oficialidade do Exército, no Clube de Engenharia, na Faculdade de Arquitetura e no Centro da Juventude Afrânio Godoy, para os sindicatos de trabalhadores. Participa, como expositor, da *II Bienal Internacional de Desenho Industrial*, no MAM Rio.

1971 Publica mais um livro experimental, *1/8/16, a informação esquartejada*. Participa da *I Bienal Americana de Artes Gráficas*, no Museu de La Tertulia, em Cali, Colômbia.

1972 Expõe, no MAM Rio, pela primeira vez, seus cartemas, palavra criada por Antônio Houaiss para identificar as suas imagens multiplicadas a partir de cartões-postais. A exposição é montada também no Museu do Açúcar no Recife, e na reitoria da UFMG em Belo Horizonte. Retoma a atividade pictórica, ao realizar, hospedado no Seminário de Olinda, uma série de aquarelas. Expõe na *III Bienal Internacional de Desenho Industrial*, no MAM Rio. O livro *Landseer*, projetado por Aloisio em 1970 e publicado em 1971, é selecionado entre as dez melhores obras editadas no biênio 1971-1972, na *Bienal do Livro de Arte* do Museu de Jerusalém. Participa da exposição *Arte/Brasil/Hoje: 50 anos depois*, na Galeria Collectio, São Paulo. Passa a integrar o Conselho Consultivo da Escolinha de Arte do Brasil.

1973 Realiza uma série de litografias em preto e branco, homenageando E.M. Escher, artista holandês. Edita mais um livro experimental: *Viva 1*. Expõe cartemas na galeria Múltipla, São Paulo, e no MAM-SP; e aquarelas e litografias na Galeria Lotus, Recife. Compra uma casa em Olinda que, através de projeto seu, é anexada à casa contígua, adquirida um pouco mais tarde.

1974 Publica *A Topographic Analysis of a Printed Surface,* da série Quadrat Print, editada por Steendrukkerij de Jong & Co, Holanda. Nesse ínterim, dando continuidade a seu trabalho de designer, seu escritório desenvolve sistemas de identidade visual para grandes empresas nacionais, privadas e estatais – Banco Central do Brasil, Caixa Econômica Federal, Complexo Petroquímico de Camaçari, Furnas Centrais Elétricas, Banco Nacional, Companhia de Gás de São Paulo, Itaipu Binacional, Companhia Municipal de Limpeza Urbana (Comlurb), Grupo Peixoto de Castro, Companhia União dos Refinadores de Açúcar e Café, Companhia Souza Cruz, entre outras. Expõe litografias, aquarelas e cartemas na Galeria da Praça, Rio de Janeiro. Constitui, com outros artistas, a galeria de arte Gravura Brasileira (GB). No MAM-SP expõe quatro gravuras, em coletiva: *VI Panorama de Arte Atual Brasileira*.

1975 Mobilizados por um elenco de questões que vão do processo de desenvolvimento econômico em curso no Brasil à preservação dos valores da formação cultural do país, passando pelo papel do desenho industrial na definição de uma fisionomia própria dos produtos brasileiros, conduz, junto ao ministro Severo Gomes, da Indústria e do Comércio, e ao embaixador Wladimir Murtinho, Secretário de Educação do Distrito Federal, uma série de discussões semanais que têm como desdobramento a elaboração, pela Secretaria de Tecnologia Industrial do Ministério da Indústria e da Tecnologia (MIC), do projeto 01.01.15. Em seguida, o MIC e o governo do Distrito Federal firmam, a 10 de julho, um convênio que assegura recursos para os estudos de viabilização do projeto, a cargo de um grupo de trabalho denominado Centro Nacional de Referência Cultural (CNRC), coordenado por Aloisio Magalhães. Interessada também na concretização dos objetivos do projeto, a Fundação Universidade de Brasília cede um espaço no campus para a instalação do grupo de trabalho.

Esta seria sua primeira investida no território das ações de Estado em relação à cultura. É a partir daí que Aloisio Magalhães traça o que pode ser considerada sua derradeira e definitiva intervenção no cotidiano da vida brasileira. Expõe em Amsterdã, na Print Gallery, e na galeria de Pieter Brattinga. Integra comissão internacional da

Unesco para avaliação de desenhos para cartões de natal. É nomeado membro do conselho deliberativo da Fundação Cultural do Distrito Federal.

1976 Os resultados alcançados pelo grupo de trabalho levam a Secretaria de Planejamento da Presidência da República, o Ministério da Educação e Cultura, o Ministério da Indústria e do Comércio, o Ministério do Interior, o Ministério das Relações Exteriores, a Caixa Econômica Federal, a Fundação Universidade de Brasília e a Fundação Cultural do Distrito Federal a assinar, no dia 2 de agosto, um convênio de cooperação técnica e financeira para a consolidação do CNRC. Nos termos da cláusula primeira do convênio, cabe ao Centro estabelecer um sistema referencial básico para a descrição e análise da dinâmica cultural brasileira, tendo como balizas essenciais: "a) adequação às condições específicas do contexto cultural do país; b) abrangência e flexibilidade na descrição dos fenômenos que se processam em tal contexto e na vinculação dos mesmos às raízes culturais do Brasil; c) explicitação do vínculo entre o embasamento cultural brasileiro e a prática das diferentes artes, ciências e tecnologias, objetivando a percepção e o estímulo, nessas áreas, de adequadas alternativas regionais".

Quatro programas de estudos são logo delineados pelo CNRC: mapeamento da atividade artesanal; levantamentos socioculturais; história da ciência e da tecnologia no Brasil; e levantamento de documentação sobre o Brasil. Vários projetos de pesquisa se desenvolvem no âmbito desses programas: tecelagem popular no Triângulo Mineiro, cerâmica de Amaro de Tracunhaém (PE), indústrias familiares de imigrantes em Orleans (SC), artesanato indígena no Centro-Oeste, artesanato de transformação (aproveitamento de pneus usados na fabricação de lixeiras), estudo multidisciplinar do caju, entre outros.

Ao mesmo tempo, é novamente instado pelo Banco Central do Brasil a contribuir para o desenvolvimento de uma família monetária brasileira, desta vez sendo necessário estabelecer um sistema complexo de criação englobando desde a escolha da temática a ser utilizada a definições importantes quanto ao uso da tecnologia disponível, visando a autonomia nacional na produção de cédulas e de moedas. Neste processo, conta com a assistência dos designers João de Souza Leite e Washington Dias Lessa.

1977 Assume a presidência da Sociedade Amigos do Museu de Imagens do Inconsciente, organização criada dois anos antes para apoiar o trabalho iniciado por Nise da Silveira, em 1946, no Centro Psiquiátrico Pedro II, no Engenho de Dentro, Rio de Janeiro. Como vice-presidentes, a gravadora Anna Letycia Quadros e o psicanalista Hélio Pellegrino.

1978 Expõe cartemas na Fischbach Gallery de Nova York. É conferencista na Design Conference promovida pelo Aspen Institute of Humanistic Studies, com designers como Charles e Ray Eames, George Nelson, Colin Forbes e Deborah Sussman, entre outros. É agraciado com o Prêmio Estácio de Sá, concedido pelo Conselho Estadual de Cultura do Rio de Janeiro.

Em 16 de outubro é celebrado um termo aditivo ao convênio anterior, visando ao prosseguimento e a expansão dos trabalhos do CNRC. Ao termo aditivo aderem o Conselho Nacional de Desenvolvimento Científico e Tecnológico (CNPq) e o Banco do Brasil.

1979 Nomeado pelo ministro Eduardo Portella, da Educação e Cultura, Aloisio Magalhães é empossado a 27 de março, em Brasília, no cargo de Diretor-Geral do Instituto do Patrimônio Histórico e Artístico Nacional (Iphan). Em abril, sob o impacto dos deslizamentos de terra ocorridos em Ouro Preto em consequência das chuvas, promove, naquela cidade, um seminário que tem como resultados a mobilização de recursos técnicos e financeiros para a estabilização do solo e a recuperação física da área urbana, e o surgimento de várias iniciativas de ação comunitária. O Seminário de Ouro Preto instaura no Iphan a prática do diálogo com as populações dos centros históricos protegidos. A ele se seguem, no decorrer do ano, o Seminário de Paraty, a Convenção sobre a Renovação Urbana de Praia Grande, em São Luís do Maranhão, o Encontro em Defesa do Patrimônio Cultural de Olinda e alguns outros. A partir de então os seminários se tornam o instrumento principal de abordagem dos problemas de preservação dos sítios históricos.

Em meados do ano têm início os estudos com vistas à incorporação ao Iphan do CNRC e do Programa de Cidades Históricas. Este último, também um programa interministerial criado em 1973 e atuando em estreita cooperação com o Iphan, tem como finalidade revitalizar os núcleos históricos e fomentar a integração comunitária mediante a formação de recursos humanos e a geração de empregos nesses núcleos. A ideia da fusão toma forma final na proposta de transformação do Instituto em Secretaria do Patrimônio Histórico e Artístico Nacional e de criação da Fundação Nacional Pró-Memória. A Secretaria é efetivamente criada a 13 de novembro pelo presidente João Figueiredo através do Decreto nº 84.198. No dia 26 do mesmo mês o Congresso Nacional vota a Lei nº 6.757 que autoriza o Poder Executivo a instituir a Fundação Nacional Pró-Memória. No dia 30, a portaria do ministro da Educação e Cultura atribui a Aloisio Magalhães os encargos referentes à implantação e ao funcionamento da Sphan. A moldura institucional então adotada confere à Sphan, como órgão normativo, e à Pró-Memória, como órgão operacional, a responsabilidade, em nível federal, pela preservação do acervo cultural e natural do país.

1980 Em janeiro desse ano, fruto de intensa atividade de convencimento político, o Iphan é alçado à condição de secretaria do MEC, Secretaria do Patrimônio Histórico e Artístico Nacional (Sphan), e é criada a Fundação Nacional Pró-Memória, na qual assume o cargo de presidente. Assume a presidência do conselho administrativo da Fundação Raymundo Ottoni de Castro Maya, que viria a incorporar em seguida ao sistema de museus federais no Rio de Janeiro.

A 16 de janeiro, através de dois decretos, o presidente da República aprova o estatuto da Fundação Nacional Pró-Memória e nomeia Aloisio Magalhães presidente da Fundação.

Ainda em fevereiro, Aloisio Magalhães é bem-sucedido na viagem que faz a Paris para defender, junto ao Comitê do Patrimônio Mundial da Unesco, a inscrição de Ouro Preto na lista dos monumentos reconhecidos como componentes do patrimônio cultural da humanidade.

Com o apoio do Ministério das Relações Exteriores e a cooperação do Banco do Brasil, o presidente da Pró-Memória arremata, num leilão realizado em abril, em Londres, cinco lotes de documentos originariamente integrantes dos autos da devassa da Inconfidência Mineira.

Fruto de projeto originado de proposta da comunidade local e desenvolvido em conjunto com a Pró-Memória, é inaugurado, a 30 de agosto, o Museu ao Ar Livre de Orleans, destinado a preservar de forma viva e dinâmica a tecnologia dos imigrantes que colonizaram o sudeste de Santa Catarina.

Em setembro, Ouro Preto é definitivamente inscrita na lista do patrimônio mundial da Unesco.

Com a saída do professor Eduardo Portella, assume a pasta da Educação e Cultura o general Rubem Ludwig, que em dezembro designa Aloisio Magalhães para responder pela Secretaria de Assuntos Culturais, da qual se tinha exonerado o professor Márcio Tavares d'Amaral. O novo ministro também incumbe Aloisio Magalhães de preparar a fusão da Seac e da Sphan.

1981 Viaja pelo país fazendo conferências, participando de debates, reuniões, simpósios e seminários. Coloca a questão da recuperação da memória em pauta na grande imprensa do país e discute constantemente, com todo tipo de interlocutor, a busca de referências para o desenvolvimento brasileiro levando-se em conta nossas características culturais.

Com o fim de estudar a fabricação do vinho de caju no contexto das tecnologias patrimoniais, equipe da Pró-Memória vai em janeiro a João Pessoa, na Paraíba, onde funciona desde 1892 a Fábrica de Vinho de Caju Tito Silva & Cia. Em consequência desses contatos realizam-se os primeiros estudos com vistas ao tombamento da fábrica pela Sphan.

Começam, na primeira semana de março, os trabalhos da Comissão Parlamentar de Inquérito criada pela Câmara dos Deputados para investigar a situação do patrimônio histórico e artístico nacional. A comissão tem, como presidente, vice-presidente e relator, os deputados Célio Borja, Vicente Guabiroba e Fernando Coelho.

Prosseguindo em seu projeto de reorganização do aparato estatal para o trato das questões relativas à cultura, a 10 de abril o ministro Rubem Ludwig baixa a Portaria nº 274, criando a Secretaria da Cultura, e nomeia Aloisio Magalhães para o cargo de secretário. Passam a constituir a Secretaria da Cultura as subsecretarias do Sphan e de Assuntos Culturais com suas respectivas fundações (Pró-Memória e Funarte), a Embrafilme, a Fundação Casa de Rui Barbosa e a Fundação Joaquim Nabuco.

A chegada, no dia 5 de maio, à estação de Porto Velho, procedente de Santo Antônio do Madeira, de uma locomotiva Baldwin puxando três carros marca a reinauguração de oito quilômetros, os primeiros reconstruídos, da estrada de ferro Madeira-Mamoré. Começa assim a concretizar-se a proposta incluída no documento final aprovado pelo seminário realizado em novembro de 1980 em Porto Velho sob o patrocínio da Sphan/Pró-Memória e do governo do território federal de Rondônia.

Na última semana de junho, a Pró-Memória leva a efeito o ato de devolução à Sala dos Milagres do Santuário do Bom Jesus de Matosinhos, em Congonhas (MG), de uma coleção de 89 ex-votos tombados pela Sphan e restaurados. A devolução é precedida de um seminário que aborda, entre outros temas, as romarias anuais por ocasião da Festa do Jubileu (7 a 14 de setembro), os ex-votos trazidos pelos romeiros, a proteção do acervo patrimonial de Congonhas e sua integração ao tempo presente, e os fazeres e manifestações culturais da população local.

De 31 de agosto a 2 de setembro reúnem-se, num seminário em Brasília, representantes de todos os órgãos da Secretaria da Cultura do MEC. No final do encontro é aprovado o documento *Diretrizes para operacionalização da política cultural do MEC*, definindo cinco linhas de ação: estímulo à criação, produção e difusão cultural; preservação dos bens culturais em sua dinâmica; interação entre a educação básica e os diferentes contextos culturais existentes no país; captação, guarda, fluxo e uso de informações relativas à cultura no sistema SEC/MEC; e formação de recursos humanos na área cultural.

Em cumprimento a portaria baixada pelo Ministro da Educação e Cultura, são incorporados em outubro à Fundação Nacional Pró-Memória os seguintes órgãos do MEC: Biblioteca Nacional, Instituto Nacional do Livro, Museu Imperial, Museu Nacional de Belas Artes, Museu Histórico Nacional, Museu da República e Museu Villa-Lobos. Com a passagem dos grandes museus federais para a esfera da Pró-Memória, iniciam-se as reuniões do secretário da Cultura com os diretores dessas instituições visando à formulação de uma política para o setor. Esboçam-se então as linhas gerais do que, depois, viria a ser o Programa Nacional de Museus.

Representando o Brasil no Comitê do Patrimônio Mundial da Unesco, Aloisio Magalhães é eleito vice-presidente do Comitê na reunião anual do órgão realizada em Sydney, Austrália, em outubro. Na ocasião, apresenta, e é aprovada, a inclusão das ruínas de São Miguel das Missões (RS).

Com o envio de um dossiê preparado pela Sphan/Pró-Memória, a Secretaria da Cultura do MEC propõe em novembro, à Unesco, a inclusão do centro histórico de Olinda na lista do patrimônio mundial.

Passa a integrar o Conselho Superior da Fundação Brasileira para Conservação da Natureza (FBCN).

1982 Efetivada a 19 de março a entrega do Paço Imperial, antigo Paço da Cidade do Rio de Janeiro, ocupado desde a proclamação da República pelos Correios e Telégrafos, à Fundação Nacional Pró-Memória, o secretário da Cultura do MEC autoriza a elaboração do projeto definitivo e o início das obras de restauração do conhecido edifício da Praça XV.

Resultado do redimensionamento da 2ª e da 4ª Diretorias Regionais (DR), instala-se em abril, em Fortaleza, a 3ª DR da Sphan/Pró-Memória, cuja jurisdição abarca os estados do Ceará e do Rio Grande do Norte. Desse modo, eleva-se para dez o número das diretorias regionais.

Realiza sua última série de desenhos – um conjunto de litografias em preto e branco que retratam Olinda, enquanto se prepara para defender sua inscrição na lista do patrimônio mundial da Unesco, em Paris.

Em maio, recebe o título de Doutor *Honoris Causa* da Universidade Federal do Rio Grande do Norte.

A 9 de junho, Aloisio Magalhães viaja para a Europa a fim de participar de reuniões de órgãos internacionais de cultura. Leva consigo as onze litografias em que fixou a sua visão pessoal de Olinda, imagens que o artista gráfico pretende usar no diálogo com os membros do Comitê do Patrimônio Mundial da Unesco. A viagem começa por Veneza, onde participa da reunião de ministros da Cultura dos países de língua latina, como representante do ministro da Educação e Cultura, Rubem Ludwig.

Na sessão de abertura, Aloisio faz um pronunciamento – uma defesa apaixonada e veemente das questões prementes da nossa sociedade em oposição àqueles habituados a tratar a cultura exclusivamente por sua vertente culta. Logo após sua fala, é eleito presidente do encontro. Após o almoço, na retomada dos trabalhos, não se sente bem e, logo após dar a palavra ao representante da França, Aloisio é internado numa clínica, onde sofre no espaço de duas horas duas hemorragias cerebrais. Transferido para o Centro de Reanimação do Hospital Civil de Pádua, ali vem a falecer no dia 13 de junho, aos 55 anos incompletos.

SOBRE O ORGANIZADOR

João de Souza Leite é designer, doutor em Ciências Sociais e professor--adjunto do programa de pós-graduação da Escola Superior de Desenho Industrial da Universidade do Estado do Rio de Janeiro (Esdi/Uerj), onde lidera o grupo de pesquisa em história e teoria de design, HTDesign. Por muitos anos trabalhou com o designer Aloisio Magalhães, concebendo programas de identidade visual e projetos editoriais. A partir de 1979, integrou-se ao Instituto do Patrimônio Histórico e Artístico Nacional (Iphan), onde criou e coordenou pesquisas, projetos editoriais e exposições. Organizou o livro *A herança do olhar: o design de Aloisio Magalhães*, que recebeu o prêmio Design do Museu da Casa Brasileira em 2004.

Este livro foi editado pela Bazar do Tempo,
na cidade de São Sebastião do
Rio de Janeiro, na primavera de 2017.
Ele foi composto com a tipografia Margem
e impresso em papel pólen bold 70 g/m²,
na gráfica Stamppa.